KB236860

다시 쓰는
여순사건보고서

다시 쓰는
여순사건보고서

(사)여수지역사회연구소 지음

발간사

　지난 2008년부터 2010년까지 국가기구인 진실화해를위한과거사정리위원회(이하 진실화해위원회)는 여순사건 발발 60년 만에 처음으로 여순사건에 대한 진실규명 결과를 발표하였습니다. 군인과 경찰에 의한 불법적인 학살임을 인정하였고, 국가의 사과 등 여러 내용을 권고하였습니다.

　1948년 10월 19일에 한국 현대사의 최대 비극이라고 할 수 있는 여순사건이 일어난 후 64년간의 세월은 여순사건 유족들에게 있어서 숨죽인 통한과 설움 그리고 강요된 침묵과 기다림의 시간이었습니다. 4년 전부터 정부 차원의 진실규명 발표로 오랜 숙원이 하나둘씩 해원의 매듭으로 풀어져 정리될 수 있으리라는 기대를 하였지만, 조사결과 발표 후 4년여 동안 권고사항 어느 것 하나도 이행되지를 않는 상황에서 특별히 달라진 것 없이 또 한 해가 흘러가고 있어, 참다못한 유족들 스스로가 국가를 상대로 피해배상소송을 전개하고 있을 뿐입니다.

　이러한 정세에서 여순사건 64주기인 올해에 '여순사건 특별법' 제정을 위해 우리 연구소는 진실화해위원의 여순사건 조사 결과 보고서를 토대로 『다시 쓰는 여순사건보고서』(종합)를 발간하였습니다. 이번에 발간하는 『다시 쓰는 여순사건보고서』는 33개 지역, 5개 유형의 39개 개별보고서로 분산되어 있는 진실화해위원회의 여순사건 조사결과 보고서를 종합적으로 재구성한 것입니다. 진화위가 정의 내린 대로 '여순사건'의 조사 대상은 1948년 10월 19일. 여수 주둔 국방경비대 제14연대 소속 군인들이 반란을 일으킨 뒤, 여수·순천을 비롯한 전라남도 동부지역과 전북·경남 일부 지역에서 반군에 의해, 그리고 반군을 진압하기 위한 군경의 작전 과정에서 발생한 민간인과 군인의 집단 희생사건이고, 조사범위는 1948년 10월 19일부터 1950년 9·28 수복 이후 10월까지며, 사망자를 위주로 하였습니다.

따라서 여순사건 시기의 해당 지역은 여수, 순천, 구례, 고흥, 보성, 곡성, 담양, 영암, 장성, 장흥, 화순, 광주, 나주, 영광, 진도, 함평, 해남, 완도, 강진, 고창, 임실, 순창, 거창, 산청, 함양, 합천, 함안, 진주, 사천 지역이며, 유형별로는 해당 지역의 여순사건과 관련한 군경토벌사건, 국민보도연맹사건, 형무소 재소자 희생사건, 군경에 의한 부역혐의 희생사건, 적대세력에 의한 피해사건입니다.

진실화해위원회 보고서를 토대로 여순사건 관련 희생자들을 종합 발췌한 결과, 33개 지역에서 군경토벌사건 922명, 국민보도연맹사건 314명, 형무소 재소자 희생사건 356명, 군경에 의한 부역혐의 희생사건 525명, 적대세력에 의한 피해사건 152명으로 총 2,269명에 달하였습니다. 이 중 진실규명 확인 2,060명,

진실불능 및 각하 추정 153명으로 조사결과의 9.2%가 재조사 대상이기도 합니다. 이는 지금까지 여순사건이 정부가 발표한 전라남도 동부지역에 국한된 사건이 아니라, 피해대상지역의 범위를 훨씬 뛰어넘는 전라남도 전체와 전북·경남 일부 지역이 포함된 광범위한 거의 전국적인 수준의 사건임을 알았습니다.

그러나 이마저도 각종 자료와 기록으로 살펴보면, 이는 피해 추정인원 10,000여 명의 1/5 정도만 진실을 규명한 것에 불과합니다. 열에 여덟은 사건에서 실종되었다는 얘기에 다름 아닙니다. 이에 정부는 제주4·3특별법과 같은 '여순사건 특별법'을 제정하여 미신청자와 각하·불능 결정 유족을 포함하여 추가 조사와 재조사를 통해 미완의 여순사건 진실규명을 완성해야 합니다.

다행히도 최근 18대 대통령 선거 정세와 관련해서 여야 각급의 후보들이 저마다 과거사에 대한 사과와 과거사 위원회 기구 설치 등을 공약으로 말하고 있습니다. 만시지탄으로 매우 늦은 감이 있지만, 우리는 또 한번 역사로부터 귀중한 교훈을 얻고 있습니다. 국가폭력과 같은 잘못된 과거사는 결코 잊힐 수 있는 것이 아니라, 역사의 긴 흐름에서 잠시 호흡하면서 늦춰질 뿐이라는 것을 말입니다. 사필귀정은 바로 이를 두고 하는 말인 것 같습니다.

이를 위해 (사)여수지역사회연구소에서는 여순사건 64주기 학술심포지엄(2012. 12. 21)을 통해 여순사건 특별법 발의를 위한 『다시 쓰는 여순사건보고서』 발간과 함께, 이에 대한 냉정한 평가와 분석을 통해 정부, 즉 진실화해위원회 조사결과의 미흡함과 부족함을 들어 '이것이 여순사건 조사결과의 현주소'라는 것을 실증적으로 입증하는 자료로 삼아 여순사건 특별법 제정에 박차를 가하고자 합니다.

여순사건은 이제 단순히 유족들만의 문제가 아니라, 여수·순천을 비롯한 전남지역을 포함해서 전북 남부지역과 경남 서부지역에 살고 있는 모든 사람의 정체성과 관련된 문제입니다. 또한 현대사의 분수령이 될 만한 중요한 사건이었습니다. 이렇게 역사적으로 중요한 여순사건을 단 한 장의 조사결정 통보서로 끝낸다는 것은 결코 있을 수 없는 거짓에 다름 아닙니다.

이제 우리는 여순사건과 같은 통곡의 역사가 되풀이되지 않도록 과거의 창을 비추어 내일을 준비해 나가는 전환점에서 '진실, 화해와 상생을 위한 첫걸음'을 위해, 여기 '다시 쓰는 여순사건보고서'를 뜨거운 눈물과 가슴으로 세상에 내놓습니다. 지난 64년의 세월 동안 비극의 역사를 한평생 감내해온 여순사건 유족들의 숨죽인 통한과 설움 그리고 강요된 침묵으로 기다려온 유족들과 이제는 지역공동체 모두가 지역의 아픔으로 함께 인식하는 시민사회에 이 보고서를 바칩니다.

끝으로 이 보고서 발간을 위해 무엇보다 먼저 1997년부터 15년 동안 여순사건의 역사적 진상규명을 위해 묵묵히 함께한 연구소 회원들과 특별히 도움을 주신 김성곤 국회의원, 송기인 신부, 한국학술정보(주)께 감사를 드립니다. 또한 이 보고서 원고 작성에 도움을 주신 진실화해위원회의 전 조사관 김춘수, 김미경 님과 편집을 위해 수고해 주신 연구소의 김병호, 이오성, 박종길, 권인홍, 김명천, 김유삼, 김진수 연구위원과 사무국의 정태균, 서희종 부장 및 자원봉사자 김가람님에게도 감사를 드립니다. 앞으로도 연구소는 여순사건의 역사적 진실규명을 위한 완성의 그날까지 계속하여 노력을 다할 것을 거듭 약속 드립니다.

2012. 12. 21.
(사)여수지역사회연구소

추천사

　기다렸습니다! 그토록 기다렸던 64년의 시간의 아픔을 기술한 『다시 쓰는 여순사건보고서』 발간을 위해 수고하셨던 모든 분께 큰절로 인사 올립니다.

　진실의 종은 홀로 울리지 않습니다. 진실의 종을 울리기 위해선 진실을 위해 희생을 자처하는 분들의 피와 땀으로 만든 당목과 진실을 갈구하는 간절함으로 당목을 함께 맞잡고 타종할 국민의 힘이 절실합니다.

　1948년 10월 19일. 슬픈 역사의 눈물이 구봉산 계곡을 타고 신월리 바다를 핏빛으로 물들였던 그날의 진실은 여전히 침묵의 잠에 빠져 있습니다. 하 수상했던 시절, 비극의 소용돌이에 휘말려 입은 생채기에선 64년의 시간이 지난 지금에도 선연한 핏물이 흘러내립니다. 바람이 불지 않아도 구봉산에 오르면 스산한 바람이 등허리로 스며듭니다. 밤이 되면 신월동 앞바다의 파도소리는 뭇 여인의 흐느낌처럼 들려옵니다.

　지난 2010년 진실화해를위한과거사정리위원회는 여순사건에 대한 진실규명 결과를 발표했습니다. 군인과 경찰에 의한 불법적인 학살임을 인정하며 국가의 사과 등을 권고했습니다. 60년이 넘는 세월을 강요된 침묵 속에 설움을 삼키며 기다렸던 분의 가슴에선 환희의 눈물이 흘러내렸습니다.

그러나 그것은 순간이었습니다. 진실규명결과 발표 후, 4년이 지난 지금에도 진실화해위원회의 권고사항은 전혀 이행되지 않았고 64년 전의 생채기에선 여전히 선연한 핏물이 흘러내립니다. 그날의 진실을 알고 있는 구봉산도 신월동 밤바다도 여전히 침묵의 잠에서 깨어나지 못하고 있습니다.

그러하기에 『다시 쓰는 여순사건보고서』는 진실의 종을 울리기 위한 당목입니다. 그날의 진실을 알고 있는 구봉산을 깨우고, 신월동 밤바다를 깨우려는 (사)여수지역사회연구소의 피와 땀으로 만든 당목입니다.

그러나 당목을 잡아 진실의 종을 울릴 힘이 아직 부족합니다. (사)여수지역사회연구소의 피와 땀으로 만든 당목을 함께 맞잡고 타종할 힘이 절실합니다. 국민 여러분의 관심이 절실합니다.

굴곡진 역사의 해일이 여수를 덮쳤던 64년 전, 영문도 모른 채 해일에 휩쓸렸던 분들이 원하는 것은 복수와 같은 것이 아닙니다. 화해와 용서, 진실입니다.

진실의 종을 울릴 수 있도록 당목을 함께 잡아 주십시오. 이 땅에 주인으로 산다는 것은 이 땅의 역사를 기억하고, 역사의 환희와 슬픔을 가슴으로 함께하는 것입니다. 역사의 잘못을 용서와 화해를 통해 다 함께 더불어 사는 세상을 만들어 가는 것입니다.

진실을 위해! 화해와 용서를 위해! 더불어 사는 세상을 위해! 진실의 종을 울리기 위해! 함께 당목을 맞잡아 주십시오. 국민의 힘으로 진실의 종을 타종해 주십시오.

여순사건 조사결과의 종합보고서인 『다시 쓰는 여순사건보고서』를 위해 희생을 자처하신 (사)여수지역사회연구소 이영일 소장님을 비롯한 관계자 여러분께 여수 시민의 한 사람으로 추모와 감사의 마음을 전합니다. 여러분의 피와 땀으로 엮은 『다시 쓰는 여순사건보고서』가 당목이 되어 진실의 종을 울리는 그날까지 64년 전에 구봉산에서 울렸던 메아리를 잊지 않겠습니다.

역사의 해일에 휩쓸려 희생되신 분들의 평안한 영면을 기원합니다.

2012. 12. 21.
국회의원 김성곤

일러두기

○ **수록범위**

1. 2008년 8월 24일에 진실화해를위한과거사정리위원회(이하 진실화해위원회)에서 최초로 진실규명이 결정된 여순사건 관련 「전남동부지역 민간인희생사건(1) 진실규명결정서」부터 위원회 활동 말기인 2010년 12월 29일의 「진실화해위원회 종합보고서」까지를 수록범위로 하였다.

2. 다만, 제1장 조사계획의 방향과 내용의 경우는 여순사건 조사개시 결정 자료인 「여순사건 조사계획서」의 내용을 수록하였다.

○ **편성방법 및 수록내용**

1. 제1장 「조사계획의 방향과 내용」은 진실화해위원회의 「여순사건 조사계획서」를 토대로 제1절 여순사건의 조사개시 결정과정, 제2절 기존 연구 및 조사 현황, 제3절 조사의 방향과 내용, 제4절 향후 세부조사 계획, 제5절 향후 조사계

획 일정, 제6절 주요 참고자료 순으로 편성하였다.

2. 제1장 제1절은 1. 사건 현황, 2. 신청인 주장의 요지, 3. 유족의 진실규명 요청과 국가기관의 처리 경과, 4. 사건 개요를 수록하였다.

3. 제1장 제2절은 1. 연구 및 조사개요, 2. 주요 성과 및 한계를 수록하였다.

4. 제1장 제3절은 내용별로 1. 학살 이유와 규모, 2. 처형·집행과정, 3. 지휘·명령계통, 4. 법적·절차적 정당성 여부를 수록하였다.

5. 제1장 제4절은 1. 기관자료 조사, 2. 일반 문헌자료 조사, 3. 참고인 조사, 4. 신청인 조사, 5. 현장 조사를 수록하였다.

6. 제1장 제5절은 조사 일정을 조사 소요시간과 인력 산정 및 중장기 일정을 수록하였다.

7. 제1장 제6절은 주요 참고인 명단과 국내외 문헌자료, 여순 사건 집단희생지 및 암매장지, 학계와 시민단체 주장 사건 목록과 전문가 명단을 수록하였다.

8. 제2장 「조사결과」는 제1절 군경에 의한 민간인 학살, 제2절 적대세력에 의한 피학살, 제3절 조사결과 순으로 편성하였다.

9. 제2장 제1절은 내용별로 1. 사건 전개와 특징, 2. 희생경위, 3. 피학살 규모, 4. 가해 주체를 수록하였다.

10. 제2장 제2절은 내용별로 1. 사건 전개와 특징, 2. 학살 경위, 3. 피학살 규모, 4. 가해 주체를 수록하였다.

11. 제2장 제3절은 내용별로 1. 조사결과, 2. 조사의 한계, 3.

유족피해를 수록하였다.

12. 제3장 「여순사건 피학살자 명단」은 진실화해위원회의 여순사건 관련 39개의 지역별, 유형별 진실규명결정 개별보고서를 토대로 여순사건 피학살자 명단을 망라하여 수록하였다.

12-1. 여순사건 관련 지역별 진실규명 사건은 전라남도(21개)와 전라북도(3개)·경상남도(8개) 일부 지역인 32개 지역을 대상으로 하였다.

12-2. 여순사건 관련 유형별 진실규명사건은 군경토벌사건과 여순사건이 직접 원인이 된 해당 지역의 국민보도연맹사건, 형무소 재소자 희생사건, 군경에 의한 부역혐의 민간인희생사건, 적대세력 피해사건을 대상으로 하였다.

13. 제3장 제1절은 지역별 피학살자 명단은 1. 전체, 2. 전남지역, 3. 전북지역, 4. 경남지역을 지역 단위별로 수록하였다.

14. 제3장 제2절 사건 유형별 피학살자 명단은 지역별 피학살자 명단을 유형별 사건으로 재분류하여 1. 군경토벌사건, 2. 국민보도연맹사건, 3. 형무소 재소자 희생사건, 4. 군경에 의한 부역혐의 민간인 희생사건, 5. 적대세력에 의한 피해사건을 유형별로 수록하였다.

○ **기술방법 및 표기**

1. 제1장과 2장, 3장 모두는 성질별, 사건별 편철이며, 본문의

전개는 「제1절, 1, 가, 1), 가)」 등으로 구분하여 전개하였다.

2. 인명 등의 모두는 한글 표기를 원칙으로 하였으며 한문을 병용하였다.

3. 사건명 모두는 진실화해위원회에서 결정한 사건명 표기를 원칙으로 하였다.

4. 당시의 용어를 그대로 표기함을 원칙으로 하였다.

차
례

발간사 / 5

추천사 / 10

일러두기 / 13

제1장 조사계획의 방향과 내용

제1절 여순사건의 조사개시 결정과정

1. 사건 현황 / 34

　가. 신청서 접수 현황 / 34

　나. 신청사건 처리 현황 / 34

　　1) 조사개시 결정과정 / 34

　　2) 직권조사 전환 결정과정 / 35

　　　가) 직권조사로의 전환 결정의 필요성 / 35

　　　나) 직권조사 결정의 근거 / 35

2. 신청인 주장의 요지 / 36

3. 유족 · 시민단체의 진실규명 요청과 국가기관의 처리경과 / 37

　가. 관련 유족 · 시민단체의 진실규명 활동 / 37

　나. 국가기관의 사건 처리 경과 / 38

　　1) 여순사건 직후 국가기관의 처리 / 38

　　2) 제4대 양민학살사건 조사특별위원회 활동 / 39

4. 사건 개요 / 40

　가. 사건의 배경 및 전개 / 40

　　1) 반란의 발생과 진압 / 40

　　2) 빨치산 토벌 / 41

　나. 사건의 주요 요지 / 42

제2절 기존 연구 및 조사 현황

1. 연구 및 조사개요 / 42

　가. 학술 연구 / 42

　나. 시민단체의 피해실태조사 / 44

2. 주요 성과 및 한계 / 44

　가. 피해 대상 / 44

　나. 피해 규모 / 45

　　1) 사건 발생 직후 조사 결과 / 45

　　2) 최근 시민단체의 조사 결과 / 47

　　3) 실태조사의 문제점 및 한계 / 51

제3절 조사의 방향과 내용

1. 학살 이유와 규모 / 52

　가. 조사방향 / 52

　나. 조사내용 / 52

　　1) 학살 대상과 이유 / 52

　　　가) 반란군·좌익·빨치산에 의한 학살 / 52

　　　나) 군경에 의한 학살 / 54

　　2) 학살 형태와 규모 / 55

2. 처형·집행과정 / 56

가. 조사방향 / 56

나. 조사내용 / 57

　1) 반란과정 / 57

　2) 진압과정 및 협력자 색출과정 / 58

　3) 빨치산 토벌과정 / 60

3. 지휘·명령 계통 / 62

가. 조사방향 / 62

나. 조사내용 / 62

　1) 반란 및 진압 과정의 지휘체계 / 62

　　가) 반란군·지방좌익 / 62

　　나) 진압군 / 64

　　다) 경찰 / 68

　　라) 우익청년단체 / 71

　　마) SIS·CIC / 71

　　바) 미국: 임시군사고문단 / 72

　2) 빨치산 토벌작전 과정의 지휘체계 / 73

　　가) 토벌군·경 / 73

　　나) 빨치산 / 77

4. 법적·절차적 정당성 여부 / 79

가. 조사방향 / 79

나. 조사내용 / 80

　1) 계엄령의 불법성 여부 / 80

　2) 국방경비법·군법회의의 불법성 여부 / 81

　3) 국가보안법 적용 및 실시의 적법성 여부 / 82

제4절 향후 세부조사 계획

1. 기관자료 조사 / 83

　가. 조사방향 / 83

　나. 향후 조사대상 기관 / 83

　　1) 경찰청 · 경찰서 / 83

　　　가) 해당 경찰서 자료관(문서고)현황 / 83

　　　나) 관련자료 목록 / 86

　　2) 검찰청 · 법원 / 87

　　　가) 해당 검찰청 · 법원 문서고 현황 / 87

　　　나) 관련자료 목록 / 87

　　3) 육군기록정보단 / 87

　　　가) 자료관 현황 / 87

　　　나) 관련자료 목록 / 88

　　4) 국가기록원 / 88

　　　가) 국가기록원 자료관 현황/ 88

　　　나) 관련자료 목록 / 88

　　5) 기무사 / 89

　　　가) 기무사 자료관 현황 / 89

　　　나) 관련자료 목록 / 89

　　6) 기타 / 89

　　　가) 군사편찬연구소 / 89

　　　나) 국가보훈처 / 90

　　　다) 읍 · 면사무소 / 90

　　　라) 전남 교육청 · 관련 학교 / 90

　　　마) 철도공사 / 90

다. 세부조사계획 / 90

　1) 수집자료 정리 / 90

　2) 수집자료 분석 / 91

　3) 기관자료조사 추진일정 / 92

2. 일반 문헌자료 조사 / 92

가. 조사방향 / 92

나. 기존 확보자료 / 93

다. 조사내용 / 93

　1) 연구논저 / 93

　2) 신문 · 잡지 / 93

　3) 현장사진 / 94

　4) 해외자료 / 94

　5) 정부 문서 / 94

　6) 증언 · 회고록 / 95

　7) 시민단체 · 유족회 자료 / 95

라. 세부조사계획 / 95

　1) 국내 신문자료 수집계획 / 95

　2) 해외자료 조사계획 / 97

　3) 증언 · 회고록 수집계획 / 98

3. 주요 참고인 조사 / 101

가. 조사방향 / 101

나. 조사내용 / 102

　1) 경찰 / 102

　2) 군 · 헌병 / 102

3) CIC 등 정보기관 관련자 / 103

4) 14연대 생존 군인 / 103

5) 좌익 · 빨치산 활동자 / 104

6) 목격자 · 생존자 / 104

다. 세부조사계획 / 105

1) 주요 참고인 선정 / 105

2) 참고인 조사 추진 일정 / 106

4. 신청인 조사 / 106

가. 조사방향 / 106

나. 조사 내용 / 107

다. 세부조사계획 / 107

1) 주요 신청인 선정 / 107

2) 신청인 조사 추진 일정 / 107

5. 현장 조사 / 108

가. 조사방향 / 108

나. 조사내용 / 108

다. 세부 조사계획 / 109

1) '07년도 / 109

2) '08~'09년도 / 109

제5절 향후 조사계획 일정

1. 조사일정표 / 110

가. 조사 소요시간 및 인력 산정 / 110

1) 분야별 조사 소요시간 및 조사인력 / 110

2) 분야별 조사 소요인력 / 112

3) 전체 필요 조사인력 / 112

나. 중장기 조사일정 / 112

1) 전체 조사일정표 / 112

2) 연도별 조사일정 / 113

3) 종합 조사결과 보고서 발표 / 114

제6절 주요 참고자료

1. 주요 참고인 명단 / 114

가. 지역별 주요 참고인 명단 / 114

나. 군 관련 주요 참고인 명단 / 124

2. 중요 국내 문헌자료 목록 / 129

가. 향토사 · 지역사 / 129

나. 경찰사 · 군사 · 검찰사 / 130

다. 시민단체 유족회 자료 / 131

라. 단행본 / 132

마. 논문 / 133

바. 자료집 / 136

사. 최근 잡지글 / 137

아. 사건시기 잡지(북한) / 139

3. 중요 해외자료 / 140

4. 여순사건 관련 중요 집단희생지 및 암매장지 / 141

5. 학계 및 시민단체 주장 여순사건 목록 / 142

6. 사건 관련 주요 전문가 명단 / 146

가. 학계 / 146

나. 시민 · 사회단체 / 146

제2장 조사 결과

제1절 군경에 의한 민간인 학살

1. 사건 전개와 특징 / 150

  가. 여순사건 / 150

    1) 여순사건의 배경과 전개과정 / 150

    2) 여순사건의 정의 / 154

    3) 여순사건의 발발 / 156

    4) 반군과 좌익에 의한 학살 / 158

    5) 정부의 진압작전 - 여수, 순천과 인근 지역 탈환 과정 / 160

    6) 진압군경의 반군 협력자, 좌익혐의자

      색출과정과 민간인 학살 / 162

    7) 국민보도연맹 사건 / 165

    8) 형무소 재소자 학살사건 / 170

    9) 여순사건의 영향 / 172

  나. 군경토벌작전과 민간인 학살 / 174

    1) 제14연대 반군과 좌익세력의 입산 / 174

    2) 군경의 토벌작전과 민간인 학살 / 176

    3) 국민보도연맹 학살 / 179

      가) 위원회의 진실규명 결정 희생자 수 / 179

      나) 전체 희생자 수 추정 / 181

    4) 형무소 재소자 학살 / 181

2. 희생 경위 / 187

  가. 전남 동부지역 / 187

  나. 전남 서부지역, 전북지역 / 190

다. 경남지역 / 194

3. 피학살 규모 / 197

가. 피학살 규모 / 197

1) 지역별 학살 규모 / 199

2) 사건 유형별 학살 규모 / 204

가) 군경토벌사건 / 204

나) 국민보도연맹사건 / 205

다) 형무소 재소자 희생사건 / 207

라) 군경에 의한 부역혐의 희생사건 / 209

나. 피학살자 신원 / 211

4. 가해 주체 / 214

가. 가해 주체 / 214

1) 군 / 214

가) 전남, 전북지역 / 215

나) 경남지역 / 218

2) 경찰 / 219

가) 전남, 전북지역 / 219

나) 경남지역 / 221

3) 민간인 치안조직 / 221

4) 주한미군 / 222

5) 지휘명령체계 / 224

나. 가해 이유 / 225

다. 가해의 불법성 / 227

제2절 적대세력에 의한 피학살

1. 사건 전개와 특징 / 234

가. 여순사건 초기 반군과 지방좌익에 의한 피학살 / 234

나. 빨치산에 의한 피학살 / 237

2. 학살 경위 / 238

가. 전남지역 / 238

나. 전북지역 / 242

다. 경남지역 / 243

3. 피학살 규모 / 245

가. 피학살 규모 / 245

나. 피학살자 신원 / 247

4. 가해 주체 / 249

가. 가해 주체 / 249

나. 가해 이유 / 251

제3절 소결

1. 조사결과 / 253

2. 조사의 한계 / 257

가. 여순사건에 관한 진상규명 신청과 직권조사 결정 / 260

나. 직권조사에 따른 진실규명 내용 / 262

다. 진실규명 이후의 문제점들의 도출과 파장의 확산 / 263

라. 진실규명의 문제와 대안 모색을 위한 그동안의 노력 / 265

마. 선 진행된 민간인 집단희생사건들에 준하는 진상규
   명과 피해회복 요구 / 266

3. 유족피해 / 267

제3장 여순사건 피학살자 명단

제1절 지역별 피학살자 명단

1. 전체 / 271

2. 전남지역 / 272

3. 전북지역 / 377

4. 경남지역 / 380

제2절 사건 유형별 피학살자 명단

1. 군경토벌사건 / 407

2. 국민보도연맹사건 / 461

3. 형무소 재소자 희생사건 / 480

4. 군경에 의한 부역혐의 민간인 희생사건 / 504

5. 적대세력에 의한 피해사건 / 536

제1장

조사계획의 방향과 내용

제1절 여순사건의 조사개시 결정과정

  진실·화해를위한과거사정리위원회(이하 위원회)에 접수된 진실규명 신청사건 중 당초 여순사건으로 접수된 사건은 총 1,450여 건[1]이었으나, 사건 해당지역 내의 국민보도연맹, 형무소 재소자, 적대세력, 군경에 의한 피학살사건 등을 조사 기능에 의해 유형별 사건으로 분류한 결과, 이른바 여순사건(실제는 여순사건의 군경토벌사건에 해당함)으로 조사개시가 결정된 사건은 총 832건이었으며, 피해지역은 전라남도·전라북도·경상남도 지역에 광범위하게 발생하였으나, 일부 지역의 피해자만이 진실규명 신청을 해놓은 상태이며, 조사가 진행됨에 따라 보다 전반적인 피해규모와 희생사실을 규명할 필요성이 예상되고, 이에 따라 직권조사를 통해 전체적인 사건의 규모와 체계적인 진실규명이 필요하다고 판단하여 직권조사를 결정하였다.

  직권조사 결정의 근거로는 1) 제주 4·3사건과 함께 대한민

---

1) 진실화해위원회, 2007. 4. 26일자 보도자료.

국 정부 수립 전후 시기에 불법적으로 이루어진 대표적인 민간인 희생사건이었으며, 2) 본 사건으로 인해 계엄령 실시, 국가보안법 제정(1948. 12. 1.) 등 한국 사회의 분단체제 공고화에 큰 영향을 끼친 역사적으로 중요한 사건으로, 3) 한국전쟁 발발 이후 국군과 경찰 등 국가권력에 의해 지속적으로 이루어진 제2전선지역에서의 민간인 집단희생의 발단이 되었으며, 국민보도연맹사건, 형무소 재소자 희생사건, 부역혐의사건과도 밀접하게 관련된 사건이기 때문이다.

4) 또한 지역적으로는, 사건 당시 전라남·북도, 경남 일부 지역까지 '반란지구'로 분류되고 지역민들은 '반란 동조세력'으로 규정되었는바, 현재까지도 여수, 순천 등 전남 동부 지역은 주민들의 피해의식이 깊고 지역사회 내에서 갈등의 근본원인으로 작동하여 심각하게 분열되어 있어, 국가적 차원에서 사건의 진실을 밝혀내고 지역사회의 화해를 이끌어내는 것이 중요하기 때문이다.

따라서 위원회 기본법 제22조 제3항에 의하여 위원회는 여순사건이 "역사적으로 중요한 사건으로서 진실규명에 해당한다고 인정할 만한 상당한 근거가 있고 진실규명이 중대하다고 판단되어 직권조사로의 전환을 의결"하였다. 위원회에 신청 접수된 가해자별, 지역별 사건현황은 <표 1> 가해자별·지역별 사건현황과 같이 전북 2개 군, 전남 18개 시·군, 경남 1개 군에 걸쳐 총 832건의 신청서가 접수되었으며, 이 중 진압·군경에 의한 민간인 희생사건은 626건으로 총 832건 중 약 75.2%를 차지하며, 반란군·좌익 등에 의한 희생사건은 74건으로 약 8.9%, 기타 132

건으로 15.9%를 차지하였다.

<표 1> 가해자별·지역별 사건현황(신청인 주장)

| 광역 \ 기초 \ 가해자 | 진압·토벌군 | | 반란군·좌익 | 기타·모름 | 계 |
	국군	경찰			
전북 고창		1			1
전북 임실	2	2			4
전남 강진			3		3
전남 고흥	9	25	8	5	47
전남 곡성	1	4			5
전남 광양	16	18	6	5	45
전남 광주		1			1
전남 구례	115	34	1	6	156
전남 나주		1			1
전남 담양		1	1		2
전남 목포		1			1
전남 보성	3	45	8	2	58
전남 순천	80	118	27	17	242
전남 신안	1				1
전남 여수	88	43	7	46	184
전남 영암	1	1	1		3
전남 완도		2		2	4
전남 장성		1			1
전남 장흥		3	1		4
전남 화순	3	4	7	1	15
경남 함양	1	1	4		6
기타 군인피해				48	48
계	320	306	74	132	832

1. 사건 현황

가. 신청서 접수 현황

○ 신청인 수: 강태용(사건번호: 17) 외 777명
○ 신청사건 수: 강태용(사건 번호: 17) 외 832건

나. 신청사건 처리 현황

1) 조사개시 결정과정

위원회에 접수된 진실규명 신청사건 중 여순사건으로 분류되어 조사개시가 결정된 사건은 총 832건이었으며, 제14차 집단희생규명위원회('06. 7. 25)에서 구례 봉성산 여순사건 9건이 조사개시 결정되었고, 17차 집단희생규명위원회('06. 9. 29)에서 구례 봉성산 여순사건 3건이 병합·조사개시 결정되었다.

이어서 제20차 집단희생규명위원회('06. 10. 31)에서 여순사건 288건이 조사개시 결정되었고, '06. 11. 10. '구례 봉성산 여순사건'을 여순사건으로 병합·사건명칭 변경을 결정(조사1팀-1373)하였으며, 제26차 집단희생규명위원회('07. 1. 30)에서 414건이 병합·조사개시 결정, 제28차 집단희생규명위원회('07. 2. 13)에서 63건이 병합·조사개시 결정, 제30차 집단희생규명위원회('07. 2. 28)에서 7건이 병합·조사개시 결정됨과 함께, 제39차 전원위원회('07. 3. 6)에서는 기 조사개시 되었던 784건과 미조사개시 되었던 48건을 포함한 832건을 직권조사 형태로 전환할

것을 의결하였다.

2) 직권조사 전환 결정과정

가) 직권조사로의 전환 결정의 필요성

여순사건의 피해지역은 전라남도·전라북도·경상남도 지역에 광범위하게 발생하였으나, 일부 지역의 피해자만이 진실규명 신청을 해 놓은 상태이며, 조사가 진행됨에 따라 보다 전반적인 피해규모와 희생사실을 규명할 필요성이 예상되고, 이에 따라 직권조사를 통해 전체적인 사건의 규모와 체계적인 진실규명이 필요하다고 판단하여 직권조사를 결정하였다.

나) 직권조사 결정의 근거

여순사건은 제주4·3사건과 함께 대한민국 정부수립 전·후 시기에 불법적으로 이루어진 대표적인 민간인 희생사건으로 이로 인해 계엄령 실시, 국가보안법 제정(1948. 12. 1) 등 한국사회의 분단체제 공고화에 큰 영향을 끼친 역사적으로 중요한 사건으로, 한국전쟁 발발 이후 국군과 경찰 등 국가권력에 의해 지속적으로 이루어진 제2전선지역에서의 민간인 집단희생의 발단이 되었으며, 국민보도연맹사건, 형무소재소자희생사건, 부역혐의사건과도 밀접하게 관련된 사건이다.

또한 지역적으로는, 사건 당시 전라남·북도, 경남 일부 지역까지 '반란지구'로 분류되고 지역민들은 '반란 동조세력'으로 규정되었는바, 현재까지도 여수·순천 등 전남 동부지역은 주민들의 피해의식이 깊고 지역사회 내에서 갈등의 근본원인으로 작동하여 심각하게 분열되어 있어, 국가적 차원에서 사건의 진실을 밝혀내고 지역사회의 화해를 이끌어내는 것이 중요다고 판단하여 위원회 기본법 제22조 제3항에 의하여 위원회는 여순사건이 "역사적으로 중요한 사건으로서 진실규명에 해당한다고 인정할 만한 상당한 근거가 있고, 진실규명이 중대하다고 판단되어 직권조사로의 전환을 의결하였다.

2. 신청인 주장의 요지

전라남도 여수시 신월동 주둔 국방경비대 제14연대 소속 일부 군인이 주동한 반란사건을 기점으로 하여, 전라남도 여수·순천 및 전북, 경남 일부 지역에서 발생한 무력충돌과 진압과정 및 반란군 가담자 처형과정에서 민간인들이 무고하게 희생되었고, 민간인들이 반란군의 억압하에서 생존하기 위해 불가피하게 협력했음에도 불구하고 협조자를 색출하는 과정에서 많은 민간인이 불법적으로 총살되었고, 피해자들의 유족들까지 사회적 불이익 처우를 받아 왔다고 주장하였다.

또한 사건이 전남 동부 및 전북 지역으로 확산되면서 반란군 및 좌익에 의해 반란에 비협조적이라는 이유로 민간인이 집단희생되었다고 주장하였으며, 반란군과 지방좌익이 진압군에 밀려 지리산 등지로 입산하여 빨치산 활동을 전개하고 토벌대가 빨치산을 토벌하는 과정에서 지리산 등지의 인근 산간지역 민간인이 빨치산·군·경 등에 의해 집단희생 되었다고 주장하였다.

그런가 하면, 반란사건 과정에서 국방경비대 제14연대가 해산되고 반란군에서 이탈한 다수의 군인들이 은거 또는 귀향 도중 제14연대 군인이라는 이유로 경찰·진압군에 의해 불법적으로 집단희생되었다고 주장하였다.

3. 유족·시민단체의 진실규명 요청과 국가기관의 처리경과

가. 관련 유족·시민단체의 진실규명 활동

1960. 4. 19. 이후 유족들은 지역별로 유족회를 만들고 유골발굴과 책임자 처벌을 요구하는 고소·고발 활동을 전개했으나, 1961년 박정희 군부가 유족회 활동 및 진실규명 활동을 탄압하여 활동이 좌절되었다.

이후, 1992~93년까지 여수지역에서는 '14연대 반란사건' 명칭 개정 청원 운동을 전개하였으며, 1995년부터 여수지역사회연구소를 중심으로 본격적인 여순사건 피해자 실태조사와 학술지 발굴조사, 관련학술행사, 역사순례 활동을 전개하고, '한국전쟁 전후 민간인 학살 진상규명을 위한 통합 특별법' 제정 운동을 진행하였다.

1998. 12. 18. 구례군 희생자 유족회·명예회복추진위원회에서 여순반란사건 중 구례지구 토벌전투 시 희생된 양민의 명예회복을 청원하였으며, 2000. 7. 28. 여순사건 명예회복을 위한 특별법(정철기 의원 발의) 제정을 청원, 2000. 12. 2. 여수순천 10·19 사건('49. 11. 6. ~ 11. 12.) 진상규명 및 명예회복을 위한

특별법(김충조·김경재·정철기 의원 외 28인 발의) 제정을 청원하였다.

한편, 유족 시민단체의 진실규명 활동은 2001년 이후 한국전쟁 전후 민간인 학살 진상조사 등을 위한 통합 특별법 추진 요구 활동으로 이어졌으며, 2005. 7. 8. 순천시의회에서『여수·순천 10·19사건』진상규명 및 사상자 명예회복을 위한 촉구 건의서가 채택되기도 하였다.

나. 국가기관의 사건 처리 경과

1) 여순사건 직후 국가기관의 처리

여순사건이 진압된 뒤 사회부는 구호물자와 구호반을 순천과 여수에 파견하여 이재민에게 옷과 음식을 제공하는 한편 의료 활동을 하게 하였으며, 사회부와 기획처는 구호비로 각각 1억 2,539만 원과 2억 5천만 원을 지원하고, 1948. 11. 13. 이후에 사회부는 구호자금으로 국고 예비비 중에서 추가로 1억 2,000만 원 지원을 결정하였다.

그러나 사회부 장관 이윤영(李允榮)은 중앙정부 차원에서 피해복구 비용을 감당할 수 없을 것으로 예상되면서 국민의연금으로 해결할 의사를 밝혀, 당시 여수읍은 정부의 지원을 받아 2억 8천여 만 원의 재해복구사업 특별회계를 창설하고, 이 예산을 이재민에 대한 급의·급식·진료·주택설치 등 응급구호를 계획했으나, 액수가 적고 '51년까지 장기적으로 진행할 예정이었다.

1949. 4. 22. 총리령 제12호로 여수부흥위원회의 규정이 공포되고, 7월에는 국회가 총 17억 원의 여수부흥사업자금 융자안을 통과시켰으나, 여수재해복구비를 10년 기한 할부로 융자한다는 조건이 붙으면서 재정지원은 여수지역의 피해를 복구하기 힘든 액수가 되고, 한국전쟁이 발발하면서 흐지부지되어 정부의 재정지원은 막을 내리고 말았다.

2) 제4대 양민학살사건 조사특별위원회 활동

국회는 1960. 5. 27. 양민학살사건 조사특별위원회를 설치하고 경북·경남·전남의 3개 조사반을 편성하여 민간인 희생사건을 조사한 후 그 결과와 대정부 건의안은 1960. 6. 21. 제42차 본회의에 보고하였다.

조사결과는 사건의 전모와 피해에 대한 전체적이고 정확한 실정과 숫자를 파악하기에는 상당한 시일과 인원이 요할 것으로 사료된다는 것이었으며, 인명피해 규모는 경상남도, 경상북도, 전라남도, 전라북도, 제주도 일부지역에서 총 1,878명으로 보고됨에 따라, 대정부 건의는 '양민의 생명과 재산상 손해를 끼친 관련자 및 피해자와 피해상황을 조속한 시일 내에 조사하고, 관련자의 처벌과 피해자에 대한 보상 제도를 설정하기 위하여 기존 법률에 의한 일사부재리 원칙이나 시효의 저촉규정에 관계없이 특별법을 제정하여야 한다'는 내용을 담았다.

그러나 1961. 5. 16. 박정희 군부 쿠데타 이후 북측을 이롭게 했거나 좌익 용공의식을 고취했다는 이유로 8개 유족회 간부 27명에 대하여 혁명재판소에서 사형 및 징역 15년에서 5년까지

선고하고, 진상규명 관련 서류를 포고령에 의해 압수 폐기하고 말았다.

4. 사건 개요

가. 사건의 배경 및 전개

1) 반란의 발생과 진압

1948. 10. 19. 20시경 전남 여수시 신월동 주재 국방경비대 제14연대 일부 군인들이 반란을 일으켜, 1948. 10. 19. 밤 여수읍 내로 진격하여 10. 20. 새벽 01:20경 반란군은 관공서 및 중요기관을 점거하고, 새벽 06:00 무렵 여수 시내를 완전 장악하고, 1948. 10. 20일 오전 김지회가 이끄는 반란군 일부는 순천으로 진격하고, 홍순석이 지휘하는 제4연대 1개 중대가 반란군에 합세하였다.

1948. 10. 20. 15시경 반란군은 순천을 완전 점령한 후 3개 부대로 재편성하여 일부는 구례·곡성·남원 방면으로, 일부는 벌교·보성·화순 방면으로, 나머지는 광양·하동 방면으로 지역을 확대하여, 1948. 10. 20.~21. 사이 전남 동부지역 전역으로 확산됨에 따라, 1948. 10. 21. 육군총사령부는 '반군토벌사령부'를 설치, 22일 계엄령을 선포하고 8개 연대에서 11개 대대를 차출 여수 순천지역에 투입했다. 아울러 기갑연대와 항공대·군함 등을 동원하여 육·해·공 합동작전으로 10월 27일에 여수를 탈환하였다.

2) 빨치산 토벌

14연대 반란군과 지방좌익이 진압군에 밀려 지리산 등지로 입산하여 빨치산 활동을 전개하자, 토벌대는 광양, 구례, 하동 방면으로 병력을 이동하여 빨치산 토벌에 나섰으며, 육군본부는 1948. 10. 30. '반란군토벌사령부' 예하의 작전 부대를 주축으로 '호남방면 전투사령부'(사령관: 송호성 준장)를 설치하고, '호남방면 전투사령부'는 남원에 북부지구 전투사령부(사령관: 제2여단장 원용덕 대령)를 두고 제2연대와 제3연대 그리고 제6연대의 1개 대대 및 제15연대의 1개 대대를 배속하였으며, 순천에는 '남부지구 전투사령부'(사령관: 제5여단장 김백일 대령)를 두고, 제4연대와 제12연대의 2개 대대 및 제15연대 1개 대대를 배속하여 빨치산을 토벌하였다.

또한 육군본부는 1949. 3. 1. '지리산지구 전투사령부'(이하 '지전사', 사령관: 정일권 준장)와 '호남지구전투사령부'(이하 '호전사', 사령관: 원용덕 준장)를 설치하여 각각 남원과 광주에 본부를 설치하고, '지전사'는 1949. 3. 1.부터 1949. 5. 9. 해체될 때까지 3단계에 걸쳐 빨치산 토벌작전을 전개했으며, 1949. 9. 28. '지전사'를 다시 설치하고 산악부락의 소개를 본격적으로 진행하면서 1950년 초까지 동계토벌작전을 진행하고, '호전사'는 지리산 남쪽 광양군 백운산 일대에서 빨치산 토벌작전을 전개하였다.

나. 사건의 주요 요지

여순사건은 1948. 10. 19. 여수 주둔 국방경비대 제14연대 소속 군인들의 반란을 시작으로 1950. 9. 28. 수복 이전까지 약 2년여 동안, 전라남도 및 전북·경남 일부지역에서 사건과 관련하여 비무장 민간인이 집단희생되고 일부 군·경이 피해를 입은 사건이다.

제2절 기존 연구 및 조사 현황

1. 연구 및 조사개요

가. 학술 연구

여순사건 직후 발표된 정부의 발표문, 사건의 목격담·증언록·신문기사·잡지 글의 경우 '반란군에 의한 살육'이 강조된 반면 군·경 등 진압군에 의한 피해는 은폐하였으며, 이러한 정부의 공식입장은 반공주의적 시각의 연구[2]로 이어져서 공산주의자들의 선동과 지령에 의해 사건이 일어났고, 여순사건이 북한 및 남로당의 지령하에 조직적으로 발생했다는 점을 강조

---

2) 김남식, 『실록 남로당』, 신현실사, 1975; 『남로당연구』 1, 돌베개, 1984; 柳建浩, 「麗順叛亂사건」, 『轉換期의 內幕』, 조선일보사, 1982; 韓鎔源, 『創軍』, 박영사, 1984; 스칼라피노, 이정식·한홍구 역, 『한국공산주의운동사』 2, 돌베개, 1986; 국방부 전사편찬위원회, 『對非正規戰史』, 1988; 이기봉, 『제14연대』, 독서신문사, 1988; 유관종, 「여수! 제14연대 반란사건」 1-4, 『現代公論』 1989년 2~5월호; 전쟁기념사업회, 『한국전쟁사』 2, 행림출판, 1992; 이기봉, 「여순군반란사건 스탈린의 지시였다」, 신동아, 1995년 7월호.

하였으며, 반란군에 의한 희생 사건을 중심으로 다루었다.

80년대 후반부터 여순사건의 원인, 성격, 전개과정에 대해 다양한 주장을 소개하고 문제를 해결하는 데 주안점을 둔 중립적 시각의 연구3)가 진행됨에 따라, 해외 연구 및 진보적 시각의 연구4)에서는 여순사건을 6·25전쟁에 이르는 내란의 한 과정이나 민중봉기(폭동)로 보면서 여순사건의 성격을 둘러싼 논의와 연구를 진행하였으며, 지역에서의 연구5)는 피해자가 '폭도'나 '반도'가 아니라 '양민'이었음을 강조하고, 지역에서의 구체적인 피해사례를 밝혀 왔다.

---

3) 황남준, 「전남지방 정치와 여순사건」, 『解放前後史의 認識』 3, 한길사, 1987; 전남일보, 「여순사건」, 『광주전남 현대사』 2, 실천문학사, 1990; 박명림, 『한국전쟁의 발발과 기원』 2, 나남출판, 1996; 李孝春, 「麗順軍亂研究-그 背景과 展開 過程을 중심으로-」, 고려대 교육대학원 석사학위논문, 1996.

4) E. Grant Meade, American Military Government in Korea, King's Crown Press, Columbia University, New York, 1951; 「美軍政의 정치경제적 인식」, 『韓國現代史의 재조명』, 돌베개, 1982; R. K. Sawyer, Military Advisors in Korea; KMAG in Peace and War, Washington, D.C., Office of The Chief of Military History, Department of The Army, 1962; 桶口雄一, 「麗水順天蜂起」, 『朝鮮研究』 62, 1967; 桶口雄一, 「麗水·順天における軍隊蜂起의民衆」, 『海峽』 4, 1976. 7; 사사키 하루다까, 강창구 역, 『韓國戰秘史』 상권 建軍과 試鍊, 병학사, 1977; Bruce Cumings, 김자동 옮김, 『한국전쟁의 기원』, 일월서각, 1986; John Merrill, Internal Warfare in Korea; 1948-1950, Univ. of Delaware, 1982; 『Korea: The Peninsular Orgins of The War』, New York, Univ. of Delaware Press, 1989; 『침략인가 해방인가』, 신성환 역, 과학과사상사, 1988; B. Comings ed., Child of Conflict; the Korean-American relationship, 1943-1953, Univ. of Washington Press, 1983; 박의경 역, 『한국전쟁과 한미관계; 1943-1953』, 청사, 1987; G. H. Henderson, Korea: The Politocs of the Voltex, Harvard Uni. Press, 1968.

5) 金洛原, 『麗水鄕土史』, 麗水天一出版社, 1962; 鄭漢朝, 『三山二水—順天昇州史—』, 三一印刷公社, 1965; 『순천통계연보』, 순천시, 1974; 『麗水麗川鄕土誌』, 대한공론사, 1975; 1982; 여수수대 개교70년사편찬위원회, 『開校70年史』, 1987; 『求禮郡史』, 1987; 金鷄有 편저, 『麗水麗川發展史』, 반도문화사, 1988; 여수문화원, 『여수문화-제14연대 반란 편-』 5, 1990; 순천대 총학생회, 『여순항쟁 43주년 추모자료집』, 백운산, 1990; 『寶城郡史』, 1995; 여수문화원, 『여수문화-14연대 반란 50년 결산집-』 12, 1997; 『順天市史』 정치·사회편, 1997; 순천대 교지편집위원회, 「여순사건 50년」, 『향림문화』 13, 1998; 여수지역사회연구소 편, 『麗順事件 實態調査 報告書』 1, 1998.

나. 시민단체의 피해실태조사

현재 여순사건 관련 지역에서 부분적으로 조사가 진행된 곳
은 여수, 순천, 구례, 고흥, 광양 지역이며, 여수·순천 지역은
여수지역사회연구소에서 1996~1998년까지 2년여의 피해실태
조사를 통해 피해조사를 진행했고, 2006년 여순사건 화해와 평
화를 위한 순천시민연대에서 순천지역의 피해실태에 대한 보
강조사를 진행한 바 있으며, 구례는 2005년 구례시사 편찬위원
회에서 『구례군지』를 편찬하면서 면 단위의 여순사건 피해상
황을 조사하였고, 고흥은 2005년 민예총 고흥지부·고흥군 여
순사건조사위원회가 민간인 피해 실태 조사보고서를 낸 바 있
으며, 광양은 공식적인 조사보고서를 발간하지는 않았지만,
2005년 광양시사편찬위원회에서 『광양시지』를 편찬하는 과정
에서 여순사건 관련자에 대한 구술 증언을 채록한 바 있다.

2. 주요 성과 및 한계

가. 피해 대상

반란군들은 여수 점령 이후 '처형대상 및 기준'을 친일파, 모
리간상배와 경찰, 서북청년단, 한민당, 독립촉성국민회, 대동청
년단, 민족청년단 등의 단선단정 세력을 반동인물·단체로 규
정하고, 정도가 심한 간부들을 처형대상으로 삼고자 하였으나
반란과정에서 '반동인물'로 지정되어 체포된 후 기준에 따른

심사 없이 민간인이 무고하게 희생되었음이 밝혀졌으며, 최근 민간단체의 실태조사를 통해 민간인 희생자 가운데 다수가 진압군·경에 의해 희생되었음이 밝혀졌다.

실태조사에 따르면, 여수지역의 경우 조사 대상자 총 884명 가운데 155명(77%)이 진압군·경 등에 의해 희생되었고, 반란군·지방좌익에 의한 희생자는 531(23%)명으로 드러났으며, 순천지역의 경우 조사대상자 총 1,329명 가운데 231명(22%)이 반란군·지방좌익에 의해 희생되었고, 835명(78%)이 진압군·경 등에 의해 희생된 것으로 조사되었다.

희생자의 대부분은 10~20대에 이르는 소년과 청장년층으로, 여수 지역의 경우 이 연령층이 전체 피해자의 96%를 점하고 있으며, 순천외곽지역(구 승주군)의 경우 84%에 이르며, 국방경비대 소속 14연대 소속 군인의 경우 비무장 무저항의 상태에서 진압 군·경에 의해 다수가 체포되어 불법적으로 즉결 처형된 사례가 밝혀지기도 하였다.

나. 피해 규모

1) 사건 발생 직후 조사 결과

사건 당시, 사건 진압 직후 정부 및 언론에 발표된 피해의 규모는 <표 2>와 같다.

〈표 2〉 여순사건 당시 여수·순천 지역의 피해현황[6]

지역 \ 구분	사망	중상	경상	행방불명	비고(전거)
여수 순천	1,636	107	236		
구례·광양·보성·고흥	570	705			** 사회부('48. 11. 20.)
곡성	6				
구례	30	50	100		
보성	80	31	30	7	*** 전라남도 보건후생국('48. 11. 1.)
고흥	26	42		8	
	581	1,401			*** 동아일보('49. 1. 27.)
여수 순천		1,441			** 전남도 사회과('48. 12. 20)
사건발생지역 전체	3,392	2,056		82	** 중앙청('49. 1. 10.)
여 수	1,200	800	250		* 대동신문('48. 11. 9.)
	1,300	900	350	3,500	* 전라남도 보건후생국('48. 11. 1.)
	469	510			* 「민주경찰」 3-1(1957)
순천	1,134		103	818	* 대동신문('48. 11. 9.)
	1,135	103		818	* 전라남도 보건후생국('48. 11. 1.)
여수·순천	3,392	2,056		82	* 동아일보('49. 1. 22.)

<표 2>에 따르면 조사 시기에 따라 다르게 나타나고 있기는 하지만 1949. 1. 10. 현재 여순사건으로 인한 민간인 피해자는 총 3,392명으로 집계되었으며, 당시 여수·순천 지역 사망자는 최소 2,000여 명으로 파악되었다.

후생국의 집계는 1948. 11. 1. 발표한 것으로 조사된 시점이

---

6) * 홍영기, 「문헌자료와 증언을 통해본 여순사건의 피해현황」, 제주4·3연구소 국제학술회의 발표논문, 1999, p.5.
   ** 김득중, 「여순사건과 이승만 반공체에의 구축」, 성균관대 사학과 박사학위논문, 2003, pp.186-187.
   *** 국사편찬위원회, 『자료대한민국사』 9, pp.10-11.

여수가 진압군에 의해 탈환된 직후로 협력자 색출과정이나 반란군 토벌과정에서 발생한 피해가 반영되지 않았으며, 또한 조사의 한계로 여수탈환 직후까지의 피해를 짐작하는 데도 한계를 지녔는데, 예를 들어 고흥지역의 경우 사망자 26명, 중상자 42명, 행불자 8명 합 76명의 인명피해만 기록되어 있고 기타 피해에 대해서는 전혀 기록되어 있지 않으나, 고흥이 반란군에 의해 점령된 지역이고 벌교와 함께 진압군이 탈환했던 점을 감안할 때 수치상의 누락이 짐작된다.

2) 최근 시민단체의 조사 결과

시민단체에서 조사한 여수, 순천, 고흥, 구례지역 피해 실태 조사 결과는 <표 3>, <표 4>, <표 5>, <표 6>과 같다.

<표 3> 여수지역의 피해현황[7]

행위자별 지역별	좌 익		우 익				기 타			계
	반란 군	지방 좌익	진압 군	수도 경찰	영암 경찰	의용 경찰	형무 소	행불	기타	
돌 산 읍	3		11	9		8	12	27	22	92
소 라 면	1		5	1		2	2	2	4	17
율 촌 면		2	3	7			12	8	2	34
화 양 면			4	1		2	33	33	6	79
남 　 면			14	4	5	7	4	10	2	46
화 정 면	1		4	1			5	16		27
삼 산 면	1		8	21		23	36	17	9	115
동정지역	2		17				1	1	5	26
서정지역				15			1	3		19

7) 여수지역사회연구소, 『여순사건 자료집』 1, 1998, pp.86-87.

지역										계
오 림 동	2	4	10			1				17
서쪽 외곽	4		3	8			1	5		21
문수여서		2	14	1		2	3	11	1	34
만흥오천						1	5			6
덕 충 동	14		42				1			57
삼일지역	5	1	2	3		11	1	23	4	50
쌍봉지역	3					1	4		2	10
14 연 대	21									21
경　　찰	35	37								72
우　　익		16								16
만 성 리			125							125
소　　계	92	62	277	56	5	58	121	156	57	884
계	154		396			121	156	57		884

※ 보도연맹 관련 피해자 54명 포함.
※ 형무소 관련 피해자 121명 포함.

〈표 4〉 순천지역의 피해현황[8]

행위자 / 지역	좌익				좌익 추정		우익				우익 추정		기타		총계
	봉기군	산군빨치산	지방좌익학생	기타	행불입산		진압군토벌대	경찰	진압군경	청년단치안대	형무소	보도연맹	병사	기타	
시내권	18		5	1			33	42	8				1	1	109
승주읍	14	16	5	2	11		8	60	10	2	1			5	134
주암면		31	10		30			63	20	1	15			1	171
송광면	7	7	1		43		4	16	32		1			1	112
외서면		15	11		12		30	14	1		8				91
낙안면	5	11	14		29		91	15			1	4	1	3	174
별량면	3	9		3	15		3	46			14		1	3	97
상사면	4	6	8		12		12	53		1	12				108
해룡면			10				7	42	2		3				64

8) 여순사건진상조사위원회, 『순천지역 피해실태 조사보고서』, 2006, p.271.

서면	1	12			31		58	64	14		10	3		5	198
황전면	37	15	1		28		18	129	63	3	11			3	308
월등면	3	15		3	11		4	20	37		2				95
계	89	122	65	6	211	0	264	544	150	7	76	7	3	22	1,566
총계	525						1,111							25	1,661

<표 5> 고흥지역의 피해현황[9]

지역	반란군 · 좌익	진압군 · 경	비고
점암면	8		
도양읍		1	
포두면		12	* 진압군 · 경에 의한 피해는 조사 기간 동안 신원이 확인된 사례에 한함.
남양면		8	
과역면	3		* 반란군 · 좌익에 의한 피해는 『고흥군향토반공사』, 1978에 수록된 81명 중 2005년 조사를 통해 재확인된 사례에 한함.
동강면	10		
대서면	26	8	
두원면	24	5	
총계	71	34	

<표 6> 구례지역의 피해 현황[10]

구분	지역	피해자	기타피해
산동면	이평리 우와	8	마을 소각
	이평리 평산	2	27호 전소
	대평리 평촌	26	50여 호 중 3집 남고 전소
	대평리 대양	8	마을 전소
	대평리 대음	22	마을 25호 전소
	대평리 신평	11	마을 전소
	대평리 반곡	30	37여 호 전소
	좌사리 원좌	25	90여 호 전소

---

9) 고흥군 여순사건조사위원회, 『여순사건으로 인한 고흥지역 민간인 피해조사보고서』 1, 2005 참조.

	좌사리 당동	5	마을 전소
	좌사리 상관	20	70여 호 전소
	관산리 하관	15	
	관산리 사포	1	1채 전소
	관산리 반평	4	마을 일부 소각
	위안리 월계	20	36여 호 전소
	위안리 하위	30	36여 호 전소
	위안리 상위	35	36여 호 전소
	원촌리 원촌	11	
산동면	계천리 현천	23	80호 전소
	내산리 효동	3	
	탑정리 정산	11	마을 전소
	탑정리 탑동	4	
	외산리 한천	6	
	외산리 내온	4	
	신학리 하신	3	
	신학리 토치	4	
	둔사리 이사	4	
	둔사리 둔기	14	마을 전소
마산면	황전리 황전	1	
	사도리 하사	다수	
	대산리 유산	다수	
	구만리 구만	7	
광의면	방관리 방광	12	20여 채 전소
	연파리 연파	5	
	온당리 난동	3	
	온당리 온동	다수	
	효곡리 효죽		마을민을 간문초교 소집 고문
간전면	효곡리 논곡		마을민을 간문초교 소집 고문
	금산리 금장	90	

---

10) 구례군지편찬위원회, 『구례군지』 하, 2005 참조.

토지면	오미리 오미	8	
	금내리 원내	1	14연대 군인
	금내리 봉소	2-4	
	내서리 남산	1	
	내서리 원기	10	
	내동리 평도	다수	
구례읍	논곡리 본황	1	
	산성리 사동	2	
	원방리 원천	집단	
	계산리 유곡	22	

여수지역과 순천군 외곽지역(구 승주군)을 대상으로 한 여순 사건 피해자 조사결과, 여수지역 피해자 884명의 신원이 파악되었고, 순천 외곽지역의 경우 2000년 조사 당시 1,320명의 피해자가 확인되었으며, 2006년 조사 당시에는 1,661명의 피해자가 확인되었다(해당지역 국민보도연맹사건, 형무소재소자희생사건 관련자 포함). 그 외 구례, 광양 지역 피해자 약 2,000여 명에 대한 자료를 확보하였다.

3) 실태조사의 문제점 및 한계

증언채록을 중심으로 하여 이를 확증할 수 있는 자료조사가 미흡하고, 비전문적인 증언채록으로 사건 관련 사실을 확인하는 데 제한적이었으며, 가해책임 규명을 위한 군·경 자료의 발굴 수집이 한계적이며, 가해 혐의자들에 대한 조사가 미흡하였다.

전체 수준에서 지휘·명령 계통, 처형·집행 과정을 밝히지 못하고, 부분적으로 조사가 진행된 고흥, 광양지역은 조사 범위가 제한적이고 특정 사건에 집중하여 조사가 이루어져 전체 피해 규모를 파악하는 데 한계적이다.

제3절 조사의 방향과 내용

1. 학살 이유와 규모

가. 조사방향

국방경비대 14연대 소속 군인들의 반란과정, 진압군의 진압과정, 협력자 색출과정, 빨치산 토벌과정에서 발생한 희생사건의 희생대상, 희생이유, 희생형태, 희생규모에 대한 조사

나. 조사내용

1) 학살 대상과 이유

가) 반란군 · 좌익 · 빨치산에 의한 학살

여순사건이 확산되는 과정에서 반란군과 지방좌익에 의해 경찰, 우익단체원, 경찰가족 등이 소위 '반동분자'로 분류되어 희생되거나 반란 비협조를 이유로 학살되었는데, 여순사건 전문 연구자 김득중의 연구에 따르면 반란군이 완전 점령 혹은

부분 점령한 지역은 <표 7>과 같으며, 반란군이 점령하지 않은 지역에서도 지방좌익에 의한 관공서 점령과 살상이 발생했다는 주장이 제기되었다.

<표 7> 반란군 점령지역 및 점령기간

지역	14연대 점령기간	출전
여수시	10월 20~27일	-『자유신문』, 『서울신문』, 『경향신문』, 『동아일보』
순천시	10월 20~23일	- 김석학·임종명, 1975, 『광복 30년』 제2권(여순반란 편),
광양시	10월 21~24일	전남일보사 -佐左木春隆, 1977, 『한국전비사(상권): 건군과 시련』
보성군	10월 22~24일	-HQ. USMAGIK, G-2 Periodic Report 등
구례군	10월 21일, 26일	
고흥군	10월 21~25일	
곡성군	10월 22일	
하동군	10월 25일	-『자유신문』, 1948. 11. 1., 『서울신문』, 1948. 10. 30.
장흥군	10월 26일	-『조선일보』, 1948. 10. 27., 『경향신문』, 1948. 10. 27.
화순군	10월 26일	-『자유신문』, 1948. 10. 27.
함양군	10월 27일	-『서울신문』, 1948. 10. 30.

반군의 점령지역에서의 학살사건은 해방 이후 좌우익의 갈등과 '48년 대한민국 정부 수립 전후 경찰·우익단체에 의한 탄압을 경험한 지방좌익이 국방경비대 14연대 소속 군인들의 반란을 기화로 보복적 차원의 사건이 다수 발생하였던바, 사건 지역의 당시 상황 및 좌익·우익 활동에 대한 조사를 통해 희생이유를 밝혀야 한다.

빨치산에 의해 산간 지역 민간인이 희생된 경우 산간마을에 빨치산이 침입하여 비협조자를 총살하거나 식량, 의복 등을 빼

앗아 강제로 산으로 가지고 올라가도록 한 후 행방불명된 사건
이 다수이며, 지방좌익이 입산하여 해당지역 유지·우익단체
원·경찰보조(정보원)를 비협조자로 총살한 경우가 있어 희생
자의 사건 당시 활동에 대한 조사가 필요하다.

나) 군경에 의한 학살

진압군의 여수 상륙작전 중 박격포(함포) 사격이나 총격전
과정에서 부상을 입거나, 희생된 자가 많은 것으로 알려졌다.
그러나 여수 진압작전 시 반란군 주력이 지리산·백운산 등지
로 퇴각한 사실을 알고 있었고, 당시 임시군사고문단원이었던
짐 하우스만도 '지나친 속도전'이었다고 인정하는바, 여수시
탈환 작전 시 군의 작전 개념과 상황을 조사하여 무리한 진압
작전에 의한 희생여부를 밝혀야 한다.

여수시 진압과정에서 1948. 10. 25. 여수 시내에 화재가 발생
해 많은 인명·재산 피해가 있었던바, 당시 증인들은 진압군의
방화 혹은 박격포 사격으로 인한 화재라고 주장하고 있어 이에
대한 조사가 필요하다.

또 사건 당시 정부와 군의 공식발표에 따르면 여수·순천 지
역에서 학생들이 반란군에 동조하여 저항하였고, 진압군은 이
들을 반란세력으로 간주하여 체포 혹은 총살하였다 주장하나
당시 목격자들은 진압군이 학생이라는 이유로 무차별하게 살
상했다고 주장하고 있어 학생들의 조직적인 반란 참가 여부와
학생 신분 희생자들의 사망 이유에 대한 조사가 필요하다.

진압군이 점령지역으로 진주한 후 반란군 동조자·협력자

색출 작업 과정에서 희생된 경우 반란 동조 여부에 대한 조사가 필요하며, 미 임시군사고문단 데로우 대위의 보고서에 따르면 여성, 어린이 등에 대한 살인이 보고되었던바, 희생 집단이 불특정 다수의 민간인이었을 가능성에 대한 조사가 필요하다.

빨치산 토벌과정에서 산간마을을 단위로 한 희생 사건이 다수 발생하였던바, 특정인에 대한 선별적 희생 여부와 유·소아, 노인, 여성 희생자 유무에 대한 조사가 필요하며, 14연대 등 국방경비대 소속 군인들이 귀향 중이거나 은거 중인 상태에서 군인이라는 이유로 집단 희생되었다고 알려져 있어, 소위 '반란군'부대 소속 군인들의 희생이유에 대한 조사가 필요하다.

2) 학살 형태와 규모

1948년 10월 19일~1950년 10월까지 2년여 기간에 발생한 희생사건의 희생장소와 희생일시가 동일한 사건을 유형화하여 신청인·참고인의 증언, 제사일자, 사건 관련 군경의 활동 내용을 근거로 사건 일시·장소를 확정한다.

제적등본상 희생자의 사망 사실을 확인하고, 사망일자가 잘못 기재된 경우 인우보증자 조사를 통해 피해자 신원을 확인하며, 진실규명 미신청 지역의 경우 면단위 기초조사를 실시하여 여순사건의 전체적인 희생자 규모 및 신원을 밝혀야 한다.

피해형태는 신체적 상해와 참살, 척살, 대살, 수장, 총살 등이 보고되었으며, 현재까지 여순사건 관련 희생규모에 대해서는 사건 발생 지역별로 시민단체에 의한 실태조사 보고가 부분적으로 진행되어 추정이 가능하지만, 전체적인 차원의 공식조사는 진행된 바 없다. 민간단체에서 산출한 희생규모는 <표 8>과 같이 7개 지역 10,000여 명으로 추정되며, 미신청 지역을 포괄한 실태조사를 통해 여순사건의 전체 희생규모를 밝혀내야 한다.

〈표 8〉 여순사건 민간인 피해 지역별 상황[11]

피해장소		피해자 수	행위자
여수	5,000		
순천	2,000		
보성	400		
고흥	200	(지금까지의 실태조사를 통한 추정치 포함)	국군, 경찰, 반란군, 지방좌익
광양	1,300		
구례	800		
곡성	100		
계	10,000		국군 등: 95% 반군 등: 5%

2. 처형·집행과정

가. 조사방향

반란과정, 진압과정, 빨치산 토벌과정에서 발생한 민간인 집단희생사건의 희생과정을 밝혀 불법성 여부를 조사하며, 특히 협력자 색출과정의 경우 법의 기준에 입각해 처리하였는지 여

---

11) 여수지역사회연구소, 『여순사건실태조사보고서』 1·2·3집, 1998·1999·2000; 이영일, 「여순사건 국가폭력의 위법성과 진상규명의 방향」, 여순사건 57주기 학술세미나 발표자료집, 2005, 25쪽.

부에 대한 조사

나. 조사내용

1) 반란과정

반란군과 지방좌익은 '처형대상 및 기준'을 친일파, 모리간 상배와 경찰, 서북청년단, 한민당, 독립촉성국민회, 대동청년단, 민족청년단 등의 단선단정 세력을 반동인물·단체로 규정하고, 정도가 심한 간부들을 처형대상으로 삼고자 하였으나 진압군의 공격과 도피 상황에서 '반동인물'과는 무관한 민간인이 희생되었다고 알려졌다.

여수시에서 반란군 및 좌익에 의한 희생자는 당시 정부 발표에 따르면 1,200~13,000명이라 하였으나, 최근 연구에 따르면 88명(민간인 16, 경찰 72명)으로 파악되었다. 이들은 1차로 인민위원회의 재판을 통해 25명이 희생되었고 퇴각 직전 2차로 여수읍사무소 등에 구금되었던 경찰·민간인 등이 총살되었다.

순천 진격 시에는 우익청년단체원(학련)을 포함한 400여 명이 희생되었고, 순천-광양삼거리에서는 100여 명이 사망했다는 보고가 있으므로, 순천 점령 이후 좌익 학생 및 노동자들에 의한 희생사건이 다수 발생한 바, 이들에게 무기가 지급된 경위에 대한 조사가 필요하다.

그 외 벌교, 광양, 보성, 고흥 등지에서 반란군에 동조한 지방좌익에 의해 민간인이 불법적으로 처형된 예가 있다.[12]

2) 진압과정 및 협력자 색출과정

1948년 10월 23일부터 27일까지의 진압작전으로 가옥이 파괴되고, 무차별 포격 및 사격으로 부상자, 사망자가 속출하는 등의 사건이 발생하였다. 당시 여수 진압을 지휘하고 있던 반군토벌사령부와 정부는 여수 시민이 반란군에 동조하여 무력으로 저항하고 있다고 발표하였으나, 증언에 따르면 반란군이 이미 인근 산간으로 도피하고 시민이 피난행렬을 이루었으며, 일부 학생들이 진압군이 형식적으로 맡기고 간 구형 소총 몇 자루를 가지고 있는 정도였다고 한다.

따라서 진압과정에서 진압군의 시민에 대한 대우·처리 지침여부와 그 내용에 대한 조사가 필요하며 또 경고방송 여부, 시민 보호조치, 피난민에 대한 대응조치 없이 박격포와 총격과정에서 시민의 안전에 대한 고려가 있었는지에 대한 여부가 조사되어야 한다.

반란군에게 점령되었던 지역이 탈환되면서(여수 10. 27, 순천 10. 23, 광양 10. 24, 보성 10. 24 등) 소위 '부역자 심사'가 진행되었던바, 칼 마이던스 회고록이나 당시 신문, 잡지 글 등에는 불법적인 학살과정이 다수 나타났다.

여수지역의 경우 10월 26일부터 서초등학교, 동정 공설운동장, 진남관 중앙초등학교(현 종산초등학교), 동초등학교, 국동 동사무소 공터 등지에서 반란군에 협력한 자를 색출하기 위한 소위 '부역자심사'가 진행되었고, 임시군사고문단의 대로우 대

---

12) 광양지역의 경우 1982년 광양경찰서 생산 자료에 따르면, 여순사건과 한국전쟁기간 지방 좌익에 의한 사망자는 268명으로 보고됨(광양시사 편찬위원회, 『광양시지』, 2005, 745쪽).

위의 보고서에 따르면 이 과정에서 경찰, 우익인사가 소위 '손가락 총'으로 협력자를 지목하고 그중 일부는 일본도로 즉결처형했다고 한다.

그 외 협력자 선별 기준은 교전 중인 자, 총을 가지고 있는 자 외에 '손바닥에 총을 쥔 흔적이 있는 자, 머리를 짧게 깎은 사람, 흰색 찌까다비(地下足袋: 일할 때 신는 일본식 운동화)를 신은 사람, 미군용 군용팬티를 입은 사람, 흰 고무신을 신은 사람' 등으로 자의적이었으며, 심사자인 우익인사가 '손가락 총'으로 가리키면 재판절차 없이 즉결처형되었다고 한다.

협력자 색출 단계는 1단계로 학교나 공공시설에 수용해 적발하고, 2단계는 애매한 자나 이후 고발된 자를 대상으로 심사하여 협력자로 판명될 경우 즉결하거나 군경에 이첩 또는 석방하였고, 색출 후 3등급으로 분류하여 1급은 살인과 인민재판에 참여하는 등 적극적으로 참여한 자, 2급은 소극적 참여자, 3급은 애매한 자 등으로 분류하였다. 선별된 협력자들은 경찰서 등지에 구금되었다가, 집단으로 학살되었고 경찰과 헌병에 의해 트럭으로 끌려가 총살 뒤 5구씩 장작 위에 얹힌 후 불태워진 경우도 있었다고 한다. 희생장소로 알려진 곳이 주민들을 소집했던 학교의 뒤편 운동장, 마을 뒷산, 골짜기 등으로 임의적인 장소에서 총살되거나 희생 후 매장된 것으로 미루어 특정한 절차 없이 임의적으로 총살되었을 가능성이 있다.

여수가 탈환되고 1차적으로 사건이 진압된 후 계엄령하에서 전라남도 동부 6군 이외의 전남, 전북, 경남 일부지역에서 지역민을 여순사건 관련자로 체포 구금 처형한 예가 있다. 점령지역 탈환 이후 서북청년단 등에 의한 재산 약탈 및 방화 사실이 알려져 있다.

3) 빨치산 토벌과정

지리산, 백운산, 모후산, 팔영산, 덕유산 등지에서 소규모 부대로 활동하던 빨치산들이 지방 당과 부락 당 세포와의 연락 아래 공작을 전개하였다. 지방 당 조직이 파괴되고 입산자가 증가하면서 마을에 내려와 식량을 빼앗아가는 사례가 많아졌다. 식량을 구하기가 점점 어려워지자 부락을 기습해 우익계·중도계 농민 또는 자신들에게 비협조적인 농민들을 '반동분자', '지주'로 몰아 숙청하거나 총칼로 위협해 곡물을 가져가기도 하였다. 이 과정에서 우익 청년단원, 경찰 정보원, 경찰 가족 등의 특정한 대상에 대한 보복적 살상으로 나타났다.

또 빼앗은 식량을 빨치산의 근거지까지 운반하기 위해 군경의 추격으로부터 안전한 지대까지 부락민을 동원해 옮겨놓고 부락민을 하산시킨 뒤 본대와 연락해 운반해가는 과정에서 다수의 부락민들이 행방불명되어 빨치산에 의해 희생되었다고 주장하고 있으나, 토벌군·경에게 빨치산으로 오인되어 사살되거나 교전 와중에 사망했을 가능성이 있어 이에 대한 조사가 필요하다.

빨치산 토벌을 진행하면서 마을 주민들을 상대로 한 현지 총살이 감행되었다는 피해지역 주민들의 증언이 있는바, 전과로 보고된 것 중 현지에서 총살된 민간인이 포함되었는지에 대한 조사가 필요하다. 산간 주민들을 대상으로 한 현지 총살은 반란군에 숙식을 제공한 사실이 밝혀지면 마을 사람 대부분을 토벌군 주둔지나, 해당지역 경찰서 유치장으로 연행 구금하였다가 총살한 뒤 전과로 치장했다는 증언이 다수 알려지고 있다. 구례군 산동면의 경우 빨치산 토벌군이 누에창고에 주민들을 감금하고 고문과 구타가 행해진 뒤 사람들을 학살했으며, 이는 주둔부대 지휘관의 명령에 따라 행해졌다는 증언이 있다.

또 마을 주민들을 마을회관에 모이게 한 다음 청·장년을 두 편으로 나누어 마주보게 한 뒤 상대의 뺨을 때리는 등의 가혹 행위가 있었고, 주민들이 보는 앞에서 한 명을 골라 '본보기 총살'을 통해 주민들을 위협하여 빨치산과 격리시키는 방법을 취했다고 한다.

토벌대는 빨치산에게 습격을 당한 뒤 주변 마을을 수색하여 보복적으로 마을 주민들을 총살했다고 전해지는바, 빨치산의 토벌대 습격 일자와 민간인들의 희생 날짜와의 연관성이 조사되어야 한다.

1949년 9월 28일 지리산지구 전투사령부 설치 이후 산악부락의 소개가 본격화되면서 전라남도에서 18만 명 이상의 농민이 소개되기도 하였는데, 또 1949년 겨울부터 1950년 초까지 동계 토벌작전이 진행되면서 토벌대는 소진, 소개를 통한 유격대와 '주민 분리 작전'이 취해지면서 마을 단위 민간인 희생이 증가하여 '주민 분리 작전' 과정에 대한 조사가 필요하다.

3. 지휘·명령 계통

가. 조사방향

여순사건 관련 민간인 집단희생에 대한 지휘·명령체계를
확인하고 기관별 역할 및 구체적인 가해 주체에 대한 조사

나. 조사내용

1) 반란 및 진압 과정의 지휘체계

가) 반란군·지방좌익

당시 반란군의 규모는 정보 획득 방식, 보고일자, 보고자에
따라 다르게 보고되고 있는데, 당시 반란군 규모는 <표 9>와
같다.

<표 9> 반란 참여자 수

번호	보고자	보고일자	참여인원	비고	출전
1	G-2 일일 보고	1948.10.21.	2,400		Hq, USAFIK, G-2 Periodic Report, #968(1948.10.20.~10.21.)
2	김백일	1948.10.21.	800~2,000	포로심문으로 얻은 정보	『동광신문』(호외), 1948.10.21.
3	제5여단 사령부	1948.10.20.	600~800	포로심문으로 얻은 정보	Hq 5th Brigade, Summary of Event-(1948.10.20.0700)

4	주한미군 제24군단	1948.11.10.	3,000	민간인 포함	G-3 Section, XXIV Corps, History of the Revellion of the Korean Constabulary at YOUSU and TAEGU(1948.11.10.)
5	이범석	미상	3,708	사살: 852명, 포로: 2,856명, 탈출: 수백 명 /민간인 포함	AMERICAN MISSION IN KOREA, Report on the Interal Insurrection After April, 1948, made by Minster ofn National Defense, Lee Bum Suk(1948.12.14.)

반란군이 지역적으로 확산되면서 국방경비대 14연대 소속 군인, 지방좌익, 학생 등으로 구성원이 변화하는바, 통일적인 지휘 명령체계를 갖기 어려웠을 것으로 파악되나 김지회, 홍순석, 지창수 등이 지휘하는 반란군 주력 부대와 전남도당 및 해당 지역 지도부에 의해 지휘가 이원적으로 이루어진 것으로 추정된다.

반란군의 주력은 1948년 10월 20일 여수 점령 뒤 지창수가 지휘하는 1개 대대 병력을 제외하고 2개 대대 병력이 순천으로 이동, 순천에서 홍순석의 중대와 합류하였으며, 20일 오후 부대를 3개 지역으로 나누어 1진은 벌교 방향, 2진은 구례 방향, 3진은 광양을 거쳐 하동 방향으로 이동하였으며, 이들은 지리산으로 입산하게 된다.

백선엽은 산악지역으로 부대의 이동과정에서 이현상이 순천에 들어가 홍순석을 총사령관, 김지회를 부사령관으로 임명, 반군의 지휘 체계를 갖추었다고 주장하였으나, 이에 대한 반론도 있어 입산 당시 반란군의 지휘 체계에 대한 조사가 필요하다.

한편 반란군 주력부대와 당 지도부가 1948년 10월 24일 여수를 빠져나간 뒤 좌익 강경파에 의한 집단 희생이 있었고, 순천 지역의 경우 순천경찰서 유치장에서 풀려난 100명가량의 좌익 혐의자와 민학계의 학생이 주도하여 순천경찰서장 및 경관 48명가량을 살상한 사례가 알려져 있어, 주력부대와 당 지도부의 지휘체계하에 민간인 희생이 발생했다고 보기는 어려움이 있다.

광양 등지에서 조직되었던 것으로 보이는 무장대가 마을 단위로 죽창과 창으로 무장 진압군과 대항하는 양상을 보였던바, 이들의 조직성에 대한 검토가 요구되며, 여순사건 이전부터 존재했던 초보적인 무장 유격대가 여순사건의 과정에서 활동한 경우가 보인다(보성 율어면, 겸백, 문덕 지역의 경우).

좌익 학생 조직인 민주청년학생동맹(민청) 계열 학생들의 민간인 희생 가담이 알려진바, 학생조직에 대한 조사가 이루어져야 한다.

나) 진압군

진압작전에 참여한 병력은 제4연대 3개 대대, 제3연대 2개 대대, 제2연대 1개 대대, 제15연대 1개 대대, 제6연대 1개 대대, 제12연대 2대대, 3대대로 대북 경계업무를 담당하던 제1여단과 제4여단을 제외한 10개 대대의 병력을 총동원하였는데, 여수 탈환 이전까지 진압군의 일자별 작전 지역은 <표 10>과 같다.

〈표 10〉 진압군 일자별 작전 지역[13)

	10월 20일	21일	22일	23일	24일	25일	26일	27일
제2연대	대전 →남원	순천	순천	순천			1중대 여수	1중대 여수
제3연대	제1대대 전주	학구 (순천)	학구 (순천)					
	제2대대 구례 向	학구 (순천)	학구 (순천)	순천	광양	여수	여수	여수
	제3대대 학구	학구 (순천)	보성	벌교	벌교	고흥	고흥	고흥
							1개 대대 여수, 1개 대대 구례	
제4연대	2중대 광주주 암 向		보성	보성	광양	광양	순천, 여수	일부는 나주
	1대대						구례, 지리산	구례, 지리산
	470명 학구	학구 (순천)	학구 (순천)	순천				
				4연대 전반 순천	1대대는 보성으로	보성 주둔	1중대는 여수	1중대는 여수
제5연대	부산		제1대대 부산-여수 해안	여수 해안	여수 해안	여수 해안	여수해안	여수 상륙

13) * 佐佐木春隆, 『한국전비사』 상, 병학사, 1977, 330~332쪽.
   * 한용원, 『창군』, 박영사, 1984.
   * 대한민국 국방부전사편찬위원회, 『한국전쟁사1』, 1967.
   * G-3 Section, Ⅱ Ⅳ Corps, History of the Rebellion of the 14th Regiment and the 6th Regiment of the Korean Constabulary, 10 November 1948.
   * 6th Divison, Chronological Journal of Events 18 October 1948 th 21 November 48.
   * 김득중, 「여순사건과 이승만 반공체제의 구축」, 2004, 성균관대학교 사학과 박사학위논문, 116쪽(재인용).

제6연대	대구1대대 남원		지리산 북부 도로 차단. 남원	벌교	벌교	고흥	고흥	고흥
제12연대	제2대대 군산→광주→이리→학구	학구(순천)→순천	순천	순천-광양			여수	
	제3대대 군산→광주→이리→학구	학구(순천)→순천	순천	순천				
					여수에 연대급으로 참가	여수공략,대대급 지리산(구례)	중대병력은 곡성에서 활동	
15연대	제1대대 마산→하동	하동		광양	광양-구례	구례	구례	구례
기갑연대	서울→남원	순천	하동	순천	여수	여수	여수	여수
항공대	전주: L5 5대 광주: L5 4대		여수, 순천 광양 등 작전지역 비행 정찰		광주: LN 9대		여수, 순천, 광양 등 작전지역 비행 정찰	
제2여단					순천주둔	순천주둔		
제5여단	광주		일부병력 학구	순천	순천주둔	순천주둔	순천주둔	순천주둔
사령부		광주에 설치	광주	주암	주암	순천	순천	순천

　이들 병력으로 광주에 주둔 중인 제5여단 사령부를 중심으로 '반란군토벌사령부'를 1948년 10월 21일에 설치하고, 백선엽

정보국장이 참모장이 되어 실제적인 작전 지휘를 하고 김점곤 정보과장이 작전정보 병참업무를 통해 보좌하였는데, 반란군 진압 당시의 진압군 편성·지휘체계는 <표 11>과 같다.

<표 11> 진압군 편성·지휘체계[14]

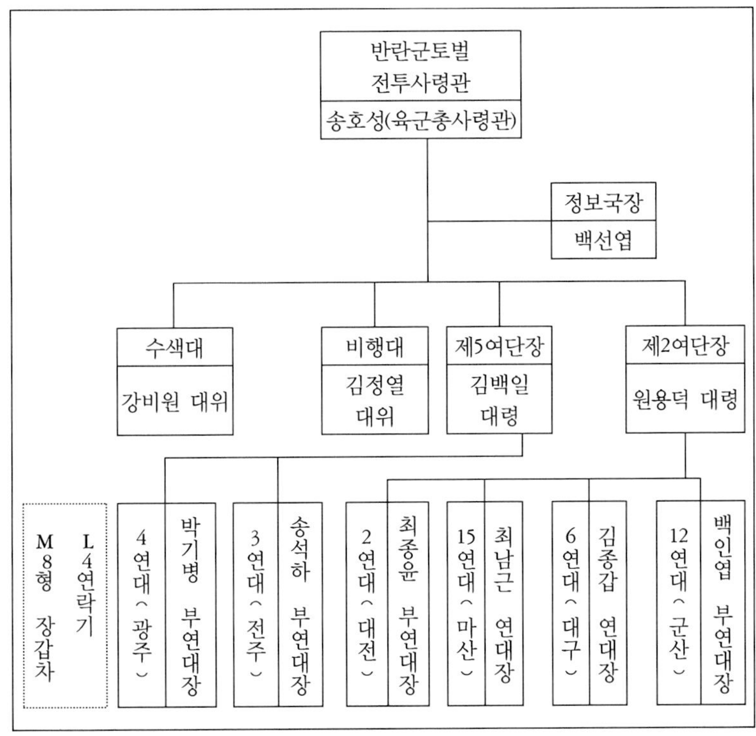

빨치산 토벌작전은 '지리산지구 전투사령부'와 '호남지구 전투사령부'를 통해 체계적으로 진행되었던바, 피해 지역에 대한 '작전 명령'의 실재 여부가 조사되어야 한다.

---

14) 佐佐木春隆, 『한국전비사』, 병학사, 1977, 331~332쪽 참조.

지휘관 및 일선 사병의 '작전' 이해 정도, 피해지역 주민들에 대한 대우·처리 지침에 대한 일선 지휘관 및 일선 사병의 '작전' 이해 정도를 조사하여 비무장 민간인에 대한 불법적 처형이 '묵인'·'조장'되었는지에 대한 여부도 조사되어야 한다.

다) 경찰

1948년 10월 치안국에 '비상경비총사령부'를 설치하고 전투경찰을 총지휘하여, 1948년 10월 20일 오전, 전남경찰청은 최천(崔天) 부청장을 순천 방면으로 보내 경찰 병력을 지휘하도록 지시하였다.

진압작전 초기에는 1948년 11월 18일 대통령령 제33호 남조선과도정부 지방행정기구의 인수에 관한 건에 따라 서울시는 제1경무총감부·수도관구경찰청·철도관구경찰청·서울시소방위원회를 인수하여 각 도 해당 소재 관구경찰청을 인수하기 전으로 <표 12>와 같이 미군정청 경무국(부) 산하 각급 경찰청 및 경찰서 체계하에서 체계가 조직되었다.

〈표 12〉 경찰청 및 경찰서 현황('48. 10. 현재)

관구명	관할구역	경찰서 수	관구경찰청장
제1관구경찰청	경기도	21	장택상
제2관구경찰청	강원도	12	김상봉
제3관구경찰청	충청남도	16	홍락구
제4관구경찰청	충청북도	10	강보형
제5관구경찰청	경상북도	24	권영석
제6관구경찰청	전라북도	14	한종건
제7관구경찰청	경상남도	24	장자관
제8관구경찰청	전라남도	24	박승관

전남도경 산하 여순사건 인근 지역의 경찰들은 진압작전에 투입되었으나, 여수가 탈환되는 1948년 10월 27일까지 특별한 전과를 거두지는 못하였고, 수도관구 경찰청은 1948년 11월 18일 이후 설치됨으로써 초기에는 제1관구 경찰청(경기도) 소속 경찰들이 파견되다가 차후 수도관구 경찰청 경찰이 파견되었던 것으로 판단되어 이에 대한 조사가 필요하다.

수도관구 경찰청 소속 경찰이 1948년 10월 27일 여수 탈환 이후 작전에 투입되어 '반란 협력자' 색출 작업을 전개하는 과정에서 다수의 민간인 피해가 발생했던 것으로 알려지고 있다. 순천의 경우 1948년 11월 1일 이후 수도경찰청[15] 특경대가 순천지역 치안을 담당했으며, 별양, 해룡, 광양 도서면, 여수 율촌 지역에서 봉기군 색출 작업을 진행하였고, 일부 지역에서는 일본도로 즉결처형의 예가 있다.

여수지역에서도 수도경찰청 소속 특경대가 율촌, 소라, 화양, 남면 등지에서 협력자 색출 작업을 진행했고, 일본도로 즉결처형하거나, 혐의자가 없는 경우 대살을 행한 예가 민간단체 실태조사에서 보고되었다. 그 외 오천동, 종산초등학교(현 중앙초등학교), 만성리 가는 터널 뒤쪽의 집단 총살 등에 수도경찰청 소속 특경대가 간여했다고 알려지고 있다.

전남도경 산하 경찰들은 여수 탈환 이후 반란군 협력자 색출 작업에 동원되었으며, 빨치산을 토벌하는 과정에서 국군의 길

---

15) 수도경찰은 1946년 9월 17일 경찰직제 개편에 따라 경무총감부의 설치와 함께 제1관구 경찰청에서 서울지역을 분리, 수도관구경찰청이 창설되었으며, 초대 청장은 제1경무총감을 겸하여 장택상 총감이 임명됨. 수도관구경찰청 내 특별경비대가 있었음.

잡이 역할을 하거나, 주민을 체포, 구금, 고문, 총살하는 데 간여하였다고 알려졌다.

경찰은 인근 지역과 서울에서 지원 파견되었던바, 제8관구 경찰청(전남 경찰청)은 순천 경찰을 지원하기 위해 출동한 보성 등지 경찰관들이 반란군에 완파당하자 수도경찰청에 지원을 요청하여 수도경찰청 소속의 1,000여 명이 1948년 11월 초에 광주를 거쳐 현지로 파견되었다.

철도관구 경찰청 소속 용산철도경찰서, 순천철도경찰서에서 여순사건 진압에 철도경찰을 파견했다고 알려져 있으나, 그 외의 철도경찰의 진압 참여 여부가 조사되어야 하며, 1946년 3월 5일 철도관구 경찰청 설립 당시 17개 철도경찰서가 설치되었으며, 개황은 <표 13>과 같다.

<표 13> 철도관구 경찰청 산하 철도경찰서('48. 10. 현재)

정식호칭	약식호칭
제1구 철도경찰서	개성철도경찰서
제2구 철도경찰서	경성철도경찰서
제3구 철도경찰서	청량리철도경찰서
제4구 철도경찰서	용산철도경찰서
제5구 철도경찰서	영등포철도경찰서
제6구 철도경찰서	인천철도경찰서
제7구 철도경찰서	천안철도경찰서
제8구 철도경찰서	안동철도경찰서
제9구 철도경찰서	대전철도경찰서
제10구 철도경찰서	김천철도경찰서
제11구 철도경찰서	이리철도경찰서
제12구 철도경찰서	대구철도경찰서

제13구 철도경찰서	광주철도경찰서
제14구 철도경찰서	순천철도경찰서
제15구 철도경찰서	마산철도경찰서
제16구 철도경찰서	부산철도경찰서
제17구 철도경찰서	목포철도경찰서

국가기록원 소장 치안본부 철도경찰본대 사령원부와 관련자 증언에 따르면 철도경찰이 진압작전에 투입되었으며, 순천·여수 등지의 철도경찰대원에 의한 철도원 구금·처형 사건 사례가 알려져 있다.

라) 우익청년단체

서북청년단, 대한청년단 등의 우익청년단원 약 600여 명이 수도경찰로부터 훈련 후 경찰복을 착용하고 여수에 배치된 것으로 알려져 있으며, 반민반관으로 알려진 의용경찰들은 해당 지역의 상황을 잘 파악하고 있어, 여순사건 당시 단순가담자 등을 사적인 보복 등의 이유로 지역민을 집단 총살했던 것으로 알려지고 있다. 또한 관련자 증언에 따르면, 의용경찰은 경찰의 지휘하에 있으면서, 경찰과 동일한 일명 '살인면허'를 가지고 있었다 한다.

마) SIS · CIC

국군 보안 사령부 자료에 따르면 1948년 5월 27일 육군본부 정부국에 제3과(특별조사과)가 설치되었고, 1948년 9월 27일~10월 30일까지 SIS 제1기생 41명이 교육을 마치고 각 지구 파견

대가 마련되었는데, 전남지구파견 특무대(약칭 505CIC)는 1948
년 11월 10일 광주에 설치되었다.

여순사건 관련 민간인 희생사건에 CIC가 조직적으로 개입했
는지에 대한 여부는 명확하지 않으나, 전남지구 파견대가 마련
되는 시점이 여순사건의 과정에 위치하고 있어 CIC 역할에 대
한 조사가 필요하다.

바) 미국: 임시군사고문단

여순사건 발생 초기부터 미군임시군사고문단의 지휘하에 진
압작전이 전개되었다는 주장과 단지 고문으로서 사건 상황을
미 정부에 보고하는 역할만 했다는 주장이 상반된다. 그러나
1948년 8월 24일 체결된 '대한민국 대통령과 주한미군사령관
간에 체결된 과도기에 시행될 잠정적 군사안전에 관한 행정협
정' 제2조에 따르면 "미군 철수의 완료 시까지 주한미군사령관
은(…) 대한민국 국방군(국방경비대, 해안경비대 및 비상지역에
주둔하는 국립경찰 파견대를 포함)에 대한 전면적인 작전상의
통제(over-all operational control)를 행사하는 권한을 보유할 것"이
라고 되어 있다.16)

또 48년 9월 11일 체결된 "재정 및 재산에 관한 협정"은 주로
미군정청이 보존하고 있는 재산, 물건, 현금, 예급, 설비 및 군
수물자 등에 관한 모든 권리, 군한 및 이익을 양도한다고 규정

---

16) 1948년 8월 26일 군사협정에 따라 주한미군고문사절단을 설치하고 그 산하에 임시군사고
   문단(PMAG; Provisonal Military Advisory Group in Korea)을 두고, 사절단장에 무초 대통
   령 특사, 고문단장에 로버츠 준장이 임명되고 248명의 고문단원이 배치됨.

되어 있는데, 이는 국군 창설에 필요한 모든 장비와 시설 및 군수물자와 지휘권이 미군의 장악하에 있음을 시사하고 있다.

1948년 10월 20일 여순사건 관련 관계자 회의 시 미 군사고문단장 로버츠(William H. S. Roberts)가 회의를 소집하고 미군 측에서 국방경비대 고문 하우스만(James H. Hausman), G-2 소속의 존 리드(John P. Reed), 전 5여단 고문인 트레이웰(J. H. Treadwell) 대위, 현 5여단 고문 프레이(Robert F. Frey) 대위가 참석하였으며, 실제적으로 미군은 여순사건의 진압·토벌 작전에서 소요되는 모든 무기와 탄약 그리고 통신 및 군수품을 초기부터 공급했다는 주장이 있다.

하우스만은 회고록에서 자신이 받은 임무서에는 토벌사령부가 효율적으로 작전을 수행하지 못하면 자신이 직접 작전을 지휘할 수 있는 권한이 적혀 있었고 토벌사령부의 조직과 작전을 지원하고 감독하는 일을 전적으로 책임지게 되었다고 증언하고 있다.

따라서 미군임시군사고문단을 위시한 미군이 여순사건 개입 여부와 민간인 희생사건에 대한인지 여부 등이 조사되어야 한다.

2) 빨치산 토벌작전 과정의 지휘체계

가) 토벌군·경

여수탈환 이후 '반란군토벌전투사령부'는 '호남지구전투사령부'로 개칭되었고 1948년 10월 30일 '북부지구 전투사령부(사령관: 원용덕)', '남부지구 전투사령부(사령관: 김백일)'가 설치되어 1948년 11월 30일까지 토벌작전을 진행하는데, 호남지구 전투사령부의 편성·지휘체계는 다음의 <표 14>와 같다.

<표 14> 호남지구 전투사령부 편성·지휘체계('48. 10. 30.)

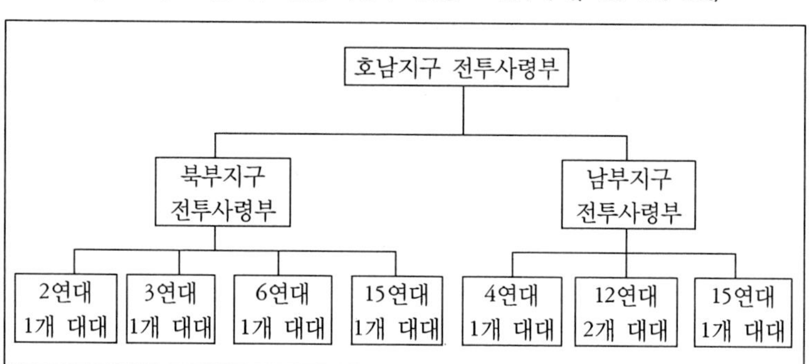

남지구와 북지구의 전투경계선은 섬진강-구례-암록-삼지-옥과-담양-고창을 연결하는 선으로 설정하고, 호남지구 전투사령부가 해체된 후 빨치산의 활동이 전남·전북의 동부지역인 광양·곡성·남운·장수·무주와 경남 서부지역인 산청·함양·거창·진주 부근까지 확대된다. 1949년 3월 1일부터 4월 18일까지 춘계토벌 작전을 위해 지리산지구 전투사령부(남원)와 호남지구 전투사령부를 구성하는데, 각각 편성·지휘체계는 아래의 <표 15>, <표 16>과 같다.

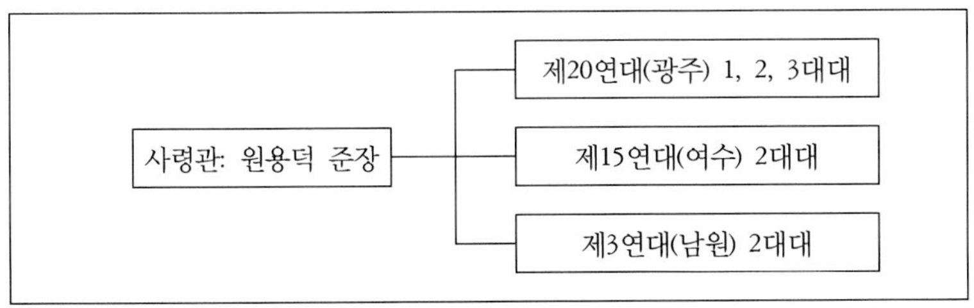

〈표 15〉 호남지구 전투사령부 편성·지휘체계('49. 3. 1.)

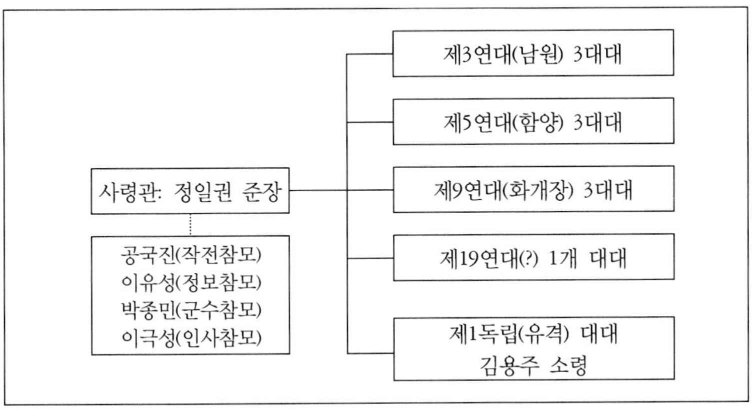

〈표 16〉 지리산지구 전투사령부 편성·지휘체계('49. 3. 1.)

춘계 토벌 이후 지구 전투사령관에는 남원의 제3연대장 함준호 대령이 임명되어 토벌작전이 이어졌다. 1949년 9월 28일~1950년 1월 15일까지 김백일 대령이 전투사령관으로 임명되어 토벌작전을 진행하고, 1950년 2월 5일 호남 일원의 계엄령이 해제된다.

한편, 지리산지구 빨치산 토벌을 위해 1949년 9월 22일 내무부장관 김효석, 신성모 국방부장관, 장경근 내무부차관, 채병덕

총참모장, 정일권 참모부장, 이호 치안국장 등 군경 수뇌가 회합 군경합동 지리산전투지구 경찰대총지휘본부를 남원에 설치하여 치안국 경비과 작전계장 최치환 총경의 지휘하에 50년 4월 말까지 3차에 걸친 작전을 진행하는데, 지리산전투지구 경찰대의 조직체계는 <표 17>과 같다.

<표 17> 지리산전투지구 경찰대총지휘본부 조직체계[17]

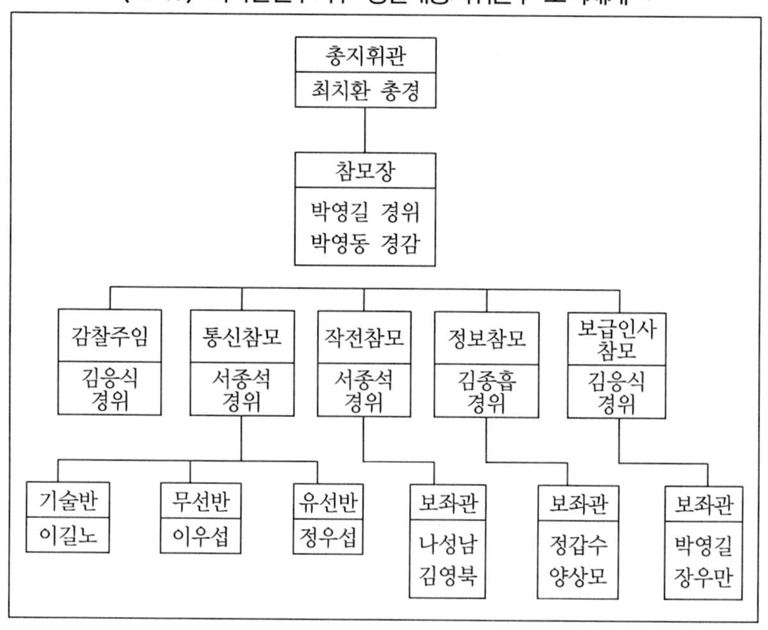

또 1949년 7월 13일 김상봉 전라남도경찰국장은 이른바 7월 공세, 9월 공세설에 대한 대처방안을 다음과 같이 발표하였던 바, 전남도경 차원에서 소대별로 유격대를 편성하여 토벌작전

을 진행하였다.

1. 작전상의 필요에 따라 내일까지를 기한으로 방금 폭도들이 출몰하고 있는 각 산간부락을 소개 중에 있다.
2. 소방대원 의용소방대원들의 조직을 강화하는 한편 그들이 질적 향상을 목표로 대원의 신분을 조사한 다음 폭도와의 연락을 차단하기 위해 도내 수 개 처에 38선에서 실시 중인 것과 같은 교통차단을 단행하겠다.
3. 도피자의 명부를 작성하며 각 가족의 사진을 전부 촬영하도록 한다.
4. 전 경찰국원을 수 개 소대로 나누어 유격대를 편성할 것이며 이 구성원들은 무선사찰, 수사 등 모든 일을 그 소대에서 담당할 수 있는 인물이 될 것이다.

나) 빨치산

이태의 『남부군』에 따르면 진압군에 쫓겨 지리산 백운산 등지로 들어간 빨치산의 규모는 1,000여 명으로 1949년 4월 9일 김지회, 홍순석이 사살될 당시 200명가량으로 줄었다고 하는데, 빨치산 활동 참여자들의 증언에 따르면 빨치산 활동이 본격화 되면서 전남도당 위원장이 총사령관으로 되었으며, 1948년 10월 24일 400여 명의 좌익병력이 백운산에 최초로 진입하여 '여수'백운산부대를 창설하였고 전남도당 위원장인 유목윤이 총사령관을 겸하였으며, 그 후 1949년 3월 박종화 구례 빨치산 부대와 합류, 백운부대를 창설했다 한다.

　1949년 6월 남로당과 북로당이 합당하여 조선로동당이 만들어지면서 빨치산 투쟁의 지도 권한이 남로당에서 북로당으로 변화하였으며, 빨치산 투쟁이 북의 지도와 침투에 의해 진행되었다고 알려진다.

　반란군의 잔여세력은 1949년 7월경부터 이현상의 지휘로 지리산 주변 지역의 야산대와 반란동조세력을 규합하여 유격대로 전화하였고, 인민유격대 제2병단을 조직하였으며, 1949년 8월 이후 지리산 지구 인민유격대 조직체계는 <표 18>과 같다.

<표 18> 지리산지구 인민유격대 조직체계[18]

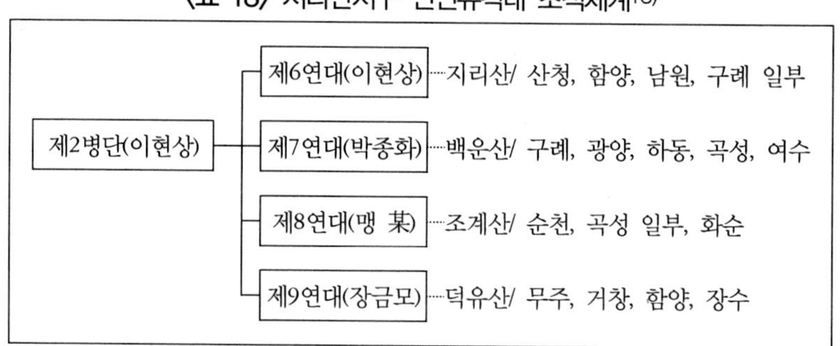

　1949년 10월 이후 전남도당 부위원장이던 김선우가 사령관을 맡아 지휘했으며, 그 아래 백아산지구, 장성노령지구, 영광불갑지구, 장흥유치지구, 보성지구 등 5개 지구사령부가 있었으며, 당시 호남지구 유격대의 조직체계는 <표 19>와 같다.

---

18) 이태, 『남부군』, 두레, 1993, 255쪽.

〈표 19〉 호남지구 유격대 조직체계[19]

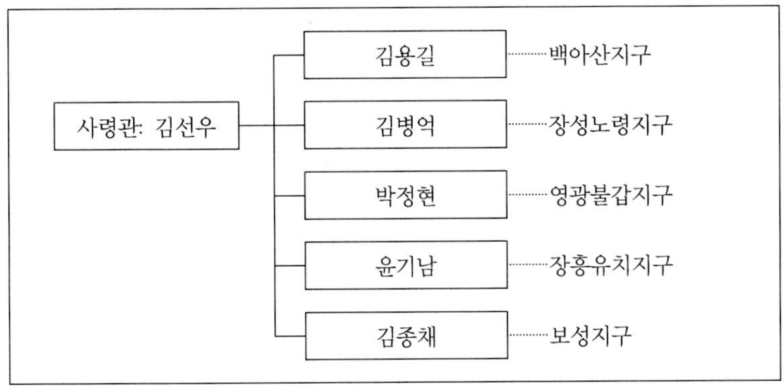

따라서 빨치산의 조직체계는 입산 초기의 조직체계와 전남 도당이 지휘하는 호남지구 유격대의 조직체계, '49년 6월 이후 북의 지도에 따른 이현상의 제2병단 유격대 등의 지휘명령 체계가 공존했으며 점차 이현상의 제2병단으로 수렴된 것으로 판단되어 이에 대한 조사가 필요하다.

4. 법적·절차적 정당성 여부

가. 조사방향

계엄령, 국방경비법, 군법회의, 국가보안법의 제정·적용의 불법성 여부에 대한 조사

---

19) 안종철 외, 『근현대의 형성과 지역 사회운동』, 샛길, 1995, 248쪽.

나. 조사내용

1) 계엄령의 불법성 여부

계엄법이 제정되기 이전에 법적 근거 없이 발표됐기 때문에 위헌이라는 측과 일제 계엄령이 계속 효력을 갖고 있었기에 적법하다는 주장이 있다.

계엄령은 1948년 10월 22일 정오 현지사령관에 의해 처음 내려졌고, 이미 발포된 계엄령은 1948년 10월 25일 국무회의를 통해 의결·공포되었고, 계엄포고문에는 '본관에게 부여된 권한'이라는 표현이 있지만 어떤 근거에 의해 부여된 것인지 불명확하다. 계엄령 통과 후 1948년 10월 26일자로 여수·순천지구에 임시계엄을 선포했고, 이 선포문은 군사에 관계있는 행정·사법 사무는 계엄사령관이 담당한다고 명시하였다.

또한 1948년 11월 1일 호남방면 사령관 원용덕에 의해 여수·순천지구에서 전남·북으로 확대되었고, 14연대 잔여 병력이 지리산 방면으로 이동하여 전투가 발생하자 남원지구사령관은 1948년 11월 1일 0시를 기해 남원지구에 계엄령을 발포하였다.

이와는 별도로 1948년 11월 5일 호남방면 작전사령관은 전라남·북도 지역에 통신제한 계엄령을 별도로 발포하였다가 1948년 11월 11일 상오 8시에 해제하였다.

이와 같이 계엄령이 근거 없이 선포되고, 계엄령의 효력, 시기, 대상에 대한 정확한 규정이 없음으로 해서 당시 국회 내에서 논란이 발생하였는데, 당시 국회에서 논의된 사항은 '어떤 법에 근거하여 계엄령을 발포했는가, 국회의 동의를 얻지 않은 이유는 무엇인가, 계엄의 유효시기와 그 지역 범위' 등이었으며, 이인 법무부장관은 "계엄법이 존재하지 않습니다" 하여 계엄법 제정이 이루어지지 않았음을 인정하였다.

제주 4·3사건 당시 계엄령(1948. 11. 17.~12. 31.)의 경우 일제 계엄령을 법적 근거로 하여 선포한 것이 아니라는 점이 밝혀졌으며, 이 시기보다 앞서 발표된 여순사건 당시의 계엄령의 경우 법적 근거가 취약하였다.

특히 1948년 11월 1일 전남·북 일대에 확대 실시하는 포고문을 통해 보면 발표 계엄사령관의 사법·행정권의 장악, 야간통행금지, 대한민국 국기 게양, 반란분자의 신고, 군사행동 방해 금지 등을 규정하여 지휘관의 자의적 판단에 따라 즉결처분이 이루어질 수 있음을 규정하였다.

계엄령의 법적 정당성 여부를 떠나, 계엄령하에서 재판절차 없이 즉결처분이 빈번하게 진행되었다는 점은 계엄령 집행이 법의 테두리를 벗어났을 가능성이 높았음을 의미한다.

2) 국방경비법·군법회의의 불법성 여부

국방경비법 제정의 불확실성에 대해서는 법률 호수가 미상이고 남조선과도입법의원이 해산된 후라 시간적으로 입법이 불가능하며 미법령집, 관보, 내부보고서, 당시신문, 미군정활동 보고서에도 제정과 공포기록이 부재하여 제정과 공포가 되지 않았고 추후 입법되었을 가능성이 주장되었다.

국방경비법은 제32조(이적행위)와 제33조(간첩)는 민간인에게도 적용되어 군법회의를 통해 사형 등에 처해졌으며, 국방경비법에 따라 군법회의에 회부된 경우 재판조서·공판조서 등 소송기록이 발견되지 않고, 재판이 없었거나 형무소에 가서야 형량이 통보되는 등 형식적인 절차에 불과했다는 생존자들의 증언이 있어 재판의 신속만을 고려하여 군법회의를 운영하는 데 증거재판주의나 심급제 원칙이 경시되었을 가능성에 대한 조사가 필요하다.

2,000여 명의 혐의자를 한 달 동안 처리하였고, 광주, 여수, 순천 재판은 1,500명을 7일 만에 처리하는 등 처리자 건수가 과도하게 많았다는 점이 지적되었으며, 또한 사형판결이 남용(1950년 처리한 전체사건 4,891건 중 사형판결을 받은 사람은 1,920명)되었다는 지적이 있어 왔다.

3) 국가보안법 적용 및 실시의 적법성 여부

이승만 정부는 여순사건을 수습하는 과정에서 좌익세력 및 반대세력 제거 수단으로 1948년 11월 20일 국가보안법을 통과시키고 12월 1일(법률 제10호) 공포·시행하였는데, 국가보안법 제정 당시부터 입법과정의 문제, 내용상의 문제가 제기되었으며, 적용과정의 편파성, 절차법 위반 문제가 상시적으로 발생하였다.

제4절 향후 세부조사 계획

1. 기관자료 조사

가. 조사방향

관련 기관에서 생산·소장 중인 자료를 수집·분석하여 지휘명령계통, 희생경과, 희생 일시·장소 및 희생대상을 객관적으로 입증할 계획이며, 기존확보자료는 부재한 상황이다.

나. 향후 조사대상 기관

1) 경찰청 · 경찰서

가) 해당 경찰서 자료관(문서고) 현황
○ 조사대상 경찰관서는 전남(지청 1·경찰서 23) 24개, 전북(지청 1·경찰서 8) 9개, 경남(지청 1·경찰서 4) 5개의 자료관(문서고)으로 <표 20>과 같다.

〈표 20〉 조사대상 경찰관서

지방청	경찰서	사건 신청 여부	문서고 현황	신설일
전북지청 ·45. 10. 21. 신설 (6관구 경찰청)	남원서	☆	경무계-자료관	45. 10. 21. (6관구 14구 경찰서)
	고창서	★	경무계-자료관	45. 10. 21. (6관구 14구 경찰서)
	부안서	☆	경무계-문서고	45. 10. 21.
	임실서	★	경무계-문서고	1906. 남원분서 임실분파소
	순창서	☆	경무계-문서고	45. 10. 21.
	진안서	☆	경무계-문서고	45. 10. 21. (6관구 7구 경찰서)
	장수서	☆	경무계-자료관 보안과 별도관리	45. 10. 21.
	무주서	☆	경무계-문서고	45. 10. 21. (6관구 4구 경찰서)
전남지청 ·46. 4. 5. 신설 ·59년 이전	광주 동부서	☆	경무계-자료관	45. 11.
	광주 광산서	☆	경무계-자료관	46. 4. 15.
	목포서	★	경무계-자료관	45. 10. 21. (8관구 12구 경찰서)
	여수서	★	경무계-자료관	45. 8. 15. (8관구 10구 경찰서)
	순천서	★	경무계-자료관	48. 10.
	나주서	★	경무계-자료관	45. 10. 21.
	광양서	★	경무계-자료관	46. 10.
	고흥서	★	경무계-자료관 보안과 별도관리	45. 10. 21.
	해남서	☆	경무계-자료관	46. 1. 16. (8관구 17구 경찰서)

	구례서	★	경무계-자료관	46. 4. (8관구 5구 경찰서)
	장흥서	★	경무계-자료관	45. 10. 21.
	보성서	★	경무계-자료관	45. 11. 18.
	영광서	☆	경무계-자료관	46. 10. 7. (8관구 1구 경찰서)
	화순서	★	경무계-자료관	45. 10. 21. (8관구 9구 경찰서)
	함평서	☆	경무계-자료관	46. 2. 12.
	영암서	★	경무계-자료관	46. 1. 12. (8관구 13구 경찰서)
	장성서	★	경무계-자료관 보안과 별도관리	45. 11. 7 (8관구 2구 경찰서)
	강진서	★	경무계-자료관	46. 4. 6. (8관구 18구 경찰서)
	담양서	★	경무계-자료관	46. 4. (8관구 3구 경찰서)
	곡성서	★	경무계-자료관	46. 4. 6. (8관구 4구 경찰서)
	완도서	★	경무계-자료관	45. 10. 21.
	무안서	☆	경무계-자료관	46. 6. 1.
	진도서	☆	별도관리	45. 10. 21.
경남지청 ·45년 신설 ·83년 이전	하동서	☆	경무계-자료관	46.
	남해서	☆	경무계-자료관	45. 10. 21.
	함양서	★	경무계-자료관	45. 10. 21.
	산청서	☆	경무계-자료관	45. 10. 21.

※ ★표는 위원회에 신청서가 접수된 지역, ☆표는 접수되지 않은 지역임.

나) 관련자료 목록

○ 1948~50. 7. 관련 인사기록:『사령부』,『이력서』,『신분카
드』,『현원명부』 등

○ 정보과 및 보안과 소장『비밀기록 관리대장』및 해당 관
련 기록

  · 처형자 가족명부, 신원기록존안대상자 연명부

  · 요시인 명부

  · 대공기본대장

  · 보안처분대상자 명단

○ 기타 1948~1950년 생산 기록 및 역사기록

○ 지리산지구전투경찰대 전투상보, 1949. 10. ~ 1950. 3.

○ 순천·여수경찰서,『사실조사서』

○ 전사·순직 경찰관·소방관·애국단체원 대장, 대한경우
협회

○ 치안본부, 철도경찰본대 사령원부

○ 국가기록원 이관자료 목록

2) 검찰청·법원

가) 해당 검찰청·법원 문서고 현황

<표 21> 조사대상 검찰청·법원 문서고

지방청/법원	지청	문서고 상황	담당부처	연락처
광주지방검찰청		자료관	총무과·총무계	062-231-4544
광주지방검찰청	장흥지청	문서고	총무계·보존계	061-863-6208 (총)061-860-4563
광주지방검찰청	순천지청	자료관	총무계·보존계	061-729-4543 (총)061-729-4583
광주지방검찰청	목포지청	자료관	총무계·보존계	061-280-4543 (총)061-280-4594
전주지방검찰청		자료관	총무과·총무계	063-259-4602
남원지청	남원지청	문서고	총무과·총무계	063-633-3131
광주고등법원		법원보존문서 관리소	민형과	062-239-1266

나) 관련자료 목록
○ 1948~1950년 생산 자료 목록
○ 국가기록원 및 타 기관 이관 목록

3) 육군기록정보단

가) 자료관 현황
○ 대전의 기정단과 부산 문서보존소가 있으나 구체적인 자

료관 현황은 파악된 바 없음.

나) 관련자료 목록

○ 1948~1950년 생산『일반 명령철』,『특명철』

○ 1948~1950년 관련 인사기록:『인사명령철(장교·하사관)』,
  『장교자력표』,『하사관 자력표』,『병적기록표』등

○ 관련 부대 전투상보, 작전일지

○ 반군토벌 전투사령부, 호남지구전투사령부, 지리산지구전
  투사령부 관련『작전명령』,『작전계획(예규·지시)』,『인
  사명령철』,『전투상보』,『작전일지』기타 생산기록 및 역
  사기록

○ 1948~1950 군법회의 자료

4) 국가기록원

가) 국가기록원 자료관 현황

○ 2006. 2. 국가기록원 보유 기록물 중 중요 기록물 목록을
  공개함.

○ 과거사 관련 목록 중 여순사건 관련 행형기록(판결문 외)
  이 확인됨.

나) 관련자료 목록

○ 여순사건 관련 재판 및 행형기록:『판결문』,『수형인명부』,
  『집행원부』,『형사사건부』등

○ 여순사건 관련 군법회의 자료
○ 1949~1953. 국가보안법, 국방경비법 위반 관련 송취·판
  결 등 형사사건기록
○ 실종자 명부, 1949
○ 내무부, 『신원기록일체정비계획』, 1980

5) 기무사

가) 기무사 자료관 현황
○ 해당사항 없음

나) 관련자료 목록
○ 여순사건 직후 군 내의 1~4차에 걸친 숙군 관련자료
○ 육군본부 특별조사과(SIS)·정보3과(CIC)관련 기록
○ 48~50 시기 CIC 근무자 인적사항

6) 기타

가) 군사편찬연구소
○ 전사편찬위원회, 호국전몰용사공훈록
○ 전사편찬위원회, 참전자 증언록

나) 국가보훈처

○ 국가유공자 인명부, 각종 수당 수령 대상자 명부 등

다) 읍·면사무소

○ 범죄인 명부

○ 수형인 명부

○ 부동거주자명부

○ 호적대장

라) 전남 교육청·관련 학교

○ 제적증명서

○ 제적 등본

마) 철도공사

○ 철도공안 구기록물

다. 세부조사계획

1) 수집자료 정리

○ 수집된 자료는 관련사건, 문서명, 수집처, 수집일, 관리자
  순으로 도표화하여 정리할 계획이다.

· 수집자료 정리의 예

순 번	보안 등급	관련 사건	문서명	수집처	수집일	관리자
1	B	구례지 역사건	· 구례경찰서 1948~50. 재직경찰자 인사기록철	구례경 찰서	2007. 05. 30.	김춘수

2) 수집자료 분석

○ 수집자료는 문서명, 생산주체, 생산시기, 문서성격, 사건 관련 내용으로 구분 상세 해제를 작성한다.

· 자료 해제의 예

문서명	생산주체	생산시기	문서성격	사건관련 내용
구례경찰서 1948~50. 재직경찰자 인사기록철	구례경찰서	1948~ 1950	· 구례경찰서 경 찰의 이동, 보 직, 상훈 관계, 임명, 퇴직 관 계 기록철	1948년 11월 19일 구례경찰서 사건의 주요 참고인 신○ ○의 신원 확인

3) 기관자료조사 추진일정

〈표 22〉 기관자료 조사 추진 일정표

조사시기 (년)	조사시기 (월)	조 사 내 용	비고
'07	1~3월	· 기존 수집자료 파악 및 정리 · 기관자료 조사계획 수립	
	4~5월	· 국가기록원 자료 조사 · 전남·전북 경찰청 자료 조사 · 구례·화순·곡성(·남원·고창·임실) 경찰서 자료조사	
	6~7월	· 국가기록원 자료 조사 · 기정단 자료조사	
	8월	· 국가기록원 수집자료 분석	
	9월	· 기정단 군 자료 분석	
	10월	· 구례지역 읍·면사무소 자료수집·분석	
'08	1~7월	· 검찰청 자료조사 · 경남경찰청 및 여수, 순천 광양, 고흥, 보성 등 경 찰서 자료조사	
	8월	· 자료수집 분석 중간 결과 보고서 제출	
	9~11월	· 전남 동부지역 사건 관련 기관 추가 자료조사	
'09	1~4월	· 전북·경남 지역 사건 관련 기관 추가 자료조사	
	6~10월	· 군인피해관련 기정단, 육군본부 등 기관 자료조사	

2. 일반 문헌자료 조사

가. 조사방향

○ 국내 자료(신문, 잡지, 국회속기록, 국무회의록)를 통한 진
압·토벌작전 과정에서 발생한 민간인 희생에 대한 정부

의 책임에 대한 조사
○ 신문·잡지 글을 통한 사건 현지의 상황에 대한 조사
○ 미국자료를 통한 여순사건 진압작전 상황 및 지휘명령체
  계에 대한 조사
○ 『빨치산 자료집』을 통한 사건 관련 빨치산을 비롯한 가해
  혐의자 추적
○ 회고록·증언자료를 통한 가해혐의자 추적 및 피해상황
  조사

나. 기존확보자료

○ 제6절 주요참고자료 - 2. 중요 국내 문헌 자료 목록 참조

다. 조사내용

1) 연구논저
○ 제6절 주요참고자료 - 2. 중요 국내 문헌 자료 목록 참조

2) 신문·잡지
○ 1948. 10. ~ 1950. 전쟁 전까지의 『조선일보』, 『경향신문』,
  『호남신문』, 『동광신문』 등
○ 『개벽』·『신천지』 등
○ 『빨치산 자료집』 1~7, 한림대 아시아문화연구소, 1996 중
  1권·7권

3) 현장사진

○ 육군본부, 『육군역사사진집』, 1970

○ 이경모, 『격동의 현장』, 눈빛, 1991

○ 『Life』지

4) 해외자료

○ NARA 소장 RG 59, 84, 319, 338 등

○ CIA 문서 중 ORE 32-48, ORE 3049 등

○ 미육군군사연구소(USAMHI) 소장 자료

○ 국사편찬위원회, 미군정기 군정단·군정중대문서

○ 제주4·3자료집, 주한미육군사령부 방첩대, 월간정보보고
서(no. 7)

○ R. K. Sawyer, Military Advisers in Korea: KMAG in Peace and
War, Washington D.C., 1962

○ 『주한미군정보일지』(G-2 보고서)

○ 한림대 아시아문화연구소 소장, 미국극동군사령부, Daily
Intelligence Summary(28~49권)

○ 『주한미군작전일지』(G-3보고서)

○ 미군사고문단의 보고서

○ 한국관계 영국 외무성 문서('48.9~12)

5) 정부문서

○ 『제1회 국회 속기록』 89-124호, 1948년 10~12월, 『국무회
의록』 등

6) 증언 · 회고록

○ 제6절 주요참고자료 - 2. 중요 국내 문헌 자료 - 회고록 ·
증언자료 참조

7) 시민단체 · 유족회 자료

○ 여수지역사회연구소,『여순사건 실태조사 조사보고서 1,
2, 3』, 1998, 2000, 2002

○ 순천시민연대,『여수사건 순천지역 피해실태 조사보고서』,
2006

○ 고흥군여순사건조사위원회,『여순사건과 고흥의 민간인
피해-고흥지역의 민간인 희생을 중심으로』, 2005

○ 구례군희생자유족회,『여순반란사건 중 구례지구토벌전
투 시 희생된 양민의 명예회복에 대한 청원에 관한 건』, 1998.
12. 18

○ 전북도의회,『6 · 25 양민학살진상실태보고서』, 1994

○ 화순군의회,『화순양민학살실태 진상조사결과보고서』, 1999.
10. 26

○ 화순군의회,『화순양민학살실태 진상조사결과 중간보고
서』, 2000. 11. 20

라. 세부조사계획

1) 국내 신문자료 수집계획

○ 수집 대상: '48. 10. 1. ~ '50. 7.에 생산된 국내신문 중앙지 ·

지방지 19종

○ 진행순서: 자료대한민국사 검색 → 소장처 확인 → 복사

○ 조사인원: 조사관 1인

○ 조사기간: '07. 6 ~ '07. 8(3개월)

<표 23> 수집대상 신문 목록

구분	신문명	소장처 · 상태	수집상황
중앙지	동아일보	국립중앙 등 MF	'48.10~11. 수집
	조선일보	국립중앙 등 MF	'48.10~11. 수집
	경향신문	국립중앙 등 MF	'48.10~11. 수집
	서울신문	국립중앙 등 MF	'48.10~11. 수집
	대동신문	국립중앙	'48.10~11. 수집
	세계일보	국회 MF	'48.10~11. 수집
	국제신문	국회('48.7.~'49.2.)	'48.10~11. 수집
	대한일보	국립중앙('47.7.~'48.11.)	'48.10~11. 수집
	국민신문	미확인	'48.10~11. 수집
	수산경제신문	미확인	'48.10~11. 수집
	부인신보	국회	'48.10~11. 수집
	자유신문	국회, 선인출판영인	'48.10~11. 수집
	한성일보	국립중앙 등 MF	'48.10~11. 수집
	독립신보	국회, 국립중앙 MF('48~'49)	'48.10~11. 수집
	평화일보	국회, 국립중앙 MF('48)	'48.10~11. 수집
	조선중앙	국회	
	민주일보	국회 MF('48.5.~12.)	
	국도신문	국회 '49.3.~'49.12./국립중앙 '50.1.~6.	
	민국일보	국회, 국립중앙 MF('48.11.26.~12.31.)/ 국편위('60.7.~'62.7.)	

지방지	전남	호남신문	국회, 국립중앙 MF('48.7~12., '49.1~12.)	'48.10~11. 수집
		동광신문	국립중앙('46.7.~'50.6.) MF, 원판	'48.10~11. 수집
		목포일보	미확인	
		여수일보	미확인	
	전북	전북신문	미확인	
		군산신문	국회, 국립중앙 MF('47.11.~'49.6.)	

2) 해외자료 조사계획

○ 수집대상: '48. 10. 1. ~ '50. 7. 생산된 해외문서

○ 진행순서: 국내 수집 미국자료 수집 → 분석 → 국내 미수
집 자료(미국·영국 등) 추가 수집 → 분석

○ 조사인원: 조사관 2인

○ 조사기간

　· 국내 수집 자료: '07. 4. ~ '07. 8.(5개월)

　· 국내 미수집 자료: '08. 1. ~ '08. 2.(2개월)

〈표 24〉 우선 수집·분석대상 해외자료 목록

생산처	자료명	소장처·상태	수집상황
미국극동 군사령부	Daily Intelligence Summary 『일일정보요약』, 28~49권	· 한림대 아시아문화연구소 (48.10.10.~50.7. 12.) · 국사편찬위원회	
	NARA RG 59, 84, 319, 338	국사편찬위원회	
	RG 94, Box 21887 『미군정기 군정단·군정중대문서』 5	국사편찬위원회	

HQ, USMAGIK	G-2 Periodic Report 『주한미군정보일지』 6(G-2 보고서)		한림대 아시아문화연구소	수집
HQ, USMAGIK	G-2 Weekly Summary Report 『주한미군주간정보요약』 6(G-2 보고서)		한림대 아시아문화연구소	수집
	한국관계 영국 외무성 문서(48.9.~12.)		국사편찬위원회	수집

3) 증언 회고록 수집계획

○ 진행순서: 자료 수집→사건 관련성에 따른 분류→분석

○ 조사인원: 조사관 1인

○ 조사기간: '07. 4. ~ '07. 5.(2개월)

〈표 25〉 우선 수집·분석대상 증언 회고록 목록

구분	저자	자료명	간행·소장처	생산일	수집상황
증언 채록 자료집	홍영기	여순사건 증언 채록		정신문화 연구원	1997	수집
	선휘성 외	지역민이 험한 여순사건 (증언채록)		국사편찬 위원회	2005	수집
	여수지역 사회 연구소	여수, 순천, 구례지역 증언		여수지역 사회 연구소	1998~ 2002	미간행 테이 프(50개) /수집
	전남동부 지역사회 연구소	구례, 순천지역 증언		전남동부 지역사회 연구소	1995~ 1997	미 간 행 테 이 프(30)/ 수집
방송 자료	KBS	James Hausman Interview		Austin, Texas	1992. 11.15.	미수집
	MBC	여순사건 증언록	「이제는 말할 수 있다」 제작팀		1999	수집

	전남동부 지역사회 연구소	강**	내가 겪은 여순사건	지역과 전망 2집	1990	수집
	김**	내가 겪은 여순사건3	순천 시사	순천시사 편찬위원 회	1990	수집
	김계유	내가 겪은 여순사건	지역과 전망 3집	전남동부 지역사회 연구소	1989	수집
	김계유	내가 겪은 여순사건	여수문화 제5집		1990	수집
	김계유	내가 겪은 여순사건	월간예향 1월호		1991	수집
	김계유	여순봉기	역사비평 겨울호		1991	수집
증언	김계유	왜 여순반란이 아닌 여순사건인가	월간 말 5월호		1994	수집
	심명섭 (가명)	내가 겪은 여순사건2	순천시사	순천시사 편찬 위원회	1990	수집
	심명섭 (가명)	내가 겪은 여순사건	지역과 전망4집	전남동부 지역사회 연구소	1990	수집
	윤기남	내가 겪은 여순사건1	순천시사	순천시사 편찬위원 회	1994	수집
	윤기남	여순을 말한다	끝나지 않은 여정	대동	1996	수집
	이봉하	내가 겪은 여수반란사건	박천향 토지	박천 군민회	1979	수집
	정홍수	내가 겪은 여순사건	지역과 전망 1집	전남동부 지역사회 연구소	1990	수집

증언	오관치·김점곤	참전원로장군이 후배에게 말하는 대한민국 건국에서 6·15 남침까지	한국논단 5·6월호		2000	미수집
	이정훈	여순반란사건의 남로당 지령 여부: 당시 수사실무 책임자 김안일 씨의 증언	월간조선 8월호	조선일보사	1991	미수집
	박기병	남부군의 실체 - 빨치산 토벌대장 박기병 장군의 증언	자유공론 12월호		1988	미수집
	신기남	빨치산토벌대 '지리산 보아라부대'	역사비평 가을호	역사비평사	1988	미수집
	이영식 (육철식)	빨치산		행림출판	1988	미수집
	이혜복	나의 종군기자시절	육군 5·6월호		1997	미수집
	이태	남부군 비극의 사령관 이현상		학원사	1990	미수집
개인 인터뷰	김기호	합동통신기자	김득중 김종민 대담	서울	2001. 2.1.	미간행 테이프
	김영만	14연대 남로당 세포원으로 여순직전 체포	조경일 대담		2000. 8.5.	미간행 테이프
	김영만	14연대 여순사건에 대한 간담회	순천 늘푸른 청년회		2001	미간행 테이프
	박종길	여수지역사회 연구소	대담 김득중		2004	미간행 테이프
	백인열	여수좌익 운동가	대담 조경일			미간행 테이프
	정기순	여수 여성동맹원	대담 김득중		2001	미간행 테이프

회고록	백선엽	군과 나		대륙연구 소출판부	1989	수집
	백선엽	실록지리산		고려원	1992	수집
	이선근	민족의증언		중앙 일보사	1983	수집
	이한림	세기의 격랑		팔복원	1994	수집
	리영희	역정-나의 청년시대		창작과 비평사	1988	미수집
	사림(편)	일선기자의 고백		모던 출판사	1949	미수집
	김석원	노병의 한		육법사	1977	미수집
	박기동	부용산		삶과 꿈	2002	미수집
	박일재	백운산을 넘어서		교회교육 연구회	1991	미수집

3. 주요 참고인 조사

가. 조사방향

○ 군·경·국방경비대 14연대 소속 군인·지방좌익·빨치
산 활동자 조사를 통해 민간인 희생 사건 관련 주요 가해
주체와 희생대상, 희생과정에 대한 조사
○ 정보기관 관련자·목격자·생존자 조사를 통해 희생 과
정 및 가해주체에 대한 조사

나. 조사내용

1) 경찰
○ 박오선: 순천 경찰서 경찰
○ 최명균: 여수경찰서 정보과 경찰
○ 배병태: 나주경찰, 여수 읍사무소 구속자
○ 박명주: 여수경찰서 사찰과장
○ 배갑수: 순천경찰서 정보과장
○ 안경득: 순천 서면지서장
○ 김동진: 순천 별량지서 주임
○ 허성부: 순천경찰서 경찰
○ 황영환: 순천 주암지서 주임
○ 임상기: 순천 쌍암지서 지서장
○ 강흥열: 고흥경찰서 경찰(토벌대장)
○ 이재명: 고흥경찰서 수사계 경찰
○ 최점규: 광양경찰서장
○ 해당 지역 경찰서 경우회 회원 중 사건 시기 근무자
○ 여수경찰서 정보계 출신 경찰 모임 "충의회" 회원 20명

2) 군 · 헌병
○ 김점곤: 육군본부 작전참모
○ 백선엽: 국방경비대 정보국장
○ 강영훈: 국방부 인사국장
○ 이유성: 지전사 정보참모

○ 최영의: 법무심사관
○ 백인엽: 12연대장
○ 남상휘: 함정 지휘자
○ 김완용: 광주 군법회의 법무관
○ 2연대(12*****군번), 3연대(13*****군번), 4연대(14*****
  군번), 5연대(15*****군번), 6연대(16*****군번), 12연대
  (52*****군번) 소속 사병·장교 중 사건 관련 생존자 약
  1,000명

3) CIC 등 정보기관 관련자
○ 배학래: 여수CIC요원
○ 제1기 한국 SIS 학교 교육 수료자 41명

4) 14연대 생존군인
○ 김정덕: 4연대 7중대장
○ 곽상국: 14연대 위생병
○ 임태황: 14연대 일등병
○ 주종문: 14연대 반란군 참가자
○ 김병순: 14연대 군인(거문도)
○ 임길동: 14연대 군인(거문도)
○ 심봉섭: 14연대 군인
○ 유상진: 14연대 군인, 재향군인회
○ 정두일: 14연대 군인(율촌, 화양면)
○ 김영만: 14연대 군인, 미전향 장기수 등 약 20명

5) 좌익 · 빨치산 활동자

○ 김용길: 남로당 순천군당 위원장

○ 심명섭(가명): 남로당 순천군당 지도과장/전남도당 군사2
부장

○ 정운창: 구례 문척면 인민위원장

○ 윤기남: 남로당 순천군당 조직부

○ 이기복: 순천 서면 민애청위원장

○ 박춘석: 남로당 전남 도당 조직부과장

○ 정기순: 여수 여맹원 등 약 50여 명

6) 목격자 · 생존자

○ 황종권: 순천 매곡동사건 생존자

○ 박기열: 순천 매곡동사건 시신수습자

○ 김경호: 광양

○ 장한종: 광양면사무소 서기

○ 김대홍: 대한청년단원

○ 황우수: 대한청년단원

○ 김형구: 여수경찰서 경찰보조

○ 박찬근: 구례 초등학생

○ 한군석: 구례 주민

○ 한판봉: 구례 토지면장

○ 서봉은: 곡성농민학교 교사

○ 백홍태: 철도공무원

○ 정성규: 순천시 서면 임촌 구장

○ 김계유: 여수군청 서기
○ 이중근: 여수중학 학생
○ 정홍수: 여수중학 학생
○ 배신조: 순천시 해룡면 신대마을 구장
○ 정 술: 광양시 다압면사건 목격자
○ 김형구: 여수우체국 직원
○ 이재화: 여수 국동 동장
○ 이종표: 여수 손죽도 피해 생존자
○ 김기오: 기자(여수, 순천)

다. 세부조사계획

1) 중요 참고인 선정

○ 사건 관련 부대 소속 군인 중 생존자 명단을 파악하고, 사건 인지 정도에 대한 탐문을 통해 참고인 조사를 진행
○ 해당지역 '경우회'를 통해 사건 관련 시기 재직 경찰 중 생존자 명단을 파악하고, 사건 인지 정도에 대한 탐문을 통해 참고인 조사를 진행
○ 국방경비대 14연대 소속 군인·지방좌익·빨치산 활동자 중 생존자를 파악하고, 사건인지 정도에 대한 탐문을 통해 참고인 조사를 진행
○ 사건 관련 목격자·생존자를 우선 참고인으로 조사

2) 참고인 조사 추진 일정

〈표 26〉 참고인 조사 추진 일정표

조사시기 (년)	조사시기 (월)	조사내용	비고
'07	1~3월	・참고인 분류(군인, 경찰, 지방좌익・빨치산, 목격자 등)	
	4~5월	・3연대・12연대・6연대 소속 참고인 탐문	
	6~7월	・3연대・12연대・6연대 소속 참고인 조사	
	8월	・구례・순천・여수 지역 경우회 회원 탐문 ・구례지역 사건 목격자・생존자 조사	
	9월	・구례지역 경찰 참고인 조사 ・구례지역 사건 목격자・생존자 조사	
	10월	・빨치산 활동자・구례지역 출신 좌익 탐문 및 참고인조사	
'08	1~7월	・15연대・4연대 등 소속 참고인 탐문 및 조사	
	8월	・경찰 참고인 탐문 및 조사	
	9~11월	・빨치산・좌익 활동자 탐문 및 참고인 조사 ・사건 목격자・생존자 조사	
'09	1~4월	・14연대 소속 생존 군인 참고인 조사	
	6~10월	・추가 참고인 조사	

4. 신청인 조사

가. 조사방향

○ 전체 신청인을 주요 신청인, 고령 신청인, 일반 신청인으로 분류 주요 신청인과 고령 신청인을 우선 조사

○ 희생자 규모, 희생자 신원, 희생과정에 대해 조사

○ 신청인 조사를 통해 해당 지역 미신청자 및 피해자 조사

나. 조사 내용

○ 중요 신청인: 67명

○ 고령 신청인: 30명(곡성: 1, 구례: 6, 보성: 2, 여수: 10, 순천: 10, 화순: 1)

○ 일반 신청인: 735명

다. 세부조사계획

1) 중요 신청인 선정

고령자를 우선 조사하고, 피해일시·피해장소가 동일한 사건 중 사건인지 정도가 높은 신청인을 우선 조사하며, 일반신청인 조사와 면단위 미신청 지역 조사를 병행

2) 신청인 조사 추진 일정

<표 27> 신청인 조사 추진 일정표

조사시기 (년)	조사시기 (월)	조사내용	비고
'07	1~3월	· 신청인 분류	
	4~5월	· 주요 신청인(목격자, 생존자중심) 조사	
	6~9월	· 구례지역 신청인 조사(일반신청인)	
	10월	· 구례지역 신청인 보강조사	
'08	1~7월	· 여수·순천지역 주요 신청인 조사	
	6~8월	· 여수·순천지역 일반 신청인 조사	
	11월	· 여수·순천지역 신청인 보강조사	
'09	1~6월	· 전남 동부(고흥, 광양, 보성, 완도, 장흥등), 전북, 경남 신청인 조사	

	7월	・전남 동부지역, 전북, 경남 신청인 보강조사	
	9월	・군인피해사건 신청인 조사	
'10	1~6월	・미신청지역 조사	

5. 현장조사

가. 조사방향

사건의 구체적인 사실관계 파악을 위한 현장검증과 채증활동을 실시하고, 신청인・참고인 조사 등의 조사를 통해 유해매장지로 추정되는 경우 유해발굴을 통해 피해자의 신원과 피해규모 조사

나. 조사내용

○ 반란군의 이동경로 조사
○ 주요 교전지역 조사
○ 희생자 이동경로 조사
○ 사건관련 주요 희생장소 및 암매장지 조사
○ 사건 현장에 대한 신청인・참고인 주장 일치 여부
○ 사건 현장 및 암매장지와 피해 규모의 관련성 여부
○ 시신처리 여부 및 매장 유해 개체 수 추정 조사
○ 사건 현장 및 암매장지 관리 과정과 희생자 신원 확인이
   가능한 곳에 대해서는 유해발굴 사업 타당성 검토

다. 세부 조사계획

1) '07년도
○ 구례지역 현장조사를 실시하고 연행·수감·처형경로 조사
○ 집단희생지에 대한 현장조사를 통해 유해 발굴 사업과 연
  계 추진 검토(구례읍 봉서리 봉성산: '07년도 유해 발굴)

2) '08~'09년도
○ 중점조사 지역을 중심으로 사건 현장 및 집단희생지에 대
  한 조사 진행

제5절 향후 조사계획 일정

1. 조사일정표

가. 조사 소요시간 및 인력 산정

1) 분야별 조사 소요시간 및 조사인력

분야		조사업무량		평균 소요량	총 소요일	1인당 조사일수
신청서검토보고서		832		·	·	·
조사개시결정통지서		832		·	·	·
조사개시결정통지서 발송		832		·	·	·
조사계획서 작성	종합	1건	6건	60일	60일	60일
	지역별	5건				
신청인 조사	중요	67	1명/1일	67일	220일	220/4인=55일
	단순	765	5명/1일	153일		
진술조서 분석		832명		10명/1일	83일	83/4인=20일
참고인 탐문·조사대상자 분류		약 1,000명		1명/5일	5,000일	5,000/2인=2,500일
참고인 조사	경찰	200	600	1인/1일	600일	675/2인=338일
	군인	400				
	빨치산·좌익 관련	50	150	2인/1일	75일	
	목격자·생존자	100				
진술조서 분석		860		10명/1일	86일	86일

자료조사 및 분석	국가 기록원·정부기록물	국회속기록, 국무회의록, 재판기록	240일	240일	240/2인=120일
	신 문·잡지·방송	1948~50년, 1960, 61년	90일	90일	90/2인=45일
	해외자료	G-2·G-3보고서, Intelligent summary 등	240일	240일	240/2인=120일
	증언자료 (음성·녹취)	구굴자료집/ 증언집	60일	60일	60/2인=30
	빨치산 자료집	1권, 7권	30일	30일	30/2인=15일
기관조사	경찰청·경찰서	요시인 명부 등	120일	120일	120/2=60일
	기정단·군사편찬 연구소	명령철, 작전일지 등	60일	60일	60/2=30일
	검찰청·법원	재판자료, 이관자료	30	30일	30/2=15일
	기타	면사무소, 학교 등	60일	60일	60/2=30일
조사중간보고서		5건	1건/45일	225일	225/5인=45일
조사결과보고서		1건	90일	90일	90/5인=18일
계				7,369일	3,587일

2) 분야별 조사 소요인력

주요단위업무	담당 유형 및 조사관 수
자료수집 및 분석	정조사관 2명/부조사관
기관자료 조사 및 분석	정조사관 1명/부조사관
참고인 탐문·조사 및 분석	정조사관 2명/부조사관
신청인 조사 및 분석	정조사관 2명/부조사관

3) 전체 필요 조사인력

조사개시건	조사관	직권조사 결정	조사완료예정일	업무소요시간
832	7명	2007. 3. 6.	2010. 12.	7,369일

나. 중장기 조사일정

1) 전체 조사일정표

조사시기 (년)	조사시기 (월)	조사 내 용	비고
'06	10~12월	· 신청사건 조사개시 · 신청사건 병합조사개시 · 사건 현지 설명회 · 기존 문헌자료 입수 및 분석	
'07	1~3월	· 참고인·신청인 분류 · 직권조사 전환의결 · 조사계획 수립	
	4~5월	· 기존 연구논저·성과 검토 · 관련 자료 수집 및 분석 · 기관자료 조사(국가기록원·경찰청·기정단 등) · 해외자료 조사(국편·한림대 등 해외자료 소장기관) · 주요 신청인(목격자, 생존자중심) 조사 · 주요 참고인 탐문	

'07	6~9월	· '48~'50 신문자료 수집·분석 · 기관·국내·해외 수집자료 분석 · 신청인 조사(일반신청인) · 참고인 조사 · 사건발생지역 현장조사
	10월	· 조기종결사건 신청인 · 참고인 보강조사
	11월	· 사건조사 중간보고서 작성 및 제출(구례지역)
'08	07년 11~7월	· 자료조사 · 사건조사
	8월	· 자료수집 보고서 제출
	6~10월	· 사건조사
	11~12월	· 사건조사 중간보고서 제출 (여수·순천지역)
'09	1~7월	· 사건조사
	8월	· 사건조사 중간보고서 제출(여수·순천외 전남동 부지역, 전북, 경남지역)
	9~10월	· 사건조사
	11월	· 사건조사 중간보고서 제출(군인 피해사건)
'10	1~6월	· 추가보완조사(미신청지역 등)
	7~11월	· 여순사건 조사결과보고서 제출

2) 연도별 조사일정

○ '07년도: 구례지역 조사

○ '08년도: 여수·순천지역 조사

○ '09년도: 여수·순천 외 전남 동부지역 조사

　　　　　전북·경남지역 조사

　　　　　군인피해사건 조사

○ '10년도: 미신청지역 조사

3) 종합 조사결과 보고서 발표

'07~'10년 상반기까지의 중간 조사결과를 종합 여순사건 조사결과보고서를 2010년 11월 발표

제6절 주요 참고자료

1. 주요 참고인 명단

가. 지역별 주요 참고인 명단

번호	이름	직업	지역	관련사건	가해혐의자	출처
1	김형구	·우체국 직원 ·국동지역 자위대원	여수 국동	·구봉국민학교와 라인아파트 골짜기 집단희생 ·수산학교운동장 즉결총살	수도경찰	피해실태 조사보고서
2	이재화	국동 노인회 회장	여수 국동	·구봉국민학교와 라인아파트 골짜기 집단희생 ·봉산동 상황 ·수산학교 상황	수도경찰	피해실태 조사보고서
3	김병순	14연대 군인	여수 거문도	14연대 군인사망 사건	거문지서 장과 의용 경찰(거문 리 출신 김덕운)	피해실태 조사보고서
4	강중환	거문도 주민	여수 거문도	거문도 서도 피해	거문지서 이낙천 지서장	실태조사 보고서

5	임길동	14연대 군인·경찰	여수 거문도	·14연대 군인 　사망사건 ·거문도 서도	경찰 최명균(임길 동의 동서)	피해실태 조사보고서
6	오행열	14연대 군인	여수	14연대 군인사망 사건		피해실태 조사보고서
7	심봉섭	14연대 군인	여수	14연대 군인사망 사건		피해실태 조사보고서
8	임태황	14연대 군인	여수	14연대 군인사망 사건		피해실태 조사보고서
9	곽상국	14연대 군인	여수 돌산	14연대 군인사망 사건		피해실태 조사보고서
10	배창석	14연대 군인	여수	14연대 군인사망 사건		피해실태 조사보고서
11	장효자	14연대 군인	여수	14연대 군인사망 사건		피해실태 조사보고서
12	고안식	14연대 군인	여수	14연대 군인사망 사건		피해실태 조사보고서
13	유상진	·14연대 　군인 ·여수시청 　공무원	여수 삼일면	14연대 군인사망 사건		피해실태 조사보고서
14	김경환	삼산면 주민	여수 삼산면	거문도 피해		피해실태 조사보고서
15	김경인	삼산면 주민	여수 삼산면	·거문도 동도리 　유촌 피해 ·화양면 화동리 　피헤 ·서도 장촌 희생	이봉희 두만강호 함장	피해실태 조사보고서
16	이정완	삼산면 주민	여수 삼산면	거문도 피해	이봉희 두만강호 함장, 특경대	피해실태 조사보고서
17	이안손	14연대 군인	여수 삼산면	거문도 덕촌피해	거문지서 임형사	피해실태 조사보고서
18	송남석	삼산면 주민	여수 삼산면	·손죽도 피해 ·소거문도 피해	김덕운 (의용경찰)	피해실태 조사보고서

19	김철인	손죽 출장소장	여수 삼산면	손죽도 피해		피해실태 조사보고서
20	이종표	삼산면 생존자	여수 삼산면	· 손죽도 피해 · 좌익상황 · 여수종산국민학교 재판현황 · 협조자 색출방법 · 초도 피해	· 삼산지서 주임 김문경 · 이봉희 두만강호 함장 · 여수 HID	피해실태 조사보고서
21	김상곤	삼산면 주민	여수 삼산면	· 초도 피해	· 이봉희 두만강호 함장 · 김덕운 (의용경찰)	피해실태 조사보고서
22	이하재	삼산면 주민	여수 삼산면	· 초도 피해 · 완도군 금일면 장도리(일명 흰여) 피해	· 이봉희 두만강호 함장 · 원정상, 이정재, 김정기	피해실태 조사보고서
23	배창석	14연대 군인	여수 화정면	· 14연대 군인 사망사건 · 백야도 피해		피해실태 조사보고서
24	임봉한	· 14연대 군인 · 율촌면장 역임	여수 화정면	· 백야도 피해		피해실태 조사보고서
25	권수연	여수중 3년	여수 오천동	· 오천동 기차굴 집단희생		피해실태 조사보고서
26	장호익		여수 호명동	· 반란 당시 오림동 상황 · 안오만이 저수지 소개 · 14연대 군인 사망사건	특경대	피해실태 조사보고서

27	신○○	좌익활동	여수
			오천동
			만흥동
				·오천동 안오만이
				  피해
				·오천동 좌익상황
				·만성리 학살
				·종산초등학교
				  학살
						피해실태
						조사보고서

28	곽봉수	·조대교수 ·쌍봉면 농민회장 ·좌익활동	여수 쌍봉면	·해산 피해		피해실태 조사보고서

29	임정동	여수경찰서
		경비정 갈매
		기호 기관장
			여수	·반란 초기 상황
				·고인수 등 경찰
				  사망 현장 목격
				·서정학교, 종산
				  초등학교, 도서
				  지역피해(거문
				  도, 고흥팔영산
				  부근 낭도, 죽포)
				  피해
				·화양면 피해
				·거문도의 경우
				  두만강호를 타
				  고 군인이 가해
					·진압군인
					·수도경찰
						피해실태
						조사보고서

30	왕봉화	여수시의원	여수
			동산동
				·14연대 군인
				  사망
				·반란 초기 여수
				  상황
						피해실태
						조사보고서

31	전창남	연화금고
		이사장
			여수
			연등동
				·연등동 피해
				·여수 수산고등
				  학교 피해
				·초기 여수 진압
				  상황
				·김영준 사장
				  관련
						·피해실태
						  조사
						  보고서
						·「이제는
						  말할 수
						  있다」
						·녹취록

32	이정삼	오림동 주민	여수 오림동	오림동 내동부락 피해		피해실태 조사보고서

33	남유창	오림동 주민	여수 오림동	오림동 내동부락 피해		피해실태 조사보고서
34	박평순	대치동 주민	여수 대치동	·여천지역 피해 ·좌익에 의한 피 해대곡 골짜기		피해실태 조사보고서
35	정채남	문수동 주민	여수 문수동	·정태섭 여수고 무사장 관련 ·문수동, 오림동 피해		피해실태 조사보고서
36	최명균	여수경찰서 사찰계 형사	여수	·경찰 희생 ·오동기 대령 사 망건·서정상황 ·중앙초등학교 학살 ·종산초등학교 학살 ·만성리 학살 ·거문도(동도· 서도) 희생자 20명 ·쌍봉과 돌산 좌익 상황 ·보도연맹관련	·김종원 ·경찰, 헌병 ·수도경찰	피해실태 조사보고서
37	충의회 회원	여수경찰서 정보계 출신 20명	여수			피해실태 조사보고서
38	배병태	·읍사무소 구속자 ·나주 경찰	여수	·읍사무소 구금 된 경찰 피해 ·반란 초기 상황 ·서국민학교 희생	김종원	피해실태 조사보고서
39	백인열	좌익활동	여수	여수 좌익 관련		피해실태 조사보고서
40	반충남	재야학자	여수			피해실태 조사보고서
41	정두일	14연대군인	여수 율촌면	·14연대 군인 사망사건 ·율촌면, 화양면 피해	특경대 (이승구) → 박승관	피해실태 조사보고서

번호	이름	직책	지역	증언내용	관련자	출처
42	주영옥	율촌면 주민	여수	율촌 여흥2구	박승관	피해실태 조사보고서
43	배달막	공화동 주민	여수 공화동	・공설운동장 피해 ・만성리 피해		피해실태 조사보고서
44	하정호	수산학교 학생	여수	수산학교 학생피해		피해실태 조사보고서
45	박봉묵	역전 파출소 순경	여수	・반란 초기 상황 ・철도경찰에 의한 희생 ・덕충동 피해	반란군	피해실태 조사보고서
46	조원식	14연대 창설 모병관	여수	14연대 군인사망 사건		전남일보사, 광주전남 현대사
47	박명주	당시 여수경찰서 사찰과장	여수	당시 좌익관련		전남일보사, 광주전남 현대사
48	김계유	・여수군 공무원 ・향토사 학자	여수	・14연대 반란 초기 여수 상황 ・여수 서국민학교 26~28일 가담자 색출 작업 ・서국민학교에서 색출한 40대 이상 500명을 오동도로 싣고 감 ・중앙초등학교 피해 ・23일 읍사무소 2층 180명 구금 상황 및 피해	・진압군 (박기병 소령) ・수도경찰 (대장 주종일 경감) ・전남 경찰국 특수대 ・여수 경찰서 특수대 ・김종원 대위 ・반란군	・전남일 보사, 광 주전남 현대사 ・MBC라 디오 특 별 토론 "여순사 건을 말 한다" ・역사비 평, 48년 여순봉기 등
49	박춘석	남로당 전남도당 조직부 과장	여수	당시 좌익관련		전남일보사, 광주전남 현대사

50	황학수	여수어업 조합 회계	여수 관문동	19일 상황		전남일보사, 광주전남 현대사
51	박윤수	과자장사/ 전 여수 상호신용 금고 사장	여수	19일 상황		전남일보사, 광주전남 현대사
52	전석영	여수군청 수산과장	여수 국동	20일 상황		전남일보사, 광주전남 현대사
53	정갑식	수산학교 교사	여수	23일 상황/ 인민재판 등		전남일보사, 광주전남 현대사
54	곽외연	군자동 주민	여수 군자동	25일 진압 상황		전남일보사, 광주전남 현대사
55	정송패	진남관 피신 시민	여수	26일 소탕 작전		전남일보사, 광주전남 현대사
56	위준삼	중앙국교 피신주민	여수	·26~27일 진압 상황 ·부역자 색출		전남일보사, 광주전남 현대사
57	배갑수	순천경찰서 정보과장	순천 동외동	·초기 반란 상황 및 경찰의 대응 ·20일 상황		전남일보사, 광주전남 현대사
58	김판석	14연대 군인	여수 남면	남면 피해		피해실태 조사보고서
59	김종선	당시 면서기	여수 남면	남면 피해		피해실태 조사보고서
60	박명래	조합원	여수 남면	남면, 안도 피해		피해실태 조사보고서

61	정홍수	향토사학자	여수
			미평동
				·24~26 무렵
				  여수 미평지역
				  피해
				·진압군인 이동
				  상황
				·중앙초등학교
				  피해
					진압군	피해실태
						조사보고서

62	강○○	여성동우회	순천	·반란당시 상황 ·순천 북국민학교 피해	순천경찰서	전남동부 지역사회 연구소, 지역과 전망. 1990.6.
63	심명섭 (가명)	·순천당위원장 ·전남도당 군사 2부장	순천 주암면	·반란 초기 14연대 병사들의 순천진입과정, 4연대 합류 과정 ·순천 기마대 관련 ·좌익들의 공무원 경찰 서북청단원 등에 대한 공격(20~22일) ·군당위원장 등 좌익 피해 ·"복수대" 우익들의 좌익가족에 대한 공격 ·49~50 사이 빨치산 활동	·좌익 ·진압군 ·우익청년단("복수대")	전남동부 지역사회 연구소, 지역과 전망. 1990.9./순천시사
64	장양엽	생존자	여수	·서국민학교 피해 ·진압당시 피해	15연대	MBC 「이제는 말할 수 있다」
65	신용식	만흥동 주민	여수 만흥동	만성리 굴 피해	수도경찰	MBC 「이제는 말할 수 있다」
66	김순철	둔덕동 주민·학생	여수	·둔덕동 피해 ·반란 초기 여수 상황		MBC 「이제는 말할 수 있다」
67	김정효	순천열차 사무소 소장	순천	·반란초기 순천 상황 ·순천역 인민재판에 의한 희생		MBC 「이제는 말할 수 있다」
68	김종철	주민	여수 봉계동	·봉계동 장개골 희생		MBC 「이제는 말할 수 있다」

69	황우수	대한청년 단원	순천 서면	·순천 북국민학 교 협력자 색출 과정 및 희생 ·박창길 검사 관련 ·죽도봉 피해	경찰, 우익청년단	MBC 「이 제는 말할 수 있다」
70	김관수	순천농고 (순천대) 교사	순천 서면	·순천 북국민학 교 협력자 색출 과정 ·순천농업학교 협력자 색출과 정 및 희생 ·순천경찰서장 희생	·경찰 ·15연대 ·반란군	MBC 「이 제는 말할 수 있다」
71	오영순	마산면 주민	구례 마산면	마산면 황전리 주 민 희생(서시천)	12연대 부연대장 백인엽	MBC 「이 제는 말할 수 있다」
72	김점곤	특별조사과		진압작전지휘관련		MBC 「이 제는 말할 수 있다」
73	백선엽	·육군본부 정보국장 ·토벌사령 부 참모장		·진압작전지휘 명령 관련 ·순천 학교 좌익 색출작업(북국 민학교로 추정) ·보성군 문덕면 한천부락 사건	·12연대 ·15연대 (보성 한천 부락)	MBC 「이 제는 말할 수 있다」
74	김영만	·14연대 군인 ·민전향장 기수		산동면 희생	12연대 부연대장 백인엽	MBC 「이 제는 말할 수 있다」

75	김기오	기자	여수, 순천	·순천 합동조사국 (반란협조자 색출) ·순천 검찰청 유치장 경찰희생 ·여수 중앙국민학교 협력자 색출 과정의 희생 ·광주군법회의 (재판장 김완용 중령, 홍필용(중위) 법무관)	·5사단 헌병대장 김인경 대위·재판장 김완영, 홍필용(중령, 육군 소장)이 법무관 ·반란군 ·12연대 혹은 3연대	MBC 「이제는 말할 수 있다」
76	백인엽	12연대 부연대장	순천, 여수, 구례	·진압작전지휘 관련 ·학구전투 ·여수 탈환 이후 부역자 색출 ·지리산 지구 토벌작전 ·11. 19일 교전관련-간전국민학교, 구례읍 관련 ·구례시내 협력자 색출작업	송석하가 협력자 색출 및 민간인 학살의 총책임	MBC 「이제는 말할 수 있다」
77	남상휘	함정지휘	여수	·여수진압작전 ·함포사격 여부		MBC 「이제는 말할 수 있다」
78	이경모	신문기자	광양, 여수	·광양-순천 간 경계선(반송쟁이) 학살 ·중앙초등학교 협력자 색출 과정의 희생	·순천 경찰 ·군·경	MBC 「이제는 말할 수 있다」
79	김완용	광주 군법회의 법무관		군법회의 피해관련		MBC 「이제는 말할 수 있다」

80	문중섭	·육사특별 7기 ·4연대 군인	순천	순천지역 진압 과정의 총살	순천	현대문학, 여수, 제14 연 대 반 란 사건, 89.5
81	유관종	한국전쟁연구소 소장		·두원면 운대리 희생 ·벌교 소하다리 ·고흥 과역면 희생 ·고흥 48. 11. 6. 겸백지서 습격 사건 ·48. 10. 25. 반란군 색출 과정 희생	·반란군 ·6연대 제 3대대	현대문학, 여수, 제14 연대반란사 건, 89. 6.
82	배학래	여수CIC 요원	여수			MBC 「이 제는 말할 수 있다」

나. 군 관련 주요 참고인 명단

번호	이름	소속	경력	사건관련
1	김우환	2연대	·여순사건 진압작전 참가	진압상황
2	신현삼	2연대	·여순사건 진압을 위해 여수로 출동 보성, 화순 탈환 ·남원 구례지구에서 공비토벌작전 참가 ·49. 5. 15. 제주도지구 공비토벌전에 참가	토벌작전상황
3	이신교	2연대	·2연대 중대 선임하사관(특무상사) 지리산 공비토벌작전 참가	토벌작전상황
4	이용우	2연대	·여순사건 진압작전 참가	진압상황
5	조명원	2연대	·여순사건 진압 참가 ·여수, 보성, 화순지구 진압 참가	진압상황
6	조한철	2연대	·순사건 당시 조사과장으로 반란에 가담한 반란군 3,000명을 색출해 내는 작업을 수행함 ·49. 중위로 임관 공비토벌작전에 참가 전과 올림 ·공비토벌 관련 포로 및 정보수집활동	협력자 색출상황

7	강동수	3연대	・여순사건 진압작전 참전	진압상황
8	박기우	3연대	・백인기, 백인엽 경호병 ・여수・구례지역 진압작전 참가	
9	권관옥	3연대	・조선경비대 총사령부 특수부대 인사계 근무	토벌작전 상황
10	김영만	3연대	・지리산지구 토벌작전 참가	토벌작전 상황
11	김오철	3연대	・여순사건 진압작전 참가 ・제3연대 2대대 선임하사관	진압상황
12	김이덕	3연대	・순천지구 진압작전 참가 ・49. 12. 1. 준위로 임관	진압상황
13	김종원	3연대	・육군보급기지창 군수과 선임하사관으로 여순사건 진압작전 참가 ・지리산 및 남원 사동지구 진압작전 참가	진압상황・토벌작전상황
14	김한준	3연대	・제3대대 보급대 선임하사	토벌작전상황
15	민병옥	3연대	・신병훈련 중 여순사건 진압작전 참가, 지리산지구사령부 헌병대장	진압상황・토벌작전상황
16	박정환	3연대	・3연대 5중대. 본부 정보과	토벌작전상황
17	박태환	3연대	・3연대 1대대 소속으로 여순사건진압작전 참가 ・지리산 공비소탕전 참가. 위천소탕전 및 덕유산 괘관산 전투에 참가, 적을 사살하는 전과 올림	진압상황・토벌작전상황
18	변재익	3연대	・지리산지구 공비토벌작전 참가	토벌작전상황
19	성민환	3연대	・여순사건 진압작전 참가	진압상황
20	소은영	3연대	・3연대 3중대 입대 포항, 지리산, 김천, 영주 등지의 공비토벌작전 전개	토벌작전상황
21	송제면	3연대	・3연대 1대대 2중대 분대장으로 복무 중 연대본부 재정대 특무상사로 근무 ・여순사건 진압작전 참가	진압상황
22	염호순	3연대	・3연대 2대대 입대, 지리산지구 토벌작전 참가	토벌작전상황
23	이동환	3연대	・지리산 공비토벌작전 참가	토벌작전상황

24	이재환	3연대	·47. 3연대 헌병대 조사과장 ·47.4. 특무상사로 진급 제5연대 헌병대 특무상사 겸 기동대장	토벌작전상황
25	이충국	3연대	·여순사건 진압작전 및 공비소탕작전 참가	토벌작전상황
26	최동옥	3연대	·지리산 지구 공비토벌작전 참가	토벌작전상황
27	한경수	3연대	·3연대 5중대 선임하사관으로 여순사건 진압작전에 참가 ·순천, 여수, 고흥 등지에서 전투. 지리산 공비토벌작전 참가 한경수의 중대가 김지회를 사살하여 2계급 특진하는 영광을 받음	진압상황· 토벌작전상황
28	한정수	3연대	·3연대 2대대 5중대 지리산지구 공비토벌 작전 참가	토벌작전상황
29	이승표	3연대	·3연대 4연대 헌병대 선임하사 ·14연대 헌병대 선임하사관으로 LST경비 책임자로 근무 ·반란군의 기습을 우려 선박을 철수 10. 20. 부산의 제5연대에서 1개 대대(대대장 김종원 소령)가 도착하자 이에 합류 진압에 참가 ·전투 중 48명 중 3명만 생존(헌병대장 이갑수 중위)	반란발생상황· 진압작전·대전 형무소 등 14연대 소속 군인들의 피해
30	정치석	4연대	·여순사건 수훈으로 이등중사에서 일등상사로 2계급 특진 후에 제21연대로 편성 8사단에 예속됨.	진압상황
31	고병선	4연대	·호남지리산지구공비토벌작전 참가	토벌작전상황
32	김만수	4연대	·호남지구공비토벌작전 참가	토벌작전상황
33	김용배	4연대	·여순사건 진압작전 참가 대대 인사계	진압상황
34	김용준	4연대	·4연대 분대장, 선임하사관(특무상사)	진압상황
35	김칠용	4연대	·반란군 공비토벌작전, 거창, 무주, 덕유산, 지리산공비토벌작전 참가.	토벌작전상황
36	배정섭	4연대	·4연대 해체 후 20연대 재창설 후 호남 지리산 지구 전투사령부 소속 공비토벌작전 참가.	토벌작전상황
37	안병학	4연대	·여순사건 진압작전 참가	진압상황

38	이규성	4연대	·4연대 입대 4연대 분대장 선임하사관 · 여순사건 진압작전 참가 ·지리산지구 공비토벌 작전 참가	진압상황 · 토벌작전상황
39	이상만	4연대	·제5여단 법무참모부 조사계 선임하사관	협력자 색출상황
40	정운복	4연대	·4연대 C중대입대 ·여순사건 진압작전 참가	진압상황
41	조병철	4연대	·여순사건 당시 순천 보성지구 진압작전 참가	진압상황
42	천병만	4연대	·20연대 보병 제5사단에 예속되어 사단 작전참모처 선임하사관으로 지리산지구 공비토벌작전에 참가.	토벌작전상황
43	김병윤	5연대	·5연대 2중대 소속, 여순사건 진압작전참가	진압상황
44	김봉수	5연대	·여순사건 진압작전 참가 ·지리산공비토벌작전 참가	진 압 상 황 · 토벌작전 상황
45	김우제	5연대	·49. 2 여수공립중학교 교관 ·여순사건 진압작전 참가	진압상황
46	류인선	5연대	·여순사건 진압작전 참가 ·지리산지구 공비토벌작전 참가	진 압 상 황 · 토벌작전 상황
47	송현순	5연대	·5연대 입대 11연대 소속 지리산지구 공비토벌작전 참가	토벌작전상황
48	안창엽	5연대	·지리산지구 공비토벌작전 참가	토벌작전상황
49	안태상	5연대	·지리산 지구 덕유산공비토벌작전 참가	토벌작전상황
50	윤진홍	5연대	·제주도 진압작전과 지리산 공비토벌전에 참가	토벌작전상황
51	이기홍	5연대	·여순사건 진압작전 참가	진압상황
52	이원심	5연대	·5연대 C중대 입대 제주도, 거제도, 지리산, 태백산 공비토벌작전 참가	토벌작전상황
53	이응선	5연대	·지리산 공비토벌작전에 참가 배사골에서 공비소탕작전 전과	토벌작전상황
54	이재모	5연대	·제주도, 거제도, 지리산, 태백산 지구 공비토벌작전 참가	토벌작전상황
55	이찬주	5연대	·5연대 5중대 입대 연대인사계(특무상사) ·여순사건과 지리산 태백산 공비토벌작전 참가	토벌작전상황

56	장득규	5연대	·지리산 공비토벌작전 참가	토벌작전상황
57	조무제	5연대	·여순사건 진압작전 참가	진압상황
58	도택환	6연대	·지리산 공비토벌작전 참가	토벌작전상황
59	이종철	6연대	·6연대 3중대 선임하사관 ·지리산지구공비토벌작전 참가	토벌작전상황
60	전상동	6연대	·여순사건 진압작전 참가	진압상황
61	오제태	12 연대	·3연대입대 모병업무 ·12연대 창설요원 ·여순사건 진압작전 참가	진압상황
62	이규룡	12 연대	·3연대 6중대 입대 12연대 하사관학교 구 대장 ·반란군의 17연대 본부 습격사건시 전과	토벌작전상황
63	이종호	12 연대	·3연대 B중대입대 ·12연대 창설요원으로 선발 ·여순사건 진압부대로 출동 참전	진압상황
64	황병현	12 연대	·5연대 입대 12연대 통신대 선임하사로 지리산 지구 공비소탕작전 참가	토벌작전상황
65	박수백	15 연대	·5연대 입대 수송부 선임하사관 ·15연대 3대대 12중대 소대장 ·지리산지구 전투사령부에 배속되어 3대 대 12중대 소대장으로 참가	진압상황/ 토벌작전상황
66	이대업	15 연대	·5연대 1중대 입대 15연대 창설 선임하사관 ·여순사건 진압작전 참가 ·지리산지구공비토벌작전 참가	토벌작전상황
67	황기철	15 연대	·15연대 3중대 선임하사관 ·여순사건 진압작전 참가	진압상황

※ ’07. 3 현재 입수한, 3연대, 12연대 소속 군인 참고인 700명 분류 중.

2. 중요 국내 문헌자료 목록

가. 향토사 · 지역사

(★입수자료, ☆미입수자료)

저자 · 생산처	자료명	생산일	출판사	입수 여부
전남도지편찬위원회	전남도지9(현대사편)	1994		★
전남도지편찬위원회	전남도지11(정치 행정 사법 편)	1994		★
구례군사편찬위	구례군사	1987	광주일보출판국	★
권경안	큰산아래 사람들	2000	향지사	★
보성군사편찬위원회	보성군사	1995		☆
순천시사편찬위원회	순천시사	1997		★
여수수대 개교70년사편찬위원회	개교 70년사	1987		★
순천대 교지편찬위원회	여순사건 50년	1998	향림문화13	★
김석학 · 임종명	광복30년제2권	1975	전남일보사	☆
박천군민회	박천향토지	1979		★
정한조	삼산이수-순천승주사	1965	삼일인쇄공사	☆
보성군향토사편찬위원회	보성군향토사	1974	호남문화사	☆
순천문화원	순천승주향토사	1975		☆
여수문화원	여수문화 제5집: 14연대 반란 편	1990		★
여수문화원	여수문화 제12집: 14연대 반란 50년 결산집	1997		★
여수. 여천문화원	여수 · 여천 향토지	1957	대한공론사	★
김계유	여수백과	1973	범우사	☆
김계유	여수춘추	1973	동천사	★
김계유	여수 · 여천 발전사	1988	반도문화사	★
김낙원	여수향토사	1962	여수천일출판사	★

나. 경찰사 · 군사 · 검찰사

저자 · 생산처	자료명	생산일	출판사	입수 여부
내무부 치안국	한국경찰사(1948.8~1961.5) 2	1973		★
김태선	남기고 싶은 이야기-국립경찰 창립	1974.10.14. ~12.26.	중앙일보	☆
내무부치안국	경찰통계연보	1953		☆
수도관구경찰청편	해방 이후 수도경찰 발달사	1974		★
대한경제일보사	한국경찰의발자취	1989	대한경제 일보사	☆
김용정	경찰40년의 수뇌들	1984. 6	신동아	☆
제정갑	한국의 경찰인맥	1992. 8월호	월간 중앙	☆
윤장호	호국경찰전사	1995	제일	★
국방부 전사편찬위원회	호국전몰용사공훈록			☆
내무부치안국	지리산전투지구 경찰대 투쟁상보	1949.10.1.~ 1950.2.28.		★
치안본부	철도경찰본대 사령원부	1950		☆
육군본보	육군역사사진집	1970		☆
전사편찬위원회	참전자 증언록			☆
해군정훈감실	해군일화집	1964		★
전사편찬위원회	국방사	1984		★
육군본부	병과별 부대역사	1959	육군 인쇄공장	★
전사편찬위원회	국방조약집 제1집(1945~1980)	1981		★
육군본부	육군발전사	1955		★
국방부	국방부사 제1집	1954		★
국방부 전사편찬위원회	한국전쟁사1-해방과 건군	1967		★
국방부 전사편찬위원회	한국전쟁사2	1968		★
국방부 전사편찬위원회	한국전란 1년지-5년지, 1	1951		☆
국방부 전사편찬위원회	대비정규전사	1988		★
국방부 전사편찬위원회	건군사	2002		☆

해군본부 전사편찬관실	대한민국 해군사 제1집: 행정 편	1954		★
해군본부 전사편찬관실	대한민국 해군사 제1집: 작전 편	1954		★
헌병사령부	한국헌병사: 창설·발전 편	1952		★
공군본부	공군사 제1집 증보판 (1949~1953)	1991		☆
육군본부	창군전사	1980		☆
육군정보참모부	공비연혁	1971		★
한용원	창군	1984	박영사	☆
장창국	육사졸업생	1984	중앙일보사	★
육군본부	대침투작전	1978		★
육군본부	공비토벌사	1954, 1957		★
법조인명사전편찬위	한국법조인대관	1984		☆
대검찰청	한국검찰사	1976		☆
법무부	법무부사	1988		★
법무부 검찰국	검찰국지	1987		★
법제처	법제처사	1983		★

다. 시민단체 유족회 자료

저자·생산처	자료명	생산일	출판사	입수 여부
여수지역사회연구소 편	여순사건 피해실태조사보고서 제1집-여수 편	1998		★
여수지역사회연구소 편	여순사건 자료집(여순사건 연구총서 제2집)	1999		★
여수지역사회연구소 편	여순사건 실태조사보고서 제3집-순천외곽지역편	2000		★
여수지역사회연구소 주관	제6회 동아시아 평화인권 국제학술회의 여수대회 자료집	202.10.17. ~10.20.		★

구례군희생자유족회/ 명예회복추진위원회	여순반란사건 중 구례지구토벌전투 시 희생된 양민의 명예회복에 대한 청원에 관한 건	1998.12.18.		★
전북도의회	6·25 양민학살진상실태보고서	1994		★
화순군의회	화순군의회 조사보고서			☆
대전형무소 산내학살 진상규명위원회	대전형무소 산내학살사건 진상 중간보고서	2000.7.		★

라. 단행본

저자·생산처	자료명	생산일	출판사	입수 여부
전남일보광주전남 현대사기획위	광주전남현대사	1991	실천문학사	★
김남식	남로당연구	1984	돌베개	★
정희상	이대로는 눈을 감을 수 없소	1990	돌베개	★
선우종원	사상검사	1992	계명사	★
사사키 하루다카	한국전비사-건군과 시련	1977	병학사	★
존 R. 메릴	침략인가 해방전쟁인가	1988	과학과 사상사	★
짐하우스만, 정일화	한국 대통령을 움직인 미군대위	1995	한국문원	★
이철승	전국학련	1976	중앙일보· 동양방송	☆
한국반탁반공 학생운동기념사업회	한국학생건국운동사	1986		★
유건호	전환기의 내막, 여순반란사건	1982	조선일보사	★
이기봉	제14연대	1988	독서신문사	☆
이기태	실록 제14연대	1988	독서신문사	☆
설국환	해방 22년사, 여순반란	1949	문학사	☆
오제도	국가보안법 실무제요	1949	서울지방 검찰청	★
오제도	추격자의증언	1967	희망출판사	☆
전국문화단체총동맹	반란과 민족의 각오	1949	문진문화사	☆
강영훈·이규찬	군사법 개설	2001	연경문화사	☆

강평원	지리산 킬링필드	2004	선영사	★
그란트 미드	주한미군정 연구	1993	공동체	☆
김동춘	전쟁과 사회	2000	돌베개	★
김점곤	한국전쟁과 남로당 전략	1983	박영사	★
김학준	한국전쟁과 남로당 전략	1989	박영사	★
박명림	한국전쟁의 발발과기원 1.2	1996	나남출판	★
박명림	한국전쟁 1950, 전쟁과 평화	1996	나남출판	★
박원순	국가보안법 연구 1	1995	역사비평사	★
브루스 커밍스	한국전쟁의 기원 1·2	1985	청사	★
서중석	한국현대민족운동연구	1991	역사비평사	★
서중석	한국현대민족운동연구2	1996	역사비평사	★
서중석	조봉암과 1950년대 상·하	1999	역사비평사	★
신영덕	한국전쟁과 종군작가	2002	국학자료원	☆
안종철 외 저	근현대의 형성과 지역 사회운동	1995	새길	☆
정채호	해병대의 전통과 비화	2000	화정문화사	★
백남혁	백선엽 장군 6·25 전쟁 기록사진집	2000	선양사	☆
제민일보 4·3 취재반	4·3은 말한다	1994.2.	전혜원	☆
월간조선 엮음	한국현대사 비자료 125건	1996	조선일보사	☆
한국현대사 사료연구소	전남사회운동사연구	1992	한울 아카데미	☆

마. 논문

저자·생산처	자료명	생산일	출판사	입수여부
황남준	해방전후사의 인식 3, 전남지방정치와 여순사건	1987	한길사	★
황남준	여순항쟁과 반공국가의 수립, 연세 제25호	1987		☆
김계유	여순봉기, 역사비평	1991		★

이효춘	여순군란연구; 그 배경과 전개과정을 중심으로, 고려대학교 교육대학원 석사학위 논문	1996		★
김득중	여순사건과 이승만 반공체제의 구축, 성대 사학과 박사학위 논문	2005		★
김득중	이승만정부의 여순사건 왜곡과 국회논의의 한계, 역사연구 7호	2000		★
노영기	여순사건과 군대의 변화, 전남사학 22집	2004	전남사학회	★
정청주	여순사건 연구의 현황과 과제, 여수대학교논문집 제13집 1권	1998		☆
홍영기	문헌자료와 증언을 통해본 여순사건의 피해현황, 4·3과 역사 제1호	2001		★
홍영기	여순사건에 관한 자료의 성격과 연구현황, 지역과 전망	1999	일월서각	★
선휘성	여순사건의 발생배경과 피해실태에 대한 인식, 순천대학교 교육대학원	2004		☆
Allan R. Millett/ 김광수 역	하우스만 대위와 한국군 창설 (1945~1950), 군사 40호	2000		★
김득중	여순사건과 제임스 하우스만, 여순사건 53주년 기념 학술세미나 논문	2001		★
김남식	1948년~50년 남한 내 빨치산 활동의 양상과 성격, 해방전후사의 인식 4	1989	한길사	★
김남식	6·25 당시 남한의 빨치산을 어떻게 볼 것인가, 청년 제1호	1991	백민	☆
김득중	여순사건 당시의 민간인 학살, 한국현대사와 사회주의	2000	역사비평사	★
김창후	미국자료로 보는 4·3과 미국, 제주 4·3자료집: 미군정보고서	2000	제주4·3연구소	★
김행복	군 관련 사건 명칭에 관한 고찰-제주도 폭동사건, 여순 반란사건 및 대구반란사건을 중심으로, 군사 27호	1993		☆

노영기	육군 창설기(1947~1949년)의 숙군에 관한 연구, 성대 사학과 석사학위 논문	1998		★
박명림	쿠데타와 한국군부1: 한국군의 형성과 성격(1945~1948), 역사비평 여름호	1991	역사비평사	☆
박정석	전쟁과 고통: 여순사건에 대한 기억, 역사비평 가을호	2003	역사비평사	★
손태희	여순사건 참가계층의 제유형, 순천대학교 교육대학원 석사학위논문 논문	2003		★
양영조	한국전쟁 이전 미국의 한반도 군사정책, 군사 41호	2000		☆
오문균	여순반란과 역사의 시련; 해방 후 3대 무력폭동과 6·25의 성격, 향군 226	1992		☆
유재리	여순 군반란사건 연구, 성신여대 교육대학원 석사학위 논문	1999		☆
이선아	한국전쟁 전후 빨치산의 활동과 성격, 성균관대학교 사학과 석사학위 논문	2003		★
이지훈	제헌국회 '시국수습대책위원회'의 구성과 활동, 한양대학교 사학과 석사학위 논문	1998		☆
정석균	지리산 공비토벌작전; 여순반란군 토벌을 중심으로, 군사 19	1989		★
정석균	여순10·19사건의 진상, 전사 제1호	1999	국방군사 연구소	★
정지환	여순사건 왜곡보도의 과거와 현재, 여순사건의 진상과 국가테러리즘	2001	여순사건 53주년 기념 학술세미나	★
신주백	만주국군 속의 조선인 장교와 한국군, 역사문제연구	2002		☆
안정애	주한미군사고문단에 관한 연구, 인하대학교 정치외교학과 박사논문	1996		★

강혜경	한국경찰의 성격과 활동(1945~1953), 숙명여자대학교 사학과 박사학위 논문	2002		★
조이현	1948~1949년 주한미군의 철수와 주한미군사고문단의 활동, 서울대학교 국사학과 석사논문	1995		★
류상영	초창기 한국 경찰의 성장 과정과 그 성격에 관한 연구(1945-50), 연세대학교 정치학과 석사논문	1987		☆

바. 자료집

저자 · 생산처	자료명	생산일	출판사	입수 여부
국사편찬위원회	자료대한민국사	1998		홈페이지
김남식 · 이정식 · 한홍구 편	한국현대사자료총서	1984	돌베개	☆
국회사무처	제헌국회의 개요 (국회보 제44호 부록)			☆
국회사무처	제헌국회 속기록	1948~1950		☆
국회사무처	제헌국회경과보고서	1986		☆
대검찰청	좌익사건실록	1975		★
제주4 · 3연구소(편)	제주4 · 3자료집: 미군정보고서			★
제주4 · 3사건진상규명 및 희생자명예회복위원회	제주4 · 3사건자료집	2001~2003		★
한림대학교 아시아 문화연구소	빨치산자료집	1996		★
홍영기 편집	여순사건자료집	2001	선인	★
대한민국국회	대한민국속기록 제89호 국회속기록, 여순반란사건에 관한 보고	1948.10.27.		☆

사. 최근 잡지글

저자 · 생산처	제목	생산일	잡지명	입수 여부
김석학	여순반란사건: 비극이 남긴 교훈은 반공	1998	엔터프라이즈 5월호	☆
김재명	좌절된 민족경찰의 꿈, 최능진	1994	월간중앙 겨울호	☆
반충남	여수 14연대반란과 송욱교장	1993	월간 말 6월호	★
반충남	여순반란사건, 인민재판은 없었다	1998	월간 말 11월호	★
우종창	국군 지휘부의 자해행위: 여순 14연대 반란 진압을 양민학살로 몰고 간 영화 '애기섬' 제작에 군 장비가 지원된 과정	2001	월간조선 10월호	★
이근성	남한 빨치산의 총수 이현상의 최후(상·하)	1988	월간중앙 9·10월호	☆
유관종	여수 14연대 반란사건, 상, 2회	1989	현대공론 2·3월호	★
유관종	빨치산을 낳게 한 여수 제14연대 반란사건, 3·4회	1989	현대공론 4·5월호	★
	빨치산토벌대작전 1-4(차일혁 대위 육필증언수기)	1989	월간 다리 9~12월호	★
	전북 빨치산 유격대 사령관 방준표의 눈물과 최후	1989	월간 다리 12월호	☆
김영태	나는 이현상의 호위병이었다	1989	월간 말 12월호	☆
노가원	내가 이현상을 사살했다	1992	월간 말 3월호	☆
이기봉	여순 군반란사건 스탈린이 지시였다	1995	신동아 7월호	★
이재의	증언(16) 43년 만에 털어놓은 여순사건 전말	1991	월간예향 10월호	☆
이재의	호남인물사(2) 여수초대 경찰서장 김수평	1994	월간예향 8월호	☆
이정훈	여순반란사건의 남로당 지령 여부: 당시 수사실무책임자 김안일 씨 증언	1991	월간조선 8월호	☆
유관종	여수 14연대반란사건(상)	1989	현대공론 2월호	★

정석균	이것이 여순반란사건이다; 한국논단의 현대사 바로잡기1	1994	한국논단 54	★
조갑제	인터뷰: 박정희 수사책임자 김안일 당시 특무과장	1989	월간조선 12월호	☆
진덕규	'여순반란사건'과 이승만 정부의 경찰국가화	1992	한국논단 Vol.39 No.1	☆
장현필	'여순반란반론: 국군지휘부의 자해행위' 제하의 기사와 관련, 장현필 감독의 반론문	2002	월간조선 3월호	★
	정정보도문: 영화 '애기섬'에 대한 보도에 관하여	2004	월간조선 1월호	★
김계유	여순사건 위령탑부터 세워라	1997. 7.10	동아일보	☆
김계유	여순-함평 양민학살 진상 밝혀야	1997. 11.07	동아일보	☆
	여수순천 반란사건 명칭에 여수 시민단체들 반발	1994. 9.8	중앙일보	☆
	고 백인기 대령 미망인 정혜경 씨	1995. 9.30.	중앙일보	☆
	대한민국 50년(12): 여순반란 사건	1998. 3.21.	서울신문	☆
	대한민국 50년(13): 빨치산 토벌	1998. 3.28.	서울신문	☆
	최근발견된 문서 3,600쪽	1999. 9.8.	중앙일보	☆
	여순사건 유골 발굴	1998. 10.12.	MBC	☆
	여순사건 희생자 추정 주검 3구 유골 발굴	1998. 10.13.	한겨레신문	☆

아. 사건시기 잡지(북한)

저자 · 생산처	제목	생산일	잡지명	입수 여부
박성환	지리산기행-토벌작전종군기	1952	신천지 3월호	★
윤보혁	논픽션: 지리산의 전투경찰대	1975	신동아 7월호	☆
설국환	반란지구 답사기	1948	신천지 11월호	★
홍한표	전남반란사건의 전모	1948	신천지 11월호	★
강태원.최효숙	여수, 순천 사건의 진상은 이러하다	1948	건국공론 12월호	☆
고영환	국군과 반란지구	1949.6.	국방	★
박찬식	7일간의 여수	1948	새한민보 11월 하순호	☆
신익희	치안전투부대에 기함	1949.3.	민주경찰	☆
이재한	전남반군의 진상	1948.12.	개벽 8	☆
조영환	여수순천에서 본 국군의 용자	1949.1.	국방	☆
현윤삼	전남반란사건의 전모	1948	대조 12월호	☆
박창욱	최근의 남북조선의 정치정세	1949	근로자 제1호	☆
승민	미 제국주의에 복무하는 남조선 반동파의 최후 발악	1949	근로자 제11호	☆
신성호	남조선에 있어서의 미 제국주의자의 식민화 정책	1949	근로자 제15호	☆
이상복	조국전선의 기치 높이 새로운 공세에 들어선 인민유격대	1949.9. 하순호	순간통신 No.34	☆
	남조선인민들의 영용한 무장투쟁	1949.3. 상순호	순간통신 No.14	☆
	소위 국방군 내 장병들의 의거 입북사건	1949.10. 하순호	순간통신 No.37	☆
	인민학살에 발광하는 이승만도배의 만행	1949.9. 하순호	순간통신 No.34	☆
정종균	미제와 리승만 괴뢰도당을 반대하여 일어난 려수군인 폭동	1982	역사과학1	☆
정종균	려수군인폭동의 영향 밑에 일어난 남조선괴뢰군내 애국적 군인들의 투쟁	1982	역사과학3	☆

김광일	조선민주주의 인민공화국 기치를 높이 들고 구국투쟁에 총궐기한 남조선인민들의 영웅적 투쟁	1949	근로자 제2호	☆

3. 중요 해외자료

○ NARA 소장 RG 59, 84, 319, 338 등

○ CIA 문서 중 ORE 32-48, ORE 3049 등

○ 미육군군사연구소(USAMHI) 소장 자료

○ 국사편찬위원회, 미군정기 군정단·군정중대문서

○ 제주4·3자료집, 주한미육군사령부 방첩대, 월간정보보고서(no. 7)

○ R. K. Sawyer, Military Advisers in Korea: KMAG in Peace and War, Washington D.C., 1962

○ 『주한미군정보일지』(G-2 보고서)

○ 한림대 아시아문화연구소 소장, 미국극동군사령부, Daily Intelligence Summary(28~49권)

○ 『주한미군작전일지』(G-3 보고서)

○ 미군사고문단의 보고서

○ 한국관계 영국 외무성 문서(48.9.~12.)

4. 여순사건 관련 중요 집단희생지 및 암매장지

지역	희생장소	희생경위	예상 희생자 수	비고
구례	구례읍 봉서리 봉성산	'48. 11. 19. 구례경찰서에 유치 중이던 민간인이 군·경에 의해 총살된 후 봉서리 봉성산에 가매장됨	72명	'07년도 유해 발굴 대상지
	산동면 꽃쟁이	'48. 11. 산동면 원촌마을에 토벌사령부가 설치되어 인근 마을에서 잡혀 온 민간인과 빨치산이 지속적으로 처형된 후 암매장됨	1,800명	부분적으로 시신 수습함
	간전면 동방천	'48. 11. 23. 국방경비대 제12연대 소속 군인들이 구례군 간전면 간문국민학교에 1948. 11. 20. 무렵부터 감금 중이던 주민을 집단 총살함	100명	시신 수습함
여수	여수시 만흥동 형제묘	여수 종산국민학교에서 협력자 색출 후 1차 처형을 진행하고, 여수경찰서에 유치되어 있던 민간인을 '49. 1. 13. 만성리 굴 너머 계곡에서 총살한 후 화장함	125명	시신수습 못함. 화장으로 유해 상태가 불완전할 것으로 사료됨
	여수시 호명동 야산	'48. 10월경 여수 종산국민학교에 수용되었던 사람 일부가 경찰에 의해 여러 차례에 걸쳐 희생되었고, 여러 곳에 암매장됨	100명	1998년 여수지역사회연구소에서 유골을 발굴하여 암매장지로 확인됨
순천	순천시 매곡동 난봉산자락	'48. 10. 22. 진압군에 의해 매곡동 주민 26명이 희생되어 보이열 목사 등이 27구의 시신을 수습하여 선교부에 가매장함	27명	2005년 공사 당시 유골 발견
광양	광양읍 덕례리 반송쟁의	광양읍 지역에서 반란 적극 가담자로 지목된 민간인이 즉결처형된 지역임	다수	시신수습함. 이경모 사진의 현장

5. 학계 및 시민단체 주장 여순사건 목록

사건명	희생장소	시기	가해자	피해상황	출처
임실읍 전쟁 전 학살	임실읍	1948년 여순사건 직후	경찰	11명 사망	전북특위보고서(1994)
남원 산내면 내삼동 학살	산내면 내삼동 덕동 국교 뒷산 달음재 정상	1949년 7월 20일	국군(3연대 소식 2개 중대)	13명 사망	전북특위보고서(1994), 국방부 민간인 학살 사건접수 목록
남원 주천면 고기리 학살	주천면 고기리	1949년 1월	국군 (12연대)	26명 사망	전북특위보고서(1994), 국방부 민간인 학살 사건접수 목록
여순사건 여수 학살	여수 일대	1948년	국군, 경찰	5천 명 사망	여순사건 실태보고서
여수 오림동 학살	오림동 야산	1948년 10월 25일	진압군	10여 명 사망	여순사건 실태보고서
여수 덕충동 학살	덕충동	1948년 10월 26일~30일	진압군, 수도경찰	40여 명 사망(유아 포함)	여순사건 실태보고서
여수 서초등학교 학살	서국민학교	1948년 10월 26일~30일	국방경비대, 수도경찰	수십여 명 사망	여순사건 실태보고서
여수 종산 초등학교 학살	종산 국민학교	1948년 10월 말~1949년 1월	국방경비대, 수도경찰	수십여 명 사망	여순사건 실태보고서
여수 호명동 고개 학살	호명동고개	1948년 10~12월	국군, 경찰	100여 명 사망 (암매장)	여순사건 실태보고서
여수 민드레미재 학살	둔덕동 민드레미재	1948년 10~12월, 1950년 9월	진압군, 수도경찰	50여 명 사망	여순사건 실태보고서

여수 봉계동 장개골 학살	봉계동 장개골	1948년 10월 26~30일	국방경비대, 수도 경찰	다수 사망	여순사건 실태보고서
여수 율촌면 율촌지서 학살	율촌지서	1948년 10월, 1950년 7월	진압군, 경찰	100여 명 사망	여순사건 실태보고서
여수 율촌면 취적리 학살	율촌면 취적리	1948년 10월 26~30일	국방경비대, 수도경찰	3~4명 사망	여순사건 실태보고서
여수 소라면 학살	소라면	1948년 10월 이후	국군, 경찰	20여 명 사망	여순사건 실태보고서
여수 화양면 학살	화양면	1948년 10월 26~30일	국군, 경찰	10명 미만 사망	여순사건 실태보고서
여수 돌산읍 군내리 선착장 학살	돌산읍 군내리	1948년 11월	진압군, 경찰	다수 사망	여순사건 실태보고서
여수 남면 학살	여수 남면 안도리	1948년 10월 말	진압군, 경찰	수십 명 사망	여순사건 실태보고서
여수 삼부도 검등여 학살	삼부도 검등여	1948~1950년	진압군, 경찰	수십 명 사망	여순사건 실태보고서
여수 오동도 학살	오동도	1948년 10월 26일~12월	진압군, 경찰	700여 명 사망 (수장)	여순사건 실태보고서
여수 만성리 형제묘 학살	만성리 형제묘	1949년 1월 13일	국군, 경찰	125~200 명 사망	여순사건 실태보고서
여순사건 순천 학살	순천 일대	1948년	국군, 경찰	2,200여 명 사망	여순사건 실태보고서
순천 서면 대대골 학살	서면 대대골 대구실	1948년 11월~1953년	국군, 경찰	100~200 여 명 사망	여순사건 실태보고서
순천 서면 구랑실 학살	서면 구랑실	1948년 11월~1953년	국군, 경찰	100~200 여 명 사망	여순사건 실태보고서

순천 서면 학살	서면 일대	1948년 11월~1953년	군경, 빨치산	주민 다수 사망	여순사건 실태보고서
순천 승주읍 학살	승주읍 (구 쌍암면) 일대	1948년 11월~1953년	군경, 빨치산	주민 다수 사망	여순사건 실태보고서
순천 주암면 학살	주암면 일대	1948년 11월~1953년	군경, 빨치산	주민 다수 사망	여순사건 실태보고서
순천 송광면 학살	송광면 일대	1948년 11월~1953년	군경, 빨치산	주민 다수 사망	여순사건 실태보고서
순천 외서면 학살	외서면 일대	1948년 11월~1953년	군경, 빨치산	주민 다수 사망	여순사건 실태보고서
순천 낙안면 학살	낙안면 일대	1948년 11월~1953년	군경, 빨치산	200명 이상 사망	여순사건 실태보고서
순천 별량면 학살	별량면 일대	1948년 11월~1953년	군경, 빨치산	주민 다수 사망	여순사건 실태보고서
순천 상사면 학살	상사면 일대	1948년 11월~1953년	군경, 빨치산	주민 다수 사망	여순사건 실태보고서
순천 해룡면 학살	해룡면 일대	1948년 11월~1953년	군경, 빨치산	주민 다수 사망	여순사건 실태보고서
순천 월등면 학살	월등면 일대	1948년 11월~1953년	군경, 빨치산	주민 다수 사망	여순사건 실태보고서
순천 황전면 학살	황전면 일대	1948년 11월~1953년	군경, 빨치산	100~200여 명 사망	여순사건 실태보고서
여순사건 광양 학살	광양 일대	1948년	국군, 경찰	1,300여 명 사망	여순사건 실태보고서
광양 어치마을 학살	어치	1949년 8월	국군, 경찰, 토벌대	10명 이내 사망	여순사건 실태보고서
광양 탄치재와 고축골 학살	탄치재, 고축골	1949년	국군, 경찰	다수 사망	여순사건 실태보고서
광양 반송쟁이 학살	반송쟁이	1948년 11월, 1950년 7월 말	국군, 경찰	100명 이내 사망	여순사건 실태보고서

광양읍 학살	광양읍	1950년 1월 14일	국군, 경찰	30여 명 사망	여순사건 실태보고서
광양 다암 면 도사리 학살	다암면 도사리 섬진강변 매화마을→ 순천가는 길	1950년 6월 전후	경찰	다수 사망	제보
여순사건 구례 학살	구례 일대	1948년	국군, 경찰	800여 명 사망	여순사건 실태보고서
구례 간전 면 학살	간전면	1948년 11월	국군, 경찰	90여 명 사망	여순사건 실태보고서
구례 문척 면 학살	문척면	1948년 11월	국군, 경찰	100여 명 사망	여순사건 실태보고서
구례경찰서 학살	구례경찰서	1948년 11월 18일	국군, 경찰	72명 사망	여순사건 실태보고서
구례 서시 천 학살	서시천	1948~1950년	국군, 경찰	100여 명 사망	여순사건 실태보고서
구례 하사리 학살	하사리	1948년~1950년	국군, 경찰	10여 명 사망	여순사건 실태보고서
구례 산동 학살	산동 꽂쟁이, 효자모퉁이, 이평들	1948~1952년	국군, 경찰	2천여 명 사망	여순사건 실태보고서
구례 피아 골 학살	피아골	1948~1950년	국군, 경찰	수백 구의 유골 확인	여순사건 실태보고서
구례 솔티 재 학살	솔티재	1949년 8월 30일	국군, 경찰	다수 사망	여순사건 실태보고서
여순사건 고흥 학살	고흥 일대	1948년	국군, 경찰	200여 명 사망	여순사건 실태보고서
고흥 포두 면 장수리 학살	포두면 장수리 북주만마을	1948년 11월	경찰	30여 명 사망	유족증언
고흥 과역 면, 남양면 학살	과역면 도천리, 남양면 노송리	1949년 5월 9일	경찰	8명 사망	유족증언

여순사건 보성 학살	보성 일대	1948년	국군, 경찰	400여 명 사망	여순사건 실태보고서
곡성 학살	곡성군 일대	1948~1953년	국군, 경찰	수백 명 사망	제보
화순 북면	북면 아산 초등학교 인근 야산	1949~1950년	국군(20연 대추정)	49명	화순군의회 조사보고서

6. 사건 관련 주요 전문가 명단

가. 학계

○ 김계유(향토사학자)

○ 김득중(국사편찬위원회)

○ 노영기(성균관대)

○ 이중근(향토사학자)

○ 정석균(군사편찬연구소)

○ 최정기(전남대)

○ 홍영기(순천대)

나. 시민·사회단체

○ 문승이(구례향토문화연구소)

○ 박병섭(여순사건화해와평화를위한순천시민연대, 교사)

○ 박종길(여수지역사회연구소 여순사건연구위원장)

○ 선휘성(여순사건 고흥지역조사위원회, 교사)

제2장

조사 결과

제1절 군경에 의한 민간인 학살

진실화해위원회는 진실규명 신청기간 동안 1948년 8월 15일 정부 수립 이후부터 1950년 6월 25일 한국전쟁 발발 전까지 전라남도·경상남도·경상북도 일대에서 군경에 의해 발생한 민간인 희생사건에 대한 진실규명 신청 사건을 접수하였고, 신청 내용을 검토한 뒤 본 사건이 「진실·화해를 위한 과거사 정리 기본법」 제2조 제1항 제3호에 의거 조사대상에 속한다고 판단하여 집단희생규명위원회에서 조사개시를 결정하였다. 이 중 진실화해위원회는 군경이 제14연대의 반란을 진압하는 과정에서 민간인들이 희생된 여순사건에 대해서는 39차 전원위원회에서 "역사적으로 중요한 사건"으로 규정하여 직권조사하기로 의결하였다.

진실화해위원회는 여순사건 조사결과 구례지역 여순사건(2008. 7. 17, 146건)을 시작으로, 순천지역 여순사건(2009. 1. 7, 203건), 여수지역 여순사건(2010. 6. 29, 111건) 등에 대해 진실을 규명하였다.[20] 또 전남·경남·경북 지역에서 토벌작전 도중 발생한 군경에 의한 민간인 희생사건 조사 결과 문경 석달사건(2007. 6. 26, 16건), 함평 양림 사건(2007. 10. 23, 27건), 대구, 고령, 성주, 영천 민간인 희생사건(2010. 6. 30, 5건) 등에 대해 진실을 규명하였다.[21]

1. 사건 전개와 특징

가. 여순사건

1) 여순사건의 배경과 전개과정

1948년 8월 15일. 38선을 경계로 남한에 대한민국 정부가 수

---

20) 그 밖에 진실 규명된 여순사건은 보성·고흥지역 여순사건(2009. 11. 10, 68건), 순천·여수지역 적대세력에 의한 피해사건(2010. 4. 27, 20건), 보성·고흥지역 적대세력에 의한 피해사건(2010. 4. 27, 25건), 광양·곡성·구례·담양지역 적대세력에 의한 피해사건(2010. 4. 27, 7건), 강진 등 10개 지역 적대세력에 의한 피해사건(2010. 4. 27, 12건), 광양지역 여순사건(2010. 5. 11, 36건), 화순·나주지역 여순사건(2010. 5. 11, 20건), 전남 담양 등 11개 지역 여순사건(2010. 5. 18, 30건) 등이다.

21) 그 밖에 진실규명된 사건은 산청 시천, 삼장 민간인 희생사건(2007. 11. 20, 23건), 해남군 민간인 희생사건(2008. 6. 24, 12건), 청도군 민간인 희생사건(2008. 7. 8, 16건), 영덕 지품면 민간인 희생사건(2008. 11. 4, 35건), 광주 민간인 희생사건(1) (2008. 11. 25, 4건), 거제지역 민간인 희생사건(2008. 11. 25, 22건), 담양, 장성 경찰에 의한 민간인 희생사건(2008. 12. 2, 1건), 함양 민간인 희생사건(2008. 12. 16, 22건), 합천지역 민간인 희생사건(2008. 12. 16, 2건), 영천 청통면 이영쇠 희생사건(2009. 1. 5, 1건), 완도군 민간인 희생사건(2009. 2. 16, 84건), 한국전쟁 이전 경상지역 민간인 희생사건(2009. 3. 16, 10건), 전남 서남부지역 민간인 희생사건(2009. 4. 20, 8건), 경주 감포읍 정호식, 정의선 사망사건(2009. 4. 20, 2건), 함평지역 민간인 희생사건(2009. 11. 17, 25건), 영천지역 민간인 희생사건(2009. 12. 29, 13건), 영광지역 민간인 희생사건(2010. 4. 13, 11건), 순창, 임실지역 민간인 희생사건(2010. 4. 13, 6건), 신안, 광주지역 민간인 희생사건(2010. 5. 18, 2건), 구미, 김천, 상주, 영덕, 포항 민간인 희생사건(2010. 6. 15, 24건), 경북 봉화, 영양, 청송지역 민간인 희생사건(2010. 6. 15, 4건), 전남 동부지역 민간인 희생사건(2) (2010. 6. 22, 00건), 경주지역 민간인 희생사건(2010. 6. 29, 15건), 영암군 민간인 희생사건(2) (2010. 6. 29, 10건), 산청, 함양, 사천, 고성, 거창, 거제지역 민간인 희생사건(2010. 6. 29, 8건), 경북 군위, 안동, 영주, 의성 민간인 희생사건(2010. 6. 29, 4건), 서부 경남(거창, 함양, 하동, 산청) 민간인 희생사건(2010. 6. 30, 31건), 경남 합천 등 민간인 희생사건(2010. 6. 30, 16건), 예천, 문경 민간인 희생사건(2010. 6. 30, 2건) 등이다.

립되었고, 9월 9일 북한에 조선민주주의인민공화국이 수립되었다. 그러나 지주·보수적 언론인 등을 주축으로 한 한민당, 강력한 관료 체제, 경찰조직, 대동청년단·서북청년단 등의 청년단체, 농촌지주층 등으로 이루어진 이승만 정권의 지지 기반은 취약했다. 또 국방경비대 내에는 남로당원과 그 동조세력이 존재하였고 제주 4·3사건은 여전히 진행 중이었으며, 지역마다 좌익이 잠재하고 있었다.

1948년 5월 초, 단정단선반대투쟁이 절정을 이루고 춘궁기까지 겹쳤던 이 시기에 광주의 국방경비대 제4연대 제1대대를 기간 병력으로 제14연대가 여수에 창설되었다. 그리고 1948년 10월 19일 새벽, 전라남도 여수 신월리 제14연대 병영에서 제주도 파병에 반대하는 지창수 상사의 선동 연설로 시작된 봉기에 2,000여 명 이상의 병사들이 합세하며 '여순사건'이 시작되었다. 제14연대 반군은 경찰의 저지선을 무너뜨리고 여수와 순천을 장악한 뒤 전선을 확대해나갔다. 반군이 점령했던 지역에서는 인민위원회가 조직되었고, 반군과 지방좌익들은 인민재판을 열고 경찰·공무원·지역유지 등 우익인사들을 살해하거나 경찰서 등 관공서를 습격하기도 하였다.

여순사건이 발발하자 정부는 10월 20일 광주에 반군토벌전투사령부를 설치하고 본격적인 진압작전을 단행하였다. 반군토벌사령부는 10월 22일 순천을 탈환한 뒤 10월 27일 최종적으로 여수를 탈환하면서 여순사건을 일단 진압하였다. 그 뒤 진압군은 주민들을 집결시켜 반군과 협조자를 색출하였다. 반군의 즉결처분이나 인민재판에 앞장섰다고 적발된 이들은 즉석에서 살해당하였고, 나머지는 따로 수용되어 재심사나 재판을 받았다.

1948년 10월 22일 현지 사령관이 처음 계엄령을 선포하였고 10월 26일 호남방면 사령관이 여수·순천지구에 임시계엄을 선포하였다. 1948년 11월 1일 계엄령이 전남·북 지역으로 확대되면서 11월 6일 전남지역을 관할하던 전라남도 경찰국은 관내를 일제히 검문, 검색하였다. 또한 포고문을 통해 불법무기 소지자, 반군, 폭도, 불온분자, 은닉자와 더불어 이들에게 식사, 의류, 금품을 제공한 자들은 사살 혹은 기타 형에 처한다고 발표하였다. 진압군과 관내의 경찰들은 계엄하에서 부역자 색출과 반군에 협조한 토벌작전을 수행하면서 마을을 사찰하여 반군과 관련되었다고 의심되는 사람들을 연행, 구금, 조사, 사살하였다. 이러한 과정에서 여수, 순천, 구례, 광양, 보성, 고흥 등 반군의 점령지와 이동경로에 속했던 지역의 주민들은 '부역자', '반군 협조자'라는 이유로 적법한 절차를 거치지 않고 군인과 경찰에게 희생당하였다.

제14연대 반군의 주력부대와 지방좌익들은 정부의 진압작전이 본격화되자 백운산·조계산·지리산 등 주변 산악지대로 입산하여 인근 지역의 지서, 관공서를 습격하거나 주민들로부터 식량과 물자를 약탈하는 등 빨치산 활동을 전개하였다. 그리고 이때부터 진압군의 작전은 남원, 구례, 백운산, 지리산 지역의 반군을 소탕하는 것으로 변경되었다.

전라남도와 전라북도, 경상남도 일부 지역에서는 여순사건 발발 후 제14연대 반군의 점령, 군경의 반군 점령지 탈환작전,

진압군경의 반군 협력자와 좌익 혐의자 색출 과정, 입산한 반군과 좌익에 대한 토벌작전 등을 거치면서 수많은 민간인 희생사건이 발생하였다. 제14연대 반군의 점령지역에서 반군과 지방좌익들은 경찰·공무원·우익인사를 색출하고 숙청하였으며, 군경은 여순사건 진압 과정에서 반군 협조자·좌익 혐의자를 색출하는 과정에서 적법한 절차를 거치지 않고 주민들을 사살하였다. 그 뒤 산악지역으로 근거지를 옮긴 반군과 지방좌익에 의한 빨치산 투쟁이 전개되면서 빨치산에 협력하지 않는다거나 군경에 협조하는 우익인사라는 이유 등으로 빨치산에 의해 주민들이 피해를 당하였고, 군경이 빨치산을 토벌하는 과정에서 빨치산에 협조한다는 이유 등으로 산악 부근 마을 주민들을 집단 학살하였다.

경상북도 지역에서도 대구 10월사건, 제6연대사건 이후 한국전쟁 발발 전까지 빨치산 토벌작전이 전개되었다. 국군 제3여단은 경남·북 일대 산악지대에서 활동하는 빨치산을 토벌하기 위해 예하의 대구 주둔 제6연대를 파견하여 1949년부터 본격적인 토벌작전을 실시하였다. 제3여단은 총 4기에 걸쳐 공비 토벌작전 계획을 수립하였으며, 제3사단으로 승격된 이후에도 영남지구 토벌 사령부를 설치하여 한국전쟁 직전까지 토벌작전을 전개하였다. 또 경찰은 경상북도 비상경비총사령부와 태백산지구 전투경찰대 총지령본부를 설치하여 경북 일대와 태백산, 일월산, 보현산 등지의 빨치산 토벌작전을 전개하였다.[22]

---

22) 진실화해위원회, 『영덕 지품면 민간인 희생사건 진실규명결정서』(2008).

토벌 작전에 나선 군경은 빨치산과 직접 전투를 벌이기도 했지만, 다른 한편으로 빨치산의 보급 활동 차단과 민간인들의 연계를 차단하기 위한 활동도 했다. 이러한 과정에서 군경은 작전 지역이던 산간마을을 소개하거나 통비분자 색출의 명분, 또는 빨치산에게 식량을 제공하거나 협조했다는 이유 등으로 마을 주민들을 연행, 구금하여 조사하였다. 군경은 조사 후 빨치산과 협력한 혐의가 있다고 판단되면 마을 주민들을 불법 사살하였다. 군경 토벌 작전은 한국전쟁 발발 전까지 계속되었으며, 한국전쟁 발발 후 민간인 집단희생사건으로 이어졌다.

2) 여순사건의 정의

진실화해위원회가 정의 내린 '여순사건'은 1948년 10월 19일 여수 주둔 국방경비대 제14연대 소속 군인들의 반란을 시작으로 1950년 9월 28일 수복 이전까지 약 2년여 동안 전라남도와 전라북도·경상남도 일부 지역에서 사건과 관련하여 비무장 민간인이 집단 희생되고 일부 군경이 피해를 입은 사건이다.

'여순사건'의 조사 대상은 1948년 10월 19일 여수 주둔 국방경비대 제14연대 소속 군인들이 반란을 일으킨 뒤 여수·순천을 비롯한 전라남도 동부지역과 전북·경남 일부 지역에서 반군에 의해, 그리고 반군을 진압하기 위한 군경의 작전 과정에서 발생한 민간인과 군인의 집단희생사건이고, 조사 범위는 1948년 10월 19일부터 1950년 9월 28일 수복 이후 10월까지이며, 피해 유형에는 부상, 고문 후유, 사망 등이 포함되었다.

여순사건의 특징을 보면 첫째 피해발생 지역이 전라남도·전라북도·경상남도 일부 지역 등 광범위하게 분포되어 있다는 점, 둘째 반군이 점령을 하는 과정과 이후 군경의 진압과 토벌 과정에서 양측에 의해 다수의 민간인이 희생되었다는 점, 셋째 사건의 가해 집단과 희생 집단이 지역사회 내에서 명확히 구분하기 어려울 정도로 섞여 있다는 점이다. 희생자들은 경찰과 해산된 군대의 군인·좌익·우익단체원·공무원·학생·경찰 가족 등 관련 민간인이며 희생 집단이 복합적이다. 특히 희생 집단 가운데 국방경비대 제14연대·4연대 소속 군인 중 일부는 반군에 가담하지 않았음에도 불구하고 반군으로 지목되어 전투와는 무관한 현장에서, 즉 귀향 도중 또는 고향 은거 중 비무장 상태이거나 저항의 의지가 없는 상태에서 즉결처형되거나 불법적으로 총살되었다.

사건의 원인과 발생 배경의 측면에서 본다면 여순사건은 전남 동부지역 국민보도연맹사건·전국 형무소 재소자 희생사건·부역혐의 민간인 희생사건 등과 연관된다. 그러나 진실화해위원회에서는 역사적으로 중요한 사건으로 인식하여 신청사건이 아닌 직권조사로 결정하였음에도 불구하고, 결정사건조사의 효율성과 인과관계 등 조사의 기능성을 고려하여 국민보도연맹사건, 전국 형무소 재소자 희생사건, 부역혐의 민간인 희생사건 등은 본 사건에 포함하지 않고 별도로 조사를 진행하였다. 따라서 진실화해위원회에서 진실규명된 여순사건은 주로 1948년 10월 19일 여순사건 발발 후 군경의 반군 점령지 탈환 과정의 진압작전과 그 뒤 한국전쟁 발발 전까지 전개된 빨치산 토벌작전을 다루고 있다.

‘여순사건’ 당시 민간인 희생 경위는 다음과 같다. 먼저 1948
년 10월 19일 국방경비대 제14연대 소속 군인들이 ‘제주 4·3
사건 진압 파병 반대’를 이유로 반란을 일으킨 뒤 사건이 여수
를 거쳐 순천 등의 전남 동부 지역으로 확산되는 과정에서 반
군과 지방좌익에 의해 경찰, 우익인사 등이 희생되었다. 그리고
10월 21일부터 27일 여수가 탈환될 때까지 진압군이 ‘반군토벌
사령부’를 설치하여 계엄령을 선포하고 진압작전을 전개하는
과정에서는 다수의 민간인이 집단 희생되었다. 그 뒤 반군 점
령지역 수복 이후 반군 ‘협력자 색출’ 과정에서 진압군과 경찰
에 의해 다수의 민간인이 무고하게 집단 희생을 당하고, 반군
과 지방좌익이 진압군에 밀려 지리산 등지로 입산하여 빨치산
활동을 전개하고 토벌대가 빨치산을 토벌하는 과정에서 지리
산 등지의 산간 지역 민간인이 집단 희생되었다. 또 여순사건
발발 후 국방경비대 제14연대가 해산되고 반군에서 이탈한 다
수의 군인들이 은거 또는 귀향 도중 반군으로 오인되어 경찰·
진압군에 의해 희생되기도 하였다. 그러한 한편으로 여순사건
관련으로 전향자 관변 조직인 국민보도연맹에 가입한 이들과
진압, 토벌작전 중에 검거되어 대전형무소 등에 수감되어 있던
이들은 한국전쟁 발발 직후 군경에 의해 집단 희생되었다.

3) 여순사건의 발발

남한만의 단선·단정이 추진되면서 각지에서 이에 반대하는
투쟁이 전개되자 미군정은 경찰과 국방경비대를 동원하여 빨
치산 토벌작전을 수행하였다. 이 과정에서 동족을 살상하는 작

전에 반대하는 국방경비대원들의 저항의 일환으로 1948년 6월 18일 초토화 작전을 지휘했던 제9연대장 박진경이 암살당하는 사건이 발생하였다. 이 사건을 계기로 전군 차원의 사상검열과 숙군이 이루어졌다.

여순사건의 도화선은 제14연대 내의 숙군의 위협과 제주도 파병이었지만, 그 바탕에는 당시 한국 사회가 안고 있던 온갖 문제들이 얽혀 있었다. 계속되는 친일파의 발호, 해결 기미도 보이지 않는 토지개혁, 점차 줄어드는 통일정부 수립 가능성, 계속되는 정치권의 갈등과 대립, 이런 상황에서 좌익세력이 무능한 정부에 대한 대중의 불만을 선동하며 반란을 조직하고 나섰던 것이다.

육군본부는 1948년 10월 19일 오전 7시 여수 제14연대에 제주 4·3사건 진압을 위한 출항명령을 하달했다. 그러자 이에 반대하는 14연대 소속 군인 약 2,000명이 반란을 일으켰다. 여순사건의 시작이었다. 제14연대 반군은 지창수 상사 지휘 아래 차량을 동원해 경찰의 저지선을 무너뜨리고 여수를 장악했다. 10월 20일 반군 주력부대가 시내에 진입해 교전이 이뤄졌으나, 소수의 경찰 병력은 반군을 저지할 수 없었다.

반군이 시내에 들어오자 이에 동조한 여수의 좌익단체와 학생 600여 명이 반군에 합세했다. 10월 20일 오전 9시, 반군은 여수를 장악했다. 제주도 파견거부 병사위원회는 1. 제주도 출동 반대, 2. 미군도 소련군을 본받아서 즉시 철퇴하라, 3. 인공 수립만세 등의 성명서를 읍내 곳곳에 붙였다. 반군은 주요기관 과 건물을 접수하고 체포된 경찰관과 기관장, 우익청년단원, 지역유지 등을 여수경찰서 뒤뜰에서 집단으로 사살했다. 이어 인민위원회가 조직되고 인민공화국 깃발이 주요 건물에 걸렸다.

여수를 장악한 반군 2개 대대는 10월 20일 오전 9시 30분경 김지회 중위의 지휘 아래 여수역에서 통근열차를 이용해 순천으로 북상했고, 순천역 앞에서 대기하던 홍순석 중위 휘하 순천파견 2개 중대가 즉시 반군에 합류했다. 그리고 광주에서 급파되어 순천교와 순천역에 배치되었던 제4연대 1개 중대도 반란에 반대하는 일부 사병을 사살한 뒤 반군에 가담했다.

20일 오후 3시경 순천 시내를 완전 점령한 반군은 병력을 3개 부대로 재편성해 3개 방면으로 분진하여 전진배치시켜 나갔다. 주력 1천여 명을 구례, 곡성, 남원 방면으로 진출시키기 위해 학구 쪽으로 향하였고, 일부는 광주 방면으로 진출하기 위해 벌교, 보성, 화순 방면으로, 나머지는 경상도 진출을 위해 광양, 하동 방향으로 진격했다. 남원·구례·보성 등지에서는 반군이 도착하기도 전에 지방좌익들이 점령하여, 14연대가 무혈입성하는 사태가 발생하기도 했다. 그동안 비합법 상태에서 지하활동을 하던 이 지역 민애청원이나 노조원 그리고 남로당원 학생 등이 사건에 적극적으로 가담하였다.

4) 반군과 좌익에 의한 학살

1948년 10월 20일 새벽, 여수읍은 완전히 반군 치하에 들어갔다. 남로당 여수지구위원회는 '인민위원회'를 구성해서 주요 기관을 접수하기 시작하였으며, 반군과 지방좌익들은 경찰서장과 사찰계 직원·각 기관의 장·우익단체원·지방유지 등 소위 '반동분자' 적발과 숙청을 계속하였다. 14연대 군인들이 순천 시내를 점령한 10월 20일 밤, 여맹과 민청이 지하에서 나와 간판을 걸었고 인민위원회도 재건되었다. 순천의 좌익세력들은 반군에게 무기를 지급받고, 반군과 함께 경찰·우익요인·청년단원들을 습격하거나 우익인사들을 적발하는 데 앞장섰다. 일부지역에서는 경찰이나 우익인사에 대한 인민재판을 실시하기도 했다. 이 시기 여수 시내 자택 마당에 있다가 열차로 순천으로 이동 중인 반군이 쏜 총에 맞아 부상을 입는 등 '우발적인 사고'에 의해서 피해를 입거나 경찰과 친하다는 이유로 좌익에게 끌려가 희생당하는 사건이 발생하기도 하였다.

제14연대 반군은 10월 22일 벌교 읍내를 장악한 뒤 일부 병력만 벌교에 남고 일부는 보성읍으로, 나머지는 고흥읍으로 진출하였고, 지방좌익들의 환영을 받았다. 반군이 점령하던 시기 보성군 조성역 광장·고흥군 대서면 대서초등학교 등지에서 인민재판이 열려 경찰·전직 면장과 현직 면장 등 우익인사들이 살해되었고, 좌익에 협조하지 않는다는 이유로 민간인이 희생당하는 사건이 발생하였다. 10월 23일 반군은 순천 삽재와 백운산을 넘어 구례로 들어온 다음 구례군 간전면과 토지면 문수리를 거쳐 지리산으로 들어갔고, 이 중 오백여 명은 10월 24일 구례읍을 점령하고 우익인사를 처단했다.

여수·순천·보성·광양 지역은 거의 전 지역을 반군과 지방좌익 세력이 장악했으며, 하동·함양·남원·구례·곡성·화순·고흥·장흥 지역은 일부 지역만을 장악했다. 진압군은 10월 23일 순천 탈환을 시작으로 10월 24일 벌교, 10월 25일 광양, 10월 26일 구례, 10월 27일 여수를 완전히 탈환하였다. 그러나 반군과 지방좌익들은 구례와 광양의 백운산을 거쳐 지리산 등 인근 산악지대로 입산하여 빨치산 활동을 전개하였다.

이 시기 순천·구례·광양·보성·고흥 등 전남지역 일대에서 식량 제공 요구를 거부하다가 빨치산에게 희생당하거나, 빨치산에게 짐꾼으로 끌려간 뒤 행방불명되는 사건이 발생하였다. 또 경찰·공무원·우익인사나 그들의 가족들과 빨치산 습격을 대비해 경비를 서던 주민들이 빨치산의 습격을 받기도 하였다.

거창·산청·함양·합천 등 경남지역에서도 지리산과 주변 산악지대를 근거로 활동했던 지방좌익과 빨치산에 의한 피해 사건이 주로 발생했다. 희생자들은 지방좌익과 빨치산의 협조 요구를 거절하거나 군경에게 이들의 근거지를 신고하였다는 이유로 희생당하였다. 희생자 대부분이 부농이거나 마을 이장 또는 대한청년단 등의 우익단체 간부들이었고 정보 누설자라는 오해를 받아 무고하게 희생당한 농민도 있었다.

5) 정부의 진압작전 – 여수, 순천과 인근 지역 탈환 과정

여순사건이 발생하자 정부는 이를 즉각 반란으로 규정하고 진압에 나섰다. 1948년 10월 20일 미군 임시군사고문단장 사무실에서 국무총리 겸 국방부장관 이범석, 국방경비대 총사령관 송호성 준장, 임시군사고문단장 로버츠(William Roberts) 준장, 국방부 고문 제임스 하우스만(James Hausman) 대위를 비롯한 미군과 한국군 참모들이 모인 비상회의에서 광주에 '반란군토벌사령부'를 설치하기로 결정했다. 육군총사령부는 1948년 10월 21일 반군토벌전투사령관에 육군총사령관인 송호성 준장을 임명하여 제2여단과 제5여단을 지휘하게 하였다. 또한 제2여단장에 원용덕 대령, 제5여단장에 특별부대사령관 김백일 중령을 임명해 진압 작전을 지휘하게 하였다. 10월 21일 진압부대는 육군 5개 연대와 비행대, 수색대로 편성되었고, 반군의 대응이 예상 밖으로 강력해지자 10월 22일에는 부산에 주둔한 제5연대가 추가로 진압작전에 동원되었다.

정부는 1948년 10월 22일 여수·순천지구에 계엄령을 선포하고 이를 위반할 경우 군법에 의해 사형 및 기타에 처한다고 밝혔다. 국무총리 겸 국방부장관 이범석은 10월 22일 「반란군에 고한다」라는 포고문에서 제14연대 반란은 국법상 도저히 용서할 수 없는 것이며, 총살당하지 않으려면 즉시 투항하라고 명했다. 그리고 10월 23일 이승만은 여순사건과 관련하여 일반 국민에게 경고문을 발표했고, 처음부터 강경진압의 방침을 정한 채 진압작전을 전개하였다.

여순사건 당시 군 작전통제권은 미군이 가지고 있었으며, 진압작전은 미군 통제하에 있었다. 광주 반군토벌전투사령부에는 작전·정보·군수 업무를 지원하는 미 군사고문이 배치되었다. 한국군 부대에 이미 배속되어 있던 군사고문들은 담당 부대의 작전에 자연스럽게 참여했다. 당시 임시군사고문단의 주요한 임무는 장비를 비롯한 병참물자 지원이었지만 실제 미군의 역할은 무기와 장비 반출에 국한되지 않았고, 작전과 전투까지 관여하였다.

반란군토벌사령부는 최초 탈환 목표를 순천으로 정하였고, 1948년 10월 23일 오전 11시경 순천을 탈환하고 오후에는 시가지 소탕전을 완료하였다. 진압군은 순천을 진압한 뒤 보성·고흥·광양 등 전남 동부지역에 대해서도 진압 작전을 전개했다. 10월 24일 4연대와 수도경찰부대가 보성을 점령했고, 1948년 10월 24일 진압군 6연대, 3연대, 수색대대가 벌교를 점령했다. 진압군은 이어 남쪽인 고흥 반도로 반군을 몰아넣고 봉쇄한 뒤 10월 25일 6연대와 3연대 병력이 고흥을 점령했다. 그리고 10월 24일 여수 탈환 작전을 개시하여 다섯 차례의 공세 끝에 10월 27일 여수를 완전히 탈환했다. 진압군은 여수와 순천, 그리고 인근 지역의 탈환 작전이 어느 정도 마무리되자 치안유지와 반군 협력자 색출을 위한 최소 병력을 탈환 지역에 남겨두고 지리산과 백운산 등지로 들어간 반군을 추격해 소탕하는 작전에 돌입했다.

6) 진압군경의 반군 협력자, 좌익혐의자 색출과정과 민간인 학살

진압군은 1948년 10월 23일 순천을 탈환하였고, 10월 27일 여수를 탈환하였다. 진압군이 순천과 여수, 그리고 인근 지역 탈환 작전을 전개할 당시 김지회 등의 반군 지휘관과 순천의 주요 좌익 간부들로 구성된 주력부대는 이미 인근 산악지대인 백운산과 지리산 줄기로 도피한 상태였다. 진압군의 진압작전 및 토벌 과정에서 제14연대 반군뿐 아니라 다수의 주민이 반군과 일반 주민들을 구별하기 어렵다는 이유로 진압군경에 의해 희생당했다. 이렇게 시민을 '보호의 대상'이 아닌 '진압의 대

상’으로 간주한 결과 진압작전은 수많은 민간인의 희생을 초래
하였다.

"반도의 소재를 적시 보고하지 않거나 만일 반도를 숨겨주거
나 반도와 밀통하는 자는 사형에 처한다"는 10월 22일자 ‘계엄
령 선포문’은 다음과 같다. "(전략) 정부에서는 각부 당국에게
신칙하여 우선 각 학교의 각 정부기관에 모든 지도자 이하로
남녀아동까지라도 일일이 조사해서 불순분자는 다 제거하고
조직을 엄밀히 해서 반역적 사상이 만연되지 못하게 하며 앞으
로 어떠한 법령이 혹 발포되더라도 전 민중이 절대 복종해서
이런 비행이 다시는 없도록 방위해야 될 것이다."

여수·순천 등 반군 점령지역이 재탈환되자 군경은 가장 먼
저 반군과 이에 가담한 협력자를 철저하게 색출하는 작업에 나
섰다. 진압군은 시민을 국민학교와 같은 넓은 공공장소로 소집
하여 외모(머리가 짧은 자, 군용 팬티를 입은 자, 손바닥에 총을
든 흔적이 있는 자 등)를 기준으로 반군과 협력자를 색출했다.
또는 경찰·우익인사·청년단원 등 반군 치하에서 피해를 많
이 입은 집단이 주민들 중 반군과 협력자라고 지목을 하여 색
출 작업을 벌였다. 그러나 운동장에 모인 수많은 시민 중에서
실제로 반군에 협조한 이들을 적확하게 골라낼 수 있는 사람은
사실상 없었다. 살아남은 경찰·우익인사 등은 사건 당시에는
숨어 있었거나, 탈출했거나, 구사일생으로 목숨을 부지한 경우
였기 때문에 반군 협조자를 일일이 구별해낼 수 있는 증거를
가지고 있지 못했다. 그리고 누가 ‘가담자’인지를 판단할 수 있
는 객관적 기준도 없었다.

또 반군 협조자를 색출하는 과정에서 '손가락 총'이라는 말도 유행하였다. 진압군은 혐의가 뚜렷한 이들을 강압하여 학교 운동장에 모여 있는 사람들 중 동조자를 손으로 가리키게 했는데 그것이 이른바 '손가락 총'이었다.

'반군 가담자 심사'는 주로 외모, 고발, 개인적 감정에 의한 모략, 강요된 자백에 근거를 두었고, '호박잎 하나라도 반군에게 준 사람'은 모두 혐의자로 몰린다는 말이 공공연하게 나돌 정도로 무고한 사람이 처벌받는 경우가 많았다. 심지어 진압군에게 반군이나 좌익에 대한 정보를 제공하러 온 사람들조차 취조당하고 구타당하거나 사살되기도 하였다. 곡성에서는 반군의 강압을 받고 길을 안내해준 주민이 지서에 길 안내 사실을 신고하러 간 뒤 경찰에게 희생된 사건이 발생하였다.

이처럼 객관적 기준도 없이 심증만으로 이루어진 심사에 의해 반군의 즉결처분에 가담하거나, 반군 점령기간 동안 발생했던 인민재판 때 처형에 앞장섰다고 적발된 자는 즉석에서 곤봉·개머리판·체인 등으로 타살되거나 총살당하거나 군경에 이첩되어 어디론가 끌려가 집단 학살되었다. 그리고 부역자 색출과정에서 즉결처분을 받지 않은 사람들은 석방되거나 군사재판에 넘겨졌다.

반군 협조자 색출과 빨치산 토벌이라는 이름 아래 진행된 이와 같은 '피의 보복'은 몇 개월 동안 계속되었다. 국방부가 발간한 『한국전쟁사』에 "혼란과 무질서 속에서 군경부대에 의하여 양민들이 무고하게 희생당하기도 했다"라고 기록될 정도로 당시 상황은 참혹했다.

7) 국민보도연맹 사건

국민보도연맹 결성의 직접적 배경은 정부 수립 직후 발생한 여순사건이었다. 1948년 10월 19일 여순사건이 발생하자 대한민국 정부는 남한 내부에 다수의 좌익세력이 잠복해 있다고 판단하고 대대적인 좌익색출에 착수하였다. 이를 위해 정부는 1948년 12월 1일 법률 제10호로 국가보안법을 제정·공포하여 반국가단체를 구성한 자뿐만 아니라 이에 가입한 자까지 처벌할 수 있도록 하였다.

먼저 좌익색출은 여순사건의 근원지였던 군대에서부터 시작되었다. 1949년 1월 10일 완료된 여순사건 관련 숙군(肅軍)의 결과 총 2,817명이 재판을 받고, 이 중 410명이 사형, 563명이 무기징역, 나머지는 가벼운 형을 받거나 석방되었다.[23] 1949년 2월부터 11월 사이에는 352명이 고등군법회의에 회부되었으며, 1948년부터 1949년까지 총 242명의 장교가 파면되고 4,133명의 사병이 불명예 제대했다.[24] 군에 이어 학교에서도 1948년 12월 7일 문교부장관을 통해 반정부혐의자의 해고를 위해 각 교육기관에 근무 중인 전교 직원들의 상세한 이력서를 제출하라는 명령이 내려졌다. 또한 1948년 9월부터 1949년 5월까지 주요 신문사 7개와 통신사 1개가 폐쇄되었으며, 많은 기자들이 체포되고 발행인과 편집인들이 추방됐다.[25] 1949년 9~10월 사이 전

---

23) 노영기, 「육군 창설기(1947~1949년)의 숙군에 관한 연구」, 성균관대 사학과 석사학위논문, 1997, 36쪽.
24) 노영기, 앞의 논문, 44~46쪽.
25) Gregory Henderson, *Korea: The Politics of the Vortex*, President and Fellows of Harvard College, 1968, 박행웅·이종삼 옮김, 『소용돌이의 한국정치』, 한울, 2000, 252쪽.

국에서 132개의 정당과 사회단체가 국가보안법이 정한 대통령의 단체해산권에 의해 해산되었다.[26]

정부의 대대적인 좌익색출 결과, 1948년 9월 4일부터 1949년 4월 30일까지 8만 9,710명이 체포되었고 그중 2만 8,404명은 석방, 2만 1,606명은 기소되었다. 그리고 기소된 사람들 중 80% 이상이 유죄선고를 받게 됨에 따라 전국의 형무소는 대부분 국가보안법 위반자들로 채워졌다. 그러나 수감자가 갑자기 급증함에 따라 전국 대부분의 형무소가 수용능력을 두 배 이상 초과하는 문제가 발생하게 되었고, 이것은 당시 국회에서 논란의 대상이 될 정도였다.[27] 1948년 12월 17일 법무부장관의 발언에 따르면 형무소 수용능력이 15,000명인 데 비해 수감되어 있는 인원은 4만 명으로 나타났다.[28] 이들의 약 80%는 바로 국가보안법 위반자였다.[29] 폭주하는 국가보안법 위반자를 수용하기 위해 정부는 1949년 10월 27일 추가로 부천형무소와 영등포형무소를 신설했지만, 이것으로도 늘어나는 수감자를 수용하기에는 역부족이었다. 또한 검찰과 법원의 업무도 폭주하여 수사와 재판업무를 감당할 수 없을 정도였다.[30] 이에 따라 정부는 좌익관련자들을 무조건 수감할 것이 아니라, 이들을 적극적으로 전향시킬 것을 모색하는 한편, 전향자들을 관리·통제할 수 있는 별도 조직의 창설을 모색하였다. 그 결과 설립된 조직이

---

26) 조국, 「한국 근현대사에서의 사상통제법」, 『역사비평』, 1988년 여름호, 332쪽.
27) 대한민국 국회, 『제헌국회속기록(제6회 제28차 본회의)』 8, 여강출판사, 1978, 608쪽.
28) Gregory Hendersos 저, 박행웅·이종삼 역, 『소용돌이의 한국정치』, 한울, 2000, 252쪽.
29) 김갑수(金甲洙) 법무부차관의 발언(대한민국국회, 『제헌국회속기록』 8, 608쪽).
30) 박원순, 『국가보안법연구1』, 역사비평사, 1989, 3쪽.

이 사건의 배경이 되는 '국민보도연맹'[31]이었다.

한편, 1949년 12월 2일 정부는 국가보안법 1차 개정안을 상정하였는데, 새로운 1차 개정안의 핵심 내용은 정부참칭, 국가변란 목적의 결사 또는 집단을 구성한 자에 대하여 사형이 가능하도록 한 점, 미수죄의 신설, 외국인이 외국에서 범한 죄라도 이 법의 적용이 가능한 보호주의의 채택, 단심제로의 전환, 교화가 가능한 자에 대한 보도구금소(保導拘禁所) 수용규정 등이었다.[32] 특히 개정안에서는 보도구금의 규정을 신설하였는데, 이것은 법원이 적당하다고 판단할 경우 형(刑)의 선고유예와 함께 보도소(保導所)에 2년 동안 수용하여 그 기간 중 재범의 우려가 없다고 인정될 때 석방할 수 있도록 규정한 것이다. 이 규정은 그해 6월 4일 발족된 국민보도연맹을 염두에 두고 만든 것으로 보인다. 즉, 사안이 경미하고 전향가능성이 존재하면 형의 선고유예와 함께 보도소에 보내 교화하고 전향시켜 석방이 되어 나오면 보도연맹에 이들을 가맹시켜 일정한 관찰에 붙인다는 취지인 것이다.[33]

---

31) '국민보도연맹'이 공식 명칭이지만, 본 보고서에 인용할 때는 '국민보도연맹', '보도연맹'을 사안에 따라 적절하게 사용하였다.

32) 박원순, 『국가보안법연구1』, 역사비평사, 1989, 105쪽.

33) 박원순, 『국가보안법연구1』, 역사비평사, 1989, 111쪽. 1950년 2월 11일 제헌국회 제11차 본회의에서 결성 초기 보도연맹의 주관기관이었던 내무부의 내무부차관 장경근(張暻根)은 보도소 규정을 만든 목적과 보도소와 보도연맹의 관계에 대해 다음과 같이 발언한 바 있다. "우리가 그 공산당도배나 그 공산당도당에 사주를 받아가지고 따라 다니는 사람을 전부 감옥에 넣는 것만으로써는 우리가 목적을 완성하는 것은 아닙니다. … 그 지도자에 대해서는 물론 처벌로서 대하는 동시에 그 추종자에 대해서는 우리가 형별 이외로서 그 사람들을 잘 선도해 가지고 그 공산도배의 행동이 얼마나 해로운가 이것을 잘 인식시킴으로써 … 우리 건국활동에 참가시키려는 것이 이것이 가장 현명한 것입니다. 그러기 때문에 국가보안법 개정안에 있어서도 엄벌로서 임하는 동시에 개전의 가능성이 있는 자에 대하여서는 보도소라는 것을 두어 가지고 선도하기로 되어 있습니다. 이렇게 ○○○방면으로서

보도연맹의 창설배경에 대해 정부는 창설 취의서에서 다음
과 같이 설명하였다.

> 민전 산하단체 간부층의 기만적이며 부소(附蘇) 관료주의적,
> 독선적 독재와 특히 남로당의 살인·방화·파괴 등의 멸족
> 정책(滅族政策)은 마침내 탈당 전향자를 매일 수십 명씩 속
> 출케 함으로써 그 정체가 무엇인가를 천하에 폭로하기 시작
> 하였다. (중략) 대한민국 정부 수립과 남로당의 멸족정책으
> 로 이상과 같이 탈당 전향자가 속출하나 비등(此等) 전향자·
> 탈당자를 국민 계몽·지도하여 명실상부한 대한민국으로서
> 멸사봉공(滅私奉公)의 길을 열어 줄 포섭기관이 절대로 요청
> 되는바 여사한 기관이 없음을 유감으로 생각한 나머지 오인
> (吾人)은 천학미력(淺學微力)을 무릅쓰고 결사보국(決死報國)
> 의 지성 일념에서 감히 전향자 국민보도연맹을 기성(期成)하
> 고자 하는 바이다.34)

즉, 탈당 전향자가 속출하지만, 이들을 지도할 만한 적절한
포섭기관이 없기 때문에 보도연맹을 창설하게 되었다는 것이
다. 결성 당시 대외적으로 표출된 국민보도연맹의 결성목적은
'전향자를 계몽·지도하여 명실상부한 대한민국 국민으로써
받아들인다'35)는 것이었다. 그러나 전향자가 보도연맹에 가입
했다고 해서 곧바로 국민으로 인정받았던 것은 아니다. 국민보

여기에 대해서 국가시책을 해야 비로서 거기에 대해서 완벽을 기하는 것인데 그 이상 보도
소만을 가지고도 우리가 부족하다고 생각해서 보도연맹이라는 그 전향자들로써 조직을 해
가지고 … 망국노선에서 이탈을 해가지고 건국노선으로 복구시킨다는 것…." (대한민국국
회, 『제헌국회속기록』8, 여강출판사, 1978, 599~600쪽).
34) 동아일보, 1949.4.23; 양한모, 『조국은 하나였다?』, 일선기획, 1990, 224~225쪽. 양한모
(본명 홍민표)는 남로당 서울시당 책임자로 활동하다 1949년 9월 16일에 체포·전향한 뒤,
서울시경찰국 사찰과 경위로 특채되어 대공활동에 종사한 인물이다.
35) 『동아일보』, 1949.4.23.

도연맹원들은 가입 당시 반드시 같이 좌익활동을 했던 사람들의 명단을 기재한 양심서를 제출해야 했고, 가입 후에도 1년 동안 계속해서 자백내용을 검열받아야 했다.[36] 정부가 모든 보도연맹원들에게 조직과 명단의 제출을 요구한 것은 보도연맹원을 전위로 삼아 남로당의 섬멸을 추구하고 있었기 때문이다.[37] 또한 보도연맹은 표면적으로 전향자들로 구성된 좌익전향자단체임을 표방했지만, 그 관리와 운영을 실질적으로 전담했던 이들은 정부관료였으며, 간부 중 좌익전향자는 간사장과 명예간사장뿐이었다.[38]

조사결과, 보도연맹은 전향자단체를 표방했음에도 불구하고, 보도연맹의 핵심간부들은 모두 정부의 관리들이었고, 보도연맹 가입 후에도 전향자들은 확실하게 기존 사상을 포기했는지에 대해 여전히 의심받았다. 이에 따라 정부는 전향자들을 보도연맹이라는 조직 틀 내에 소속시킨 가운데 이들에 대한 일상적인 감시와 통제를 실시하였고, 이들에게 남아 있는 좌익인사들에 대한 명단 제출을 요구하였다. 결국, 보도연맹의 실질적인 결성목적은 급증하는 좌익전향자들을 효과적으로 통제하고, 이들을 전위대로 활용하여 남아 있는 좌익세력을 붕괴시키기 위한 것이었다고 판단된다.

---

36) Bruce Comings, *The Origins of the Korean War, Volume II*, Princeton University Press, 1990, p.215.

37) 김기진, 『한국전쟁과 집단학살』, 푸른역사, 2005, 26쪽.

38) 보도연맹 중앙본부의 구성을 보면, 고문 신익희 국회의장 외 24명, 총재 김효석 내무부장관, 부총재 장경근 내무부차관 · 백한성 법무부차관 · 옥선진 대검찰청차장, 참사관 국방부차관, 참사 국방차관 외 21명, 이사장 김태선 시경찰국장 등 보도연맹의 핵심간부들은 모두 정부관리였다(동아일보, 1949.6.6.). 보도연맹 간사장은 전 민전 중앙위원 박우천, 명예간사장은 전 근로인민당 상임위원 정백이 맡았다.

8) 형무소 재소자 학살사건

1845년 8월 해방 이후, 좌우익 갈등과 1948년 4월에 발생한 제주 4·3사건, 10월에 발생한 여순사건 등의 영향으로 소위 좌익사범이 대량 발생하였다.

여순사건으로 기소된 피고인들은 군법회의와 순천지원 등 일반법원에서 재판을 받고 전국 각 형무소에 수감되었다. 1948년 11월 4일부터 25일까지 여수, 순천, 광주, 대전에서 여순사건 관련 피고인들에 대한 군법회의가 다섯 차례 열렸는데 총 1,931명이 재판을 받아[39] 1,353명이 유죄판결[40]을 받고 전국의 각 형무소에 수감되었다.

여순사건 관련 피고인들에 대한 군법회의가 총 몇 차례 개최되어 몇 명이 유죄판결을 받았는지 알 수 없지만, 진실화해위원회가 입수한 두 차례의 고등군법회의판결문(1948년 11월 21일과 12월 13일. 공판장소-여수시)에 따르면 피고인은 904명이다. 904명 중 1명을 제외하고 모두 유죄판결[41]을 받았는데 이들은 판결문에 복형장소로 지정된 형무소에 수감되었다가 1년형을 받은 사람들을 제외한 나머지 사람들은 형무소에서 한국전쟁을 맞이하였다.

한편, 여순사건 관련으로 일반법원에서 재판을 받은 사람이 얼마나 되는지 파악할 수 없으나 구례, 승주, 광양, 고흥, 보성 등 전라남도 동부지역 일원에서 반란군에게 동조, 식량제공 등

---

39) 『'빨갱이'의 탄생-여순사건과 반공국가의 탄생』, 김득중, 선인출판사, 2009년, 339쪽.
40) 사형 691명, 무기징역 119명, 20년형 256명, 5년형 259명, 1년형 28명.
41) 사형 116명, 무기징역 249명, 20년형 238명, 5년형 247명, 1년형 53명.

의 혐의로 체포된 사람들은 순천, 장흥, 광주 등지에서 재판을 받고 광주·목포·전주·군산·대전·공주·청주·대구·김천·안동·마산·진주·인천형무소 등지에 수감되었다가 한국전쟁을 맞이하였다. 이들이 광주·목포·전주·군산·대전·공주·청주·대구·김천·안동·마산·진주·인천형무소와 순천경찰서 유치장 재소자 학살사건 진실규명대상자의 상당수를 차지한다.

이들은 수감 중 한국전쟁을 맞이하였고, 전쟁 발발 후 며칠 동안 헌병에 호출되어 나가 광주 산동교 인근, 전주 공동묘지 등지에서 집단 사살되었다.

대전형무소에 수감된 여순사건 관련 재소자들은 주로 국방경비법 위반으로 10년 이상의 중형을 받은 사람들로 특별사에 따로 수용되었는데, 이들 역시 한국전쟁 발발 직후 산내 골령골에서 집단 학살되었다. 또한 공주형무소, 청주형무소, 대구형무소, 김천형무소 등지에서도 제14연대 군인 등 여순사건 관련자들이 수감된 뒤 한국전쟁 발발 후 군경에 의해 집단 희생당하는 사건이 발생하였다.

구례, 승주, 광양, 고흥, 보성 등 전라남도 동부지역 일원에서 여순사건 반군에게 동조, 식량제공 등의 혐의로 체포된 사람들은 순천, 장흥, 광주 등지에서 재판을 받고 광주·목포·전주·군산형무소 등지에 수감되었다.

9) 여순사건의 영향

1948년 8월 15일, 대한민국 정부가 수립되고 2개월 뒤에 발발한 여순사건은 계엄령 실시, 국가보안법 제정 등으로 이어져 한국 사회의 분단 체제 공고화에 큰 영향을 미친 역사적으로 중요한 사건이다. 또 여순사건 진압과정과 그 뒤 입산한 반군과 좌익의 토벌 과정에서 발생한 민간인 집단 희생은 한국전쟁 발발 이후 국군과 경찰 등 국가 권력에 의해 지속적으로 이루어진 제2전선 지역에서의 민간인 집단 학살의 발단이 되었고, 국민보도연맹사건, 형무소 재소자 희생사건, 부역혐의사건과도 밀접하게 관련되어 있다. 여순사건이 남한 사회에 미친 정치적·사회적 영향은 다음과 같다.

먼저 반이승만 정치세력에 대한 지배정권의 공세는 여순사건을 계기로 급속하게 강화되었고, 한반도 남쪽을 지배했던 미국의 철군정책도 변화되었다. 미군은 1948. 10. 20. 국방부장관, 군 수뇌부와 함께 긴급회의를 가진 뒤 사건 진압을 위해 최신 군사 장비를 지원하였고, 군사고문단원은 작전과 정보 분야에서 국군을 지휘했다. 그리고 여순사건 발발 후 빨치산 활동이 활발해지자 미군은 1949년 6월 말에야 남한에서 철수하였다.

둘째, 국방경비법을 기초로 국가보안법이 제정되어 1949년 1월부터 9월 말까지 형무소 재소자의 80% 이상이 국가보안법 위반 혐의로 수감되어 있었다. 셋째, 유숙계 실시, 국민보도연맹 조직, 학도호국단 창설 등 전 국민을 대상으로 하는 주민통제체제를 구축하였다. 넷째, 여순사건의 성공적인 진압과 토벌은 이후 2년 뒤에 발발한 한국전쟁에서 자행된 민간인 집단 학살의 시작과 서곡이 되었다. 다섯째, 또한 여순사건을 성공적으로 진압한 군대의 사회적 영향력은 곧바로 정치적 영향력으로 확대되어 이로 인해 이후 30여 년간 지속된 군부 독재정권의 토대를 구축하게 되었다. 박정희, 전두환, 노태우 등 정치 군인들의 쿠데타에 의한 군부 독재 정권이 그것이다. 마지막으로 여순사건은 지역사회에도 큰 영향을 미쳐 지역공동체를 파괴하였다. 제14연대 반군이 들어왔을 때에는 우익인사와 경찰에 대한 처형이 이루어지고, 진압작전 때에는 반군 협력자 색출 과정에서 개인적인 원한으로 협력자를 지목하여 처형하는 경우도 발생하여 지역사회는 완전히 파괴되었다.

또 여순사건은 한국전쟁 발발 후 전남·전북·경남 일대에서 일어난 국민보도연맹사건, 형무소 재소자 희생사건의 원인이 되었다. 여순사건으로 기소된 피고인들은 군법회의와 순천지원 등 일반법원에서 재판을 받고 전국 각 형무소에 수감되었다.

수감자의 80%가 국가보안법 위반자로 형무소 수용능력이 15,000명인 데 비해 수감되어 있는 인원은 4만 명으로[42] 수용인원의 2.5배 이상이 갑자기 급증하자, 전국 대부분의 형무소가 수용능력을 두 배 이상 초과하는 문제가 발생하게 되었다. 당시 국회에서 논란의 대상이 될 정도였다.[43]

일이 이 정도에 이르자, 1949년 4월 20일 이승만 정권은 수용시설의 역부족으로 폭주하는 좌익인사들을 무조건 수감할 것이 아니라 적극적으로 전향시켜 관리·통제할 수 있는 '국민보

---

42) Gregory Hendersos 저, 박행웅·이종삼 역, 『소용돌이의 한국정치』, 한울, 2000, 252쪽.
43) 대한민국 국회, 『제헌국회속기록(제6회 제28차 본회의)』8, 여강출판사, 1978, 608쪽.

도연맹'을 설립하였다. 정부는 1949년 10월 25일부터 1949년 11월 30일까지 남로당원 자수기간을 설정하고 대대적인 자수·전향 작업을 벌였다. 이에 각 지방에서도 좌익계열의 전향을 위해 검·경을 비롯한 각급 행정기관을 동원하여 자수와 전향을 독려하였고 그 결과 전국적으로 약 4만 명이 자수하였다.

1948년 여순사건의 영향권 내에 있던 지역에서는 여순사건 관련자 가운데 진압군경의 민간인 학살 과정에서 살아남은 이들이 주로 보도연맹에 가입하였다. 그들은 식량을 제공하는 등 반군에게 협조하거나 14연대 군인이나 좌익 활동가 가족이라는 이유로 경찰에게 조사를 받은 뒤 풀려나거나 복역 후 출옥한 이들, 또는 집단 학살 현장에서 살아남은 이들이었다. 또 14연대 군인으로 군 복무 중 여순사건이 발발하여 반군에 가담하였다가 진압군에 체포되어 형을 선고받고 복역한 뒤 출소하여 보도연맹에 가입하거나, 반군에서 도망쳐 귀가한 뒤 자수하여 보도연맹에 가입한 경우도 있다.

그러나 1년 뒤 한국전쟁이 발발하자 국민보도연맹원들은 여순사건 관련 등 좌익 혐의로 형무소에 수감되어 있던 이들처럼 지방경찰국과 각 지역 경찰서, CIC, 군인 등에 의해 인민군에게 동조하여 후방을 교란할 것이라는 우려 속에 집단 학살되었다.

나. 군경토벌작전과 민간인 학살

1) 제14연대 반군과 좌익세력의 입산

여순사건 발발 후 제14연대 반군의 점령, 군경의 반군 점령지 탈환, 진압군경의 반군 협력자와 좌익 혐의자 색출 과정을 거치는 동안 이미 수많은 민간인 희생사건이 발생하였다. 그러나 여수·순천 등 반군 점령지역이 탈환되었다고 해서 여순사건이 완전히 종결된 것은 아니었다. 제14연대 반군과 지방좌익 세력 등은 인근 산악지대로 입산하여 1948년 말부터 한국전쟁 발발 전까지 관공서를 공격하는 등 지속적인 빨치산투쟁을 전개하였다.

제14연대 반군과 좌익 세력들은 장기적이고 조직적인 항쟁을 전개하기 위하여 지리산을 중심으로 한 광범한 유격전구의 형성을 계획하고 있었다. 여순사건 발발 후 반군의 일부는 순천을 장악하고 계속 벌교, 고흥, 보성 방면으로 진격하였고, 다른 부대는 구례, 곡성, 남원 등으로 북상하면서 2천여 명 규모의 무장 세력을 형성하여 백운산과 지리산 등에 거점을 확보하였다.

여수·순천 등 반군 점령지역이 탈환된 뒤 제14연대 반군과 지방좌익들은 순천에서는 조계산, 용계산 등지, 보성에서는 율어, 겸백, 복내, 문덕 등의 산악 지역, 고흥에서는 보성의 벌교 지역과 율어지역으로 이어지는 영남, 남양, 대서 등을 중심으로 활동하였다. 또 구례와 광양의 백운산을 거쳐 지리산으로 입산한 반군과 지방좌익들은 덕유산·백운산·회문산·입암산 일대에 분산 은거하며 지리산 일대에 유격 근거지를 구축하였다. 무장투쟁의 근거지를 구축한 지리산 중심의 빨치산 부대는 점차 활동 영역을 확대하여 부근의 함양, 하동, 순천, 구례, 남원 등에서 14개의 경찰서를 점령하였다. 여수, 나주, 광양 등지도

유격대가 점령하여 세력이 확대되기도 하였다.

산악지대가 많이 분포한 경북지역은 빨치산 근거지가 되기에 적합한 지역이다. 1946년 대구에서 10월사건이 시작되었고, 1948년 5·10 남한 단독 총선거를 전후하여 '2·7투쟁'이 발발하였으며, 여순사건의 여파로 대구 주둔 제6연대에서 세 차례에 걸쳐 반란이 일어났다. 제6연대 반란사건이 진압된 뒤 좌익세력과 군인들은 대구 인근 운문산, 팔공산과 영천 보현산, 태백산 등지로 입산했으며, 2·7투쟁 직후 경주, 영천, 청도, 봉화, 경산, 밀양 등을 중심으로 형성된 '무장유격대'와 결합하여 영남유격지구에서 빨치산 활동을 적극적으로 주도하였다. 여기에 태백산·문수산·일월산 부근으로 남하하던 북한 유격대가 합류하였다. 그리고 이들을 토벌하기 위한 군경의 토벌작전이 시작되었다.

2) 군경의 토벌작전과 민간인 학살

육군본부는 1948년 10월 30일 여수에 있던 반란군 토벌사령부 예하의 작전부대를 주축으로 하여 호남방면 전투사령부를 설치하고, 사령관에 송호성 준장을 임명하는 한편, 토벌 전투지구를 지리산을 기준으로 남지구와 북지구로 분할하였다. 호남방면 전투사령부는 약 한 달간 토벌작전을 수행하다가 1948년 11월 30일 해체되었다.

1949년 해빙기를 맞아 육군본부는 지리산 지역에서 활동하고 있는 빨치산들을 색출·격멸하기 위하여 3월 1일 지리산지구 전투사령부와 호남지구 전투사령부를 설치하였다. 지리산

지구 전투사령관으로 임명된 정일권 준장은 지리산지구 전투
사령부를 남원에 설치하였으며, 배속된 5개 대대를 지휘하게
되었다. 그리고 호남지구 전투사령부 역시 5개 대대를 배속받
아 토벌작전을 개시하였다.

경상남도 일대에서도 여순사건 이후 지리산으로 들어간 14
연대 반군과 입산자들을 소탕하기 위한 토벌작전이 시작되었
다. 경남 산청군과 함양군 북부지역에는 14연대 반군이 지리산
으로 들어가자 1948년 12월 호남방면 전투사령부 국군 제3여단
제5연대가 투입되어 1949년 5월까지 토벌작전을 수행했다. 그
뒤 호남방면 전투사령부가 해체되고 지리산지구 전투사령부가
구성되었고, 토벌군은 빨치산 부대가 산청과 함양에 걸친 지리
산 일대에 입산했다고 판단하고 한국전쟁 발발 전까지 산청·
함양 등지에서 토벌작전을 계속했다. 이 과정에서 1949년 6~9
월 산청군 등지에서 민간인들이 진압군에 의해 집단으로 희생
되는 사건이 잇달아 발생하였다.

1949년 9월 22일 육군본부는 지리산 지구 전투사령부를 남원
에 설치했고, 치안국도 지리산 지구 전투경찰대를 남원에 설치
해 군경합동작전을 전개했다. 1949년 12월 29일 지리산지구 전
투사령관 김백일은 지리산 자락에 위치한 경남 산청·함양·
하동 일대에 계엄령을 선포하고 1950년 3월 15일까지 토벌작전
을 수행했다.

제8관구 경찰청과 산하 전남지역 각 경찰서 및 지서 소속 경
찰, 수도경찰부대 등 전투경찰대도 토벌과정에 참여하였다. 제
8관구 경찰청은 여수·순천·광양·구례 등 전남 각 지역에 경

찰 병력을 파견하여 진압작전과 좌익 협력자 색출작업을 수행했고, 진압 이후 전남경찰국 경찰토벌대는 전남 일대에서 빨치산 토벌작전을 수행했다. 경북지역 경찰도 경상북도 비상경비 총사령부와 태백산지구 전투경찰대 총지령본부를 설치하여 경북 일대와 태백산, 일월산, 보현산 등지의 빨치산 토벌작전을 전개했다. 경남지역에서도 산청·함양 등 호남방면 전투사령부·지리산지구 전투사령부 예하 부대와 제3사단 예하 부대와 함께 경남경찰국 관내 각 지역 경찰서 경찰이 군경토벌과정을 수행했다.

토벌 작전에 나선 군경은 빨치산과 직접 전투를 벌이기도 하고 빨치산의 보급 활동을 차단하고 민간인들과의 연계를 차단하기 위한 활동도 했다. 군경은 작전 지역인 산간마을을 소개하거나 빨치산을 색출한다는 명분으로, 또는 빨치산에게 식량을 제공하거나 협조했다는 이유 등으로 마을 주민들을 연행한 뒤 구금하여 조사하였고, 조사 후 빨치산과 협력한 혐의가 있다고 판단되면 주민들을 불법 사살하였다. 군경은 실제 좌익 활동가뿐 아니라 생존을 위해 빨치산에게 식량과 생필품을 탈취당한 사람들도 좌익과 내통하였다는 혐의로 토벌 대상으로 삼았다. 이 시기 빨치산 근거지 인근 주민들은 협조 요청에 불응한다는 이유 등으로 빨치산에게 피해를 당하거나 빨치산에게 협조했다는 이유로 군경에게 사살당하는 등 이중의 고통에 시달려야 했다.

3) 국민보도연맹 학살

가) 위원회의 진실규명 결정 희생자 수

진실화해위원회에 진실규명이 신청된 사건 중 '국민보도연맹 사건'으로 분류된 것은 모두 2,472건이었다. 이 중 여순사건과 관련된 보도연맹사건 희생자는 314명이었다. 진실화해위원회는 신청사건의 희생여부를 확인하기 위해 관련자 탐문과 자료조사를 실시하였다. 조사를 통해 사건의 희생자로 확인하거나 추정한 근거는 진실규명 신청 여부, 각종 정부자료의 기재 여부, 진실규명 신청 당시 신청인들이 제출한 제적등본, 신청인이 주장하는 진실규명대상자의 행형기록 등이었다. 상기 자료가 없더라도 신청인 진술과 참고인 진술을 통해 사건으로 살해된 사실이 분명한 경우는 희생자로 '확인'하였다. 다만, 자료나 참고인의 진술 중 하나만 있는 경우는 희생자로 '추정'하였다. 다음 <표 28>은 진실화해위원회의 조사결과, 여순사건과 관련한 국민보도연맹사건으로 지역별 신원이 확인된 희생자 및 추정 희생자 수를 정리한 것이다.

〈표 28〉 여순사건·국민보도연맹 조사결과 희생자 수

도	시·군	조사결과				도 전체
		확인	불능	추정	계	
전라남도	여수	48			48	222 (14개 시군)
	순천	28			28	
	구례	7			7	
	광양	5			5	

		확인	불능	추정	계	
	고흥	5			5	
	보성	43			43	
	곡성	7			7	
	영광	4			4	
	영암	2			2	
	장흥	1			1	
	진도	1			1	
	함평	48	2		50	
	해남	2			2	
	완도	19			19	
전라북도	고창	1			1	1 (1개 군)
경상남도	거창	36			36	91 (3개 군)
	산청	28		1	29	
	함양	24		2	26	
계		309	2	3	314	

※ 설명: 확인–진실규명/ 불능–불능 · 각하/ 추정–추정 · 미정.

　진실화해위원회의 조사결과, 여순사건 관련 희생자 수는 총 314명으로, 이 중 희생자로 확인한 사람은 총 309명이었고, 희생자로 추정한 사람은 3명이였으며, 불능은 2명이었다. 이를 도별로 살펴보면, 전라남도가 222명으로 가장 많았고, 경상남도가 91명, 전라북도가 1명 순이었다.

　그러나 이상의 인원은 여순사건 관련 해당지역의 국민보도연맹 사건 전체 희생자의 극히 일부에 불과할 것으로 추정된다. 우선 대다수의 유족들이 피해의식 때문에 위원회에 진실규명 신청을 하지 않았다는 점을 지적할 수 있고, 이에 따라 신청 사건이 없는 지역은 제대로 조사할 수 없었다. 그리고 신청인이 비교적 많은 지역이라고 하더라도 유족이 사건발생지역을 떠나거나 유족이 없어서 희생여부를 알 수 없는 경우, 유족이 조사를 거부한 경우, 희생사실을 진술할 참고인이 없는 경우, 참고인이 진술을 거부한 경우, 자료상 희생사실을 확인할 수 없는 경우, 자료상 예비검속 사실을 확인하였으나 희생여부를 알 수 없는 경우, 자료의 신뢰성이 떨어진 경우 등으로 인해 진실화해위원회의 조사결과에 포함되지 못한 희생자들이 실제 희생자보다 훨씬 많을 것이다. 또한 국민보도연맹 사건은 직권으로 조사하기로 결정했음에도 불구하고, 진실화해위원회의 조사기간과 조사인원의 제한으로 인해 조사가 실시되지 못한 지역이 많았을 뿐 아니라, 조사가 실시된 지역에서도 신청인 위주로 조사가 진행되었고 희생자 탐문조사가 심도 깊게 진행되지 못하여 희생자를 확인하지 못한 경우도 있었다.

나) 전체 희생자 수 추정

진실화해위원회의 자료를 토대로 추산 가능한 여순사건 해당 지역의 지역별 희생자 수가 몇 명인지 살펴보았다. 특히, 조사과정에서 자료나 진술을 통해 지역별로 희생자로 추정되는 '추정 희생자 수'를 산출하였다. 이 인원은 자료와 진술을 통해 최소 두 가지 이상 교차확인된 경우(자료·자료, 자료·진술, 진술·진술)에 한하여 희생자 수를 추정한 결과이다. 위원회가 조사한 지역별 추정 희생자 수는 다음과 같다.

〈표 29〉 국민보도연맹 추정 희생자 수

도명	시·군명	인원(명)
전라남도	영광	최소 100
	무안	미상
	영암	최소 100
	장흥	미상
	진도	미상
	함평	최소 200
	해남	미상
	완도	최소 130
	광주	미상
	광산	최소 500
	여수	최소 110
	순천	최소 150
	광양	미상
	고흥	미상
	곡성	미상
	구례	미상
	나주	최소 70
	보성	최소 500
	장성	최소 400
	화순	미상
	소계	2,260
전라북도	남원	최소 100
	임실	미상
	소계	100
경상남도	통영	최소 900
	거제	최소 600
	사천	최소 60
	합천	미상
	남해	최소 70
	하동	최소 300

거창	미상
산청	미상
함양	미상
진주·진양	미상
함안	최소 200
고창	최소 15
소계	2,145
계	4,505

※ '미상'은 사건의 실재는 확인되었으나, 희생자 수를 추정할 수 없는 지역을 뜻함.

4) 형무소 재소자 학살

진실화해위원회가 진실규명 신청된 21개 형무소(순천경찰서 유치장 포함) 재소자 희생사건을 조사한 결과 희생자로 확인된 사람은 1,255명이었다. 이 중 여순사건 관련 형무소 재소자 희생자는 17개 형무소에서 356명이었다. 형무소 재소자 희생사건의 경우 관련기관에 '처형자명부' 등이 존재하지 않아 희생자를 확인하는 과정이 까다로웠다. 또 유족들이 처형장면을 목격하거나 시신을 수습한 경우도 매우 드물었다. 형무소 재소자 희생자 확인과정은 다음과 같다.

첫째, 형무소·법원·검찰·육군본부 법무감실 관련 자료에서 진실규명 대상자 기록이 확인된 경우이다. 즉, 진실규명 대상자의 이름이 1950년 해당 형무소「재소자인명부」,「수용자신분장」에 기록되어 있으며 1950년 6월 25일 이전 출감기록이 없는 경우,「판결문」이 존재하는 경우(단, 형기가 1950년 6월 25일 이전 종결될 경우 제외), 해당 형무소의「출소좌익수명단」이나「종결신분장보존부」의 출감사유란에 '헌병대 인계'로 기록되어 있는 경우, 육군본부 법무감실의 「사형집행자 명단」과 「판결문 색인부」에 사형 집행되었다고 기록된 경우(단, 미신청인은 참고인의 진술이 있는 경우), 검찰 자료 「수형인명부」와 「형사사건기록부」에 이름이 기록되어 있는 경우(단, 형기가 1950년 6월 25일 이전 종결될 경우 제외)이다. 대체로 대전·충청지역, 대구·경북지역, 부산·경남지역의 형무소 재소자 희생사건이 이에 해당하였다.

둘째, 관련 자료가 없는 경우이다. 진실규명 대상자의 희생사실에 대한 신청인의 진술이 정연하고 일관성이 있으며, 신청인이 유품, 즉 형무소로부터 발송된 엽서나 편지를 소장하고 있는 경우, 신청인이나 가족들이 희생 장소에서 희생자의 시신 수습을 하여 그 사실이 입증되는 경우, 진실규명 대상자의 희생 사실에 대해 직계 가족을 제외한 제3자의 진술이 있는 경우에 한하였다. 대체로 서울·경기지역, 광주·전라지역 형무소 재소자 희생사건의 경우가 이에 해당하였다.

〈표 30〉 형무소 재소자 희생사건 및 희생규모

교도소명	전체 추정 희생규모(명)	확인(추정)된 희생자(명)
서울(서대문)형무소	약 1,800	9
마포형무소		7
부천·영등포형무소		4
수원농장		1
인천소년형무소		11
춘천형무소		없음
대전형무소	최소 1,800	86
공주형무소	최소 400	29
청주형무소	최소 1,200	없음

광주형무소	미상	56
목포형무소	미상	26
순천경찰서 유치장	미상	9
전주형무소	미상	43
군산형무소	미상	8
대구형무소	최소 1,400	30
김천형무소	최소 650	17
안동형무소	최소 600	없음
부산형무소	최소 1,500	2
마산형무소	최소 717	4
진주형무소	최소 1,200	14
계	미상(최소 11,267)	356

그러나 이상의 희생자 수는 전체 희생자 중 극히 일부에 불과하다. 진실화해위원회는 이 사건의 역사적 중요성을 감안하여 유족의 신청여부와 상관없이 직권조사하기로 결정했으나 실제로는 조사기간과 조사인원의 제한으로 인해 신청인 위주로 조사가 진행되었다. 따라서 각 지역 형무소 재소자희생사건으로 인한 전체 희생자의 수는 밝혀내지 못하였다.

한편 진실화해위원회가 희생을 확인하거나 추정한 재소자들 중 죄명이 확인된 경우는 대체로 국가보안법·내란포고 2호·국방경비법·육군 형법 위반이었다. 특히 내란포고 2호 및 소요의 죄명에 해당되는 희생자들은 대부분 1948년 여순사건과 관련되어 수감된 사람들이었다. 그 외 일반 형법 위반자들도 있었는데 이들은 좌익 활동과 연루된 살인·강도·방화 등 일반 형법 위반 재소자들이었다.

이 사건으로 희생된 재소자들 중 형기가 확인된 경우를 살펴보면 징역 5년 이하의 단기수가 많았다.

조사결과 정부 당국은 본 사건 관련 민간인 재소자의 처형이나 살해과정에서 관련 법령이나 절차를 준수하지 않았다. 당시 군 수사기관 또는 정보기관인 CIC나 헌병대가 민간인 재소자를 이감받거나 처형 또는 살해할 수 있는 관련 법령이나 규정이 존재하지 않았다. 1949년 12월 19일부로 공포 실시된 법률 제80호 '헌병과 국군정보기관의 수사 한계에 관한 건'에는 헌병과 방첩대원 등은 군인·군속의 수사만 담당하며 이들과 관련 있는 일반인 범죄에 대해서 형사소송법의 규정에 따라 수사는 할 수 있으나 긴급 구속은 할 수 없도록 규정하고 있다.

그리고 정부와 군경당국의 형무소 재소자, 기결수와 미결수 살해는 법적 요건의 측면에서 많은 위법성이 드러난다. 당시 본 사건과 관련하여 정부와 군경당국이 한국전쟁 발발 직후 살해한 기결수 재소자 중에 사형수는 없었다. 이들의 형기는 징역 10년 이하가 대부분이었다. 그러나 정부와 군경당국은 범죄행위에 따라 유기징역 형이 확정된 기결수를 총살하였다. 형이 확정된 기결수를 총살한 것은 헌법이 규정한 '일사부재리의 원칙'을 위반한 것이었다. 또한 1950년 3월 2일 법률 제105호로 제정 공포된 행형법의 조항에서 비록 천재사변이 있다 하더라도 법원의 판결이나 선고를 벗어나 재소자를 처형 또는 살해할 수 있는 관련 규정은 전혀 존재하지 않았다. 따라서 정부와 군경당국의 형무소 기결수 살해는 아무런 법적 근거가 없었다.

형무소 재소자 가운데 일부 미결수도 살해되었다. 본 사건의 미결수는 전쟁 이전에 수감되어 형이 확정되지 않은 재소자,

그리고 전쟁 직후 형무소에 구금된 보도연맹원 등이 대부분이었다. 보도연맹원들은 전쟁 발발 직후 각 지역경찰 등에 의해 형무소에 구금되었다. 미결수들은 군법회의 이송 절차도 없이 곧바로 헌병대에 인도되어 살해되었다. 제헌헌법 제22조는 모든 국민은 법률이 정한 법관에 의하여 법률에 의한 재판을 받을 권리가 있음을 규정하고 있다. 전시상황이라는 특수성을 고려한다고 하더라도 현행범이 아닌 민간인들을 어떠한 재판절차도 없이 즉결사살한 행위는 명백한 불법행위이다.

2. 희생 경위

가. 전남 동부지역

여순사건의 발발지인 여수뿐 아니라 전라남도 동부지역에 속하는 순천·구례·광양·보성·고흥·곡성은 여순사건의 직접적인 영향권에 속하였기 때문에 다른 지역보다 압도적으로 많은 피해를 입은 지역이다.

여순사건 발발 직후 순천지역은 북상하려는 반군과 이를 봉쇄하려는 진압군이 충돌한 요충지였다. 진압군은 1948년 10월 말 순천 진압 직후 순천북국민학교·순천농림중학교·순천시 죽도봉 골짜기 등지에서 반군에 협조했다는 혐의로 순천 주민들을 집단 사살하였다. 그 뒤 한국전쟁 발발 전까지 국군 제15연대 등 병력이 순천에 주둔하면서 토벌 작전을 전개하였고, 토벌 과정에서 빨치산에 협조했다거나 좌익 가족이란 이유로 순천 일대 민간인들을 불법적으로 사살하였다. 특히 순천시 서면은 광양 백운산·구례 지리산으로 이어지는 길목으로, 빨치산 근거지였기 때문에 1949년 3~12월 서면 구랑실재·서면 판교리 노은마을·용계산 골짜기 등지에서 서면 주민들이 토벌 군경에게 집단으로 희생되는 사건이 계속되었다.[44]

1948년 10월 말~1949년 8월 진행된 진압작전과 반군 협력자 색출 과정에서 여수시 도심권, 남면, 화양면 등지에서 민간인들이 진압 군경에 의해 희생되었다. 국군 제5연대와 경찰토벌대는 진압 초기 여수 서초등학교, 중앙초등학교, 교만성리, 덕충동, 오림동, 문수동 등지에서 반군에 협력했다는 혐의로 민간인을 집단 학살하였다. 여수시 남면에서는 1948년 10월 말~11월 김종원이 지휘하는 국군 제5연대 소속 군인들이 안도국민학교, 안도 선착장 등지에서 남면 주민들을 집단 학살하는 사건이 발생하였다.[45]

1948년 10월 하순~1949년 7월 지리산과 인접한 구례지역에서 군경에 의해 민간인이 집단 희생되었다. 특히 1948년 11월 구례 산동면에서 국군 제12연대 백인기 연대장이 빨치산의 기습으로 사망한 사건과 1948년 11월 19일 빨치산이 대규모로 구례읍을 공격한 사건이 발발한 직후에 전개된 토벌과정에서 민간인이 군경에게 희생되는 사건이 집중적으로 발생하였다. 국군 제3연대는 1948년 11월~1949년 7월 산동면 원촌초등학교와 누에고치 창고에서 산동면 주민들을 조사한 뒤 시상리 꽃쟁

---

44) 진실화해위원회, 『순천지역 여순사건 진실규명결정서』(2009).
45) 진실화해위원회, 『여수지역 여순사건 진실규명결정서』(2010).

이재·이평리 윤씨 선산 인근에서 집단 사살하였다. 또 국군 제12연대 등 군경은 1948년 11월 말 간전면 간전국민학교 인근 간문천변, 구례읍 봉성산·섬진강 양정지구·서시천변 등지에서 빨치산에 협조했다는 혐의로 간전면 주민들을 집단 사살하였다.[46]

1948년 10월 말~1950년 3월 군경은 보성·고흥 일대에서 빨치산 협력자를 색출하는 과정에서 민간인들을 본서나 읍면별 지서로 연행해 고문·조사한 뒤 보성읍 원봉리 청용마을 골짜기, 벌교읍 소화다리, 고흥읍 남계리 공동묘지 등지에서 집단 사살했다.[47]

백운산에 인접한 광양지역에서는 여순사건 발발 이후 반군과 지방좌익 세력이 백운산을 거점으로 빨치산 투쟁을 전개하면서 한국전쟁 시기까지 사실상 전쟁상태가 지속되었다. 특히 1949년 9월 16일 백운산 빨치산이 대규모로 광양읍을 습격한 사건 직후 광양지역에서는 빨치산에 협조했다는 혐의로 민간인들이 군경에게 희생되는 사건이 집중적으로 발생했다. 국군 제15연대와 광양경찰서 경찰은 광양읍 습격 사건 직후인 1949년 9월경 광양읍 우산리 쇠머리재, 광양읍 반송재, 구랑실재 등지와 진상면 어치리 느재마을, 옥룡면 가모개재 등지에서 빨치산 협조 혐의나 입산자 가족이란 이유로 광양 일대 주민들을 집단 사살했다.[48]

---

46) 진실화해위원회, 『구례지역 여순사건 진실규명결정서』(2008).
47) 진실화해위원회, 『보성·고흥지역 여순사건 진실규명결정서』(2009).
48) 진실화해위원회, 『광양지역 군경에 의한 민간인 희생사건 진실규명결정서』(2010).

1948년 10월 23일 제3연대가 곡성을 탈환하고 1948년 11∼12월 제15연대 소속 부대가 곡성에 주둔했다. 제15연대 소속 부대는 곡성경찰서 토벌대와 함께 토벌작전을 전개하는 과정에서 곡성군 석곡면 주민 10여 명을 집단 사살했다. 죽곡면 원달리에서 주민들이 빨치산에게 식량을 제공했다는 혐의로 조사를 받던 중 빨치산이 곡성경찰서를 습격한 사건이 발생하자 군인들이 원달리 구 마을회관 앞 개울가에 주민들을 소집하고 청장년들을 끌어내 대검으로 살해했다.[49)]

나. 전남 서부지역, 전북지역

전라남도 동부지역뿐 아니라 화순·나주·영암 등 서남부지역과 전라북도 임실·김제 등지에서도 여순사건 발발 이후 토벌작전과 좌익 색출 과정에서 군경에 의한 민간인 희생사건이 발생하였다.

여순사건 발발 이후 빨치산이 화순군 북면 백아산·남면과 동복면에 걸친 모후산·청풍면과 도암면에 걸친 화학산, 나주 다도면 등지를 근거지로 삼아 활동하면서 인근 지역에서 민간인 피해가 다수 발생했다. 1949년 10월경 군경이 화순군 북면 아산국민학교 등지에서 빨치산에 협조했다는 혐의로 민간인들을 사살했다. 또 화순경찰서와 나주경찰서 경찰은 빨치산 협력자를 색출하면서 화순군 청풍면 풍암리 풍무재, 나주군 다도면

---

49) 진실화해위원회, 『전남 담양 등 11개 지역 군경에 의한 민간인 희생사건 진실규명결정서』 (2010).

암정리 등지에서 민간인들을 사살하였다.[50]

함평군 불갑산과 군유산 인근에서도 여순사건 발발 후 빨치산이 활동하여 군경이 토벌작전을 전개하면서 주로 산간마을인 함평면·손불면·신광면에서 희생사건이 집중적으로 발생하였다. 1948년 10월 22일~1950년 4월 함평 일대에서 전남경찰국 기동대, 함평 영광경찰서 기동대와 지서경찰, 국군에게 빨치산에 협조했다는 혐의로 마을 주민들이 살해되는 사건이 발생했다. 불갑산 인근에서 토벌작전을 하던 진압군은 신광면 주민들을 좌익으로 몰아 묘지 인근에서 집단 사살하였고,[51] 함평 경찰서 소속 경찰토벌대는 오인 사격으로 희생자가 발생하자 함평읍 진양리 양림마을 주민 30여 명을 집단 사살하였다.[52]

담양에서는 대덕면 야학교사 등 20여 명이 좌익 활동 혐의로 경찰에 연행되어 대덕면 문학리 옥천마을 앞산 중례골에서 집단 사살되는 사건 등이 발생했다.[53] 산으로 둘러싸여 빨치산이 자주 출몰하던 장성군 황룡면 관동리 산간마을 주민 일가족은 빨치산에게 밥을 줬다는 혐의로 장성경찰서 경찰에게 집단 사살되었다.[54]

1946년 11월 발생한 대규모 추수봉기에 가담했다는 이유로 1949년 해남지역 주민들이 좌익 혐의로 옥천면 대산리 마을 대

---

50) 진실화해위원회, 『화순·나주지역 군경에 의한 민간인 희생사건 진실규명결정서』(2010).
51) 진실화해위원회, 『함평지역 민간인 희생사건 진실규명결정서』(2009).
52) 진실화해위원회, 『함평양림사건 진실규명결정서』(2007).
53) 진실화해위원회, 『전남 담양 등 11개 지역 군경에 의한 민간인 희생사건 진실규명결정서』(2010), 『담양·장성지역 경찰에 의한 민간인 희생사건 진실규명결정서』(2008).
54) 진실화해위원회, 『전남 담양 등 11개 지역 군경에 의한 민간인 희생사건 진실규명결정서』(2010).

밭, 우슬재 등지에서 군경에게 사살되었다. 1949년 2월 13일 빨치산이 해남경찰서를 습격하자 경찰토벌대가 해남 일대를 토벌하면서 현산면 주민들을 화산면 해창리 나붓재에서 사살했다. 이후 1949년 9월~1950년 5월 경찰은 현산면 배암골 골짜기, 송지면 마봉리 달마산 등지에서 주민들을 좌익 혐의로 집단 사살하였다.[55]

여순사건 이후 빨치산이 활동하던 영광의 불갑산, 태청산, 구수산 등 산자락에 위치한 군남면·대마면·묘량면 등지에서도 군경에 의한 민간인 희생사건이 다수 발생하였다. 불갑산, 군유산, 월암산으로 둘러싸여 빨치산의 주요 근거지가 되었던 군남면 옥실리 마을 주민들은 좌익 활동 혐의로 내묘와 설도 사이 둑에서 경찰에게 집단 사살되었다. 또 법성면 진내리의 항일 독립운동가와 주민 30여 명이 좌익 활동 혐의로 경찰에게 연행되어 고창군 고수면 부곡리 부족재에서 집단 사살되는 사건이 발생하였다.[56]

장흥에서는 제암산 근처의 장흥읍 금산리 주민들이 1949년 10월경 빨치산에게 밥을 해주었다는 이유로 마을 앞 논에서 경찰에 사살되는 사건과 관산읍 농안리 손씨 일가가 좌익가족이란 이유로 경찰에게 집단 사살되거나 고문을 받고 사망하는 사건 등이 발생하였다.[57] 진도군 임회면 연동리 주민들은 용호리

---

55) 진실화해위원회, 『해남군 민간인희생사건 진실규명결정서』(2008), 『전남 서남부지역(장흥·
　　강진·해남·완도 진도군) 민간인 희생사건 진실규명결정서』(2009).
56) 진실화해위원회, 『영광지역 민간인 희생사건 진실규명결정서』(2010).
57) 진실화해위원회, 『전남 서남부지역(장흥·강진·해남·완도 진도군) 민간인 희생사건 진실
　　규명결정서』(2009).

용산골짜기에서 좌익 혐의로 경찰에게 사살되었다.[58]

무안반도 서북단에 위치해 바다로 둘러싸인 평야지대인 무안군 운남면에서도 민간인 희생사건이 다수 발생하였다. 무안경찰서 경찰은 여순사건 이후 좌익을 토벌하던 중 운남면 일대에서 주민들을 좌익 혐의로 집단 사살했다. 또 경찰이 좌익 명부를 발견한 뒤 해제면 만풍리 주민들을 좌익 협조 혐의로 운남면 내리 저동마을 야산에서 집단 사살하는 사건도 발생하였다.[59]

1947년 3·1절 기념 주암 집회 이후 입산한 좌익과 여순사건 뒤 영암으로 들어온 반군이 영암군 군서면 월출산을 근거지로 삼아 빨치산 활동을 전개하였고, 이에 군경이 토벌작전을 전개하면서 지역 주민들을 빨치산 협력 혐의로 살해했다. 1949년 3~8월 월출산과 인접한 군서면 주민들이 빨치산 협조 혐의로 군서지서로 연행되어 서구림리 모정마을 뒷산, 군서지서 인근 등지에서 경찰에게 사살되는 사건이 발생하였다.[60]

신안군 임자면 이흑암리 마을 주민들은 마을에 들어온 좌익을 숨겨주었다는 혐의로 서북청년단에게 맞아서 사망했고, 하의면 상태서리 주민들은 사촌동생이 14연대 반군이란 이유로 경찰에게 사살되었다.[61] 1949년 2~10월 빨치산 이동 경로로 이용되던 광산군(현 광주광역시 광산구) 삼도면·본량면·효지

---

58) 진실화해위원회, 『전남 서남부지역(장흥·강진·해남·완도 진도군) 민간인 희생사건 진실규명결정서』(2009).
59) 진실화해위원회, 『무안지역 민간인 희생사건 진실규명결정서』(2009).
60) 진실화해위원회, 『영암지역 민간인 희생사건(2) 진실규명결정서』(2010), 『전남 담양 등 11개 지역 군경에 의한 민간인 희생사건 진실규명결정서』(2010).
61) 진실화해위원회, 『전남 담양 등 11개 지역 군경에 의한 민간인 희생사건 진실규명결정서』(2010), 『신안·광주지역 민간인 희생사건 진실규명결정서』(2010).

면 주민들이 빨치산에게 음식을 제공했다는 이유로, 또는 좌익
혐의를 받아 경찰에게 사살되었다.[62] 또 순천 철도국에서 근무
하던 철도원이 여순사건 발발 후 피신한 목포에서 사살되는 사
건이 발생하였다.

1948년 '2·7사건' 영향으로 좌익 세력이 임실군 성수면 지
서를 습격한 사건과 여순사건이 발생한 뒤 임실 경찰은 관내
좌익 세력 색출을 강화했다. 1948년 12월 말 청웅면에서 빨치
산 아지트가 발견되면서 경찰이 석두리·남산리 주민 20여 명
을 좌익 혐의로 연행한 뒤 임실경찰서 인근에서 집단 사살했
다.[63] 일제강점기 독립운동과 해방 후 건국준비위원회에 참여
했던 김제군 봉남면 대송리 주민들은 좌익 활동 혐의를 받아
전남경찰국으로 연행된 뒤 희생당하였다.[64]

다. 경남지역

경상남도 일대에서도 여순사건 이후 지리산으로 들어간 14
연대 반군과 입산자들을 소탕하기 위한 호남방면 전투사령부·
지리산지구 전투사령부와 경찰의 토벌작전과 좌익 혐의자 조
사와 검거 업무가 이루어졌고, 빨치산의 인적·물적 보급로를
차단하고, 빨치산 활동을 무력화시키기 위해 산간마을을 소개
하였다. 이 과정에서 군경에 의한 민간인 희생사건도 잇달아

---

62) 진실화해위원회, 『광주 민간인 희생사건 진실규명결정서(1)』(2008), 『신안·광주지역 민간
   인 희생사건 진실규명결정서』(2010).
63) 진실화해위원회, 『순창·임실지역 민간인 희생사건 진실규명결정서』(2010).
64) 진실화해위원회, 『전북지역 민간인 희생사건 진실규명결정서』(2010).

발생하였다.

함양군은 북쪽으로 남덕유산, 남쪽으로 지리산을 경계로 깃대봉, 월봉산, 황석산 등 산지로 둘러싸여 있고 마을이 깊은 산 주변에 자리 잡고 있기 때문에 빨치산이 자주 출몰해 보급처로 활용한 반면 군경은 치안을 확보하기 힘든 지역이었다. 제14연대 반군이 1948년 말 함양군 관공서를 공격하는 등 빨치산 활동을 전개하자 지리산 지구를 토벌 중이던 국군과 함양경찰서 경찰토벌대는 1949년 5월~1950년 3월 함양군 일대와 지리산·황석산·백운산·덕유산 등 산악지대에서 토벌작전을 수행했다. 이 과정에서 안의면·지곡면·수동면·서하면·백전면·휴천면 등 산간마을 주민들이 빨치산 협조 혐의로 군부대, 함양경찰서, 각 지서 등으로 연행되어 고문을 받고 함양읍 이은리 당그래산, 안의면 공동묘지 등지에서 살해되었다. 특히 수동면 도북리 주민 30여 명은 빨치산에 협조했다는 명부가 나왔다는 이유로 함양경찰서로 끌려가 조사받은 뒤 당그래산에서 군인들에게 집단 사살되었다.[65] 또 덕유산에서 지리산으로 이어지는 길목에 있는 오지마을로 여순사건 발발 이후 빨치산들이 덕유산과 지리산을 오가며 식량을 가져가곤 했던 안의면 춘전리 주민 20여 명은 빨치산의 심부름을 했다는 혐의로 대밭골 등지에서 경찰에게 집단 사살되었다.[66]

산간 지역인 산청군 시천면·삼장면·단성면, 하동군 옥종면

---

65) 진실화해위원회, 『함양 민간인 희생사건 진실규명결정서』(2008).
66) 진실화해위원회, 『서부 경남(거창·함양·하동·산청) 민간인 희생사건 진실규명결정서』(2010).

일대에서도 군경이 토벌작전을 하는 과정에서 민간인 희생사건이 발생했다. 1949년 7월~1950년 1월 지리산 토벌 중이던 제3연대 군인들은 산청군 주민 수백여 명을 산청군 시천면 신천국민학교·덕산국민학교 뒷산·농회창고 뒷산, 삼장면 가목골 등지에서 집단 학살하였다. 1949년 7월~12월 제3연대 군인들은 산청군과 인근 지역 주민들을 빨치산 협조 혐의 등으로 구 덕산지서로 연행한 뒤 시천면 사리 소재 농회창고에 구금하였다가 구 덕산지서 뒷산으로 끌고 가 집단 사살·척살하였다.[67] 그 뒤 1950년 1월 말 제3연대 제2대대 소속 군인들이 서울로 이동할 때까지 이 지역 주민들이 빨치산에 협조했다는 혐의로 군경에게 희생당하는 사건이 계속 발생하였다.[68]

군경은 거창군에서 빨치산의 인적·물적 보급로를 차단하고, 빨치산 활동을 무력화시키기 위해 산간마을을 소개하는 과정에서 빨치산과 내통하거나 빨치산에게 협조하였다는 혐의로 주민들을 군부대와 각 경찰서·지서 등으로 연행하여 고문·조사한 뒤 거창군 북상면 갈계리 등지에서 집단 살해하였다. 거창군 거창읍 주민 30여 명은 거창경찰서로 끌려간 뒤 북상면사무소 갈계리 뒷산에서 경찰들에게 집단 사살되었고, 하동군 적량면 동리 주민들은 빨치산 협조 혐의로 하동경찰서로 연행된 뒤 당시 토벌군이 주둔하던 화개면 담배창고에 구금된 채 집단 희생당했다.[69] 사천군 용현면 송지리 주민들은 좌익 활동하던

---

67) 진실화해위원회, 『경남 산청·함양·사천·고성·거창·거제 민간인희생 사건 진실규명결정서』(2010).
68) 진실화해위원회, 『경남 산청군·시천면·삼장면 민간인 희생사건 진실규명결정서』(2007), 『경남 산청·함양·사천·고성·거창·거제 민간인희생 사건 진실규명결정서』(2010).

친구들이 집에서 자고 갔다는 이유로 지서로 끌려가 경찰에게 사살당하기도 하였다.[70)

산지가 많은 합천에서도 빨치산 활동이 활발하였고, 산간마을에 무장한 빨치산들이 출현하여 식량 제공 등 협조를 요구하였다. 1949년 8~9월 경찰과 지리산 공비토벌 특수경찰은 합천읍 내곡리와 인곡리 주민들을 빨치산에게 식량을 제공하는 등 협조했다는 이유로 대양면 소재 희미 뒷산과 묘산면 장터에서 집단 사살하였다.[71) 또 삼가면 하판리 상판마을 주민들이 경찰에게 사살당하는 사건도 발생하였다.[72)

3. 피학살 규모

가. 피학살 규모

1948년 정부 수립 후 한국전쟁 발발 이전까지 발생한 민간인 희생사건과 관련하여 과거 국가기관이 조사한 희생 규모는 다음과 같다.

여순사건이 진압된 직후 전라남도 보건후생당국이 조사한 피해상황 통계에 따르면, 1948년 11월 1일 기준으로 인명 피해는 여수 2,450명(사망 1,300명, 중상 800명, 경상 350명), 순천

---

69) 진실화해위원회, 『서부 경남(거창·함양·하동·산청) 민간인 희생사건 진실규명결정서』(2010).
70) 진실화해위원회, 『경남 산청·함양·사천·고성·거창·거제 민간인희생 사건 진실규명결정서』(2010).
71) 진실화해위원회, 『경남 합천군 합천읍 민간인 희생사건 진실규명결정서』(2008).
72) 진실화해위원회, 『경남 합천 등 민간인 희생사건 진실규명결정서』(2010).

2,055명(사망 1,134명, 중상 103명, 행방불명 818명), 보성 148명
(사망 80명, 중상 31명, 경상 30명, 행방불명 7명), 고흥 76명(사
망 26명, 중상 42명, 경상 8명), 광양 사망 57명, 구례 180명(사
망 30명, 중상 50명, 경상 100명), 곡성 8명(사망 6명, 중상 2명)
등이다.[73]

한편 1948년 11월 20일 정부 조사 결과 인명 피해는 여수·
순천지역 총 1,979명(사망 1,636명, 중상 107명, 경상 236명), 구
례·광양·보성·고흥지역에서는 총 1,281명(사망 570명, 중상
705명)인 것으로 집계됐다.[74]

1949년 1월 10일 정부가 여수·순천·구례·곡성·광양·고
흥·보성·화순 등을 현지 조사한 결과 인명 피해는 사망 3,392
명, 중상 2,056명, 행방불명 82명 등 총 5,530명이다.[75] 1949년
11월 11일 전라남도 당국이 여순사건 발생지역 전체를 조사한
결과 인명 피해는 1만 1,131명인 것으로 집계되었다.[76]

진실화해위원회가 발주한 연구용역 사업으로 진행된 지역별
민간인 집단희생사건 피해자 현황조사 결과는 다음과 같다.

먼저 전라남도 지역을 살펴보면, 여순사건 발발 직후부터 한
국전쟁 전후 전남 구례군에서 발생한 민간인 희생사건의 피해
자는 총 1,318명이다. 이 중 군경과 우익집단에게 희생된 희생
자 수는 915명으로 전체 피해자의 69.4%로 집계되었고, 여순사
건 발발 직후인 1948년에 발생한 피해자 수는 763명으로 전체

---

73) 『호남신문』, 1948. 11. 5.
74) 『국회속기록』 제2회 제13호(1949. 1. 25.), 243~245쪽.
75) 『동아일보』, 1949. 1. 22.
76) 『호남신문』, 1949. 11. 1.

피해자의 57.9%를 차지한다. 영광군 조사 결과를 보면 1948년부터 한국전쟁 발발 전까지 발생한 군경에 의한 민간인 희생사건의 희생자 수는 273명이다. 광양에서 한국전쟁 전후 발생한 민간인 희생사건의 희생자는 563명으로 이 중 군경에게 희생된 수는 401명으로 전체 희생자의 70.3%를 차지한다. 전북 임실군에서는 1949년까지 군경에게 민간인 42명이 희생되었다는 조사 결과가 나왔다.

경상남도 함양군에서 발생한 피해자 930명 가운데 여순사건 발발 이후 지리산 일대에서 군경 토벌작전이 전개되면서 1949년까지 발생한 군경에 의한 민간인 희생사건에서 전체 희생자의 23.7%를 차지하는 220명의 희생자가 발생하였고, 한국전쟁 전후 전개된 군경토벌 사건의 희생자는 304명으로 총 희생자의 32.7%인 것으로 집계되었다.

1) 지역별 학살 규모

진실화해위원회의 자료를 토대로 전라남도·전라북도·경상남도 33개 시·군을 조사한 결과, 여순사건 관련으로 군경과 적대세력에게 희생되었다고 확인되거나 추정된 민간인은 총 2,269명이다. 이 중 희생자로 확인된 사람은 2,060명이고, 희생자로 추정된 사람은 153명이며, 불능자는 56명이다. 도별로 희생자 수를 살펴보면, 여순사건이 직간접적 영향을 미친 전라남도 지역의 희생자 수가 총 1,634명으로 전체 희생자의 72% 이상을 차지한다. 여순사건 발발 이후 전개된 군경의 지리산 토벌작전의 영향을 받은 함양·산청 등 경상남도 지역의 희생자는 459명, 그 외 전라북도 지역의 희생자는 26명으로 집계되었다.

<표 31>은 진실화해위원회 조사 결과 확인 또는 추정된 전라남도·전라북도·경상남도 희생자 수이다.

〈표 31〉 전라남도·전라북도·경상남도 등 희생자 수

조사결과	전라남도	전라북도	경상남도	14연대	미상	계
확인(명)	1,513	4	442	31	70	2,060
추정(명)	68	20	16	2	47	153
불능(명)	53	2	1			56
계(명)	1,634	26	459	33	117	2,269

진실화해위원회가 확인 또는 추정한 전라남도·전라북도·경상남도의 희생자 수는 실제 군경에 의한 민간인 희생사건에서 발생한 희생자의 극히 일부에 불과하다. 특히 이 수치 중 전라남도의 희생자 수를 앞에서 살펴본 여순사건 발발 직후인 1948년 11월 1일. 전라남도 보건후생당국이 조사한 여수·순천·보성·고흥·광양·구례·곡성 지역의 피해상황 통계, 1949년 1월 10일 정부가 실시한 여수·순천·구례·곡성·광양·고흥·보성·화순 등지의 인명 피해 조사 결과, 1949년 11월 11일 전라남도 당국이 실시한 여순사건 발생지역 전체의 인명 피해 조사 결과와 비교하면 그 점이 더욱 명확히 드러난다.

이렇게 진실화해위원회의 조사 결과와 여순사건 발발 직후의 조사 결과가 희생규모에서 차이를 보이는 가장 큰 이유는 진실화해위원회가 신청사건 위주로 조사를 진행하였기 때문이다. 1945년 8월 15일부터 한국전쟁 전후의 시기에 불법적으로 이루어진 민간인 집단희생사건에 대한 진실규명 신청 기간 동안 진실화해위원회의 존재나 활동을 인지하지 못해 미처 신청하지 못한 유족도 많고, 진실규명이 의미가 없다고 생각하거나 다른 피해를 염려하여 신청을 기피한 유족도 많았다. 이렇게 일부 지역에서 제한된 숫자의 피해자·유족만이 진실규명 신청을 하자 진실화해위원회는 신청 사건에 대한 조사만으로는 전반적인 피해 규모와 희생 사실을 규명하기 힘들다고 판단하였다. 따라서 여순사건의 경우 유족들의 신청 여부와 상관없이 직권조사를 통해 전체적인 사건의 규모와 체계적인 진실규명이 필요하다고 판단하여 직권조사를 의결하였다.

그러나 조사 기간 및 인력 등의 한계로 실제 사건 조사는 직권조사 결정 당시의 취지에서 벗어나 신청사건 위주로 이루어져 결국 전반적인 희생규모와 희생사실에 대한 진실을 제대로 규명하지 못하는 결과를 초래하였다.

이러한 한계하에서 진실화해위원회는 각종 국가기관 자료와 피해자현황조사 결과, 그리고 현지 참고인 진술 등을 근거로 정부 수립 이후 한국전쟁 발발 이전 발생한 군경에 의한 민간인 희생사건의 희생규모를 추정하였다. 전라남도·전라북도·경상남도·경상북도 47개 시·군을 조사한 결과 대략적인 희생규모가 1,000명 이상인 곳은 전남 여수·순천지역으로 파악되었다. 그리고 희생규모가 최소 500명 이상 1,000명 미만인 지역은 전남 구례이고, 최소 200명 이상 500명 미만인 지역은 전남 보성, 경남 산청, 경북 영천 등 7곳이다. 그 외 희생규모가 200여 명 미만인 지역은 총 37곳이다.

진실화해위원회에 접수된 신청 건수와 조사 결과 확인된 희생자 수, 각종 국가기관 자료 등을 통해 추정한 희생자 수가 다른 지역보다 월등히 많은 지역은 여순사건이 영향을 미친 전남 동부지역에 속하는 여수·순천·구례·광양·보성·고흥·곡성·화순지역으로, 여순사건 발발 후 한국전쟁 전 이 지역에서 수많은 민간인들이 집단 희생당했다는 사실을 확인할 수 있다.

<표 32>는 진실화해위원회가 각종 국가기관 자료와 피해자현황 조사 결과, 현지 참고인 진술 등을 통해 추정한 시·군별 희생규모를 정리한 것이고, <표 33>은 진실화해위원회가 신청사건 조사 결과 확인 또는 추정한 여순사건 지역별 희생자 수와 추정한 희생규모를 정리한 것이다.

<표 32> 여순사건 지역별 추정 희생규모

희생규모	지역명	지역 수
1,000명 이상	전남(순천·여수)	2
500명 이상~ 1,000명 미만	전남(구례)	1
300명 이상~ 500명 미만	전남(보성, 고흥, 광양), 경남(함양, 산청)	5
200명 이상~ 300명 미만	전남(완도)	3
100명 이상~ 200명 미만	전남(곡성, 화순, 나주, 함평, 해남), 경남(하동, 거창)	10
100명 미만	전남(광주, 장흥, 영암, 무안, 영광, 신안, 목포), 전북(임실, 김제), 경남(합천, 진주)	26

<표 33> 여순사건 지역별 희생자 수와 추정 희생규모

지역	시·군	조사결과				희생규모(추정)
		확인	불능	추정	계	
전남	순천	539	34	9	582	2,000여 명
	여수	275	9	10	294	1,300여 명
	구례	198		12	210	800여 명
	보성·고흥	204	1	34	239	400여 명
	광양	70		2	77	400여 명
	곡성	18			18	100여 명
	화순·나주	70			70	200여 명
	함평	48	2		50	100여 명
	해남	2			2	100여 명
	광주	1			1	20여 명
	완도	19			19	200여 명
	장흥	9			9	20여 명
	영암	17	7	1	25	50여 명
	담양·장성	24			24	20여 명
	진도	1			1	10여 명
	영광	9			9	60여 명
	신안	1			1	10여 명
	강진	8			8	20여 명
	소계	1,513	53	68	1,634	최소 6,600여 명
전북	고창	1			1	
	임실	3		18	21	50여 명
	순창		2	2	4	
	소계	4	2	20	26	최소 50여 명
경남	함양	131	1	6	138	300여 명
	산청	211		2	213	300여 명
	거창	57		1	58	100여 명
	하동	27		6	33	100여 명
	사천	1			1	20여 명
	합천	6			6	20여 명

함안	9			9	20여 명
진주			1	1	20여 명
소계	442	1	16	459	최소 880여 명
14연대	31		2	33	
미상	70		47	117	
계	2,060	56	153	2,269	최소 7,500여 명

2) 사건 유형별 학살 규모

가) 군경토벌사건

진실화해위원회의 자료를 토대로 여순사건 조사보고서의 전라남도 6개 시·군을 조사한 결과, 여순사건 조사는 실제에 있어 여순사건 5개 유형 사건 중의 하나인 군경토벌작전에 의해 희생된 사건으로, 이로 인해 희생이 확인되거나 추정된 민간인은 총 922명이다. 이 중 희생자로 확인된 사람은 879명이고, 희생자로 추정된 사람은 29명이며, 불능자는 14명이다. 이를 지역별로 희생자 수를 살펴보면, 여수 124명, 순천 463명, 구례 174명, 광양 57명, 고흥 43명, 보성 61명이다. 희생자의 성별 분포를 보면, 남성이 93.4%로 대부분을 차지하고 있었고, 여성도 61명이 포함되어 있었다. 희생자의 연령 분포를 살펴보면, 희생자의 대부분은 20~30대의 청장년층으로 20대가 444명(48.2%)으로 가장 많았으며, 다음으로 30대가 165명(17.9%), 10대가 139명(15.1%), 40대가 77명(8.4%), 50대 이상이 42명(4.6%), 10세 이전이 30명(3.3%)이나 되었으며, 연령을 알 수 없는 인원이 26명을 차지하고 있었다.

〈표 34〉 여순사건·군경토벌사건 조사결과

구분	조사결과				성별			연령별							
	확인	불능	추정	계	남	여	계	10세미만	10대	20대	30대	40대	50대이상	미상	계
여수	124			124	116	8	124		37	60	12	8	7		124
순천	446	14	3	463	428	35	463	28	70	228	72	26	23	16	463
구례	165		9	174	168	6	174		22	81	44	22	4	1	174
광양	56		1	57	55	2	57	2	1	24	18	8	3	1	57
고흥	42		1	43	40	3	43		4	28	6	1	4		43
보성	46		15	61	54	7	61		5	23	13	12	1	8	61
계	879	14	29	922	861	61	922	30	139	444	165	77	42	26	922

※ 설명: 확인–진실규명/ 불능–불능·각하/ 추정–추정·미정.

나) 국민보도연맹사건

진실화해위원회의 자료를 토대로 여순사건 관련 국민보도연맹사건 조사보고서의 전남·북, 경남도 18개 시·군을 조사한 결과, 여순사건 관련 국민보도연맹사건으로 인해 희생이 확인되거나 추정된 민간인은 총 314명이다. 이 중 희생자로 확인된 사람은 309명이고, 희생자로 추정된 사람은 3명이며, 불능자는 2명이다. 이를 지역별로 희생자 수를 살펴보면, 여수 48명, 순천 28명, 구례 7명, 광양 5명, 고흥 5명, 보성 43명, 곡성 7명, 영광 4명, 영암 2명, 장흥 1명, 진도 1명, 함평 50명, 해남 2명, 완도 19명, 고창 1명, 거창 36명, 산청 29명, 함양 26명이다. 희생자의 성별 분포를 보면, 남성이 98.4%로 대부분을 차지하고 있었고, 여성이 5명이 포함되어 있었다. 희생자의 연령 분포를 살펴보면, 희생자의 대부분은 20~30대의 청장년층으로 20대가 162명(51.6%)으로 가장 많았으며, 다음으로 30대가 90명(28.7%),

40대가 38명(12.1%), 10대와 50대 이상이 각각 8명(2.5%), 10세 이전이 4명(1.3%), 연령을 알 수 없는 인원이 4명(1.3%)을 차지하고 있었다.

<표 35> 여순사건·국민보도연맹사건 조사결과

구분	조사결과				성별			연령별							
	확인	불능	추정	계	남	여	계	10세미만	10대	20대	30대	40대	50대이상	미상	계
여수	48			48	48		48		1	28	13	5	1		48
순천	28			28	28		28		1	20	3	3	1		28
구례	7			7	7		7			1	3	2	1		7
광양	5			5	5		5			2	3				5
고흥	5			5	5		5			3		1	1		5
보성	43			43	40	3	43		2	23	11	6	1		43
곡성	7			7	6	1	7			4	1	2			7
영광	4			4	4		4			3	1				4
영암	2			2	2		2		1	1					2
장흥	1			1	1		1			1					1
진도	1			1	1		1			1					1
함평	48	2		50	50		50		1	27	15	5	2		50
해남	2			2	2		2				2				2
완도	19			19	19		19		1	12	4	2			19
고창	1			1	1		1			1					1
거창	36			36	36		36			17	13	5		1	36
산청	28		1	29	29		29	4		9	10	5		1	29
함양	24		2	26	25	1	26		1	9	11	2	1	2	26
계	309	2	3	314	309	5	314	4	8	162	90	38	8	4	314

※ 설명: 확인-진실규명 / 불능-불능·각하 / 추정-추정·미정.

다) 형무소 재소자 희생사건

진실화해위원회의 자료를 토대로 여순사건 관련 형무소 재소자 희생사건 조사보고서를 조사한 결과, 17개 형무소에서 여순사건 관련 형무소 재소자 희생사건으로 인해 희생이 확인되거나 추정된 민간인은 14개 지역의 총 356명이다. 이 중 희생자로 확인된 사람은 225명이고, 희생자로 추정된 사람은 84명이며, 불능자는 47명이다. 이를 형무소별로 희생자 수를 살펴보면, 서대문형무소 9명, 마포형무소 7명, 부천·영등포형무소 4명, 인천소년형무소 11명, 영등포형무소수원농장 1명, 대전형무소 86명, 공주형무소 29명, 대구형무소 30명, 김천형무소 17명, 부산형무소 2명, 마산형무소 4명, 진주형무소 14명, 광주형무소 56명, 목포형무소 26명, 순천경찰서유치장 9명, 전주형무소 43명, 군산형무소 8명이다. 또한 지역별로 희생자 수를 살펴보면, 여수 115명, 순천 54명, 구례 5명, 광양 3명, 고흥 2명, 보성 14명, 광주 1명, 영광 1명, 영암 2명, 장흥 2명, 순창 2명, 하동 1명, 함안 3명, 진주 1명, 14연대 33명, 조사보고서 자료의 불충분으로 지역을 알 수 없는 희생자가 117명이다. 희생자의 성별 분포를 보면, 남성이 99.7%로 거의 대부분을 차지하고 있었고, 여성이 1명이 포함되어 있었다. 희생자의 연령 분포를 살펴보면, 희생자의 대부분은 20~30대의 청장년층으로 20대가 212명(59.6%)으로 가장 많았으며, 다음으로 30대가 99명(27.8%), 40대가 20명(5.6%), 10대가 12명(3.4%), 50대 이상이 5명(1.4%), 연령을 알 수 없는 인원이 8명(2.2%)을 차지하고 있었다.

〈표 36〉 여순사건·형무소 재소자 희생사건 조사결과

구분	조사결과				성별			연령별						
	확인	불능	추정	계	남	여	계	10대	20대	30대	40대	50대 이상	미상	계
서대문형무소		7	2	9	9		9		6	2			1	9
마포형무소		7		7	7		7		5		1		1	7
부천·영등포 형무소		4		4	4		4		2	2				4
인천소년형무소		9	2	11	11		11		7	2			2	11
영등포형무소 수원농장			1	1	1		1		1					1
대전형무소	86			86	86		86	4	59	19	4			86
공주형무소	29			29	29		29	1	16	10	1		1	29
대구형무소	27	3		30	30		30	1	17	8	1		3	30
김천형무소		16	1	17	17		17	4	13					17
부산형무소	2			2	2		2		2					2
마산형무소	4			4	4		4		1	3				4
진주형무소	12		2	14	14		14	1	5	7	1			14
광주형무소	29	1	26	56	55	1	56		33	18	4	1		56
목포형무소	21		5	26	26		26		14	8	3	1		26
순천경찰서 유치장	5		4	9	9		9		6	3				9
전주형무소	9		34	43	43		43	1	24	13	4	1		43
군산형무소	1		7	8	8		8		1	4	1	2		8
계	225	47	84	356	355	1	356	12	212	99	20	5	8	356

※ 설명: 확인–진실규명/ 불능–불능·각하/ 추정–추정·미정.

<표 37> 여순사건·형무소 재소자 희생사건 지역별 희생자 현황

구분	지역별																계
	여수	순천	구례	광양	고흥	보성	광주	영광	영암	장흥	14연대	미상	순창	하동	함안	진주	
서대문형무소	3	5												1			9
마포형무소		7															7
부천·영등포형무소		4															4
인천소년형무소	3	4				1			2				1				11
영등포형무소 수원농장						1											1
대전형무소	31	14	4	2							29	6					86
공주형무소	27	1			1												29
대구형무소	28	2															30
김천형무소	7	2								1	1	6					17
부산형무소	2																2
마산형무소												1			3		4
진주형무소	3										1	10					14
광주형무소	2	8			1		1	1		1	1	40				1	56
목포형무소		4										22					26
순천경찰서유치장	3	3										3					9
전주형무소	6		1	1		5					1	28	1				43
군산형무소						7						1					8
계	115	54	5	3	2	14	1	1	2	2	33	117	2	1	3	1	356

라) 군경에 의한 부역혐의 희생사건

진실화해위원회의 자료를 토대로 여순사건 관련 군경에 의한 희생사건 조사보고서의 전남·북, 경남도 22개 시·군을 조사한 결과, 본 사건은 군경에 의한 부역혐의 민간인 희생사건으로 1950년 12월 1일 제정 공포된 부역법 사건과는 다른 일반

명사로서의 부역혐의 사건이다. 따라서 군경에 의한 부역혐의 희생사건으로 인해 희생이 확인되거나 추정된 민간인은 총 525 명이다. 이 중 희생자로 확인된 사람은 487명이고, 희생자로 추정된 사람은 29명이며, 불능자는 9명이다. 이를 지역별로 희생자 수를 살펴보면, 여수 5명, 순천 11명, 구례 21명, 광양 2명, 고흥 2명, 보성 3명, 곡성 11명, 담양 13명, 영암 19명, 장성 9명, 장흥 3명, 화순 51명, 나주 12명, 신안 1명, 임실 21명, 순창 2명, 거창 19명, 산청 180명, 함양 103명, 하동 31명, 합천 5명, 사천 1명이다. 희생자의 성별 분포를 보면, 남성이 96.2%로 대부분을 차지하고 있었고, 여성이 20명이 포함되어 있었다. 희생자의 연령 분포를 살펴보면, 희생자의 대부분은 20~30대의 청장년층으로 20대가 211명(40.2%)으로 가장 많았으며, 다음으로 30대가 118명(22.5%), 40대가 63명(12%), 10대가 42명(8%), 50대 이상이 38명(7.2%), 10세 이전이 9명(1.7%), 연령을 알 수 없는 인원이 44명(8.4%)을 차지하고 있었다.

〈표 38〉 여순사건·군경에 의한 민간인 희생사건 조사결과

구분	조사결과				성별			연령별							
	확인	불능	추정	계	남	여	계	10세 미만	10대	20대	30대	40대	50대 이상	미상	계
여수	5			5	5		5			3	1		1		5
순천	11			11	11		11		1	1	3	4		2	11
구례	21			21	18	3	21	2	1	4	3	2	1	8	21
광양	2			2	2		2			1		1			2
고흥	2			2	2		2	1		1					2
보성	3			3	3		3			2	1				3

지역															
곡성	11			11	11		11			4	1	3	1	2	11
담양	13			13	13		13		3	1	1		1	7	13
영암	13	6		19	19		19		2	10	4	1		2	19
장성	9			9	5	4	9	4	1	1		2		1	9
장흥	3			3	2	1	3					2	1		3
화순	51			51	45	6	51	1	5	17	8	6	3	11	51
나주	12			12	12		12		1	2	2	1	1	5	12
신안	1			1	1		1						1		1
임실	3		18	21	21		21			8	9	2			21
순창		2		2	2		2			2					2
거창	18		1	19	19		19		2	12	2	3			19
산청	179		1	180	175	5	180	1	21	61	49	25	23		180
함양	98	1	4	103	103		103		3	66	20	7	5	2	103
하동	26		5	31	30	1	31		1	12	13	4		1	31
합천	5			5	5		5			3	1			1	5
사천	1			1	1		1		1						1
계	487	9	29	525	505	20	525	9	42	211	118	63	38	44	525

※ 설명: 확인–진실규명/ 불능–불능 · 각하/ 추정–추정 · 미정.

나. 피학살자 신원

진실화해위원회는 희생자 신원을 확인하기 위해 진실규명 신청이 접수된 진실규명대상자 명단을 중심으로 조사를 진행하였다. 먼저 『사실조사서』, 『보안기록회보조회서』 등 각종 국가기관에서 입수한 자료나 명부 등에 진실규명대상자의 희생 사실이 기재되어 있는지 확인하는 작업을 진행하였다. 그 뒤 참고인과 목격자에 대한 조사를 통해 희생사건이 실제로 발생했는지 여부, 진실규명대상자가 그 사건에서 희생되었는지 여부, 시신을 수습했는지 여부 등을 파악하여 희생자 신원을 확인하는 근거로 삼았다. 또한 제적등본 등에 기재된 사망 시기 또는 장소가 조사 내용과 일치하거나 근접하는지 파악하여 희생자 신원을 확인하는 데 참고하였다. 조사 도중 인지한 미신청 희생자의 신원도 진실규명대상자와 동일한 과정을 통해 확인되었다.

진실화해위원회의 자료를 토대로 이상과 같은 과정을 통해 여순사건 희생자를 조사한 결과 신원을 확인한 희생자 수는 2,269명이다. 신원이 확인된 희생자 가운데 남성이 2,159명으로 희생자 전체의 95.1%, 즉 희생자의 대부분을 차지하고, 여성은 110명으로 희생자 전체의 4.9%를 차지한다. 희생자의 연령별 분포를 보면 20~30대의 청장년층이 1,571명으로 희생자 전체의 69.2%에 달했다. 이로써 경제적·사회적으로 가장 활동적인 나이대인 청장년층 남성이 희생당한 비율이 높다는 사실을 알 수 있다.

한편 50대 이상의 희생자가 113명으로 희생자 전체의 5%를 차지하고, 9세 이하 희생자도 43명으로 희생자 전체의 1.9%를 차지하는 등 희생자 중에서 신체적·정신적 약자인 노년층과 아동이 차지하는 비율도 상당하다. 이들은 주로 반군이나 빨치산 협조 혐의를 받은 이들의 부모와 자녀들로 군경은 혐의자뿐 아니라 무고한 그들의 가족까지 학살하였던 것이다.

또한 군경에 의해 희생당한 사람들은 대부분 20~30대의 농업을 주업으로 하는 청장년이었다. 이들은 농사를 지으며 마을의 대소사를 책임지는 장정이었고, 집안 생계를 책임지던 가장이었다. 이들이 희생됨에 따라 이후 희생자의 배우자와 자녀, 부모형제 등 유족들은 사랑하는 가족을 잃은 뒤의 정신적 고통에 시달렸을 뿐 아니라 경제적 궁핍과 가정 해체, 연좌제에 따른 취업 제한 등 경제적·사회적 피해도 겪어야 했다.

<표 39>, <표 40>, <표 41>은 각각 여순사건에 의해 발생한 군경 및 적대세력에 의한 민간인 집단희생사건 희생자의 성별 분포, 연령별 분포를 나타낸 것이다.

〈표 39〉 여순사건 전체 희생자 진실규명 조사결과

구분	조사결과			
	확인	불능	추정	계
군경토벌사건	879	14	29	922
국민보도연맹사건	309	2	3	314
형무소재소자사건	225	47	84	356
군경민간인희생사건	487	9	29	525
적대세력사건	144		8	152
계	2,044	72	153	2,269

〈표 40〉 여순사건 전체 희생자 성별 분포

구분	성별		
	남	여	계
군경토벌사건	861	61	922
국민보도연맹사건	309	5	314
형무소재소자사건	355	1	356
군경민간인희생사건	505	20	525
적대세력사건	129	23	152
계	2,159	110	2,269

<표 41> 여순사건 전체 희생자 연령별 분포

구분	연령별							
	10세 미만	10대	20대	30대	40대	50대 이상	미상	계
군경토벌사건	30	139	444	165	77	42	26	922
국민보도연맹사건	4	8	162	90	38	8	4	314
형무소재소자사건			212	99	20	5	8	356
군경민간인희생사건	9	42	211	118	63	38	44	525
적대세력사건		19	44	26	20	20	23	152
계	43	220	1,073	498	218	113	105	2,269

4. 가해 주체

가. 가해 주체

여순사건 발발 후 빨치산 토벌작전이 전개된 지리산 자락의 전라남도와 전라북도 일대, 함양 등 경상남도 서남부 지역에서 발생한 민간인 희생사건의 가해 주체는 반군토벌사령부~지리산지구 전투사령부 예하 각 부대, 전남경찰국과 산하 각 지역 경찰, 우익청년단이었다. 경상남도·경상북도에서 발생한 민간인 희생사건의 가해주체는 태백산지구전투사령부 예하 각 부대, 호림부대, 그리고 경남경찰국·경북경찰국과 산하 각 지역 경찰, 우익청년단이었다.

1) 군

1948년 10월 말부터 1950년 3월까지 반군토벌전투사령부~지리산지구 전투사령부, 태백산지구 전투사령부 예하 각 부대, 호림부대는 여순사건 진압과정과 이후 전남·전북·경남·경북 일대 빨치산 토벌과정에서 민간인들을 불법적으로 살해했다.

가) 전남, 전북지역

○ 반군토벌전투사령부(1948. 10. 21.~1948. 10. 30.) 시기

육군총사령부는 여순사건 발발 직후인 1948년 10월 21일. 반군토벌전투사령부(사령관 송호성 준장)를 광주에 설치하고 휘하에 제2여단(여단장 원용덕 대령)과 제5여단(여단장 김백일 중령)을 배속시켜 1948년 10월 30일까지 진압작전 및 토벌작전을 수행했다. 국군 제2여단 예하 제2연대·3연대, 제5여단 예하 제4연대·12연대·15연대, 국군 제5연대 등 반군토벌전투사령부 예하 각 부대는 순천 진압작전 과정에서 순천북초등학교, 남국민학교, 순천농림중학교 등지에 주둔하며 민간인들을 주둔지로 연행해 조사한 뒤 집단 사살하였다. 특히 국군 제5연대 제1대대(대대장 김종원) 소속 부대는 1948년 10월 말~11월 초 여수에서 반군 가담자나 협조자로 지목된 민간인들을 여수시 남면 연도초등학교, 남면 안도 선착장 등지에서 집단 사살했다.

○ 호남방면 전투사령부(1948. 10. 30.~11. 30.) 시기

1948년 10월 27일. 여수가 진압된 뒤 반란군 잔여병력은 지리산·백운산 일대로 도주하여 빨치산 투쟁을 전개했다. 육군총사령부는 1948년 10월 30일. 반란군토벌사령부를 호남방면

전투사령부(사령관 송호성 준장)로 재편하고 섬진강-구례구-삼지면-옥과-담양-고창을 연결하는 선을 기준으로 토벌지구를 남북으로 나눠 토벌작전을 수행했다. 이에 따라 남지구전투사령부(사령관 제5여단 김백일 중령, 순천 사령부)와 북지구전투사령부(사령관 제2여단 원용덕 대령, 남원 사령부)가 약 한 달 동안 토벌작전을 수행하다가 1948년 11월 30일 해체되었다. 북지구전투사령부에 제2연대·3연대·12연대·15연대 병력이 배속됐고 남지구전투사령부에 제4연대·9연대·12연대·15연대 병력이 분할되어 배치됐다.

토벌작전 중이던 1948년 11월 말, 국군 제3연대 소속 부대는 구례군 산동면 원촌국민학교에 주둔하며 민간인들을 연행해 산동면 누에고치 창고 등에 구금하고 집단 사살하였고, 제12연대 소속 부대는 간문천변 등지에서 간전면 주민들을 빨치산 협조 혐의로 집단 사살했다.

○ 호남지구·지리산지구 전투사령부(1949. 3. 1.~1949. 5. 9.)
　　시기

1948년 11월 30일. 호남방면 전투사령부가 해체되자, 지리산지역 빨치산은 주요 활동 범위인 구례·하동 일대에서 벗어나 전남·전북의 동부지역과 경남 북서부인 산청·함양·거창·진주 부근까지 활동을 확대했다. 이에 1949년 3월 1일부터 1949년 5월 9일까지 지리산지구 전투사령부(남원, 사령관 정일권 준장)와 호남지구 전투사령부(광주, 사령관 원용덕 준장)가 설치되어 토벌작전을 수행했다. 호남지구 사령부 예하에 제20

연대(광주 주둔, 제4연대에서 개편됨) 3개 대대, 여수 제15연대 1개 대대(순천 주둔), 남원 제3연대 1개 대대가 배속됐다. 지리산지구 사령부는 예하에 제3연대 제3대대(남원 주둔), 부산 제5연대 1개 대대(함양 주둔), 서울 제9연대 1개 대대(화개장 주둔), 대전 제19연대 1개 대대, 제1독립유격대대(진주 주둔) 등 5개 대대를 배치했다. 지리산지구 전투사령부는 1949년 3월부터 '춘계토벌'을 전개해 예하 대대를 구례, 남원, 화개장, 하동, 진주, 산청, 함양 등지에 배치하여 토벌지역을 할당하고, 각 지역에 남아 있는 반군을 지리산으로 몰아넣는 작전을 펼쳤다.

국군 제15연대는 1948년 11월~1949년 10월 광양-하동-순천-고흥 등지로 이동하면서 토벌작전을 벌였다. 이들은 1949년 3월 순천남국민학교, 순천농림중학교 등지에 주둔하면서 순천 전 지역을 대상으로 마을을 수색하고 주민들을 소개했고, 1949년 3~4월 순천시 서면 판교리, 고흥군 두원면 · 과역면 등지에서 민간인들을 빨치산 협조 혐의로 사살했다. 국군 제20연대 소속 부대도 1949년 4~6월 보성군 노동면 등지에서 빨치산에 협조 혐의가 있는 주민들을 색출해 불법적으로 사살하였다.

○ 지리산지구 전투사령부(1949. 9. 28.~1950. 3. 15.)
육군본부는 1949년 9월 28일 지리산지구 전투사령부(사령관 김백일 대령)를 남원에 재설치했고, 군경 토벌작전은 1950년 3월 15일에 종료되었다.
1949년 9월~12월 지리산지구 빨치산 토벌작전을 수행하던 국군 제3연대가 경남 함양군 안의면 · 산청군 시천면 등지에서 민간인들을 불법적으로 사살하는 사건이 속출하였다. 제15연대 소속 부대는 빨치산이 습격한 사건 직후 전남 순천 서면 용계산과 구랑실재 등지, 광양 진상면 어치리 등지에서 빨치산에 협조했다는 혐의로 민간인들을 집단 사살했다. 제20연대 소속 부대는 1949년 10월 화순군 북면 아산국민학교에서 민간인 수십여 명을 빨치산 협조 혐의 등으로 불법적으로 사살했다.

1950년 2월 10일 김백일 대령은 "공비를 감추어두고 식사 기타를 제공해서 보낸 다음 비로소 지서에 연락하는 등의 이적행위를 감행하는 자는 부락 전체에 책임을 지우고 엄중히 처단"한다고 밝혔다. 실제로 토벌 과정 중 빨치산에 협조했다는 혐의로 각 마을 구장 등이 책임을 지고 사살된 사건이 다수 발생했다.

나) 경남지역

경남 산청·함양·사천·고성·거창·거제지역에서는 호남방면 전투사령부와 지리산지구 전투사령부 예하 부대인 제3연대, 5연대, 17연대 3대대, 20연대(4연대에서 재편)와 제3사단 23연대 1대대, 9연대, 19연대, 독립유격대대, 해병대(일명 김성은 부대) 등이 토벌과정 중 민간인들을 불법적으로 살해하였다. 거제에서는 마산 제16연대와 호림부대 등이 경찰과 함께 토벌과정에서 민간인들을 불법적으로 살해하였다.

1948년 12월 말 산청과 함양 등 경남 북서부지역 토벌작전에 제3여단 제5연대가 투입되어 호남방면 전투사령부가 해체되는 1949년 5월 9일까지 작전을 수행했다. 1949년 9월 28일 지리산

지구 전투사령부가 다시 설치되어 제3사단 23연대 1대대와 해병대 진주부대가 5연대의 작전구역을 이어받아 토벌작전을 수행했다. 여기에 3연대, 기존 3여단 소속 5연대와 6연대, 9연대, 20연대도 작전에 투입되었고, 1949년에는 17연대 3대대, 독립유격대대도 지리산지구 전투사령부에 배속되어 토벌작전을 벌였다. 이들은 한국전쟁 발발 전까지 지리산 일대인 산청, 함양 등지에서 토벌작전을 계속하였고, 민간인들을 불법적으로 살해한 민간인 집단희생사건도 계속 발생하였다.

2) 경찰

빨치산 토벌작전을 수행했던 전남경찰국·전북경찰국·경북경찰국·경남경찰국과 경찰국 산하 각 지역경찰서와 지서경찰, 수도경찰부대는 빨치산 토벌과 협력자 색출 과정에서 민간인들을 경찰서나 지서로 연행해 고문, 구타하고 해당 관내에서 불법적으로 살해했다.

가) 전남, 전북지역

여순사건 이후 제8관구경찰청(1949. 3. 7. 전남경찰국으로 개칭)과 산하 각 경찰서와 지서 소속 경찰, 수도경찰부대 등 전투경찰대가 전남 일대 토벌과정에서 민간인들을 불법적으로 사살했다.

제8관구경찰청(전남경찰국)은 여수·순천·광양·구례 등 전남 각 지역에 지원 병력을 파견하여 진압작전과 좌익 협력자 색출 작업을 수행하였다. 1948년 10월 20일 제8관구경찰청에서 경찰대 150명이 여순사건 진압을 위해 출동했고, 서울 경무부도 수도경찰청 응원대 238명을 파견했다. 여순사건 진압 초기 수도경찰도 반군 진압과 혐의자 색출에 동원되어 민간인 사살에 가담하였다.

1949년 9월 내무부 치안국에서 지리산지구 전투경찰대(대장 최치환 총경)를 남원에 설치하여 경찰토벌대는 1950년 3월 15일까지 군경 합동으로 토벌작전을 수행하였다. 또 전남경찰국 경찰토벌대 내 흑호대, 백호대, 별동대, '38대' 등으로 불리는 경찰토벌대는 작전지역에 '1진'으로 투입되었고, 토벌 과정에서 민간인들을 불법적으로 살해하였다.

전남지역 각 경찰서와 지서 경찰들도 관할 지역에서 불법적으로 민간인들을 살해했다. 경찰은 사찰계를 중심으로 관내 좌익 협력자 색출 작업 과정에서 민간인들을 본서나 읍면별 지서로 연행한 뒤 조사하고 경찰서장, 사찰계 주임, 지서 주임 등의 지시로 민간인들을 불법적으로 사살했다.

경찰은 사찰계를 중심으로 평소 좌익 혐의가 있다고 의심되는 주민들을 등급별로 분류해 감시하고 이동을 제한했다. 빨치산이 관공서를 습격하는 사건이 발생한 경우 경찰은 감시 대상자로 분류된 이들을 연행해 무차별적으로 집단 사살했다. 또 좌익 협조자의 가족이란 이유로 예방 차원에서 그 가족을 사살하기도 했다. 경찰토벌대가 마을에서 좌익 협조자를 색출하면서 토벌대 지휘관의 임의적인 판단으로 민간인들을 불법적으로 현장에서 즉결처분하는 경우도 있었다.

나) 경남지역

경남지역에서는 산청·함양 등 호남방면 전투사령부·지리산지구 전투사령부 예하 부대, 제3사단 예하 부대와 함께 경남경찰국 관내 각 지역 경찰서 경찰이 군경토벌과정을 수행했다. 이 과정에서 경북경찰국·경남경찰국과 경찰국 산하 각 지역 경찰서와 지서 경찰은 민간인을 불법적으로 살해했다.

경찰은 서장 지휘하에 사찰계 주도로 민간인들을 좌익 혐의로 연행해 고문 조사하고 해당 관내에서 사살했다. 각 지역경찰서장의 지시가 사찰계와 각 지서 주임에게 하달되었고, 이를 사찰계와 각 지서에서 차출된 경찰·의용경찰 등으로 구성된 경찰토벌대가 토벌작전을 수행하며 민간인들을 빨치산 협조 혐의 등으로 사살했다.

3) 민간인 치안조직

토벌작전 당시 우익청년단체도 군경과 함께 민간인 색출과 살해에 가담했다. 이승만 정부는 여순사건 진압작전에 우익청년단체들을 동원했다. 1948년 10월 23일 서북청년회·대동청년단·전국학생총연맹 등 각 청년단체는 '구국연맹'을 결성해 군과 경찰의 지시를 받으면서 여순사건 진압과정에 참여했다. 서북청년단 등 우익청년단체는 여순사건 진압과정 이후 각 지역에서 전개된 군경 토벌과정에 준군사조직으로 군경을 지원하며 좌익 협조 혐의자와 그 가족들을 구타해 사망케 하는 등 불법적으로 민간인들을 살해하였다.

4) 주한미군

여순사건에서 전반적인 작전 지휘권을 보유하고 인사·정보 등 당시 진압작전과 토벌과정에 개입한 주한미군도 여수·순천 등지에서 발생한 민간인 학살에 대한 책임에서 벗어날 수 없다. 당시 미 임시군사고문단의 지휘체계는 주한미군사령관 → 로버츠 미 임시군사고문단장 → 각 지역 고문단원으로 이어졌다.

1948년 8월 24일 체결된 한미군사잠정협정에 따라 미군 철수 완료 시까지 주한미군사령관은 대한민국 국방경비대에 대한 전면적인 작전상 통제권한을 보유했다. 여순사건 직후 미군은 진압작전 전반에 관여했다. 1948년 10월 20일 미 임시군사고문단장 로버츠는 한국군 수뇌부와 논의해 반군토벌전투사령부를 설치했다. 같은 날 로버츠 단장은 송호성 사령관에게 압도적인 병력으로 반군을 궤멸시킬 것과 반군이 작은 부대 단위로 나뉘어 산악지역을 점령할 경우 가차 없이 추적해 파괴하라고 조언했다. 또 로버츠 단장은 미 임시군사고문단을 대표하는 작전책임자이자 송호성 사령관의 고문 자격으로 전투사령부에 배속된 하우스만에게 한국군 사령부가 전투에 실패할 경우 작전통제권을 관장하고 반군토벌전투사령부를 적절히 감독하고 종합적인 작전계획을 세우고 실행할 것을 명령했다. 1948년 10월 27일 미 고문단 하우스만과 리드 대위는 입산한 빨치산을 토벌하기 위해 백운산과 지리산 지역을 동시에 소탕하는 계획도 수립했다.

미군은 진압작전에 직접 전투 병력을 투입하진 않았지만 국

군 각 연대에 배치된 미 군사고문단원을 활용해 진압작전을 통
제했다. 각 연대에 이미 배치된 미 고문단원은 여순사건 직후
자동으로 진압작전에 참여해 정보 수집 및 분석, 작전 수립 및
수행, 통신 등을 지원했다.

미 임시군사고문단은 진압작전에서 작전 통제뿐 아니라 인
사권을 포함한 모든 분야에 개입했다. 토벌전투사령부에 배치
된 미 임시군사고문단원은 진압군을 지휘할 국군 지휘관 선정
에 개입했고 무기, 화약, 수송기, 통신 장비 등을 진압군에 제공
했다. 미군은 또한 직접 공중 정찰과 방첩대(CIC)를 통해 반란
지역 현지 정보를 수집했다. 특히 주한미군사령부 정보국(G-2)
은 정보의 중요성을 부각시켰고 한국군 정보 기구의 기초를 다
지면서 제주 4·3사건, 여순사건, 기타 빨치산 토벌작전에서 중
요한 성과를 올렸다.

이와 같이 미 임시군사고문단은 당시 작전 지휘권을 보유한
상태에서 고문관을 파견해 전반적으로 작전을 통제하고 장비
와 정보, 인적·물적 지원을 진압군에게 제공하며 진압작전과
토벌과정에 개입했다. 미군 고문관들은 여순사건 진압과정에
서 순천과 여수에서 발생한 민간인 학살을 놀라운 일로 받아들
였지만 대부분 진압군과 경찰이 민간인을 학살하는 상황에 대
해 언급하지 않았다. 즉, 미군은 작전의 세부 사항까지 점검하
고 있었기 때문에 진압군경에 의한 민간인 학살에 대해 잘 알
고 있었지만 침묵함으로써 학살을 방조한 책임을 져야 한다.

5) 지휘명령체계

　당시 군의 지휘명령 체계는 국방부 장관(이범석·신성모) → 반군토벌사령부(사령관 송호성)·호남방면 전투사령부(사령관 원용덕)·호남지구 및 지리산지구 전투사령부(사령관 원용덕)·지리산지구 전투사령부(사령관 김백일)·태백산지구 전투사령부 사령관(사령관 이성가) → 각 지구 사령부 예하 연대·대대 등 각 부대로 이어졌다. 토벌군은 빨치산에 협조한 혐의 등으로 민간인들을 군 주둔지로 연행해 정보과 주도로 고문·조사했고, 연대장·대대장은 각 중대장과 소대장에게 사살을 명령했다.

　경찰의 지휘명령 체계는 내무부 장관 → 치안국장 → 전남경찰국·전북경찰국·경남경찰국·경북경찰국 → 관할 지역 경찰서장 → 각 지역 경찰서 사찰계와 각 지서 경찰·우익 청년단으로 이어지는 체계였다. 군경 합동작전에서 경찰은 또한 각 지역 군부대 계엄사령관의 지휘와 명령을 받았다.

　경찰은 민간인들을 빨치산에 협조했다는 혐의나 그 가족이란 이유 등으로 지서나 본서로 연행해 사찰계 주도로 고문 조사 후 경찰서장 및 사찰주임의 지시에 따라 사살했다. 현지 경찰토벌대 지휘관의 임의적인 지시로 민간인들을 불법적으로 사살하기도 했다. 이때 우익 청년단도 경찰의 지휘를 받으며 빨치산 토벌과 좌익 혐의자 검거에 참여했다.

　군병 토벌 과정에서 발생한 민간인 희생사건에서 일차적인 책임은 적법한 절차 없이 임의로 민간인들을 살해한 현지 군경과 지휘관에게 귀속된다. 그러나 군경의 엄격한 지휘명령 체계를 고려할 때 하급 기관의 불법행위로 발생한 민간인 집단 희생사건에 대한 궁극적인 책임은 국민의 생명을 보호하고 군경을 관리·감독해야 할 국가에 귀속된다.

나. 가해 이유

지금까지 정부와 군경은 여순사건을 공산반란 또는 폭동으로 규정하면서 당시 군경에 의한 민간인 희생사실을 인정하지 않았다. 여순사건 발발 후 여순사건 당시 양민과 폭도를 구별하기 어려웠으나, 주로 '민간 폭도'를 처리하였다고 주장하였다. 군경 출신 참고인 가운데 일부는 희생자들이 반란에 가담하거나 협력한 '남로당원', '지방폭도', '빨갱이'였다고 주장하며 가해의 정당성과 불가피성을 강조하였다. 또한 경상북도에서 발생한 군경토벌에 의한 민간인 희생사건을 대하는 정부와 군경의 태도도 여순사건에 대한 태도와 다르지 않다.

정부 수립 후 여순사건이 발생한 군경에 의한 민간인 희생사건에서 찾을 수 있는 가장 일반적인 가해 이유는 반군이나 빨치산 협조 혐의다. 반군이나 빨치산에게 숙식이나 식량을 제공하거나 심부름을 해주었다는 이유, 노무에 동원되는 등 반군이나 빨치산 활동에 가담했다는 이유, 빨치산 출몰 지역에 거주한다는 이유 등으로 희생당하였다.

토벌 작전에 나선 군경은 작전 지역인 산간마을을 소개하거나 빨치산을 색출한다는 명분으로, 또는 빨치산에게 식량을 제공하거나 협조했다는 이유 등으로 마을 주민들을 연행한 뒤 구금하여 조사하였고, 조사 후 빨치산 협력 혐의가 있다고 판단되면 주민들을 불법 사살하였다. 이때 군경은 실제 좌익 활동가뿐 아니라 빨치산에게 식량과 생필품을 탈취당한 사람들도 좌익과 내통하였다는 혐의로 토벌 대상으로 삼았다. 그러나 반군이나 빨치산이 이동하거나 활동하는 지역에 거주하던 주민들은 그들의 강요를 거부할 수 없어 협조하지 않을 수 없었다. 또한 실제로 식량을 제공하는 등 반군에 협조한 사실이 전혀 없어도 희생당하는 경우도 있었다. 따라서 사실상 이들은 넓은 의미에서 빨치산 활동지역 또는 군경 작전지역에 거주한다는 이유만으로 군경에게 희생당한 셈이다.

또 남로당 등 좌익단체에 가입한 혐의로 희생당하는 사건도 발생하였다. 구례 산동면 사건이나 순천철도원 사건처럼 소위 '좌익문서'가 발견되면서 문서에 이름이 오른 사람들이 좌익 혐의 또는 좌익 협조자 혐의로 희생을 당하였다. 그러나 이런 경우에도 자신도 모르게 좌익문서에 이름이 올라 있는 경우가 많았고, 희생자들의 희생이유는 대부분 실제로 좌익단체에 가입했는지 여부와는 관계가 없었다.

마을 주민 사이의 무고·모략이나 보복으로 인해 희생된 이들도 있다. 이는 군경이 여순·순천 등 반군 점령지역을 탈환한 뒤 반군 협조 혐의자를 색출하는 과정에서 반군 협조 사실 여부보다는 주로 마을 주민 사이의 개인감정에 의한 모략과 고발, 고문으로 강요한 자백, 외모 등에 근거를 두어 무고한 사람이 희생당한 경우가 많았기 때문이다.

군경이 토벌작전 도중 반군이나 빨치산의 습격을 받았거나,

마을 전체가 반군이나 빨치산에 협조했다는 의심을 받아 군경이 남녀노소를 가리지 않고 무차별 사살을 가해 희생된 이들도 있다. 이때 노약자와 어린아이들도 사살되었다.

다음으로 제14연대 군인이나 좌익, 입산자의 가족 또는 동료란 이유로 대신 희생당한 이들도 있는데, 특히 제14연대 군인의 경우 여순사건 가담 유무와 관계없이 희생당하거나 행방불명되었고, 그들의 가족 역시 제14연대 군인의 가족이라는 이유만으로 학살당하거나 피해를 입었다.

그리고 이유를 모른 채 군경에게 끌려가 희생당한 희생자도 있으며, 단순히 젊다는 이유만으로 희생당한 이들도 있다.

다. 가해의 불법성

군경은 여순사건 발발 이후 민간인 살해의 법적 정당성을 (1) 1948년 10월 22일 발포된 계엄령과 동년 11월 1일 전남·북 일원으로 확대 실시된 계엄령, (2) 동년 11월 6일 제8관구경찰청에서 발포한 포고, (3) 군의 '즉결처분권'에서 찾고 있었다.

1948년 7월에 제정·공포된 대한민국 헌법 제64조는 대통령의 계엄선포권을 규정하였으나 그에 따른 계엄법은 1949년 11월 24일 법률 제69호로 제정·공포되었기 때문에 본 사건 당시 계엄령은 법률에 근거하지 않은 채 선포·적용되었다. 따라서 당시 계엄령은 법령 선포의 일반적 요건도 갖추지 못하였다.

또 계엄령 발포는 공포주체와 절차에 큰 문제점을 지니고 있었다. 1948년 10월 22일 현지 사령관인 제5여단장 김백일이 처음 계엄령을 발포하였고, 10월 25일 계엄령은 국무회의의 의결을 거쳐 대통령령 제13호로 공포되었다. 이에 따라 호남방면 사령관은 10월 26일 여수·순천지구에 임시 계엄을 고시하였고, 11월 1일 호남방면 사령관 원용덕에 의해 계엄령이 여순 지역에서 전남·북으로 확대되었다. 이승만 대통령은 10월 22일 발표에서 현지사령관에 의한 계엄령을 인정하는 형식을 취했다.

당시 국회도 계엄령 발포의 절차적 문제, 계엄령이 국회의 동의 없이 선포된 점에 대해 문제를 제기하였다. 정부는 지역에 선포된 계엄령을 부인하다가 외신에 보도된 뒤 해당 지구사령관에 의해 계엄령이 선포되었음을 인정하는 조치를 취했다. 그러나 계엄령은 대통령의 명령에 따라 해당 지구 사령관이 선포할 수 있으므로 지구사령관 단독으로 계엄령을 선포하는 것은 계엄령에 대한 절차적 규정을 무시한 행위이다. 이와 함께 계엄법이 없는 상황에서 내려진 계엄령이 헌법 제57조의 대통령 긴급명령이나 제64조의 계엄령에 해당하는지에 대해 논란이 제기되었다.

계엄은 국가의 위협이 있거나 전쟁 상황에서 행정권 또는 사법권을 군대에 이관하고 헌법에 보장된 개인의 기본권 일부를 제한하는 긴급수단이다. 계엄 상황에서도 행정과 사법은 계엄법에 준거하여 운위되어야 한다. 그러나 당시 계엄사령관에게 행정권과 사법권이 주어졌으나 이를 실행할 수 있는 관련 법령이나 규정은 없었다. 이는 현지에서 지역 사령관이 계엄령을 자의적으로 판단, 해석하고, 반군 협력자라는 단순한 혐의만으로 민간인을 불법 연행한 뒤 구금하거나 사살 또는 처형하는 근거가 되었다.

국가의 비상사태하에서 법률의 제정을 기다릴 여유가 없어 대통령이 계엄을 선포할 수 있다고 하더라도, 발포된 계엄령의 내용에는 분명한 내재적 한계가 있어야만 한다. 즉, 계엄령은 엄격한 요건하에서 필요한 최소 지역에 국한하여 발령되어야 하고, 그 내용 또한 국민의 생명권 등 기본권의 본질적인 부분을 침해할 수 없다. 1949년 제정된 계엄법의 내용을 보더라도, 법률 자체에서 관련 범죄를 구체적으로 명시하고, 이를 위반할 시 군법회의에서 재판하도록 하여 계엄이 국민의 기본권을 제한할 수 있는 권한의 한계를 분명히 했다. 그러나 당시 발포된 계엄 포고문은 이러한 계엄령의 일반적인 한계를 벗어나 재판 없이 민간인을 '총살에 즉결'할 수 있도록 허용했다. 따라서 이러한 내용의 계엄 포고를 근거로 군경이 비무장 민간인을 재판 없이 처형하거나 살해한 사실은 명백한 위법 행위였다.

계엄령 아래에서 이루어진 경찰의 포고와 군의 '즉결처분'도 많은 문제점을 안고 있었다. 먼저 전남·광주지역을 관할하던 제8관구경찰청장 김병완은 1948년 11월 6일 발포한 포고문에서 '반란군 폭도 불온분자를 은닉한 자'는 물론 '신고하지 않은 자, 식사, 의류, 금품을 제공한 자'를 총살 또는 기타 형에 처할 것을 포고하였다.

이 포고문은 지역이나 대상을 구체적으로 적시하지 않았을 뿐만 아니라 관련 법적 근거나 규정도 없이, "총살 또는 기타 형에 처한다"고 선포하였다. 또한 이 포고는 "신고하지 않은 자"를 비롯하여 "총살 또는 기타 형에 처할" 수 있는 대상이나 범위가 과도하게 광범하고 포괄적이어서 혐의나 의심만 가지고 민간인을 사살 또는 처형할 수 있는 문제점을 안고 있었다. 더욱이 포고령에 따른 법적 절차나 규정이 부재했기 때문에, 자연히 반군 출몰지역에 거주하거나 반군에 협조한 것으로 의심받는 민간인을 임의로 살해하는 것을 정당화할 위험을 지니고 있었다.

이와 함께 계엄령 아래에서 군이 행사한 '즉결처분'도 민간인 살해나 처형을 정당화하는 주요한 배경이었으나 법적 근거는 없었다. 군의 '즉결처분'의 기원은 1948년 11월 1일 호남방면 사령관 겸 계엄사령관인 원용덕이 발표한 계엄 포고문에서 비롯된다. 원용덕은 전라남·북도는 계엄지구이므로 사법과 행정 일반은 자신이 독할(督轄)한다고 선언하면서 명령을 "위반하는 자는 군율에 의하여 총살에 즉결"한다고 공고하였다. 그리고 이 공고는 군이 계엄지구에서 민간인을 '즉결처분'할 수 있는 권한, 실제로는 처형이나 총살을 집행할 수 있는 권한의 근거가 되었다. 당시 '즉결처분'은 군이 법적 절차나 재판 없이 민간인을 임의적으로 살해할 수 있음을 의미했다. 군이 여순사건 진압작전 과정에서 '즉결처분'에 의해 민간인을 살해한 사실은 당시 공식 기록에서도 일정하게 방증된다.

계엄령에 따른 '즉결처분권'의 존재를 인정한다 하더라도, 군의 민간인 '즉결처분'은 여러 가지 문제점을 지니고 있었다. 첫째, '즉결처분'은 법적 요건과 정당성을 결여하고 있었다. 먼저 1948년 11월 1일의 계엄 포고문에 근거하더라도, 즉결총살은 "군율"에 따르도록 규정되었으나, 군율도 적시하지 않았다.

나아가 민간인을 즉결처분, 곧 총살하는 과정에서 당시 민간인에게 적용할 수 있는 관련 법령을 따르지 않았다. 이 사건에서 많은 민간인들은 반군에 협조한 혐의로 재판절차를 거치지 않고 사살당했다.

'즉결처분'의 주체는 위로는 연대장에서부터 군 헌병대와 정보과 요원, 그리고 일반 사병에 이르기까지 광범하였다. 이러한 사실은 군의 '즉결처분'이 일정한 원칙이나 기준 없이 자의적으로 이루어졌음을 의미한다. 군의 '즉결처분'에 따른 민간인 살해는 작전상 불가피한 요소가 아니었으며, 현지 지휘관의 재량에 따라 차이가 컸다. 즉, 군의 '즉결처분'은 지휘·명령 계통 수준에서 통제되지 않았을 뿐만 아니라, 지휘관 개인 수준에서 민간인 살해의 방법으로 자의적으로 활용·남용되었다고 볼 수 있다.

이상과 같이 절차상, 내용상 하자가 있는 계엄령하에서 군경이 사건 관련자들을 체포하기 위하여 민간인을 연행하여 구금하고 조사하는 과정에서 여러 가지 형태의 불법 행위가 자행되었다. 군경은 토벌작전 지역에서 일정한 심사나 조사 없이 민간인을 무차별적으로 연행하였다. 그리고 무차별 연행에 이어진 조사 과정은 자연스럽게 비인도적인 조사와 불법적인 고문을 동반했다. 연행과 조사과정이 자의적이었던 까닭에 그 처리 또한 자의적이었다. 경찰 출신 참고인조차 "반군 협력자 분류 심사에서 경찰에게 잘 보인 사람은 살아남고, 잘못 보인 사람은 사살되었다. 대부분 무고와 사적 감정으로 당한 손가락질로 연행되어 피해를 본 사람들이었다"고 진술할 정도이다.

또 군경은 여순사건 진압작전과 그 뒤의 빨치산 토벌작전 과정에서 반군의 활동이나 보급품 이동 경로에 위치한 민간인 거주 부락을 소개하거나 소각하였다. 그러나 주민 소개를 위한 사전 계획이나 대책 없이 작전을 수행하는 경우가 많아 반군과 주민들의 연계를 차단하려는 토벌작전은 주민들의 생존 기반을 박탈하고 다수의 민간인을 희생시키는 결과를 초래하였다.

진압군은 여수 진압과정에서 시내에 들어가 가가호호 수색작전을 펴면서 마을에 불을 질렀고, 갑작스러운 화재로 집 안에 있던 주민들이 사망하는 사태가 발생하였다. 당시 여수 화재는 전 시가지에서 발생하였고, 이에 따라 재산손실과 인명피해가 많이 발생하였다. 여수지역에는 섬들이 많았는데, 진압군들이 들어가 제14연대 군인이나 좌익 혐의자 거주지 등을 방화하였다.

순천에서도 진압군이 아무런 대책도 없이 현장에서 바로 마을 소개나 소각을 명령하였고, 소개하지 않으면 무조건 반란군으로 간주하고 소각하겠다고 위협했다. 좌익 혐의자의 집을 소각하던 중 방화하는 군인들에게 강하게 저항하자 일가족을 집에 가두고 방화하는 사건도 발생하였다.

구례의 마을은 대부분 군경의 진압작전 과정에서 방화되거나 소개되었다. 『구례군지』 편찬과정에서 조사한 내용에 따르면, 구례읍 1개 마을, 간전면 7개 마을, 토지면 16개 마을, 마산면 4개 마을, 광의면 1개 마을, 용방면 1개 마을, 산동면 18개 마을 등 총 48개 마을이 군경과 한청단원들에 의해 소각 또는 소개되었다. 이런 과정에서 군인들은 산동면 계천리 현천마을 주민들의 가옥을 전소시키고 주민 23명을 사살하였다.

　군경은 한국전쟁 발발 전까지 여수·순천·구례지역뿐 아니라 전남·북, 경남 일대에서 토벌작전을 벌이면서 소각과 소개를 빨치산 근거지를 제거하려는 토벌작전의 일환으로 채택하였고, 이 과정에서 민간인 생명 보호나 사후대책은 고려하지 않았다. 그 결과 주민들은 빨치산 근거지 인근에 살고 있다는 이유만으로 생존 기반을 박탈당하거나 빨치산 협조 혐의로 희생당하였다. 소개 과정에서 생존 기반을 박탈당하고 군경에 의해 가족이 학살당하는 모습을 지켜본 주민들 중에는 입산하여 빨치산이 되는 길을 선택할 수밖에 없는 이들도 있었다.

제2절 적대세력에 의한 피학살

　진실화해위원회는 진실규명 신청 기간 동안 1948년 8월 15일 정부 수립 이후부터 1950년 6월 25일 한국전쟁 발발 전까지 전라남도·전라북도·경상남도·경상북도·강원도 일대에서 빨치산과 지방좌익 등 적대세력에 의한 희생사건·상해사건·강제연행사건에 대한 진실규명 신청 사건을 접수하였다.

　진실화해위원회는 신청내용을 검토한 뒤 본 사건이 「진실·화해를 위한 과거사정리 기본법」 제2조 제1항 제5호에 의거 조사대상에 속한다고 판단하여 민족독립규명위원회에서 조사개시를 결정하였다. 여순사건의 경우 "역사적으로 중요한 사건"으로 규정하여 전원위원회에서 직권조사하기로 의결하면서 가해주체에 따라 분리하지 않고 조사하기로 결정하였으나, 사건 범위와 규모가 광대하여 먼저 군경에 의한 희생사건과 반군이나 좌익 등 적대세력에 의한 희생사건으로 나누어 조사하였다.

진실화해위원회는 신청 사건을 조사한 결과 무주지역 적대세력사건(2008. 6. 30, 2건), 강진 등 10개 지역 적대세력에 의한 피해사건(2010. 4. 27, 12건) 등에 대해 진실을 규명하였다.[77]

1. 사건 전개와 특징

가. 여순사건 초기 반군과 지방좌익에 의한 피학살

1948년 10월 19일. 제주 4·3사건 진압 파병을 반대하는 여수 제14연대 소속 군인 2,000여 명이 봉기를 일으키며 여순사건이 시작되었고, 반군 주력부대는 다음 날인 10월 20일, 여수 시내에 진입하였다. 반군과 이에 합세한 지방좌익들은 여수의 주요 기관과 건물을 접수하였고, 인민위원회를 조직하여 오후 3시 여수읍 중앙로타리에서 군중을 동원해서 '인민대회'를 개최하였다. 같은 날 반군은 순천으로 북상하여 순천 시내를 완

---

77) 그 밖에 진실 규명된 사건은 청원지역 이갑동 등 33인의 적대세력에 의한 희생 및 강제연행사건(2008. 12. 30, 1건), 고창지역 적대세력에 의한 희생사건(2009. 1. 19, 1건), 나주 봉황면에서 곽귀환 등이 적대세력에 의해 희생된 사건(2009. 2. 2, 5건), 영광지역 적대세력에 의한 희생사건(2009. 5. 8, 3건), 함평지역 적대세력에 의한 희생사건(2009. 10. 20, 5건), 나주지역 적대세력에 의한 희생 및 상해사건(2009. 10. 20, 5건), 경북지역 적대세력에 의한 희생사건(2009. 10. 20, 22건), 경남지역 적대세력에 의한 희생사건(2009. 11. 17, 17건), 완도지역 적대세력에 의한 희생사건(2009. 12. 15, 5건), 전북지역 적대세력사건(2009. 12. 29, 1건), 순천·여수지역 적대세력에 의한 피해사건(2010. 4. 27, 20건), 보성·고흥지역 적대세력에 의한 피해사건(2010. 4. 27, 25건), 광양·곡성·구례·담양지역 적대세력에 의한 피해사건(2010. 4. 27, 7건) 등이다.

전히 점령하였고, 여수와 순천의 지방좌익들은 반군과 함께 경찰·공무원·청년단원 등 우익인사들을 적발하고 숙청하기 시작하였다. 일부 지역에서는 경찰이나 우익인사에 대한 인민재판을 실시하기도 했다. 10월 27일자 영국 외무성문서에는 미 외교관 보고를 인용하여 순천에서 300명의 경찰과 비공산주의자 시민들이 반군에게 학살되었다고 기록되어 있고, 진압군 측은 400여 명의 경찰관이 사살당한 것으로 추산하였다.

그 뒤 반군은 전라남도 구례·곡성·남원과 벌교·보성·화순, 그리고 경상남도 광양·하동 방향으로 진격하였다. 반군이 벌교읍 소화다리를 거쳐 벌교 읍내로 들어오자 경찰들은 도주하였고, 반군은 1948년 10월 22일 벌교 읍내를 장악하였다. 그 뒤 인민위원회가 결성되었고, 반군과 지방좌익들은 벌교 우체국 앞에서 인민재판을 열고 미처 피신하지 못한 경찰과 우익인사, 청년단원을 사살하였다. 그 뒤 반군의 일부는 벌교에 남고 일부는 서쪽 보성읍으로 나머지는 남쪽 고흥읍으로 진출하여 군청과 경찰서를 점령하였고, 지방좌익들은 인민위원회를 조직하였다. 보성과 고흥에서도 경찰서 앞, 보성군 조성역 광장, 고흥군 대서면 대서초등학교 등지에서 경찰과 우익인사들이 살해되는 등 반군과 지방좌익에 의한 피해사건이 발생하였다.

1948년 10월 23일 김지회와 홍순석이 이끄는 제14연대 반군 약 2,000명은 순천 삽재와 백운산을 넘어 구례로 들어온 다음 구례군 간전면과 토지면 문수리를 거쳐 지리산으로 들어갔다. 그리고 이 중 500여 명은 10월 24일 구례읍을 점령하고 우익인사를 처단했다. 구례 주민들은 반군이 입산할 때 숙식을 제공하거나 보급품을 산으로 운반하기도 했다. 또한 구례에서 활동하던 좌익인사 등 구례 주민 일부가 김지회 부대와 함께 입산하기도 했다.

여순사건이 발생하자 정부는 이를 즉각 반란으로 규정하고 진압에 나섰다. 진압군은 1948년 10월 23일 순천을 탈환하고 오후에는 시가지 소탕전을 완료하였다. 진압군은 10월 24일 벌교, 10월 25일 고흥과 광양, 10월 26일 구례, 10월 27일 여수를 탈환하였다. 짧은 점령기간 때문에 반군이 점령했던 지역의 인민위원회는 구체적인 정책을 펴지 못했고, 지역의 경찰이나 우익인사들을 색출하고 숙청하는 데 주력하였다. 이런 '반동세력' 색출과 숙청은 곧이어 진압군이 들어오면서 피의 악순환을 초래하였다. 벌교 소화다리의 경우, 반군과 지방좌익들은 경찰에 협조하던 우익인사와 우익단체원들을 소화다리에서 사살하였다. 그 뒤 진압군이 들어오자 당시 수많은 민간인들이 반군 협조 혐의, 좌익 혐의를 받아 소화다리에서 집단 사살되었다.

여순사건 발발 후 제14연대 반군이 진입하는 과정에서, 그리고 반군의 점령하에서 여수·순천·보성·고흥 등지에서 반군과 지방좌익에 의한 피해사건이 발생하였다. 여수와 순천 지역에서는 자택 마당에 있다가 열차로 이동하던 반군의 총에 맞아 부상을 입은 경우처럼 민간인이 우연히 반군이 쏜 총에 맞아 부상당하거나 희생당하는 사건이나 경찰과 가깝게 지낸다는 이유로 좌익에 의해 끌려가 희생당하는 사건이 발생하였다. 보성, 고흥 지역에서는 반군이 진입하여 인민위원회를 구성하고 인민재판 등을 통해 경찰, 공무원, 청년단원 등 우익인사를 총살하는 사건이 발생하였다.

나. 빨치산에 의한 피학살

여수·순천과 인근 지역이 군경에 의해 탈환된 뒤 제14연대 반군과 지방좌익들은 산악지대로 들어가 무장투쟁을 전개하였다. 순천에서는 조계산, 용계산 등지, 보성군에서는 율어, 겸백, 복내, 문덕 등의 산악 지역, 고흥군에서는 보성의 벌교지역과 율어지역으로 이어지는 영남, 점암, 남양, 대서 등을 중심으로 활동하였다. 구례와 광양의 백운산을 거쳐 지리산으로 입산한 반군과 지방좌익들은 덕유산·백운산·회문산·입암산 일대에 분산 은거하며 지리산 일대에 유격 근거지를 구축하였고 구례·곡성·남원·광양·하동·함양 등지에서 관공서 습격을 하는 등 유격대로 재편되어 활동하였다.

이렇게 입산한 반군과 지방좌익에 의한 빨치산 활동이 활발해지자 군경의 빨치산 토벌 작전도 각지에서 전개되었다.

빨치산은 밤에 활동지역과 가까운 마을로 내려와 식량과 의복 등을 요구하였고, 청년들을 강제로 끌고 가기도 하였다. 한편 낮에는 군인이나 경찰이 들어와 좌익 협조자를 색출하였고, 주민들은 빨치산 습격에 대비하기 위해 지서 경비에 나서기도 했고, 빨치산 토벌작전에 동원되기도 했다. 이에 지리산 등 빨치산이 활동하는 산악지대 인근 주민들은 밤이면 빨치산에게 식량과 물자를 제공하고, 낮이면 군경에게 협력해야 하는 상황에 놓이게 되었다. 즉, '밤에는 빨치산, 낮에는 경찰 세상', '밤에는 인민공화국, 낮에는 대한민국'인 상황에서 민간인들은 빨치산과 군경 양쪽으로부터 협조를 강요당했고, 협조를 거절할 경우 양쪽으로부터 피해를 입게 된 것이다.

민간인들은 빨치산이 출현하여 식량 등을 요구하거나 협조를 요청했을 때 이를 거절하면 빨치산에게 피해를 당했고, 강압에 의해 또는 부득이한 사정 때문에 빨치산에게 여러 가지 편의를 제공하였을 경우에는 그와 같은 정상을 참작하지 않은 채 무조건 빨치산에게 협조하였다며 '빨갱이'로 모는 군경에게 희생당하였다.

이 시기 광양, 곡성, 구례, 담양, 강진 등 전라남도와 경상남도, 경상북도 일대에서는 빨치산들의 활동에 불만을 표시하거나 빨치산에게 협조하지 않는다는 이유, 또는 마을에 나타난 빨치산을 경찰에 신고하거나 빨치산 근거지를 신고했다는 이유로 한 개인이나 일가족, 또는 마을 주민 다수가 피해를 당하는 사건이 발생하였다. 또 빨치산 토벌을 위한 죽창부대원으로 강제 동원되거나 마을 보초를 서면서 치안을 담당하던 중 빨치산 습격을 받아 피해를 당하는 사건도 발생하였다.

2. 학살 경위

가. 전남지역

여순사건 발발 후 여수와 순천이 완전히 반군의 수중에 들어간 뒤 반군과 좌익세력들은 경찰·우익요인·청년단원들을 습격하거나 적발한 뒤 숙청하기 시작하였다. 이 시기 자택 마당에 있다가 열차로 이동하던 반군의 총에 맞아 부상을 입거나, 순천사범학교 학생으로 경찰제복과 비슷한 옷을 입어 반군의 총에 맞아 희생당하거나, 자택에 숨어 있다가 반군이 쏜 총알이 방으로 날아와 총상을 입는 등 우발적인 '사고'에 의해 피해를 입거나 경찰과 친하다는 이유로 좌익에게 끌려가 희생당하는 사건이 발생하였다. 진압군의 여수·순천 탈환 시기에는 여수 시내에서 반군에 의해 총상을 입은 사건이 발생하였다.

여수·순천이 탈환된 뒤 반군과 지방좌익들은 순천의 조계산, 용계산 등지로 입산하여 활동하였다. 이 시기 순천 일대에서 빨치산 활동에 동조하지 않는다는 이유로 희생당하거나, 지서 경비를 서다가 빨치산의 습격을 받아 총살당하거나, 빨치산에게 강제 연행된 뒤 행방불명되거나, 경찰 가족이라는 이유로 희생당하거나, 빨치산의 식량 제공 요구를 거부했다는 이유로 총살당하는 사건이 발생하였다.

1948년 10월 22일 제14연대 반군은 벌교, 보성, 고흥을 장악하였고, 각 지역에서 인민위원회가 결성되었다. 반군과 지방좌익들은 벌교 우체국, 보성군 조성역 광장, 고흥군 대서면 대서국민학교 등지에서 인민재판을 열고 경찰과 우익인사들을 살해하였다. 이 시기 좌익 활동에 협조하지 않는다는 이유로 보성군에서 모자(母子)가 인민재판을 받고 총살당했으며, 고흥군에서는 전·현직 면장, 대한청년단 단장, 경찰을 숨겨준 이장 등이 인민재판을 받고 총살되었다.

보성·고흥지역이 진압군에게 탈환된 뒤 반군은 지리산 등지로 입산하였고, 반군에 가담한 지방좌익 등 일반인들은 반군을 따라 입산하기도 하고 지역에 남아 토벌대와 전투를 벌이기도 하였다. 이 시기 산악지대 주민들은 우익인사 또는 우익인사의 가족이라는 이유로 희생되거나 야경을 서는 등 빨치산 습격을 대비한 치안활동을 하였다거나 빨치산의 협조 요구를 거절하였다는 이유 등으로 희생되었다. '보성군 율어면 율어리 자모마을 집단희생사건'처럼 빨치산 토벌에 협조하였다는 이유로 마을 전체가 보복을 당하기도 하였다.

여순사건이 진압된 뒤 제14연대 반군과 지방좌익들은 구례와 광양의 백운산을 거쳐 지리산으로 입산하였고, 입산한 제14연대 반군과 지방좌익들은 덕유산·백운산·회문산·입암산 일대에 분산 은거하며 지리산 일대에 유격 근거지를 구축하였고 구례·곡성·광양·하동 등지에서 관공서 습격을 하는 등 유격대로 재편되어 활동하였다. 이에 지리산 일대 주민들은 밤이면 반군에게 식량과 물자를 빼앗기고 낮이면 국군에게 협력해야 하는 상황에 놓이게 되었다.

이 시기 지리산, 백운산과 인접한 구례, 광양지역 주민들은 면직원의 가족, 경찰 및 우익 청년단체원과 거래하는 상인 등 지역에 거주한 마을 주민이 대부분으로 빨치산의 식량과 의복 요구에 불만을 표시하였다거나, 면사무소 직원 가족이라는 이유, 경찰과 거래가 있었다는 이유 등으로 희생당했으며 빨치산의 짐꾼으로 강제동원되었다가 행방불명되는 등의 피해를 입었다.

여수·순천·구례·광양 등 전라남도 동부지역처럼 여순사

건의 직접적인 영향권 내에 속하지 않은 전라남도 서부지역도 여순사건의 영향권에서 벗어난 안전지대가 아니었다. 1948년 나주지역에서 빨치산과 군경 토벌대 사이에 여러 차례 전투가 벌어졌다. 비교적 규모가 큰 전투는 1948년 12월 18일 봉황면 장성리 태뫼산곡에서 빨치산 70여 명과 경찰이 격전을 벌인 태뫼산 전투와 1949년 2월경 봉황면 장성리 두함지구에서 발발한 여순사건 잔여병력에 대한 군경의 토벌작전인 두함동 전투이다. 이 시기 나주에서 빨치산이 마을에 다녀간 사실을 지서에 신고했다거나, 식량 제공 등 빨치산에 대한 협조를 거부했다거나, 경찰에 협조한다는 이유 등으로 빨치산에 의해 민간인이 희생당하는 사건이 발생하였다. 또 아들이 우익청년단 간부이고 집안이 우익이라는 이유로 일가족이 희생당하거나 경찰을 대신해 마을 경비를 서다가 빨치산에게 희생당하는 사건도 발생하였다.

1949년 초반부터 영광지역의 좌우대립은 인명피해를 수반하고 있었다. 홍농면장 김 가족이 피습당해 집이 불타고 면장의 형이 사망하였고, 군남면장이 자택에서 피습당했고 군남면 유지 두 명과 부면장이 피살되었다. 군서면에서는 수리조합 이사이자 대한청년단원의 부친이 습격받아 부상자 또는 사망자가 발생하였다.

함평지역에서는 대한청년단원으로 경찰에 협조하였다거나 경찰과 친하다는 이유로 가족 4명이 빨치산에게 희생당하거나, 이장의 모친 등 마을 주민 9명이 마을을 습격한 빨치산에 의해 희생당하거나 금전 제공 등을 거부하였다는 이유로 빨치산에게 희생당하는 사건이 발생하였다.

완도에서는 대한청년단 완도군단부 등 우익단체가 조직되어 활동하였는데, 지방좌익들이 인근 산에 숨어 있다는 사실을 지서에 신고하러 가던 우익단체원들이 행방불명되는 사건이 발생하였다. 또 약산면 최고의 유지가 자택에서 잠을 자고 있던 중 침입한 지방좌익에 의해 칼에 찔려 그 자리에서 희생당하는 사건이 발생하였다.

강진·영광·영암 등지에서도 여순사건이 진압된 뒤 입산한 제14연대 반군과 지방좌익이 주축이 된 빨치산에 의한 피해사건이 발생하였다. 이들 지역 주민들은 경찰과 긴밀한 관계를 유지한다는 등 마을의 대표적인 우익인사이거나 빨치산에 협조하지 않거나, 빨치산이 마을에 나타났다고 지서에 신고하러 갔다는 이유로 희생당하였다. 또 지서를 습격한 빨치산에 의해 함양연초경작조합과 거창전매지청 직원 6명이 사살되었다. 강진군 성전면에서는 빨치산이 내려와 소위 '우익인사 명단'에 수록된 마을 주민 14여 명을 죽이거나 부상을 입혔고, 그들의 가옥을 방화하는 사건이 발생하였다.

나. 전북지역

덕유산은 지리산과 더불어 여순사건 이후 빨치산 활동의 근거지 가운데 하나였다. 1949년도에 군경 합동 토벌대는 덕유산 토옥동 골짜기를 중심으로 토벌작전을 전개하였고, 당시 경찰은 각 면 단위로 조직되거나 소집된 대한청년단원과 의용경찰에게 지역 치안과 야경 등의 활동을 맡겼다. 1949년 11월 6일, 새벽 빨치산부대가 무주지역을 점령한 뒤 지원 출동한 제3연대가 오도재에서 기습당하고 무주경찰서 뒤편의 대한청년단 사무실과 숙소가 불타고, 대한청년단원이 살해되었다.

무주 대티마을은 좌우익의 갈등이 심한 마을로 대한청년단 단장의 부인이자 대한부인회 회장이 빨치산들에 의해 자택 앞에서 죽창으로 살해당하는 사건이 발생하였다. 이 사건 발생 시간과 같은 시간에 마을 주민들은 대티분교 숙직실에 감금되어 빨치산의 강연을 들었고, 강연이 끝난 뒤 빨치산들은 마을 주민 중 대한청년단원 9명을 가려내어 대티분교 마당에서 대창으로 살해하였다.

이 시기 고창에서는 제헌국회 선거운동을 도와준 마을의 우익인사이자 유지 가족 7명이 빨치산에게 끌려가 희생당하고, 진안에서는 대한청년단 동원부장이 성수면 대한청년단원 20여 명과 함께 몽둥이를 들고 좌익 색출 활동을 하다가 빨치산에게 습격을 받아 희생당하는 사건이 발생하였다.

다. 경남지역

여순사건 발발 이후 입산한 제14연대 군인과 지방좌익에 의해 무장유격 투쟁이 전개되었고, 한국전쟁 발발 전까지 지리산과 주변 산악지대를 근거로 활동했던 빨치산에 의한 피해 사건이 발생했다. 빨치산이 활동하던 지역 인근 주민들은 빨치산의 협조 요구를 거절하거나 군경에게 빨치산 근거지를 신고하였다는 이유로 희생당하였다. 희생자는 대부분 부농이거나 마을 이장 또는 대한청년단 등의 우익단체 간부들이었고, 정보 누설 자라는 오해로 무고하게 희생당한 농민도 있었다.

경상남도·전라북도·경상북도와 경계를 이루는 지리적 요충지로 빨치산의 주요 활동지였던 거창지역에서는 마을의 부농과 제헌국회 초대 국회의원, 면사무소 직원이 빨치산에게 희생당했다. 지리산 줄기에 위치하고 있어 지리산을 중심으로 활동하였던 빨치산에 의한 피해가 속출하던 산청에서는 대한청년단장과 촉성회 간부인 산청군의 대표적인 우익인사가 빨치산에게 끌려가 인민재판을 받고 희생당했다. 함양군에서는 여순사건 이후 지리산을 근거지로 구축한 빨치산에 의해 마천면에서 여관 겸 술집을 경영하던 여성이 소위 '반동분자'라는 이유로 강제 연행되어 지리산 입구에서 희생당한 것으로 추정되는 사건이 발생하였다.

합천군은 북쪽으로는 가야산과 황매산을 본맥으로 하여 크고 작은 산들이 중첩한 지역으로 빨치산 활동이 활발하였는데, 경찰에게 빨치산의 근거지를 신고했다는 이유로 마을 이장이 희생당하였다. 함안군은 산청, 하동, 함양, 거창 등과 함께 해방 직후 인민위원회의 활동이 활발했던 곳이며, 1949년 4월부터 1950년 5월까지 빨치산의 주요 활동지역으로 빨치산의 길 안내나 식량 제공 요청을 거부한 이들과 부면장이 희생당하는 사건이 발생하였다.

3. 피학살 규모

가. 피학살 규모

진실화해위원회의 자료를 토대로 여순사건 관련 적대세력에 의한 피해사건 조사보고서의 전남·북, 경남도 18개 시·군을 조사한 결과, 여순사건 관련 적대세력에 의한 피해사건으로 인해 희생이 확인되거나 추정된 민간인은 총 152명이다. 이 중 희생자로 확인된 사람은 144명이고, 희생자로 추정된 사람은 8명이다. 이를 지역별로 희생자 수를 살펴보면, 여수 2명, 순천 26명, 구례 3명, 광양 5명, 고흥 25명, 보성 41명, 담양 2명, 화순 7명, 영광 4명, 영암 2명, 장흥 3명, 강진 8명, 거창 3명, 산청 4명, 함양 9명, 합천 1명, 함안 6명이다. 희생자의 성별 분포를 보면, 남성이 84.9%로 대부분을 차지하고 있었고, 여성이 23명이 포함되어 있었다. 희생자의 연령 분포를 살펴보면, 희생자의 대부분은 20~30대의 청장년층으로 20대가 44명(51.6%)으로 가장 많았으며, 다음으로 30대가 26명(17.1%), 40대와 50대 이상이 각각 20명(13.2%), 10대가 19명(12.5%), 연령을 알 수 없는 인원이 23명(15.1%)을 차지하고 있었다.

<표 42> 여순사건·적대세력에 의한 피해사건 조사결과

구분	조사결과				성별			연령별							
	확인	불능	추정	계	남	여	계	10세미만	10대	20대	30대	40대	50대이상	미상	계
여수	1		1	2	2		2			2					2
순천	26			26	24	2	26		6	14	4		2		26
구례	1		2	3	2	1	3		1	2					3
광양	5			5	5		5		1		2		2		5
고흥	21		4	25	19	6	25				5	6	3	11	25
보성	40		1	41	29	12	41		11	13	6	6	3	2	41
담양	2			2	2		2			1	1				2
화순	7			7	6	1	7			1	4		1	1	7
영광	4			4	4		4			1	1		1	1	4
영암	2			2	2		2						2		2
장흥	3			3	3		3				1			2	3
강진	8			8	8		8			4		3		1	8
거창	3			3	3		3			2			1		3
산청	4			4	4		4					3	1		4
함양	9			9	8	1	9			2			4	3	9
하동	1			1	1		1			1					1
합천	1			1	1		1					1			1
함안	6			6	6		6			1	2	1		2	6
계	144		8	152	129	23	152		19	44	26	20	20	23	152

진실화해위원회의 신청사건 조사 결과 정부 수립 이후 한국전쟁 발발 전까지 좌익이나 빨치산 등 적대세력에 의해 발생한 사건의 희생자·상해자·강제연행자로 확인되거나 추정된 피해자들은 대략 152명으로 밝혀졌다. 피해자들의 지역별 분포를 살펴보면 전라남도가 총 128명으로 전체 피해자의 84.2%, 그다음이 경상남도가 총 24명으로 전체 피해자의 15.8%를 차지한다.

여순사건은 당시 남한 사회가 처했던 상황과 밀접한 관련이 있다. 1948년 10월 19일 발발한 여순사건은 순식간에 전라남도 동부지역으로 확산되었다. 10월 20일 제14연대 반군은 오전 여수, 오후에는 순천을 장악하였고, 북쪽으로는 구례, 곡성, 남원, 서쪽으로는 벌교, 보성, 화순, 동쪽으로는 광양, 하동 방면으로 전선을 확대해나갔다. 반군이 점령했던 지역에서는 반군과 지방좌익에 의해 경찰, 공무원, 지역 유지 등 우익인사들이 희생당하는 적대세력사건이 발생하였다. 따라서 조사 결과 이 시기 여수·순천 등 전남 동부지역을 중심으로 한 전라남도 지역에서 집계된 적대세력사건 피해자 수가 가장 많았다.

반군 점령지역이 수복된 뒤 반군과 지방좌익은 지리산 등지로 입산하여 빨치산 활동을 전개하였고, 이 시기 전남 동부지역뿐 아니라 영암, 장성, 장흥, 그리고 경상남도 거창, 산청, 함양, 합천 등지에서도 주변 산악지대를 근거로 활동하는 빨치산에 협조하지 않는다는 등의 이유로 피해사건이 발생하였다.

나. 피학살자 신원

진실화해위원회가 신청 사건을 조사한 결과 정부 수립 이후 한국전쟁 발발 전까지 좌익, 빨치산 등 적대세력에 의해 발생한 사건의 희생자·상해자·강제연행자로 확인되거나 추정된 피해자는 대략 152명이다. 이들을 연령별로 분류하여 특징을 살펴보면 다음과 같다.

먼저 연령이 확인된 피해자는 152명으로 그중 10대가 19명

(12.5%), 희생자의 대부분은 20~30대의 청장년층으로 20대가 44명(51.6%)으로 가장 많았으며, 다음으로 30대가 26명(17.1%), 40대와 50대 이상이 각각 20명(13.2%), 연령을 알 수 없는 인원이 23명(15.1%)을 차지한다.

이로써 가장 활동적인 나이대인 청장년층, 즉 가족들의 생계를 책임지는 가장의 피해가 가장 컸다는 사실을 확인할 수 있다. 이들이 피해를 당함으로써 배우자와 자녀, 형제자매 등 유족들은 정신적·경제적 고통을 겪어야 했다. <표 43>은 여순사건 관련 적대세력사건 피해자의 연령별 분포이다.

<표 43> 여순사건 적대세력사건 피해자의 연령별 분포

구분	연령별							
	10세 미만	10대	20대	30대	40대	50대 이상	미상	계
전남		19	38	24	15	14	18	128
경남			6	2	5	6	5	24
계		19	44	26	20	20	23	152

피해자의 직업은 크게 고위관리직, 군인, 경찰, 공무원, 상업, 이장, 농수산업, 학생, 가사, 무직 등으로 분류된다.

당시 민간인들의 직업 구성을 반영하듯 피해자의 직업 중 농수산업에 종사하는 이들이 전체 피해자의 50% 이상을 차지한다. 피해자 중 고위관리직, 경찰, 공무원도 전체 피해자의 13.75%를 차지하고 있는데, 이런 직업은 당사자뿐 아니라 가족까지 피해를 입는 주요 원인으로 작용하였다.

4. 가해 주체

가. 가해 주체

　신청인과 참고인 진술, 문헌자료 등을 통해 확인한 바에 따
르면, 정부 수립 이후 한국전쟁 발발 전까지 발생한 적대세력
에 의한 피해사건의 가해주체는 제14연대 반군과 지방좌익, 빨
치산이다. 피해 지역 주민들은 자신이 사는 읍・면 출신의 지
방좌익이나 빨치산 가운데 두드러지게 활동하던 인물 한두 명
에 대해서는 상세히 알고 있었다. 즉, 마을 주민 사이에서 마치
전설처럼 전해지거나 신문 등 각종 문헌자료에서 찾아볼 수 있
는 주요 좌익 활동가인 경우 일제강점기를 거쳐 해방 후 한국
전쟁 전 또는 한국전쟁 발발 이후까지 그들이 어떤 활동을 했
고, 어떻게 체포・구금・사살되었다는 사실까지 알고 있었다.
　그러나 실제 피해자들을 강제로 끌고 가거나 총살한 가해주
체에 대해서는 명확히 진술하지 못했다. 즉, 신청인과 참고인들
은 가해주체를 반란군, 빨갱이, 빨치산, 지방폭도 등으로 막연
하게 진술하거나 대표적인 좌익 활동가 한두 명을 나열할 뿐
실제 가해주체의 구체적인 인적사항에 대해서는 침묵을 지켰
다. 이는 희생과정을 목격하지 못하여 가해주체 인적사항을 정
확히 알고 있지 못하거나, 가해주체나 그 유족 등이 같은 마을
에 거주하고 있어 진술하기를 꺼려하기 때문일 것으로 판단된
다. 따라서 진실화해위원회는 정부 수립 이후 한국전쟁 발발
전까지 발생한 적대세력에 의한 피해사건의 가해주체를 제14

연대 반군, 지방좌익, 빨치산 등으로 포괄적으로 표현하였다. 시기별 가해주체는 다음과 같다.

첫째, 1948년 10월 19일. 여순사건 발발 후 제14연대 반군에 의해 점령당한 곳에서 발생한 적대세력사건의 가해주체는 제14연대 반군과 지방좌익이다. 여수, 순천, 보성, 광양 지역 등 전라남도 동부지역은 거의 전 지역을 반군과 지방좌익 세력이 장악했으며, 하동, 함양, 남원, 구례, 곡성, 화순, 고흥, 장흥 지역은 일부 지역만을 장악했다. 반군이 점령한 뒤 진압군에 의해 탈환되기까지 제14연대 반군과 지방좌익들은 인민위원회를 구성하였고, 경찰, 공무원, 우익단체원 등 우익인사를 색출하여 인민재판을 열었다. 이 시기 전라남도 동부 각 지역의 역전 광장·국민학교 등지에서 인민재판이 열려 지서장·면장·우익단체원이나 그들의 가족이라는 이유로, 경찰을 숨겨주었다는 이유로, 좌익 활동에 협조하지 않는다는 이유로 사살되는 사건이 발생하였다.

둘째, 여수·순천 등 반군 점령지역이 탈환되어 여순사건이 일단 진압된 뒤 군경이 토벌작전을 전개하는 시기에 발생한 적대세력사건의 가해주체는 빨치산이다. 이 시기 전라남도와 경상남도 지리산 인근 지역에서는 입산한 제14연대 반군과 그들과 함께 활동한 지방좌익들로 이루어진 빨치산들이 활동하였다. 빨치산 활동 지역 인근 주민들은 우익인사나 그들의 가족이라는 이유, 경찰과 친하다는 이유, 빨치산의 협조 요구를 거절했다는 이유 등으로 빨치산에게 희생당하였다. 반군이나 빨치산이 마을에 나타났다고 군인이나 경찰에 신고하거나 우연히 발견한 빨치산 근거지를 군경에 신고한 사실에 대한 보복으로 희생당하는 사건도 발생하였다.

나. 가해 이유

해방 이후 한국전쟁 발발 전까지 남한 사회는 정치·경제적 혼란기를 겪었고, 대구 10월사건, 여순사건, 군경의 빨치산 토벌 과정을 거치면서 수많은 민간인과 경찰·공무원·우익단체원 등 우익인사, 또는 그 가족들이 군경에 의해, 또는 지방좌익이나 빨치산에 의해 희생당하거나 부상당하거나 강제 연행하다 행방불명되는 사건이 발생하였다. 이 시기 전남·북, 경남·북 일부 지역에서는 사실상 전쟁상태가 계속되었고, 이런 상황에서 희생자들은 오로지 자신의 '이념' 때문에 군경이나 좌익·빨치산에 의해서 희생된 것은 아니었다. 이들의 희생에는 당시의 시대 상황과 신분, 가족관계 등 여러 가지 이유가 복합적으로 작용하였다. 진실화해위원회가 신청 사건을 조사한 결과 정부 수립 이후 한국전쟁 발발 전까지 지방좌익이나 빨치산에 의해 발생한 희생사건·상해사건·행방불명사건의 발생 이유를 몇 가지로 정리하면 다음과 같다.

첫째, 신분과 가족관계이다. 피해자들은 주로 경찰·공무원·우익단체원 등 소위 '우익인사'로 분류되던 사람들이나 그들의 가족이다. 그 밖에도 교사, 광부, 철도청 직원 등이 각자의 직업군 안에서 우익활동을 하였거나 직업군 안의 개인적인 갈등이 이념화되어 희생되기도 하였다. '우익인사'들이 피신 중일 경우 그들의 가족이 대신 희생당하였다. 강진군에서는 빨치산이 마을로 내려와 소위 '우익인사 명단'에 수록된 주민 14여 명을 죽이거나 부상을 입혔고, 그들의 가옥을 방화하는 사건이 발생하였다.

둘째, 마을에 반군이나 빨치산이 출몰했다고 군경에게 신고한 뒤나 신고하러 가는 도중, 또는 우연히 산에서 빨치산 근거지를 발견한 뒤 군경에게 신고하여 빨치산 토벌작전을 초래했다는 이유로 희생당하는 사건, 즉 보복성 사건도 적지 않게 발생하였다. 경산군에서는 빨치산 근거지를 신고했다는 오해를 받은 마을 주민 38여 명이 팔공산 일대에서 내려온 빨치산의 습격을 받아 희생당하였다.

셋째, 반군이나 빨치산에 대한 비협조적이거나 적대적인 태도이다. 여순사건 발발 직후 반군이 점령한 지역이나 빨치산 활동 지역 인근 주민 중에는 식량 제공을 거부했다거나, 좌익 활동에 대한 불만을 표시했다거나, 좌익 활동에 대한 협조 권유를 거절했다거나, 경찰과 친하다는 이유 등으로 희생당하는 이들도 있었다.

넷째, 경찰을 대신하여 마을을 지키다가 빨치산의 습격을 받아 희생당한 경우이다. 빨치산 활동이 활발해지자 지역 경찰서에서 토벌대를 구성하였고, 인근 마을 청년들을 동원하여 죽창부대를 만들었다. 마을 주민들은 빨치산 토벌을 위한 죽창부대원으로 동원되거나, 빨치산 습격에 대비하여 마을 보초를 서면서 지역의 치안을 담당했다. 이러한 과정에서 주민들은 빨치산 습격을 받았으며, 토벌군으로 참여한 데 대한 보복으로 피해를 당했다. '보성군 율어면 율어리 자모마을 집단희생사건'처럼 빨치산 토벌에 협조하였다는 이유로 마을 전체가 보복당하기도 하였다.

다섯째, 우발적인 사고이다. 여순사건 발발 후 제14연대 반군이 여수, 순천 시내로 진입할 당시 자택 마당에 있다가 열차로 이동하던 반군의 총에 맞아 부상을 입거나, 순천사범학교 학생으로 경찰제복과 비슷한 옷을 입어 반군의 총에 맞아 희생당하거나, 자택에 숨어 있다가 반군이 쏜 총알이 방으로 날아와 총상을 입는 등 우발적인 '사고'로 인해 희생당한 경우이다.

또 반군이나 빨치산의 물품을 나르는 일 등에 강제로 동원되었다가 행방불명되는 사건도 발생하였다.

제3절 소결

1. 조사결과

진실화해위원회에 진실규명 신청된 사건을 중심으로 신청인·참고인 진술조사와 문헌자료 조사 등을 통해 사건의 실재 여부와 희생자의 희생사실 여부, 희생규모 등을 조사한 결과 정부 수립 후 한국전쟁 발발 전까지 전라남도·전라북도·경상남도·경상북도 등지에서 군인·경찰에 의한 민간인 희생사건이 발생하여 총 2,043명, 제14연대 군인·좌익·빨치산에 의한 적대세력사건이 발생하여 총 189명이 희생당한 사실을 확인 또는 추정하였다.

군경에 의한 민간인 희생사건과 적대세력사건은 대부분 1948년 10월 19일 여순사건 발발 직후부터 1949년 사이에 발생하였다. 여순사건 발발 후 제14연대 반군이 진입하는 과정과 반군의 점령하에서 반군과 지방좌익에 의해 청년단원, 우익인사 등이 피해를 당하는 사건이 발생하였고, 그 뒤 군경이 순천·여수 등지를 탈환하자 가장 먼저 반군과 이에 가담한 협력자를 색출하는 작업에 나서면서 민간인 희생사건이 발생하였다. 반군과 좌익들이 지리산 등 인근 산악지대로 입산한 뒤 빨치산 활동과 군경의 토벌 작전이 전개되던 1949년에는 협조하지 않는다는 등의 이유로 주민들이 빨치산에게 피해를 당하는 사건과 토벌 작전 과정에서 군경이 반군이나 빨치산에 협조했다거나 제14연대 반군의 가족이라는 이유 등으로 민간인을 연행한 뒤 불법적으로 사살하는 사건이 발생하였다.

여순사건 희생자의 유형은 전남·북, 경남 일대 33개 지역에서, 군경토벌사건, 국민보도연맹사건, 형무소 재소자 희생사건, 군경에 의한 민간인 희생사건, 적대세력에 의한 피해사건으로 분류된다. 이 중 군경토벌사건의 경우 여순사건 전체 희생자 2,269명의 40.6%인 922명을 차지한다. 국민보도연맹사건 희생자는 314명(13.8%), 형무소 재소자 희생사건의 희생자는 356명(15.7%), 군경에 의한 민간인 희생사건의 희생자는 525명(23.1%), 적대세력에 의한 피해사건의 희생자는 152명(6.7%)이다.

신원을 확인한 희생자 가운데 20~30대의 청장년층이 차지하는 비율이 군경에 의한 민간인 희생사건 등에서는 희생자 전체의 70.9%에 달했고, 적대세력사건에서는 46%에 달한다. 이렇게 가장 활동적인 나이대인 청장년층 남성이 희생당한 비율이 높아 이들의 배우자와 자녀, 형제자매 등 유족들이 겪었을 정신적·경제적·사회적 피해를 짐작할 수 있다. 한편 주로 반군이나 빨치산 협조 혐의, 또는 군경 협조 혐의를 받은 이들의 부모와 자녀들인 50대 이상의 희생자도 군경에 의한 희생사건 등의 경우 각각 4.4%, 적대세력사건의 경우 13.2%를 차지한다. 직업별 분포를 살펴보면, 당시 주민들의 직업 구성을 반영해 군경에 의한 희생사건에서는 전체 희생자의 83.2%, 적대세력사건에서는 50% 이상을 농업이 차지하고 있다.

가해이유는 몇 가지 범주로 분류된다. 군경에 의한 민간인 희생사건의 가해이유는 먼저 반군이나 빨치산 협조 혐의로 희생당한 경우로, 당시 반군이나 빨치산 활동 지역에 거주하던 주민들은 생존을 위해 협조하지 않을 수 없었다. 둘째, 반군이나 좌익 활동에 가담한 혐의로 희생당한 경우로, 군경은 가담 사실을 확인하는 절차를 거치지 않았다. 셋째, 마을 주민 사이의 무고·모략이나 보복성 고발 등으로 희생당한 경우다. 넷째, 군경이 반군이나 빨치산의 습격을 받거나 마을 전체가 빨치산에 협조했다는 의심을 받아 남녀노소를 가리지 않고 무차별 사살하여 희생당한 경우다. 다섯째, 대살(代殺)로, 제14연대 군인의 가족이나 좌익·입산자의 가족이라는 이유만으로 희생당한 경우다.

적대세력사건의 가해이유는 먼저 신분과 가족관계로, 피해자들은 주로 경찰·공무원·우익단체원 등 소위 '우익인사'로 분류되던 사람이나 그들의 가족이다. 또 피해자들은 빨치산 출몰 사

실이나 빨치산 근거지 등을 군경에 신고하거나 반군이나 빨치
산에 대한 비협조적인 태도 때문에, 또는 경찰을 대신하여 마
을을 지키다가 빨치산의 습격을 받아 희생당하기도 하였다.

정부 수립 후 한국전쟁 발발 전까지 발생한 민간인 희생사건의
가해주체는 군인·경찰·민간인 치안조직이고, 적대세력사건의
가해주체는 제14연대 군인·좌익·빨치산이다. 여순사건 발발 후
빨치산 토벌작전이 전개된 지리산 자락의 전라남도와 전라북도 일
대, 함양 등 경상남도 서남부 지역에서 발생한 민간인 희생사건
의 가해 주체는 반군토벌사령부~지리산지구 전투사령부 예하
각 부대, 전남경찰국과 산하 각 지역경찰, 우익청년단이다. 경
상남도·경상북도에서 발생한 민간인 희생사건의 가해주체는
태백산지구전투사령부 예하 각 부대, 호림부대, 그리고 경남경
찰국·경북경찰국과 산하 각 지역경찰, 우익청년단이다.

군경은 민간인에 대한 무차별 연행, 고문, 자의적인 심사와
분류에 따른 살해 등 여러 가지 불법행위를 하였다. 희생자들
은 단지 제14연대 군인의 가족이라는 이유만으로, 또는 반군이
나 빨치산에게 협조했다는 혐의가 있다는 이유만으로 살해되
었다. 실제 반군이나 빨치산에게 협조했다고 해도 무장한 군인
과 경찰이 적법한 절차 없이 비무장상태인 민간인을 살해한 것
은 인도주의에 반한 행동으로 헌법에 보장된 국민의 기본권인
생명권과 적법절차에 따라 재판받을 권리를 침해한 것이다.

군경 토벌 과정에서 발생한 민간인 희생사건에서 일차적인
책임은 적법절차 없이 임의로 민간인을 살해한 현지 군경과 지
휘관에게 귀속된다. 그러나 군경의 엄격한 지휘명령 체계를 고

려할 때 하급 기관의 불법행위로 발생한 민간인 집단 희생사건
에 대한 궁극적 책임은 국민의 생명을 보호하고 군경을 관리·
감독해야 할 국가에 귀속된다.

따라서 국가는 반군과 빨치산 토벌이라는 임무를 수행하는
과정에서 국민의 생명과 재산을 보호해야 하는 군인과 경찰이
다수의 비무장 민간인들을 불법적으로 살해한 것에 대해 희생
자 유족들에게 사과해야 한다. 또 정부의 공식 간행물, 역사교
과서, 군·경찰 발간 자체 간행물, 각 지역 향토사 등에 군경에
의한 민간인 희생 관련 내용을 추가하거나 잘못 기술된 부분을
수정해야 한다. 국가는 군인과 경찰, 공무원을 대상으로 전쟁
중 민간인 보호에 관한 법률과 국제인도법 교육을 실시하는 등
전시인권교육을 강화하고, 각급 학교 학생 등을 대상으로 평화
인권교육을 강화해야 한다.

2. 조사의 한계

조사 결과의 한계로는 먼저 신청사건 위주로 조사가 진행되
었고, 그 결과 전반적인 희생규모와 희생사실에 대한 진실규명
이 이루어지지 못한 사건이 다수를 차지한다는 점을 들 수 있
다. 진실화해위원회는 진실규명 신청 기간 동안 한국전쟁 발발
전 전라남도·전라북도·경상남도에서 발생한 군경에 의한 민
간인 희생사건과 군경이 제14연대의 반란을 진압하는 과정에
서 민간인을 살해했다고 주장하는 여순사건을 접수하였다. 그
러나 신청 기간 동안 일부 지역에서 제한된 숫자의 피해자와

유족만이 진실규명을 신청하여 처음부터 전반적인 피해 상황을 파악하기 힘든 조건에서 조사가 개시되었다.

다만 '여순사건'처럼 역사적으로 중요한 사건으로 진실규명이 필요하다고 인정된 사건에 대해서는 직권조사를 통해 전체적인 사건의 규모와 체계적인 진실규명이 필요하다고 판단하여 직권조사를 결정하였다. 그러나 조사 기간과 조사 인력 부족, 자료의 한계 등으로 인해 실제 사건 조사는 직권조사 결정 당시의 취지에서 벗어나 다른 사건과 마찬가지로 신청사건 위주로 진행되었고, 조사 결과 역시 진실규명대상자에 대한 희생사실 확인이 주를 이루었다.

군인·경찰과 제14연대 반군·좌익·빨치산 등 가해주체에 따라 사건을 분류하여 조사하거나 형식적인 유형별 분류를 통해 사건을 분류하여 조사한 방식도 조사 결과의 한계로 지적할 수 있다. 즉, 군인·경찰에 의한 민간인 집단희생사건과 반군·좌익·빨치산에 의한 적대세력사건을 포괄하여 총체적으로 조사하고, 시기 순으로 이어지는 희생사건을 통사적으로 조사하여 진실규명을 함으로써 한 지역의 전체적인 피해 상황을 파악하고 지역사회 내의 갈등과 모순을 극복하고 화해를 이끌어냈어야 하는 것이다.

또 다른 조사 결과의 한계로는 '상해사건', '제14연대 군인사건' 등에 대한 각하 의결을 들 수 있다. 진실화해위원회 전원위원회가 '여순사건'을 직권조사 사건으로 의결할 당시 피해 유형에는 부상, 고문 후유, 사망 등이 포함되어 있었다. 따라서 군경이나 빨치산 등에 의한 적대세력에 의한 민간인 학살과정에서 살아남은 부상자, 또 군경에게 끌려가 극심한 고문을 받아 오랫동안 고문 후유증으로 고통받은 피해자나 그 유족들이 진실규명을 신청하였다. 이 가운데 적대세력에 의한 상해사건은 「진실화해를 위한 과거사 정리기본법」 제2조 제1항 제5호가 적용되어 진실규명되었다. 그러나 군경에 의해 발생한 상해사건에 대해서는 기본법 제2조 제1항 제3호가 적용되어 전원위원회에서 상해사건을 민간인 집단희생사건에서 제외하기로 의결함에 따라 '각하' 처리되었다. 이에 따라 진실화해위원회는 2006년에 사건을 신청하고 4년 동안 진실규명 결과를 기다린 신청인들의 신뢰를 저버리는 결과를 초래하였다.

진실화해위원회는 또 '여순사건'을 직권조사 사건으로 의결할 당시 국방경비대 제14연대·4연대 소속 군인 중 일부는 반군에 가담하지 않았음에도 불구하고 반군으로 지목되어 전투와는 무관한 현장에서, 즉 귀향 도중 또는 고향 은거 중 비무장 상태이거나 저항의 의지가 없는 상태에서 즉결처형되거나 불법적으로 총살된 사건을 조사 대상으로 규정하였다.

제14연대 군인사건으로 신청된 사건에 대한 조사 결과 제14연대에서 복무하던 진실규명대상자들은 여순사건 발발 후 행방불명되거나, 군대에서 이탈하여 귀향 도중 진압군에게 검거되어 희생당하거나, 고향으로 돌아와 자택에서 은거하던 중 진압군·경찰, 또는 반군·지방좌익에게 끌려간 뒤 행방불명된 사실이 확인되었다. 또 제14연대 복무하던 중 휴가를 나왔다가 복귀하지 않은 상태에서 여순사건 발발 후 피신하다가 경찰에 체포되어 희생당한 경우도 있고, 행방불명되거나 희생당한 경우 외에도 검거되거나 자수하여 형무소에 수감 중 한국전쟁 발발 후 집단 학살당한 이들도 있다.

제14연대 군인 가족 역시 피해를 면하지 못했다. 군인과 경찰들은 진압 과정과 토벌 과정에서 가족의 집을 방화하거나 가족이라는 이유만으로 학살하였다. 진압 과정과 토벌 과정에서 살아남은 제14연대 군인과 그 가족들은 그 뒤 보도연맹에 가입하여 한국전쟁 발발 후 집단 학살당하기도 하였다.

그러나 진실화해위원회는 「진실·화해를 위한 과거사정리기본법」 제2조 제1항 제3호를 적용해 여순사건 발발 당시 제14연대 군인의 신분이 '민간인'이 아니었다는 이유로 제14연대 군인사건을 각하하여 '여순사건'을 직권조사 사건으로 의결할 당시의 취지에 어긋나는 결정을 하였다.

가. 여순사건에 관한 진상규명 신청과 직권조사 결정

1995년부터 여수지역사회연구소(이하 연구소) 등의 시민사회단체와 전국의 유족회가 진상규명을 위한 특별법 제정 운동을 전개한 지 10여 년 만에 2005년 12월 1일에 발족한 진실·화해를위한과거사정리위원회(이하 위원회)에서는 여순사건에 대해서 '07년 1월 30일 위원회의 전원위원회에서 최종적으로 신청 접수된 사건 832건을 직권조사 형태로 의결했다.

여순사건의 피해지역은 전라남·북도, 경남 일대의 21개 지역(전남 동부지역인 여수, 순천, 구례, 광양, 고흥, 보성 외에 강진, 곡성, 광주, 나주, 담양, 목포, 신안, 영암, 완도, 장성, 화순,

고창, 임실, 함양)이었으나, 일부 지역의 피해자만 진실화해위원회에 진실규명을 신청했다. 진실화해위원회는 조사가 진행되면서 보다 전반적인 피해규모와 희생사실을 규명할 필요성이 예상되자, 사건의 전체 규모와 체계적 진실규명이 필요하다고 판단하여 직권조사를 결정한 것이다.

직권조사 결정의 근거는 다음과 같다. ① 제주 4·3사건과 함께 대한민국 정부 수립 전후 시기에 불법적으로 이루어진 대표적인 민간인 희생사건이다. ② 여순사건은 계엄령 실시, 국가보안법 제정(1948. 12. 1.) 등 한국 사회의 분단체제 공고화에 큰 영향을 끼친 역사적으로 중요한 사건이었다. ③ 6·25전쟁 발발 이후 국군과 경찰 등 국가권력에 의해 지속적으로 이루어진 제2전선지역에서의 민간인 집단 희생의 발단이 되었다. ④ 국민보도연맹사건, 형무소 재소자 희생사건, 부역혐의사건과도 밀접하게 관련된 사건이었다. ⑤ 사건 당시 전라남·북도, 경남 일부 지역까지 '반란지구'로 분류되고, 지역민들은 '반란 동조세력'으로 규정되었는바, 현재까지도 여수, 순천 등 전남 동부 지역은 주민들의 피해의식이 깊고 지역사회 내에서 갈등의 근본원인으로 작동하여 심각하게 분열되어 있다. ⑥ 국가적 차원에서 사건의 진실을 밝혀내고 지역사회의 화해를 이끌어내는 것이 중요하다. 위의 이유들로 진실화해위원회는 기본법 제22조 제3항에 의하여 위원회는 여순사건이 "역사적으로 중요한 사건으로서 진실규명에 해당한다고 인정할 만한 상당한 근거가 있고 진실규명이 중대하다고 판단되어 직권조사로의 전환을 의결하였다"고 밝히고 있다.

나. 직권조사에 따른 진실규명 내용

　　진실화해위원회에서 기존의 여순사건으로 분류되어 조사개시 결정된 사건 832건은 실제에 있어 군경토벌에 의한 희생사건이다. 이 외에도 여순사건과 밀접하게 관련 있는 해당 지역의 국민보도연맹사건, 형무소 재소자 희생사건, 부역혐의사건 등 360여 건이 있으나, 직권조사의 대상에서 제외되었다.

　　진실화해위원회는 2010년 6월 30일에 여순사건·군경토벌사건 신청 사건의 100%를 진실규명 결정했다. 그리하여 여수 126건('10. 6. 29. 결정), 순천 258건('09. 1. 5. 결정), 광양 64건('10. 5. 11. 결정), 구례 186건('08. 7. 8. 결정), 고흥 43건('09. 11. 10. 결정), 보성 49건('09. 11. 10. 결정), 기타 지역 141건('10. 5. 18. 결정-최종), 적대세력사건 235건('10. 4. 27. 결정)으로 총 1,102건의 여순사건에 직간접으로 관련된 신청사건에 대한 진실규명 결정이 이루어졌다. 그 피해 인원과 추정 인원을 살펴보면 다음과 같다.

〈표 44〉 여순사건 군경토벌사건 추정 대비 희생자 피해 현황

(단위: 명, %)

구분	추정	신청		확인		비고
여수	1,300명	111명	8.5%	126명	9.7%	
순천	2,060명	205명	9.9%	258명	12.5%	
광양	563명	43명	7.6%	64명	11.4%	
구례	1,318명	154명	11.7%	186명	14.1%	
고흥	150명	41명	27.3%	43명	28.7%	
보성	200명	44명	22.0%	49명	24.5%	
기타 지역		91명		141명		

적대세력사건		174명		235명		
계	1) 5,591명	863명 (대표신청 포함)	15.4%	1,102명	19.7%	설명 추정 1)
	2) 11,131명		7.8%		9.9%	설명 추정 2)

※ 1. 추정 1) 5,591명은 1948년 11월 1일 현재, 전라남도 보건후생국 통계 자료와 2008
년, 2009년도 위원회 연구 용역 피해자 현황조사 최종결과보고서를 참조한 최소 기준임.
   2. 추정 2) 11,131명은 사건발발 1년 후 전남도가 1949년 11월 11일에 조사한 인명피
해 자료임.
   3. 기타 지역: 화순, 나주, 곡성, 담양, 목포, 신안, 영암, 장성, 장흥 지역 등.
   4. 적대세력사건: 여순사건 당시 인민군과 지방좌익 및 빨치산에 의한 피해 사건으로 여
수, 순천, 광양, 곡성, 구례, 담양 지역 등.
   5. 위의 '추정 대비 희생자 피해 현황'은 여순사건 관련 해당지역의 국민보도연맹, 형무소
재소자, 부역혐의사건 피해자 360여 명은 누락된 자료임.

다. 진실규명 이후의 문제점들의 도출과 파장의 확산

위의 <표 44>에서 살펴본 바와 같이, 여순사건 군경토벌사
건은 신청사건의 100%를 완료했지만, 피해 추정인원 대비 신
청 인원은 7.8~15.4%이며, 이를 토대로 조사 확인된 피해 인원
은 9.9~19.7%에 불과했다. 이는 피해 추정 인원의 1/5~1/10 이
하 수준이다. 이것은 실질적인 사건의 진실규명과는 요원한
"진실규명 아닌 진실규명"이 이루어진 것이라고 할 수 있다. 진
실화해위원회는 여순사건을 역사적인 중요한 사건으로 규정하
여 직권조사로 전환 의결했음에도 불구하고, 여전히 극히 소수
의 신청인 중심의 사건 수준에 머물렀다. 더욱이 본 사건과 관
련하여 논란이 될 수 있는 '여수 만성리(17명)와 형무소 재소자
중 군법회의에 의한 사형판결 피해사건'은 '진실화해를위한과
거사정리기본법' 제2조 ②항에 의거 재심사유에 해당하여 인권

침해사건으로 이관 분류하여 조사를 계속 수행하여야 함에도 불구하고 이를 각하했다. 이는 진실화해위원회의 직무유기일 가능성을 배제할 수 없다고 생각하고 있다.

보다 본질적인 문제는 ① 여순사건을 진실화해위원회가 전원위원회(2007. 3. 6.)에서 '역사적으로 중요한 사건'으로 규정하여 직권조사 사건으로 의결했음에도 불구하고 신청인 중심으로 조사했다는 것이다. ② 직권조사를 제대로 활용하여 진압군에 의한 민간인 집단희생사건과 함께 본 사건과 밀접하게 관련된 해당 지역의 국민보도연맹사건, 형무소 재소자 희생사건, 부역혐의사건 및 14연대 반군과 지방좌익에 의한 적대세력사건도 포괄하여 총체적인 진실규명을 하지 않음으로 인해 상처를 건드려만 놓고, 치유책을 주지 않은 상황이 발생했다. ③ 60여 년간 지속된 지역사회 내의 갈등을 풀고 화해를 이끌어내기 위해서도 지역별·사건 유형별의 개별 보고서가 아닌 반드시 여순사건의 해당 전 지역과 사건의 유형을 포괄하는 총체적인 기술로 재구성하는 종합적인 보고서가 필요한데, 이에 대해서는 아무런 대책이 없는 상태로 진실화해위원회가 종료됨으로 인해 사회통합과는 거리가 먼 활동을 하고 말았다.

진실화해위원회가 결정한 지역별·사건 유형별 결정보고서라는 개별보고서는 실제에 있어서 여순사건 발생 지역과 피해유족들을 지역과 사건 유형별로 분리시키고 있어 이로 인해 유족회 공동체가 파괴됨은 물론, 여순사건이라는 역사 공동체 또한 파괴되고 있는 것이 현실이다. 위원회가 조사의 성과주의에 매몰되어 미처 예기치 못한 공동체 파괴로 나타나고 있는 것이다. 60년간 지속된 지역사회 내의 갈등을 풀고 화해를 이끌어내기 위해서도 반드시 통사적인 기술이 필요하다. 지금처럼 여수, 순천, 광양, 구례, 보성, 고흥 지역 등을 구분하여 독립적인 사건으로 개별보고서가 발표되어 여순사건이라는 단일한 사건의 전모가 밝혀지지도 않을뿐더러, 사건시기도 지역마다 달라져 역사적 사건을 심각하게 왜곡하는 우려스러운 보고서가 되고 말았다. 조사업무의 편의와 기능상, 조사를 지역별과 사건유형별로 진행한다 할지라도, 결정보고서를 이러한 방식으로 기술한다는 것은 상식 밖의 일인 것이다.

라. 진실규명의 문제와 대안 모색을 위한 그동안의 노력

이러한 문제점들에 대해 여수지역사회연구소와 여순사건 유족회, 전문가들과 사회단체 등은 다음과 같은 노력과 활동을 했다.

1) 2008년 10월 22일, 김동춘 교수(성공회대)가 상임위원으로 재직할 당시에, 여순사건 조사 담당자들과 간담회(장소: 연구소)에서 현행 진행되고 있는 여순사건 조사의 문제점을 지적했다.
2) 2008년 11월 6일 위원회가 주최한 '민간인 집단희생사건 학술심포지엄(장소: 국립중앙박물관)'에서도 발표자들이 이에 대한 문제제기를 했다.
3) 2008년 12월 18일 연구소와 유족회가 당시 위원장인 안병

욱 교수(가톨릭대)와의 간담회(장소: 위원회)에서도 동일한 주제로 이 문제를 제기했다.

이후에도 이 문제들을 진실화해위원회 내에서 해소하고자 지속적으로 다양한 노력을 펼쳤으나, 전혀 시정되지 않았다. 그리고 그간의 노력은 진실화해위원회의 종료와 더불어 사라지고 말았다. 더욱이 진실화해위원회는 추모제에 몇 번 관련자를 참석시킨 것 이외에, 사실상 아무런 치유사업도 하지 않고, 5년에 걸친 활동을 정리했다.

마. 선 진행된 민간인 집단희생사건들에 준하는 진상규명과 피해회복 요구

결국 여순사건에 관련된 지역들과 관련자들 그리고 미신청자들을 비롯해 수많은 사람은 여순사건이 여전히 제대로 해결되지 못하고 있다는 데 의견을 모았다. 시민들과 피해자들이 최소한 납득할 수준에 이르지 못하면, 진상규명과 치유를 위한 현실성 있는 대안을 요구하는 활동은 계속될 것이다. 현재의 상황은 점점 더 활동이 활발해지고, 거세어질 것으로 보인다.

이미 국가의 유사하게 전개되었던 민간인 집단희생사건들(거창사건, 제주 4·3사건, 노근리사건 등)에 대해서는 피해자들과 시민들이 납득할 만한 진상규명과 피해회복을 실시한 바가 있다. 이러한 사실과 현실들은 지속적으로 정부와 국회를 압박하고, 정치적 상황으로 발전하고, 현안이 될 가능성이 매우 높다.

3. 유족피해

　민간인 희생사건의 피해자는 군인·경찰이나 제14연대 반군·좌익·빨치산의 총칼에 쓰러진 희생자뿐만이 아니다. 살아남은 그들의 가족들은 사망한 가족을 가슴에 묻은 채 정신적·경제적·사회적으로 이루 말할 수 없는 고통을 겪으며 살아왔다. 유족들은 부모와 형제, 친척을 잃은 박탈감 속에서 정신적인 후유증을 겪었으며, 평범한 가족생활을 영위하지 못했다. 희생자들의 가족은 어머니가 눈앞에서 사살되고 자신도 총상을 입어 불구가 되거나, 아들의 시신을 수습하고 돌아오는 길에 심리적 충격으로 쓰러져 사망하거나, 임신한 상태에서 고문을 당해 태어난 자식이 후유증을 앓았다. 남편을 잃은 아내와 자식을 잃은 어머니가 그 뒤 화병으로 죽은 가족을 따라갔고, 유복자와 어린 자식들은 성장기에 부모 없는 설움과 아픔을 감수하며 살아야 했다.

　대다수의 유족들은 가장의 상실로 인한 경제적 빈곤이 가장 견디기 힘든 고통이었다고 호소하였다. 가장과 장남의 죽음으로 하루아침에 집안의 생계가 곤경에 처하는 등 살아남은 이들은 혹독한 가난에 직면해야 했다. 어린 자녀들도 제대로 학교교육을 받지 못하고 생활전선에 뛰어들어야만 했다. 경제적으로 빈곤했고 제대로 교육을 받지 못했기 때문에, 상급학교 진학이나 좋은 직장에 취직하는 것은 현실적으로 거의 불가능했다. 교육과 취업의 기회가 제한되면서, 가난은 자연스레 대물림되었다.

특히 군경에 의한 민간인 집단 희생사건의 유족들은 사회적으로도 '빨갱이의 자식'이라는 손가락질을 받으며 살아왔다. 이러한 사회적 차별과 냉대는 어린 시절에 그치지 않고 성장하여 사회에 진출할 때도 커다란 장애가 되었다. 유족들은 해외 출국, 취직이나 승진, 사관학교 입학 및 공무원 시험, 기타 일상생활 등에서 신원 조회나 연좌제로 인한 여러 불이익을 감수해야만 했고, 이런 사회적 차별의 장벽을 절감하고 취업을 포기하거나 학업과 꿈을 접어야만 했다.

또 군경에 의한 민간인 집단 희생사건의 유족들은 한국 사회의 반공주의하에서 사회구성원, 혹은 시민으로서 인정받지 못하고 사실상의 이등국민으로 살아왔다. 유족들은 본 사건 이후 '요시찰인'이나 '관찰보호자' 또는 '사살자(처형자) 연고자'로 등재되어 국가의 감시와 통제 대상이 되었다. 일례로 전라남도 경찰국은 각 관할 경찰서에 1969년 12월 한국전쟁 전후 '사살자 유자녀들의 동향'을 감시하여, '불순분자와의 접선사실 및 친목계 등 조직사항을 철저히 내사'하라는 지시를 내렸다.

군경에 의한 민간인 집단 희생사건의 유족이든 반군이나 빨치산에 의한 희생사건의 유족이든 유족들의 공통된 소망은 무고하게 죽은 가족들의 억울함을 규명하여 명예를 회복하고, 이로써 희생자의 넋을 위로하는 것이었다.

국가는 군경에 의해 억울하게 살해당한 희생자의 유족들에게 사과하고 위령제 봉행 등 유족들이 희생자에 대한 위령 사업을 할 수 있도록 지원 방안을 마련하며, 유족들이 원할 경우 잘못 기재된 가족관계등록부에 대한 정정 조치를 취해야 한다.

제3장

여순사건 피학살자 명단

제1절 지역별 피학살자 명단

1. 전체

구분	군경토벌				국민보도연맹				형무소사건			
	확인	불능	추정	계	확인	불능	추정	계	확인	불능	추정	계
전남	879	14	29	922	220	2		222	137	31	31	199
전북					1			1			2	2
경남					88		3	91	3		2	5
14R									31		2	33
미상									70		47	117
계	879	14	29	922	309	2	3	314	241	31	84	356

구분	군경사건				적대사건				계			
	확인	불능	추정	계	확인	불능	추정	계	확인	불능	추정	계
전남	157	6		163	120		8	128	1,513	53	68	1,634
전북	5		18	23					4	2	20	26
경남	327	1	11	339	24			24	442	1	16	459
14R									31		2	33
미상									70		47	117
계	489	7	29	525	144		8	152	2,060	56	153	2,269

※ 설명: 확인–진실규명 / 불능–불능·각하 / 추정–추정·미정.

2. 전남지역

구분	군경토벌				국민보도연맹				형무소사건			
	확인	불능	추정	계	확인	불능	추정	계	확인	불능	추정	계
여수	124			124	48			48	97	9	9	115
순천	446	14	3	463	28			28	28	20	6	54
구례	165		9	174	7			7	4		1	5
광양	56		1	57	5			5	2		1	3
고흥	42		1	43	5			5	1		1	2
보성	46		15	61	43			43	1	1	12	14
곡성					7			7				
담양												
영암					2			2		1	1	2
장성												
장흥					1			1	2			2
화순												
광주									1			1
나주												
영광					4			4	1			1
진도					1			1				
함평					48	2		50				
해남					2			2				
완도					19			19				
강진												
신안												
14R									31		2	33
미상									70		47	117
계	879	14	29	922	220	2		222	238	31	80	349

구분	군경사건				적대사건				계			
	확인	불능	추정	계	확인	불능	추정	계	확인	불능	추정	계
여수	5			5	1		1	2	275	9	10	294
순천	11			11	26			26	539	34	9	582
구례	21			21	1		2	3	198		12	210
광양	2			2	5			5	70		2	72
고흥	2			2	21		4	25	71		6	77
보성	3			3	40		1	41	133	1	28	162
곡성	11			11					18			18
담양	13			13	2			2	15			15
영암	13	6		19	2			2	17	7	1	25
장성	9			9					9			9
장흥	3			3	3			3	9			9
화순	51			51	7			7	58			58
광주									1			1
나주	12			12					12			12
영광					4			4	9			9
진도									1			1
함평									48	2		50
해남									2			2
완도									19			19
강진					8			8	8			8
신안	1			1					1			1
14R									31		2	33
미상									70		47	117
계	157	6		163	120		8	128	1,614	53	117	1,784

※ 설명: 확인−진실규명/ 불능−불능·각하/ 추정−추정·미정.

지역별		사건유형별	사건번호	진실규명대상자			조사 결과
				이름	성별	연령	
전남	여수	군경토벌사건	직다-3608	성경택 (成敬澤)	남	23	확인
전남	여수	군경토벌사건	직다-2609	김행만 (金行萬)	남	33	확인
전남	여수	군경토벌사건	직다-614	주천수 (朱千洙)	남	36	확인
전남	여수	군경토벌사건	직다-6933	박대엽 (朴大葉)	여	77	확인
전남	여수	군경토벌사건	직다-1434 직다-609	하채호 (河采鎬)	남	23	확인
전남	여수	군경토벌사건	직다-2852	조옥현 (曺玉鉉)	남	19	확인
전남	여수	군경토벌사건	직다-609	하남호 (河南鎬)	남	18	확인
전남	여수	군경토벌사건	직다-6055	김태식 (金太植)	남	18	확인
전남	여수	군경토벌사건	직다-17	강태효 (姜泰孝)	남	24	확인
전남	여수	군경토벌사건	직다-17	강태수 (姜泰洙)	남	18	확인
전남	여수	군경토벌사건	직다-6935	박병연 (朴炳椽)	남	21	확인
전남	여수	군경토벌사건	직다-1435	김백후 (金伯厚)	남	21	확인
전남	여수	군경토벌사건	직다-587	박소록 (朴小彔)	남	36	확인
전남	여수	군경토벌사건	직다-8275	강수현 (姜守鉉)	남	20	확인
전남	여수	군경토벌사건	직다-3377	주문열 (朱文烈)	남	19	확인
전남	여수	군경토벌사건	직다-8246	서영춘 (徐永春)	남	19	확인
전남	여수	군경토벌사건	직다-6594	이덕수 (李德水)	남	24	확인

지역별		사건유형별	사건번호	진실규명대상자			조사 결과
				이름	성별	연령	
전남	여수	군경토벌사건	직다-7586	손병석 (孫炳錫)	남	17	확인
전남	여수	군경토벌사건	직다-6780	박우수 (朴又洙)	남	33	확인
전남	여수	군경토벌사건	직다-8283	민병진 (閔丙珍)	남	17	확인
전남	여수	군경토벌사건	직다-10051	강귀현 (姜貴賢)	남	27	확인
전남	여수	군경토벌사건	직다-6591	남재필 (南在弼)	남	28	확인
전남	여수	군경토벌사건	직다-6887	배효영 (輩孝英)	남	24	확인
전남	여수	군경토벌사건	직다-3819	조계섭 (趙季先)	남	16	확인
전남	여수	군경토벌사건	직다-2024	남태선 (南太先)	남	34	확인
전남	여수	군경토벌사건	직다-2023	이연식 (李連植)	남	28	확인
전남	여수	군경토벌사건	직다-828	서우범 (徐佑範)	남	25	확인
전남	여수	군경토벌사건	직다-617	정귀석 (丁貴碩)	남	18	확인
전남	여수	군경토벌사건	직다-1939	김유한 (金裕漢)	남	25	확인
전남	여수	군경토벌사건	직다-1940	정기철 (鄭琪徹)	남	16	확인
전남	여수	군경토벌사건	직다-9152 직다-9436	정태식 (丁台湜)	남	43	확인
전남	여수	군경토벌사건	직다-9393	신공식 (申公植)	남	18	확인
전남	여수	군경토벌사건	직다-3378	정기덕 (鄭基德)	여	19	확인
전남	여수	군경토벌사건	직다-6584	오성재 (吳星在)	남	23	확인

지역별		사건유형별	사건번호	진실규명대상자			조사 결과
				이름	성별	연령	
전남	여수	군경토벌사건	직다-10383	박양기 (朴亮基)	남	19	확인
전남	여수	군경토벌사건	직다-10383	박쇠동 (朴釗同)	남	50	확인
전남	여수	군경토벌사건	직다-6576	윤학채	남	34	확인
전남	여수	군경토벌사건	직다-677	김지곤 (金知坤)	남	20	확인
전남	여수	군경토벌사건	직다-9160	서용빈 (徐鎔彬)	남	32	확인
전남	여수	군경토벌사건	직다-7881	곽철진 (郭鐵鎭)	남	20	확인
전남	여수	군경토벌사건	직다-9156	배순심 (輩順心)	여	16	확인
전남	여수	군경토벌사건	직다-8282	김종태 (金宗太)	남	19	확인
전남	여수	군경토벌사건	직다-10464	최윤갑 (崔允甲)	남	25	확인
전남	여수	군경토벌사건	직다-7160	김말동 (金末東)	남	19	확인
전남	여수	군경토벌사건	직다-674	최영남 (崔永男)	남	20	확인
전남	여수	군경토벌사건	직다-7867	진삼화 (陳三華)	남	17	확인
전남	여수	군경토벌사건	직다-6936	박병기 (朴炳基)	남	18	확인
전남	여수	군경토벌사건	직다-354 직다-356	김영두 (金永斗)	남	19	확인
전남	여수	군경토벌사건	직다-608	김윤천 (金允千)	남	25	확인
전남	여수	군경토벌사건	직다-10394	임완선 (林完善)	남	27	확인
전남	여수	군경토벌사건	직다-10407	윤형영 (尹亨永)	남	27	확인

지역별		사건유형별	사건번호	진실규명대상자			조사 결과
				이름	성별	연령	
전남	여수	군경토벌사건	직다-10461	김영권 (金永權)	남	22	확인
전남	여수	군경토벌사건	직다-10484	윤이길 (尹貳吉)	남	21	확인
전남	여수	군경토벌사건		윤생길 (尹生吉)	남	24	확인
전남	여수	군경토벌사건	직다-6054	황순현 (黃淳憲)	남	22	확인
전남	여수	군경토벌사건	직다-6595	최재열 (崔在烈)	남	27	확인
전남	여수	군경토벌사건	직다-4025	김견용 (金見用)	남	67	확인
전남	여수	군경토벌사건	직다-4026	이길수 (李吉洙)	남	28	확인
전남	여수	군경토벌사건	직다-7884	황동규 (黃東奎)	남	24	확인
전남	여수	군경토벌사건		황규수 (黃奎秀)	남	18	확인
전남	여수	군경토벌사건	직다-676	김복수 (金福洙)	남	28	확인
전남	여수	군경토벌사건		김석철 (金石喆)	남	22	확인
전남	여수	군경토벌사건	직다-10386	조일용 (趙一用)	남	20	확인
전남	여수	군경토벌사건	직다-10460	김덕완 (金德完)	남	43	확인
전남	여수	군경토벌사건	직다-5227	김동훈 (金東勳)	남	25	확인
전남	여수	군경토벌사건	직다-7266	김윤곤 (金倫坤)	남	21	확인
전남	여수	군경토벌사건	직다-10391	신청암 (申靑岩)	남	18	확인
전남	여수	군경토벌사건	직다-3582	주우철 (朱雲哲)	남	25	확인

지역별		사건유형별	사건번호	진실규명대상자			조사 결과
				이름	성별	연령	
전남	여수	군경토벌사건	직다-9278	강대선 (姜大善)	남	19	확인
전남	여수	군경토벌사건	직다-9279	전선오 (全宣旿)	남	17	확인
전남	여수	군경토벌사건	직다-미신청	김채선 (金采善)	남	22	확인
전남	여수	군경토벌사건		김용덕 (金用德)	남	26	확인
전남	여수	군경토벌사건		이기호 (李起浩)	남	34	확인
전남	여수	군경토벌사건		김인애 (金麟埃)	남	19	확인
전남	여수	군경토벌사건	직다-4206	김영길 (金永吉)	남	36	확인
전남	여수	군경토벌사건	직다-6579	김상환 (金祥煥)	남	18	확인
전남	여수	군경토벌사건	직다-6580	김세환 (金世煥)	남	19	확인
전남	여수	군경토벌사건	직다-7050	김기천 (金基千)	남	17	확인
전남	여수	군경토벌사건	직다-8281	손형석 (孫亨錫)	남	20	확인
전남	여수	군경토벌사건	직다-6581	김동풍 (金東豊)	남	24	확인
전남	여수	군경토벌사건	직다-3757	구일수 (具日秀)	남	25	확인
전남	여수	군경토벌사건	직다-8254	이용운 (李龍雲)	남	19	확인
전남	여수	군경토벌사건	직다-1795	박관섭 (朴寬燮)	남	23	확인
전남	여수	군경토벌사건	직다-3083	김용암 (金容岩)	남	25	확인
전남	여수	군경토벌사건	직다-8249	황계완 (黃桂鋎)	남	18	확인

지역별		사건유형별	사건번호	진실규명대상자			조사 결과
				이름	성별	연령	
전남	여수	군경토벌사건	직다-9171	황계홍 (黃桂洪)	남	18	확인
전남	여수	군경토벌사건	직다-9172	최상민 (崔相珉)	남	20	확인
전남	여수	군경토벌사건	직다-8248	김부용 (金富容)	남	23	확인
전남	여수	군경토벌사건	직다-601 직다-7567	박태현 (朴泰炫)	남	27	확인
전남	여수	군경토벌사건	직다-601 직다-7567	박평업 (朴平業)	여	29	확인
전남	여수	군경토벌사건	직다430-	김백완 (金伯完)	남	25	확인
전남	여수	군경토벌사건	직다-4204	김성곤 (金性坤)	남	19	확인
전남	여수	군경토벌사건	직다-3082	문보수 (文寶洙)	남	24	확인
전남	여수	군경토벌사건	직다-9165	손도영 (孫道永)	남	49	확인
전남	여수	군경토벌사건	직다-10397	박영태	남	20	확인
전남	여수	군경토벌사건	직다-10398	심성윤 (沈性允)	남	19	확인
전남	여수	군경토벌사건	직다-10473	김솔공 (金率公)	남	35	확인
전남	여수	군경토벌사건		김솔불 (金率不)	남	29	확인
전남	여수	군경토벌사건	직다-9169	강종원 (姜鍾元)	남	17	확인
전남	여수	군경토벌사건	직다-6573	주복신 (朱福新)	남	29	확인
전남	여수	군경토벌사건	직다-6574	최채단 (崔采丹)	여	54	확인
전남	여수	군경토벌사건		이두애 (李斗愛)	여	58	확인

지역별		사건유형별	사건번호	진실규명대상자			조사 결과
				이름	성별	연령	
전남	여수	군경토벌사건	직다-6574	정유성 (丁維成)	여	24	확인
전남	여수	군경토벌사건	직다-10408	윤선관 (尹善寬)	남	59	확인
전남	여수	군경토벌사건	직다-10408	윤경영 (尹京永)	남	18	확인
전남	여수	군경토벌사건	직다-10475	김재수 (金雲永)	남	24	확인
전남	여수	군경토벌사건	직다-10485	윤완중 (尹完重)	남	23	확인
전남	여수	군경토벌사건	직다-10463	서상호 (徐相浩)	남	36	확인
전남	여수	군경토벌사건	직다-10463	최금례 (崔金禮)	남	29	확인
전남	여수	군경토벌사건	직다-8273	김상곤 (金相均)	남	17	확인
전남	여수	군경토벌사건	직다-8272	김정규 (金正圭)	남	28	확인
전남	여수	군경토벌사건	직다-8274	김재순 (金在順)	남	42	확인
전남	여수	군경토벌사건	직다-1029	황금수 (黃金秀)	남	23	확인
전남	여수	군경토벌사건	직다-9115	김순석 (金順石)	남	28	확인
전남	여수	군경토벌사건	직다-10298	최동규 (崔東奎)	남	25	확인
전남	여수	군경토벌사건	직다-10043	이승옥 (李承玉)	남	26	확인
전남	여수	군경토벌사건	직다-9173	류지선 (柳志善)	남	40	확인
전남	여수	군경토벌사건	직다-10406	류재신 (柳在辛)	남	47	확인
전남	여수	군경토벌사건	직다-미신청	서봉기 (徐鳳琪)	남	48	확인

지역별		사건유형별	사건번호	진실규명대상자			조사 결과
				이름	성별	연령	
전남	여수	군경토벌사건	직다-8327	강금동 (姜金同)	남	31	확인
전남	여수	군경토벌사건	직다-7894	오태문 (吳太文)	남	55	확인
전남	여수	군경토벌사건	직다-7891	김차내 (金次乃)	여	45	확인
전남	여수	군경토벌사건	직다-6111	김규암 (金奎岩)	남	16	확인
전남	여수	군경토벌사건	직다-602 직다-8280	허효인 (許孝仁)	남	23	확인
전남	여수	국민보도 연맹사건	584	정정규 (鄭正奎)	남	23	확인
전남	여수	국민보도 연맹사건	585	정정준 (鄭正準))	남	28	확인
전남	여수	국민보도 연맹사건		정정기 (鄭正基)	남	24	확인
전남	여수	국민보도 연맹사건	591	박채현 (朴采鉉)	남	36	확인
전남	여수	국민보도 연맹사건	599	김기철 (金基喆)	남	26	확인
전남	여수	국민보도 연맹사건	603	류형순 (柳炯順)	남	29	확인
전남	여수	국민보도 연맹사건	811	박태운 (朴太云)	남	43	확인
전남	여수	국민보도 연맹사건	2294	김우호 (金佑鎬)	남	40	확인
전남	여수	국민보도 연맹사건	2709	서정삼 (徐廷三)	남	37	확인
전남	여수	국민보도 연맹사건	2760	박동준 (朴同俊)	남	33	확인
전남	여수	국민보도 연맹사건	2851	오형주 (吳亨柱)	남	30	확인
전남	여수	국민보도 연맹사건	3081	강성필 (姜成筆)	남	26	확인

지역별		사건유형별	사건번호	진실규명대상자			조사 결과
				이름	성별	연령	
전남	여수	국민보도연맹사건	4354	김용현 (金容鉉)	남	29	확인
전남	여수	국민보도연맹사건	4641	김응생 (金應生)	남	28	확인
전남	여수	국민보도연맹사건	5732	서재길 (徐在吉)	남	22	확인
전남	여수	국민보도연맹사건	6577	김궁길 (金弓吉)	남	44	확인
전남	여수	국민보도연맹사건	6657	김정월 (金正月)	남	21	확인
전남	여수	국민보도연맹사건	6873	추정렬 (秋正洌)	남	31	확인
전남	여수	국민보도연맹사건	6881	박우열 (朴宇烈)	남	28	확인
전남	여수	국민보도연맹사건	7011	장영석 (張映錫)	남	33	확인
전남	여수	국민보도연맹사건	7049	김성환 (金性煥)	남	23	확인
전남	여수	국민보도연맹사건	7500	박홍두 (朴洪斗)	남	32	확인
전남	여수	국민보도연맹사건	7883	황은수 (黃銀洙)	남	18	확인
전남	여수	국민보도연맹사건	8258	방종수 (方鍾洙)	남	20	확인
전남	여수	국민보도연맹사건	8261	강학호 (姜學浩)	남	22	확인
전남	여수	국민보도연맹사건	8262	임익만 (林益萬)	남	27	확인
전남	여수	국민보도연맹사건	8278	김영환 (金泳煥)	남	25	확인
전남	여수	국민보도연맹사건	9155	박진백 (朴珍伯)	남	27	확인
전남	여수	국민보도연맹사건	9163	김덕생 (金德生)	남	41	확인

지역별		사건유형별	사건번호	진실규명대상자			조사 결과
				이름	성별	연령	
전남	여수	국민보도 연맹사건	9163	김대익 (金大翊)	남	31	확인
전남	여수	국민보도 연맹사건	9167	강성한 (姜聲翰)	남	21	확인
전남	여수	국민보도 연맹사건	9174	서병수 (徐炳洙)	남	23	확인
전남	여수	국민보도 연맹사건	10041	임태영 (林泰永)	남	36	확인
전남	여수	국민보도 연맹사건	10046	박병학 (朴炳學)	남	26	확인
전남	여수	국민보도 연맹사건	10048	박성국 (朴聖國)	남	71	확인
전남	여수	국민보도 연맹사건	10385	심선옥 (沈善玉)	남	21	확인
전남	여수	국민보도 연맹사건	10387	이정옥 (李正玉)	남	21	확인
전남	여수	국민보도 연맹사건	10392	강정옥 (姜政玉)	남	21	확인
전남	여수	국민보도 연맹사건	10457	김철주 (金喆柱)	남	37	확인
전남	여수	국민보도 연맹사건	10459	김연오 (金鍊午)	남	28	확인
전남	여수	국민보도 연맹사건	10471	박종식 (朴鍾植)	남	30	확인
전남	여수	국민보도 연맹사건	10492	이봉재 (李鳳宰)	남	39	확인
전남	여수	국민보도 연맹사건	미신청	김두실 (金斗實)	남	29	확인
전남	여수	국민보도 연맹사건	미신청	김동준 (金東俊)	남	38	확인
전남	여수	국민보도 연맹사건	미신청	임근택 (林根澤)	남	24	확인
전남	여수	국민보도 연맹사건	미신청	서중열 (徐仲烈	남	43	확인

지역별		사건유형별	사건번호	진실규명대상자			조사 결과
				이름	성별	연령	
전남	여수	국민보도 연맹사건	미신청	오경봉 (吳慶奉)	남	21	확인
전남	여수	국민보도 연맹사건	미신청	김창석 (金昌錫)	남	25	확인
서울	서대문 형무소	형무소 재소자 희생사건(여수)	직다-2512	김양호 (金諒浩)	남	38	불능
서울	서대문 형무소	형무소 재소자 희생사건(여수)	직다-4099	김준탁 (金準卓)	남	25	불능
서울	서대문 형무소	형무소 재소자 희생사건(여수)		김준필 (金準弼)	남	23	불능
인천	인천소년 형무소	형무소 재소자 희생사건(여수)	직다-2763	김경호 (金敬鎬)	남	20	불능
인천	인천소년 형무소	형무소 재소자 희생사건(여수)	직다-6938	김충제 (金忠濟)	남	20	불능
인천	인천소년 형무소	형무소 재소자 희생사건(여수)	직다-8256	유옥동 (劉玉同)	남	36	불능
대전	대전 형무소	형무소 재소자 희생사건(여수)	586	박만석 (朴萬錫)	남	33	확인
대전	대전 형무소	형무소 재소자 희생사건(여수)	610	김종두 (金鍾斗)	남	22	확인
대전	대전 형무소	형무소 재소자 희생사건(여수)	616	박봉조 (朴奉祚)	남	30	확인
대전	대전 형무소	형무소 재소자 희생사건(여수)	969	오종관 (吳宗棺)	남	20	확인
대전	대전 형무소	형무소 재소자 희생사건(여수)	970	김영모 (金永模)	남	25	확인
대전	대전 형무소	형무소 재소자 희생사건(여수)	971	유용순 (劉用順)	남	40	확인
대전	대전 형무소	형무소 재소자 희생사건(여수)	2762	신광범 (愼光範)	남	23	확인
대전	대전 형무소	형무소 재소자 희생사건(여수)	2763	김중호 (金重鎬)	남	21	확인
대전	대전 형무소	형무소 재소자 희생사건(여수)	3611	홍명수 (洪明洙)	남	25	확인

지역별		사건유형별	사건번호	진실규명대상자			조사 결과
				이름	성별	연령	
대전	대전 형무소	형무소 재소자 희생사건(여수)	4205	김원식 (金元植)	남	21	확인
대전	대전 형무소	형무소 재소자 희생사건(여수)	4345	조산석 (趙産石)	남	29	확인
대전	대전 형무소	형무소 재소자 희생사건(여수)	6575	서종선 (徐鍾善)	남	35	확인
대전	대전 형무소	형무소 재소자 희생사건(여수)	6877	추장룡 (秋長龍)	남	25	확인
대전	대전 형무소	형무소 재소자 희생사건(여수)	7361	박용운 (朴龍云)	남	25	확인
대전	대전 형무소	형무소 재소자 희생사건(여수)	7498	문정순 (文正順)	남	26	확인
대전	대전 형무소	형무소 재소자 희생사건(여수)	7503	김형수 (金亨洙)	남	23	확인
대전	대전 형무소	형무소 재소자 희생사건(여수)	7666/8268	서정수 (徐正洙)	남	21	확인
대전	대전 형무소	형무소 재소자 희생사건(여수)	7882	김운경 (金運敬)	남	25	확인
대전	대전 형무소	형무소 재소자 희생사건(여수)	8260	정기암 (丁基巖)	남	30	확인
대전	대전 형무소	형무소 재소자 희생사건(여수)	8628	김태균 (金台均)	남	25	확인
대전	대전 형무소	형무소 재소자 희생사건(여수)	8628	김태식 (金台植)	남	24	확인
대전	대전 형무소	형무소 재소자 희생사건(여수)	9168	김정원 (金錠洹)	남	22	확인
대전	대전 형무소	형무소 재소자 희생사건(여수)	10038	김종필 (金種弼)	남	26	확인
대전	대전 형무소	형무소 재소자 희생사건(여수)	10054	박선동 (朴先童)	남	28	확인
대전	대전 형무소	형무소 재소자 희생사건(여수)	10409	윤신영 (尹信泳)	남	34	확인
대전	대전 형무소	형무소 재소자 희생사건(여수)	10466	이옥윤 (李玉允)	남	23	확인

지역별		사건유형별	사건번호	진실규명대상자			조사 결과
				이름	성별	연령	
대전	대전 형무소	형무소 재소자 희생사건(여수)	10468	송두선 (宋斗先)	남	24	확인
대전	대전 형무소	형무소 재소자 희생사건(여수)	10472	박종태 (朴鍾泰)	남	31	확인
대전	대전 형무소	형무소 재소자 희생사건(여수)	10491	김두선 (金斗先)	남	36	확인
대전	대전 형무소	형무소 재소자 희생사건(여수)	미신청인	오규현 (吳圭鉉)	남	23	확인
대전	대전 형무소	형무소 재소자 희생사건(여수)		오문현 (吳文鉉)	남	31	확인
충남	공주 형무소	형무소 재소자 희생사건(여수)	592	김윤선 (金允善)	남	44	확인
충남	공주 형무소	형무소 재소자 희생사건(여수)	605	최정태 (崔正泰)	남	26	확인
충남	공주 형무소	형무소 재소자 희생사건(여수)	615	김용빈 (金用彬)	남	26	확인
충남	공주 형무소	형무소 재소자 희생사건(여수)	618	손용암 (孫容岩)	남	34	확인
충남	공주 형무소	형무소 재소자 희생사건(여수)	826	이영기 (李榮基)	남	28	확인
충남	공주 형무소	형무소 재소자 희생사건(여수)	1938	문재연 (文在連)	남	26	확인
충남	공주 형무소	형무소 재소자 희생사건(여수)	2706	정선영 (鄭善永)	남	30	확인
충남	공주 형무소	형무소 재소자 희생사건(여수)	6589	조형봉 (趙形奉)	남	32	확인
충남	공주 형무소	형무소 재소자 희생사건(여수)	6939(1)	김주용 (金柱容) -김말용	남	미상	확인
충남	공주 형무소	형무소 재소자 희생사건(여수)	6939(1)	정기두 (鄭基斗)	남	25	확인
충남	공주 형무소	형무소 재소자 희생사건(여수)	7163	안용현 (安用鉉)	남	22	확인

지역별		사건유형별	사건번호	진실규명대상자			조사 결과
				이름	성별	연령	
충남	공주 형무소	형무소 재소자 희생사건(여수)	7495(1)	김덕환 (金德煥)	남	30	확인
충남	공주 형무소	형무소 재소자 희생사건(여수)	7678(1)	박인원 (朴仁元)	남	29	확인
충남	공주 형무소	형무소 재소자 희생사건(여수)	8628	김태환 (金台煥)	남	29	확인
충남	공주 형무소	형무소 재소자 희생사건(여수)	9154	김동태 (金東泰)	남	22	확인
충남	공주 형무소	형무소 재소자 희생사건(여수)	9159	정용부 (鄭龍富)	남	30	확인
충남	공주 형무소	형무소 재소자 희생사건(여수)	9352	김귀삼 (金貴三)	남	34	확인
충남	공주 형무소	형무소 재소자 희생사건(여수)	10037	김종필 (金鍾弼)	남	26	확인
충남	공주 형무소	형무소 재소자 희생사건(여수)	10042	심재동 (心在東)	남	32	확인
충남	공주 형무소	형무소 재소자 희생사건(여수)	10401	김용우 (金容旰)	남	28	확인
충남	공주 형무소	형무소 재소자 희생사건(여수)	10476	김일문 (金一文)	남	19	확인
충남	공주 형무소	형무소 재소자 희생사건(여수)	10478	장경두 (張京斗)	남	30	확인
충남	공주 형무소	형무소 재소자 희생사건(여수)	10479	박중식 (朴重植)	남	35	확인
충남	공주 형무소	형무소 재소자 희생사건(여수)	10483	장기용 (張基龍)	남	23	확인
충남	공주 형무소	형무소 재소자 희생사건(여수)	10495	우태춘 (禹太春)	남	27	확인
충남	공주 형무소	형무소 재소자 희생사건(여수)	6934	박양래 (朴陽來)	남	34	확인
충남	공주 형무소	형무소 재소자 희생사건(여수)	미신청인	이옥열 (李玉烈)	남	20	확인
대구	대구 형무소	형무소 재소자 희생사건(여수)	직다-314 2260	유지창 (柳志昌)	남	28	확인

지역별		사건유형별	사건번호	진실규명대상자			조사 결과
				이름	성별	연령	
대구	대구 형무소	형무소 재소자 희생사건(여수)	직다-589	문주연 (文柱連)	남	23	확인
대구	대구 형무소	형무소 재소자 희생사건(여수)	직다-968	이순환 (李淳煥)	남	27	확인
대구	대구 형무소	형무소 재소자 희생사건(여수)	직다-1935	김인수 (金仁守)	남	35	확인
대구	대구 형무소	형무소 재소자 희생사건(여수)	직다-3610	김민홍 (金旻洪)	남	25	확인
대구	대구 형무소	형무소 재소자 희생사건(여수)	직다-6578	하기석 -하두호	남	42	확인
대구	대구 형무소	형무소 재소자 희생사건(여수)	직다-6656	박봉춘 (朴奉春)	남	26	확인
대구	대구 형무소	형무소 재소자 희생사건(여수)	직다-6872	추화룡 (秋化龍)	남	28	확인
대구	대구 형무소	형무소 재소자 희생사건(여수)	직다-6875	박동석 (朴棟錫)	남	31	확인
대구	대구 형무소	형무소 재소자 희생사건(여수)	직다-6876	최원균 (崔原均)	남	28	확인
대구	대구 형무소	형무소 재소자 희생사건(여수)	직다-6879	신철기 (申轍機)	남	26	확인
대구	대구 형무소	형무소 재소자 희생사건(여수)	직다-6882	박종각 (朴鍾珏)	남	26	확인
대구	대구 형무소	형무소 재소자 희생사건(여수)	직다-6884	신철현 (申轍鉉)	남	32	확인
대구	대구 형무소	형무소 재소자 희생사건(여수)	직다-6886	정용 (鄭龍) -정학식	남	34	확인
대구	대구 형무소	형무소 재소자 희생사건(여수)	직다-7370	소복규 (蘇福圭)	남	19	확인
대구	대구 형무소	형무소 재소자 희생사건(여수)	직다-7678	박인철 (朴仁哲)	남	30	확인
대구	대구 형무소	형무소 재소자 희생사건(여수)	직다-8175	김권민 -김한두 (金漢斗)	남	31	확인

지역별		사건유형별	사건번호	진실규명대상자			조사결과
				이름	성별	연령	
대구	대구형무소	형무소 재소자 희생사건(여수)	직다-8255	조관훈 (趙官勳)	남	26	확인
대구	대구형무소	형무소 재소자 희생사건(여수)	직다-8965	윤재휴 (尹在休)	남	25	확인
대구	대구형무소	형무소 재소자 희생사건(여수)	직다-10489	강병운 (姜炳云)	남	20	확인
대구	대구형무소	형무소 재소자 희생사건(여수)	직다-10490	이매근 (李賣根)	남	27	확인
대구	대구형무소	형무소 재소자 희생사건(여수)	직다-10509	최교준 (崔敎俊)	남	28	확인
대구	대구형무소	형무소 재소자 희생사건(여수)	직다-6630	김동탄 (金東坦)	남	30	확인
대구	대구형무소	형무소 재소자 희생사건(여수)	직다-354	김관두	남	미상	불능
대구	대구형무소	형무소 재소자 희생사건(여수)	직다-6885	김광호	남	미상	불능
대구	대구형무소	형무소 재소자 희생사건(여수)	직다-9887	이성근	남	미상	불능
대구	대구형무소	형무소 재소자 희생사건(여수)	미신청	한용근 (韓龍根)	남	26	확인
대구	대구형무소	형무소 재소자 희생사건(여수)	미신청	박주안 (朴珠安)	남	28	확인
경북	김천형무소	형무소 재소자 희생사건(여수)	직다-597	박해순 (朴海淳)	남	19	확인
경북	김천형무소	형무소 재소자 희생사건(여수)	직다-604	박순구 (朴順求)	남	28	확인
경북	김천형무소	형무소 재소자 희생사건(여수)	직다-6937	최정열 (崔貞烈)	남	25	확인
경북	김천형무소	형무소 재소자 희생사건(여수)	직다-7159	마숙문 (馬淑文)	남	19	확인
경북	김천형무소	형무소 재소자 희생사건(여수)	직다-7886	김창석 (金昌錫)	남	19	확인
경북	김천형무소	형무소 재소자 희생사건(여수)	직다-9166	주종섭 (朱宗燮)	남	20	확인

지역별		사건유형별	사건번호	진실규명대상자			조사 결과
				이름	성별	연령	
경북	김천 형무소	형무소 재소자 희생사건(여수)	직다-10299	최동석 (崔東錫)	남	22	확인
부산	부산 형무소	형무소 재소자 희생사건(여수)	직다-10488	박용수 (朴龍守)	남	23	확인
부산	부산 형무소	형무소 재소자 희생사건(여수)	직다-7053	백용규 (白容圭)	남	26	확인
경남	진주 형무소	형무소 재소자 희생사건(여수)	직다-6571	주천일 (朱天日)	남	28	확인
경남	진주 형무소	형무소 재소자 희생사건(여수)	직다-9948	김활언 (金活彦)	남	31	추정
경남	진주 형무소	형무소 재소자 희생사건(여수)	미신청	신명석 (申明錫)	남	36	추정
광주	광주 형무소	형무소 재소자 희생사건(여수)	3380	정기순 (鄭基淳)	여	21	추정
광주	광주 형무소	형무소 재소자 희생사건(여수)	8244	박갑남 (朴甲男)	남	22	확인
전남	순천경찰서유치장	형무소 재소자 희생사건(여수)	1339	이진상 (李鎭祥)	남	33	추정
전남	순천경찰서유치장	형무소 재소자 희생사건(여수)	10044	정종훈 (鄭鐘薰)	남	24	확인
전남	순천경찰서유치장	형무소 재소자 희생사건(여수)	10469	송미봉 (宋米奉)	남	31	확인
전북	전주 형무소	형무소 재소자 희생사건(여수)	594	박채두 (朴采斗)	남	36	추정
전북	전주 형무소	형무소 재소자 희생사건(여수)	2707	김홍순 (金洪淳)	남	22	확인
전북	전주 형무소	형무소 재소자 희생사건(여수)	2708	우윤채 (禹允埰)	남	22	추정
전북	전주 형무소	형무소 재소자 희생사건(여수)	6874	박정완 (朴正浣)	남	26	추정

지역별		사건유형별	사건번호	진실규명대상자			조사 결과
				이름	성별	연령	
전북	전주 형무소	형무소 재소자 희생사건(여수)	8789	양회열 (梁會烈)	남	24	추정
전북	전주 형무소	형무소 재소자 희생사건(여수)	10045	이귀현 (李貴賢)	남	22	추정
전남	여수	군경에 의한 민간인희생사건	다-607	김찬규 (金贊圭)	남	25	확인
전남	여수	군경에 의한 민간인희생사건	다-6112	최형문 (崔亨文)	남	26	확인
전남	여수	군경에 의한 민간인희생사건	다-6630	김동민 (金東玟)	남	20	확인
전남	여수	군경에 의한 민간인희생사건	다-6869	박영래 (朴永來)	남	38	확인
전남	여수	군경에 의한 민간인희생사건	다-9170	강우성 (姜宇誠)	남	55	확인
전남	여수	적대세력사건	직다-3581	주중갑	남	20	추정
전남	여수	적대세력사건	직다-10481	박관순	남	23	확인
전남	순천	군경토벌사건	직다-1026	장환봉 (張環峰)	남	29	확인
전남	순천	군경토벌사건	직다-1421	장용암 (張龍岩)	남	63	확인
전남	순천	군경토벌사건	직다-1421	장종환 (張鍾桓)	남	34	확인
전남	순천	군경토벌사건	직다-1781	신태수 (申泰秀)	남	31	확인
전남	순천	군경토벌사건	직다-2626	황천식 (黃千植)	남	30	확인
전남	순천	군경토벌사건	직다-3381	이상호 (李祥昊)	남	24	확인
전남	순천	군경토벌사건	직다-3382	정기홍	남	26	확인
전남	순천	군경토벌사건	직다-3435	허종순 (許鍾順)	남	25	확인
전남	순천	군경토벌사건	직다-6382	우영철 (禹榮哲)	남	19	확인

지역별		사건유형별	사건번호	진실규명대상자			조사결과
				이름	성별	연령	
전남	순천	군경토벌사건	직다-6419	황인주	남	66	확인
전남	순천	군경토벌사건		서평촌	여	59	확인
전남	순천	군경토벌사건		김옥순	여	25	확인
전남	순천	군경토벌사건		황하연	여	2	확인
전남	순천	군경토벌사건		황종은	남	17	확인
전남	순천	군경토벌사건		방광수	남	16	확인
전남	순천	군경토벌사건		중앙병원 ○간호사부	남	미상	불능
전남	순천	군경토벌사건		중앙병원 ○간호사모	여	미상	불능
전남	순천	군경토벌사건		중앙병원 ○간호사 언니	여	미상	불능
전남	순천	군경토벌사건		나 씨 딸	여	미상	불능
전남	순천	군경토벌사건		○○○ 나 씨 시위	남	미상	불능
전남	순천	군경토벌사건		○○○	미상	미상	불능
전남	순천	군경토벌사건		○○○	미상	미상	불능
전남	순천	군경토벌사건		○○○	미상	미상	불능
전남	순천	군경토벌사건		○○○	미상	미상	불능
전남	순천	군경토벌사건		○○○	미상	미상	불능
전남	순천	군경토벌사건		○○○	미상	미상	불능
전남	순천	군경토벌사건		○○○	미상	미상	불능
전남	순천	군경토벌사건		○○○	미상	미상	불능
전남	순천	군경토벌사건	직다-7165	안태현	남	47	확인
전남	순천	군경토벌사건		김삼수	여	42	확인
전남	순천	군경토벌사건		안종만	남	17	확인
전남	순천	군경토벌사건		안선자	여	15	확인
전남	순천	군경토벌사건	직다-7782	이봉권 (李奉權)	남	29	확인

지역별		사건유형별	사건번호	진실규명대상자			조사 결과
				이름	성별	연령	
전남	순천	군경토벌사건	직다-7865	정순현 (鄭順鉉)	남	37	확인
전남	순천	군경토벌사건	직다-7865	정계현 (鄭桂鉉)	남	27	확인
전남	순천	군경토벌사건	직다-8267	김용환 (金容煥)	남	23	확인
전남	순천	군경토벌사건	직다-8279	한석기 (韓碩基)	남	40	추정
전남	순천	군경토벌사건	직다-9895	홍성표 (洪聖杓)	남	23	확인
전남	순천	군경토벌사건	직다-9925	이계수 (李啓洙)	남	26	확인
전남	순천	군경토벌사건	직다-9929	신원문 (申元文)	남	17	확인
전남	순천	군경토벌사건	직다-9937	백학선 (白學先)	남	24	확인
전남	순천	군경토벌사건	직다-10095	최명순 (崔明順)	여	28	확인
전남	순천	군경토벌사건	미신청	최창수 (崔暢洙)	남	23	확인
전남	순천	군경토벌사건	미신청	정영자 (鄭榮子)	여	10	확인
전남	순천	군경토벌사건	미신청	김생옥 (金生鈺)	남	30	확인
전남	순천	군경토벌사건	미신청	김유섭 (金有燮)	남	31	확인
전남	순천	군경토벌사건	직다-1524	최경심 (崔敬心)	여	31	확인
전남	순천	군경토벌사건	직다-2795	이영오 (李永五)	남	30	확인
전남	순천	군경토벌사건	직다-4075	이소유 (李小臾)	여	28	확인
전남	순천	군경토벌사건	직다-4926	최동두 (崔東斗)	남	29	확인

지역별		사건유형별	사건번호	진실규명대상자			조사 결과
				이름	성별	연령	
전남	순천	군경토벌사건	직다-6289	김점수 (金点秀)	남	38	확인
전남	순천	군경토벌사건	직다-8121	지채종 (池釆鍾)	남	28	확인
전남	순천	군경토벌사건	직다-9905	김종필 (金鍾弼)	남	28	확인
전남	순천	군경토벌사건	직다-9263	이덕심	여	34	확인
전남	순천	군경토벌사건	직다-9940	김복개 (金福介)	남	37	확인
전남	순천	군경토벌사건	직다-9942	신창우 (申昌雨)	남	26	확인
전남	순천	군경토벌사건	직다-9943	신현우 (申鉉雨)	남	20	확인
전남	순천	군경토벌사건	직다-9957	김만옥 (金萬玉)	남	26	확인
전남	순천	군경토벌사건	직다-10088	박소아	여	40	확인
전남	순천	군경토벌사건	직다-10091	장순심 (張巡心)	여	41	확인
전남	순천	군경토벌사건	직다-1064	김학건 (金學乾)	남	25	확인
전남	순천	군경토벌사건	직다-1348	허정년 (許正年)	남	24	확인
전남	순천	군경토벌사건	직다-1350	양경식 (楊炅植)	남	26	확인
전남	순천	군경토벌사건	직다-1351	박병구 (朴炳球)	남	28	확인
전남	순천	군경토벌사건	직다-1352	송칠귀 (宋七貴)	남	56	확인
전남	순천	군경토벌사건		이효심 (李孝心)	여	42	확인
전남	순천	군경토벌사건		김임순 (金壬順)	여	26	확인
전남	순천	군경토벌사건		송기화 (宋基和)	남	3	확인

지역별		사건유형별	사건번호	진실규명대상자			조사 결과
				이름	성별	연령	
전남	순천	군경토벌사건	직다-1353	허규범 (許圭凡)	남	21	확인
전남	순천	군경토벌사건	직다-1354	정인택 (丁仁澤)	남	36	확인
전남	순천	군경토벌사건	직다-1355	허필동 (許弼同)	남	19	확인
전남	순천	군경토벌사건	직다-1357	허갑진 (許押震)	남	32	확인
전남	순천	군경토벌사건		허만두 (許萬斗)	남	26	확인
전남	순천	군경토벌사건	직다-1358	배학선 (輩學善)	남	29	확인
전남	순천	군경토벌사건	직다-1360	정기영 (鄭基榮)	남	41	확인
전남	순천	군경토벌사건	직다-1361	정추택 (鄭樞澤)	남	28	확인
전남	순천	군경토벌사건	직다-1366	김철중 (金喆中)	남	24	확인
전남	순천	군경토벌사건	직다-1367	김원기 (金源基)	남	27	확인
전남	순천	군경토벌사건	직다-1368	정기석 (鄭基碩)	남	37	확인
전남	순천	군경토벌사건	직다-1381	공재권 (孔在權)	남	45	확인
전남	순천	군경토벌사건		오연심 (吳連心)	여	38	확인
전남	순천	군경토벌사건	직다-2329	양두남 (梁豆男)	여	48	확인
전남	순천	군경토벌사건	직다-3001	박상교	남	48	확인
전남	순천	군경토벌사건	직다-3002	김희곤 (金熙坤)	남	18	확인
전남	순천	군경토벌사건	직다-3369	서병중 (徐丙中)	남	46	확인

지역별		사건유형별	사건번호	진실규명대상자			조사결과
				이름	성별	연령	
전남	순천	군경토벌사건	직다-3614	허만우 (許萬佑)	남	26	확인
전남	순천	군경토벌사건	직다-3615	김용수 (金容洙)	남	34	확인
전남	순천	군경토벌사건	직다-3616	박현석 (朴現錫)	남	33	확인
전남	순천	군경토벌사건	직다-3733	박영옥 (朴永玉)	남	18	확인
전남	순천	군경토벌사건	직다-3734	남동산 (南東山)	여	59	확인
전남	순천	군경토벌사건	직다-3734	임병순 (林炳順)	여	20	확인
전남	순천	군경토벌사건	직다-3735	정일천	남	27	확인
전남	순천	군경토벌사건	직다-3735	송삼덕 (宋三德)	여	25	확인
전남	순천	군경토벌사건	직다-3882	송기찬 (宋基贊)	남	21	확인
전남	순천	군경토벌사건	직다-3885	정순원 (鄭順源)	남	24	확인
전남	순천	군경토벌사건	직다-3886	송기봉 (宋基琫)	남	32	확인
전남	순천	군경토벌사건	직다-5010	박계호 (朴桂浩)	남	28	확인
전남	순천	군경토벌사건	직다-5011	박정호 (朴政浩)	남	21	확인
전남	순천	군경토벌사건	직다-5290	박선호 (朴繕浩)	남	22	확인
전남	순천	군경토벌사건	직다-5302	박임석 (朴壬錫)	남	56	확인
전남	순천	군경토벌사건	직다-5302	정현순 (鄭玄順)	여	50	확인
전남	순천	군경토벌사건	직다-5303	박영구 (朴永求)	남	21	확인

지역별		사건유형별	사건번호	진실규명대상자			조사 결과
				이름	성별	연령	
전남	순천	군경토벌사건	직다-6384	정태구 (鄭泰龜)	남	21	확인
전남	순천	군경토벌사건	직다-6385	김홍연 (金烘淵)	남	24	확인
전남	순천	군경토벌사건	직다-6650	최승수 (崔昇壽)	남	19	확인
전남	순천	군경토벌사건	직다-6650	최승모 (崔昇模)	남	17	확인
전남	순천	군경토벌사건	직다-6653	박태윤 (朴泰允)	남	24	확인
전남	순천	군경토벌사건	직다-6653	박태숙 (朴泰淑)	남	21	확인
전남	순천	군경토벌사건	직다-6868	이군보 (李軍甫)	남	42	확인
전남	순천	군경토벌사건	직다-6868	박우남 (朴禹南)	여	43	확인
전남	순천	군경토벌사건	직다-6868	이점례	여	2	확인
전남	순천	군경토벌사건	직다-7784	최순식 (崔順植)	남	28	확인
전남	순천	군경토벌사건	직다-7785	최운식 (崔雲植)	남	23	확인
전남	순천	군경토벌사건	직다-7866	최진영 (崔鎭永)	남	27	확인
전남	순천	군경토벌사건	직다-7953	허영구	남	19	확인
전남	순천	군경토벌사건	직다-8365	최진숙 (崔鎭淑)	남	20	확인
전남	순천	군경토벌사건	직다-9111	박호지 (朴浩志)	남	21	확인
전남	순천	군경토벌사건	직다-9113	정동선 (鄭東善)	남	19	확인
전남	순천	군경토벌사건	직다-9114	김정기 (金正基)	남	33	확인
전남	순천	군경토벌사건	직다-9120	배형회 (輩炯檜)	남	20	확인

지역별		사건유형별	사건번호	진실규명대상자			조사 결과
				이름	성별	연령	
전남	순천	군경토벌사건	직다-9121	박기래 (朴鎭來)	남	22	확인
전남	순천	군경토벌사건	미신청	최진옥 (崔鎭玉)	남	31	확인
전남	순천	군경토벌사건	미신청	허필윤 (許弼允)	남	31	확인
전남	순천	군경토벌사건	미신청	김옥태	남	31	확인
전남	순천	군경토벌사건	미신청	송기성	남	24	확인
전남	순천	군경토벌사건	직다-1334	이기증 (李奇增)	남	50	확인
전남	순천	군경토벌사건	직다-1395	황만수 (黃萬壽)	남	33	확인
전남	순천	군경토벌사건	직다-1396	김복종 (金福鍾)	남	30	확인
전남	순천	군경토벌사건	직다-1397	유복암 (兪福岩)	남	41	확인
전남	순천	군경토벌사건	직다-1398	이복석 (李福石)	남	36	확인
전남	순천	군경토벌사건	직다-1400	제갈숙 (諸葛淑)	남	19	확인
전남	순천	군경토벌사건	직다-1401	제갈아지 (諸葛可只)	남	22	확인
전남	순천	군경토벌사건	직다-1402	이봉주 (李鳳柱)	남	19	확인
전남	순천	군경토벌사건	직다-1404	김성균 (金晟均)	남	27	확인
전남	순천	군경토벌사건	직다-1405	박재정 (朴載汀)	남	23	추정
전남	순천	군경토벌사건	직다-1406	박인규 (朴仁奎)	남	28	추정
전남	순천	군경토벌사건	직다-1407	윤우암 (尹又巖)	남	36	확인

지역별		사건유형별	사건번호	진실규명대상자			조사 결과
				이름	성별	연령	
전남	순천	군경토벌사건	직다-1408	이희철 (李熙哲)	남	31	확인
전남	순천	군경토벌사건	직다-1409	김용배 (金容培)	남	37	확인
전남	순천	군경토벌사건	직다-1411	권성옥 (權性玉)	남	29	확인
전남	순천	군경토벌사건	직다-1412	이기찬 (李基贊)	남	40	확인
전남	순천	군경토벌사건	직다-1413	이삼근 (李三根)	남	35	확인
전남	순천	군경토벌사건	직다-7640	이정철 (李正哲)	남	36	확인
전남	순천	군경토벌사건	직다-8782	허순조 (許淳祖)	남	33	확인
전남	순천	군경토벌사건	직다-8857	정기선 (鄭淇銑)	남	29	확인
전남	순천	군경토벌사건	미신청	남상효 (南相孝)	남	20	확인
전남	순천	군경토벌사건	직다-1331	오인권 (吳仁權)	남	27	확인
전남	순천	군경토벌사건	직다-1333	허길성 (許吉星)	남	31	확인
전남	순천	군경토벌사건	직다-1394	장석남 (場錫楠)	남	32	확인
전남	순천	군경토벌사건	직다-1403	고재옥 (高在玉)	남	26	확인
전남	순천	군경토벌사건	직다-1792	황종부 (黃鍾桴)	남	24	확인
전남	순천	군경토벌사건	직다-3490	이영수 (李永洙)	남	25	확인
전남	순천	군경토벌사건	직다-6535	최경식 (崔敬植)	남	28	확인
전남	순천	군경토벌사건	직다-6536	김길동 (金吉童)	남	35	확인

지역별		사건유형별	사건번호	진실규명대상자			조사 결과
				이름	성별	연령	
전남	순천	군경토벌사건	직다-6646	최인규 (崔仁奎)	남	23	확인
전남	순천	군경토벌사건	직다-6646	최진규 (崔珍圭)	남	18	확인
전남	순천	군경토벌사건	직다-6891	손인갑 (孫仁甲)	남	33	확인
전남	순천	군경토벌사건	직다-6974	허전	남	24	확인
전남	순천	군경토벌사건	직다-7270	손형수 (孫亨洙)	남	31	확인
전남	순천	군경토벌사건	직다-7951	김병수 (金炳洙)	남	28	확인
전남	순천	군경토벌사건	직다-7951	김학수 (金學洙)	남	20	확인
전남	순천	군경토벌사건	직다-9116	하재규 (河在奎)	남	25	확인
전남	순천	군경토벌사건	직다-9909	정병우 (鄭炳祐)	남	19	확인
전남	순천	군경토벌사건	직다-9910	김홍수 (金洪壽)	남	19	확인
전남	순천	군경토벌사건	직다-1422	방용규 房鏞圭	남	18	확인
전남	순천	군경토벌사건	직다-1422	방영규 (房泳圭)	남	15	확인
전남	순천	군경토벌사건	직다-7076	양회정 (梁會正)	남	27	확인
전남	순천	군경토벌사건	직다-8366	강길수 (姜吉洙)	남	23	확인
전남	순천	군경토벌사건		강종훈 (姜鍾勳)	남	20	확인
전남	순천	군경토벌사건		방봉애 (房鳳愛)	남	19	확인
전남	순천	군경토벌사건	직다-8861	양회주 (梁會炷)	여	26	확인
전남	순천	군경토벌사건	직다-9095	추인수	남	25	확인

지역별		사건유형별	사건번호	진실규명대상자			조사 결과
				이름	성별	연령	
전남	순천	군경토벌사건	직다-9096	추석순	남	17	확인
전남	순천	군경토벌사건	직다-9097	추기선 (秋基善)	남	28	확인
전남	순천	군경토벌사건	직다-9097	추기운 (秋基雲)	남	26	확인
전남	순천	군경토벌사건	직다-9098	추형량 (秋形亮)	남	27	확인
전남	순천	군경토벌사건	직다-9104	김두표 (金斗杓)	남	22	확인
전남	순천	군경토벌사건	직다-9105	정영철 (鄭泳喆)	남	18	확인
전남	순천	군경토벌사건	직다-9118	지태석 (池泰錫)	남	20	확인
전남	순천	군경토벌사건	직다-9906	최창열 (崔昌烈)	남	20	확인
전남	순천	군경토벌사건	직다-9946	이기신 (李起新)	남	22	확인
전남	순천	군경토벌사건	미신청	김현조 (金鉉祚)	남	62	확인
전남	순천	군경토벌사건		김학모 (金學模)	남	37	확인
전남	순천	군경토벌사건	직다-1392	김태구 (金泰求)	남	24	확인
전남	순천	군경토벌사건	직다-1423	박재규 (朴在圭)	남	24	확인
전남	순천	군경토벌사건	직다-1427	전덕상 (全德相)	남	34	확인
전남	순천	군경토벌사건	직다-1428	박명구 (朴明九)	남	35	확인
전남	순천	군경토벌사건	직다-1429	최석호 (崔石鎬)	남	37	확인
전남	순천	군경토벌사건	직다-1433	김점례 (金点禮)	남	47	확인

지역별		사건유형별	사건번호	진실규명대상자			조사 결과
				이름	성별	연령	
전남	순천	군경토벌사건	직다-1433	최채용 (崔彩鎔)	남	27	확인
전남	순천	군경토벌사건		최덕용 (崔德鎔)	남	25	확인
전남	순천	군경토벌사건		최덕심 (崔德心)	남	20	확인
전남	순천	군경토벌사건		최창용 (崔昌鎔)	여	19	확인
전남	순천	군경토벌사건		최정호 (崔廷鎬)	남	12	확인
전남	순천	군경토벌사건	직다-3837	이선권 (李先權)	남	16	확인
전남	순천	군경토벌사건	직다-4927	방기현 (方璂現)	남	48	확인
전남	순천	군경토벌사건	직다-4974	송태은 (宋泰銀)	남	35	확인
전남	순천	군경토벌사건	직다-5053	지득권 (池得權)	남	23	확인
전남	순천	군경토벌사건	직다-5288	방윤섭 (方允燮)	남	20	확인
전남	순천	군경토벌사건	직다-5729	오연근 (吳連根)	남	41	확인
전남	순천	군경토벌사건	직다-7009	박선규 (朴先圭)	남	37	확인
전남	순천	군경토벌사건		박윤규 (朴允圭)	남	24	확인
전남	순천	군경토벌사건	직다-7010	박득규 (朴得圭)	남	22	확인
전남	순천	군경토벌사건	직다-8057	정종신 (鄭宗臣)	남	21	확인
전남	순천	군경토벌사건	직다-8786	박홍기 (朴洪紀)	남	27	확인
전남	순천	군경토벌사건	직다-9893	박병근 (朴炳根)	남	23	확인

지역별		사건유형별	사건번호	진실규명대상자			조사 결과
				이름	성별	연령	
전남	순천	군경토벌사건	직다-9894	박병두 (朴炳斗)	남	18	확인
전남	순천	군경토벌사건	직다-9896	박병렬 (朴炳烈)	남	34	확인
전남	순천	군경토벌사건	직다-9897	박병기 (朴炳箕)	남	27	확인
전남	순천	군경토벌사건	직다-9917	김화현 (金和鉉)	남	34	확인
전남	순천	군경토벌사건	직다-9920	이준평 (李晙坪)	남	35	확인
전남	순천	군경토벌사건	직다-1385	이상연 (李相連)	남	24	확인
전남	순천	군경토벌사건	직다-1389	박기영 (朴基連)	남	36	확인
전남	순천	군경토벌사건	직다-1431	박성일 (朴基英)	남	31	확인
전남	순천	군경토벌사건	직다-4383	최병주 (崔炳周)	남	25	확인
전남	순천	군경토벌사건	직다-8362	정기영 (鄭基永)	남	26	확인
전남	순천	군경토벌사건	직다-8363	이재선 (李在先)	남	63	확인
전남	순천	군경토벌사건	직다-9101	김흥열 (金興烈)	남	36	확인
전남	순천	군경토벌사건	직다-9532	황인만 (黃仁滿)	남	21	확인
전남	순천	군경토벌사건	직다-9934	한상범 (韓相範)	남	38	확인
전남	순천	군경토벌사건	직다-9935	윤석봉 (尹錫奉)	남	26	확인
전남	순천	군경토벌사건	직다-324 1378	강재수 (姜裁秀)	남	58	확인
전남	순천	군경토벌사건	직다-324 1378	김대례 (金大禮)	남	60	확인

지역별		사건유형별	사건번호	진실규명대상자			조사 결과
				이름	성별	연령	
전남	순천	군경토벌사건	직다-324 1378	강옥순 (姜玉順)	여	12	확인
전남	순천	군경토벌사건	직다-1371	나성환 (羅成煥)	여	32	확인
전남	순천	군경토벌사건	직다-1373	홍목침 (洪木沈)	남	45	확인
전남	순천	군경토벌사건		정선례 (鄭善禮)	남	32	확인
전남	순천	군경토벌사건		홍일순 (洪一順)	남	17	확인
전남	순천	군경토벌사건		홍재호 (洪在鎬)	여	3	확인
전남	순천	군경토벌사건	직다-1374	위형량 (魏瑩良)	남	67	확인
전남	순천	군경토벌사건	직다-1375	조정순 (趙正順)	남	38	확인
전남	순천	군경토벌사건		이삭심 (李朔心)	여	4	확인
전남	순천	군경토벌사건	직다-1376	김용기 (金容基)	여	25	확인
전남	순천	군경토벌사건	직다-1377	이공월 (李空月)	남	43	확인
전남	순천	군경토벌사건	직다-1379	강양수 (姜陽秀)	여	56	확인
전남	순천	군경토벌사건	직다-1380	조성림 (趙成林)	남	47	확인
전남	순천	군경토벌사건	직다-1415	김인석 (金仁錫)	여	27	확인
전남	순천	군경토벌사건	직다-1948 1970	박노은 (朴魯銀)	남	53	확인
전남	순천	군경토벌사건		이장순 (李長順)	남	41	확인
전남	순천	군경토벌사건		박옥란 (朴玉蘭)	여	14	확인

지역별		사건유형별	사건번호	진실규명대상자			조사 결과
				이름	성별	연령	
전남	순천	군경토벌사건	직다-2246	한관섭	여	19	확인
전남	순천	군경토벌사건	직다-7642	조한송 (趙漢松)	남	47	확인
전남	순천	군경토벌사건	직다-9902	신복동 (申福同)	남	39	확인
전남	순천	군경토벌사건	직다-9911	조한상 (趙漢相)	남	27	확인
전남	순천	군경토벌사건	직다-1335	이기담 (李起淡)	남	23	확인
전남	순천	군경토벌사건	직다-1336	안두영 (安斗榮)	남	23	확인
전남	순천	군경토벌사건	직다-1337	이상근 (李相根)	남	40	확인
전남	순천	군경토벌사건	직다-1338	박상래 (朴相來)	남	39	확인
전남	순천	군경토벌사건	직다-1382	김영모 (金永模)	남	47	확인
전남	순천	군경토벌사건	직다-1383	박기옥 (朴基玉)	남	29	확인
전남	순천	군경토벌사건	직다-1384	박유만 (朴有萬)	남	40	확인
전남	순천	군경토벌사건	직다-1390	김용연 (金容淵)	남	27	확인
전남	순천	군경토벌사건	직다-9918	이수개 (李守介)	남	19	확인
전남	순천	군경토벌사건	직다-10593	김용태 (金容台)	남	31	확인
전남	순천	군경토벌사건	직다-1424	정귀남 (鄭貴男)	남	33	확인
전남	순천	군경토벌사건	직다-2400	최춘우 (崔春宇)	남	20	추정
전남	순천	군경토벌사건	직다-8856	이덕행 (李德行)	남	22	확인

지역별		사건유형별	사건번호	진실규명대상자			조사 결과
				이름	성별	연령	
전남	순천	군경토벌사건	직다-9433	한광수 (韓光洙)	남	37	확인
전남	순천	군경토벌사건		한익수 (韓益洙)	남	24	확인
전남	순천	군경토벌사건	직다-9922	오종호 (吳宗鎬)	남	31	확인
전남	순천	군경토벌사건	미신청	이문휴 (李文休)	남	35	확인
전남	순천	군경토벌사건	직다-2278	박동련 (朴東連)	남	66	확인
전남	순천	군경토벌사건	직다-1341	여두원 (呂斗元)	남	18	확인
전남	순천	군경토벌사건	직다-3363	정맹현 (丁孟鉉)	남	21	확인
전남	순천	군경토벌사건	직다-4050	최석호 (崔錫澔)	남	19	확인
전남	순천	군경토벌사건	직다-6267	민계식 (閔季植)	남	18	확인
전남	순천	군경토벌사건	직다-6572	주두신 (朱斗新)	남	19	확인
전남	순천	군경토벌사건		주성창 (朱成錩)	남	22	확인
전남	순천	군경토벌사건	직다-7267	송임석 (宋林錫)	남	22	확인
전남	순천	군경토벌사건	직다-7505	윤달헌 (尹達憲)	남	21	확인
전남	순천	군경토벌사건	직다-9959	박이만 (朴以萬)	남	21	확인
전남	순천	군경토벌사건	직다-10652	정대룡 (鄭大龍)	남	19	확인
전남	순천	군경토벌사건	직다-10834	정옥기 (鄭鈺基)	남	25	확인
전남	순천	군경토벌사건	미신청 경찰자료	김관선 (金寬善)	남	7	확인

지역별		사건유형별	사건번호	진실규명대상자			조사 결과
				이름	성별	연령	
전남	순천	군경토벌사건	미신청 경찰자료	김남곤 (金南坤)	남	19	확인
전남	순천	군경토벌사건		김남수 (金南洙)	남	15	확인
전남	순천	군경토벌사건		김덕상 (金德相)	남	15	확인
전남	순천	군경토벌사건		김도수 (金道秀)	남	26	확인
전남	순천	군경토벌사건		김동길 (金東吉)	남	23	확인
전남	순천	군경토벌사건		김동석 (金東錫)	남	29	확인
전남	순천	군경토벌사건		김동섭	남	06	확인
전남	순천	군경토벌사건		김문수 (金汶洙)	남	19	확인
전남	순천	군경토벌사건		김복동 (金福同)	남	19	확인
전남	순천	군경토벌사건		김복수 (金卜壽)	남	17	확인
전남	순천	군경토벌사건		김봉옥 (金奉玉)	남	31	확인
전남	순천	군경토벌사건		김삼용 (金上用)	남	96	확인
전남	순천	군경토벌사건		김상규 (金相圭)	남	25	확인
전남	순천	군경토벌사건		김상근 (金尙根)	남	24	확인
전남	순천	군경토벌사건		김상석 (金相錫)	남	14	확인
전남	순천	군경토벌사건		김성권 (金聖權)	남	21	확인
전남	순천	군경토벌사건		김승옥 (金勝玉)	남	20	확인

지역별		사건유형별	사건번호	진실규명대상자			조사 결과
				이름	성별	연령	
전남	순천	군경토벌사건		김영수 (金永水)	남	29	확인
전남	순천	군경토벌사건		김영식 (金永植)	남	18	확인
전남	순천	군경토벌사건		김영한 (金永漢)	남	10	확인
전남	순천	군경토벌사건		김영호 (金永鎬)	남	22	확인
전남	순천	군경토벌사건		김오묵 (金五默)	남	5	확인
전남	순천	군경토벌사건		김용순 (金用淳)	남	15	확인
전남	순천	군경토벌사건		김우현 (金禹鉉)	남	13	확인
전남	순천	군경토벌사건		김재환 (金在煥)	남	28	확인
전남	순천	군경토벌사건	미신청 경찰자료	김종실 (金鍾實)	남	23	확인
전남	순천	군경토벌사건		김중기 (金重基)	남	25	확인
전남	순천	군경토벌사건		김탁모 (金鐸模)	남	24	확인
전남	순천	군경토벌사건		김태모 (金泰模)	남	13	확인
전남	순천	군경토벌사건		김택모	남	24	확인
전남	순천	군경토벌사건		김한동 (金漢東)	남	25	확인
전남	순천	군경토벌사건		김현수 (金現洙)	남	25	확인
전남	순천	군경토벌사건		김홍만 (金洪萬)	남	30	확인
전남	순천	군경토벌사건		남병수 (南炳洙)	남	12	확인

지역별		사건유형별	사건번호	진실규명대상자			조사 결과
				이름	성별	연령	
전남	순천	군경토벌사건		남병화 (南炳化)	남	9	확인
전남	순천	군경토벌사건		남종태 (南鍾泰)	남	28	확인
전남	순천	군경토벌사건		문동원 (文東元)	남	24	확인
전남	순천	군경토벌사건		문의준 (文義俊)	남	23	확인
전남	순천	군경토벌사건		문태준	남	23	확인
전남	순천	군경토벌사건		박가오 (朴佳五)	남	17	확인
전남	순천	군경토벌사건		박정호 (朴京浩)	남	11	확인
전남	순천	군경토벌사건		박기열 (朴基烈)	남	17	확인
전남	순천	군경토벌사건	미신청 경찰자료	박기조 (朴奇祚)	남	7	확인
전남	순천	군경토벌사건		박대규 (朴大圭)	남	23	확인
전남	순천	군경토벌사건		박병문 (朴炳文)	남	25	확인
전남	순천	군경토벌사건		박병은 (朴炳殷)	남	27	확인
전남	순천	군경토벌사건		박병태 (朴炳泰)	남	20	확인
전남	순천	군경토벌사건		박병호 (朴炳浩)	남	31	확인
전남	순천	군경토벌사건		박봉민 (朴鳳玟)	남	20	확인
전남	순천	군경토벌사건		박성춘 (朴成春)	남	22	확인
전남	순천	군경토벌사건		박영천 (朴永天)	남	미상	확인

지역별		사건유형별	사건번호	진실규명대상자			조사 결과
				이름	성별	연령	
전남	순천	군경토벌사건	미신청 경찰자료	박용규 (朴容圭)	남	23	확인
전남	순천	군경토벌사건		박우동 (朴佑同)	남	24	확인
전남	순천	군경토벌사건		박재규 (朴再圭)	남	26	확인
전남	순천	군경토벌사건		박적석 (朴積錫)	남	11	확인
전남	순천	군경토벌사건		박종대 (朴鍾大)	남	26	확인
전남	순천	군경토벌사건		박태현 (朴泰鉉)	남	14	확인
전남	순천	군경토벌사건		박현래 (朴鋧來)	남	23	확인
전남	순천	군경토벌사건		박형동 (朴炯東)	남	21	확인
전남	순천	군경토벌사건		박형래	남	21	확인
전남	순천	군경토벌사건		박호순 (朴浩淳)	남	10	확인
전남	순천	군경토벌사건		방무길 (方武吉)	남	25	확인
전남	순천	군경토벌사건		배병문 (輩炳文)	남	93	확인
전남	순천	군경토벌사건		서덕용 (徐德用)	남	88	확인
전남	순천	군경토벌사건		서문석	남	30	확인
전남	순천	군경토벌사건		서종오 (徐鍾午)	남	30	확인
전남	순천	군경토벌사건		서홍석	남	25	확인
전남	순천	군경토벌사건		선병률 (宣炳律)	남	27	확인
전남	순천	군경토벌사건		선병문 (宣炳文)	남	5	확인

지역별		사건유형별	사건번호	진실규명대상자			조사 결과
				이름	성별	연령	
전남	순천	군경토벌사건		선병우	남	28	확인
전남	순천	군경토벌사건		선복환 (宣福煥)	남	23	확인
전남	순천	군경토벌사건		선쌍수 (宣雙洙)	남	25	확인
전남	순천	군경토벌사건		선화근 (宣和根)	남	23	확인
전남	순천	군경토벌사건		손일권 (孫日權)	남	16	확인
전남	순천	군경토벌사건		손일문 (孫日文)	남	22	확인
전남	순천	군경토벌사건		신경우	남	6	확인
전남	순천	군경토벌사건		신래휴 (申來休)	남	23	확인
전남	순천	군경토벌사건		신설우 (申雪雨)	남	20	확인
전남	순천	군경토벌사건	미신청 경찰자료	안경환 (安敬煥)	남	미상	확인
전남	순천	군경토벌사건		안귀섭 (安貴爕)	남	28	확인
전남	순천	군경토벌사건		안기호 (安琪鎬)	남	30	확인
전남	순천	군경토벌사건		안봉우 (安琫右))	남	25	확인
전남	순천	군경토벌사건		안봉주 (安奉柱)	남	15	확인
전남	순천	군경토벌사건		안봉준 (安琫準)	남	10	확인
전남	순천	군경토벌사건		안삼종 (安三鍾)	남	29	확인
전남	순천	군경토벌사건		안순동 (安詢同)	남	22	확인
전남	순천	군경토벌사건		안점수	남	20	확인

지역별		사건유형별	사건번호	진실규명대상자			조사 결과
				이름	성별	연령	
전남	순천	군경토벌사건	미신청 경찰자료	안창섭 (安昌燮)	남	30	확인
전남	순천	군경토벌사건		양전 (楊槇)	남	22	확인
전남	순천	군경토벌사건		양태승 (梁太昇)	남	24	확인
전남	순천	군경토벌사건		이태근	남	25	확인
전남	순천	군경토벌사건		오경옥 (吳景玉)	여	4	확인
전남	순천	군경토벌사건		오기수 (吳基洙)	남	28	확인
전남	순천	군경토벌사건		오기주	남	27	확인
전남	순천	군경토벌사건		오순용 (吳順龍)	남	18	확인
전남	순천	군경토벌사건		유영찬 (劉永贊)	남	81	확인
전남	순천	군경토벌사건		유익상 (劉翊相)	남	22	확인
전남	순천	군경토벌사건		유일상 (劉日相)	남	29	확인
전남	순천	군경토벌사건		유일준 (劉日濬)	남	16	확인
전남	순천	군경토벌사건		유장렬 (劉長烈)	남	25	확인
전남	순천	군경토벌사건		유장효 (劉長孝)	남	9	확인
전남	순천	군경토벌사건		윤대준 (尹大俊)	남	30	확인
전남	순천	군경토벌사건		윤상현 (尹商鉉)	남	20	확인
전남	순천	군경토벌사건		윤선종 (尹善鍾)	남	29	확인
전남	순천	군경토벌사건		윤영학 (尹永學)	남	6	확인

지역별		사건유형별	사건번호	진실규명대상자			조사결과
				이름	성별	연령	
전남	순천	군경토벌사건		이강철 (李康哲)	남	98	확인
전남	순천	군경토벌사건		이경모 (李京模)	남	20	확인
전남	순천	군경토벌사건		이경의 (李京義)	남	22	확인
전남	순천	군경토벌사건		이금년	남	23	확인
전남	순천	군경토벌사건		이기홍 (李起洪)	남	29	확인
전남	순천	군경토벌사건		이만석 (李萬石)	남	14	확인
전남	순천	군경토벌사건		이분년 (李分年)	남	20	확인
전남	순천	군경토벌사건		이옥재 (李玉宰)	남	27	확인
전남	순천	군경토벌사건	미신청 경찰자료	이용기 (李鏞基)	남	22	확인
전남	순천	군경토벌사건		이윤갑 (李允甲)	남	13	확인
전남	순천	군경토벌사건		이윤만 (李允萬)	남	10	확인
전남	순천	군경토벌사건		이의윤 (李義允)	남	26	확인
전남	순천	군경토벌사건		이장석 (李長碩)	남	27	확인
전남	순천	군경토벌사건		이정호 (李貞鎬)	남	87	확인
전남	순천	군경토벌사건		이종배 (李鍾培)	남	28	확인
전남	순천	군경토벌사건		이종태 (李鍾泰)	남	25	확인
전남	순천	군경토벌사건		이진철 (李鎭徹)	남	10	확인

지역별		사건유형별	사건번호	진실규명대상자			조사 결과
				이름	성별	연령	
전남	순천	군경토벌사건		이채동 (李彩同)	남	23	확인
전남	순천	군경토벌사건		이춘기	남	28	확인
전남	순천	군경토벌사건		이팔형 (李八炯)	남	25	확인
전남	순천	군경토벌사건		이형순 (李珩順)	남	24	확인
전남	순천	군경토벌사건		임경주 (林敬周)	남	20	확인
전남	순천	군경토벌사건		임병익 (任炳翊)	남	25	확인
전남	순천	군경토벌사건		임종환 (林鍾環)	남	26	확인
전남	순천	군경토벌사건		임혁동 (任赫東)	남	14	확인
전남	순천	군경토벌사건		장공수 (張公洙)	남	24	확인
전남	순천	군경토벌사건	미신청 경찰자료	장귀수 (張貴洙)	남	28	확인
전남	순천	군경토벌사건		장기태 (張基台)	남	23	확인
전남	순천	군경토벌사건		장길수 (張吉水)	남	11	확인
전남	순천	군경토벌사건		장당규 (張鏜奎)	남	30	확인
전남	순천	군경토벌사건		장문종 (張文鍾)	남	9	확인
전남	순천	군경토벌사건		장사종 (張四鍾)	남	7	확인
전남	순천	군경토벌사건		장양호	남	28	확인
전남	순천	군경토벌사건		장운석 (張云錫)	남	24	확인
전남	순천	군경토벌사건		장재석 (張在錫)	남	8	확인

지역별		사건유형별	사건번호	진실규명대상자			조사 결과
				이름	성별	연령	
전남	순천	군경토벌사건		장치옥 (張致鈺)	남	7	확인
전남	순천	군경토벌사건		전경민 (全敬珉)	남	27	확인
전남	순천	군경토벌사건		정갑래 (鄭甲來)	남	20	확인
전남	순천	군경토벌사건		정관삼	남	7	확인
전남	순천	군경토벌사건		정귀의 (鄭貴義)	남	28	확인
전남	순천	군경토벌사건		정규현 (鄭圭鉉)	남	23	확인
전남	순천	군경토벌사건		정기택 (丁基澤)	남	22	확인
전남	순천	군경토벌사건		정동안 (鄭東安)	남	27	확인
전남	순천	군경토벌사건	미신청 경찰자료	정병학 (鄭炳學)	남	29	확인
전남	순천	군경토벌사건		정양택 (鄭良澤)	남	28	확인
전남	순천	군경토벌사건		정연균 (鄭連均)	남	28	확인
전남	순천	군경토벌사건		정영임 (丁永任)	남	23	확인
전남	순천	군경토벌사건		정영화 (鄭瑛和)	여	30	확인
전남	순천	군경토벌사건		정용선 (丁龍善)	남	13	확인
전남	순천	군경토벌사건		정용호 (鄭鏞浩)	남	25	확인
전남	순천	군경토벌사건		정종화 (鄭宗和)	남	19	확인
전남	순천	군경토벌사건		정현지 (鄭泫知)	남	27	확인

지역별		사건유형별	사건번호	진실규명대상자			조사결과
				이름	성별	연령	
전남	순천	군경토벌사건		제갈도금 (諸葛道金)	남	28	확인
전남	순천	군경토벌사건		조경섭 (趙敬燮)	남	7	확인
전남	순천	군경토벌사건		조경술 (趙京述)	남	98	확인
전남	순천	군경토벌사건		조규조 (趙圭祚)	남	27	확인
전남	순천	군경토벌사건		조삼훈 (趙三勳)	남	21	확인
전남	순천	군경토벌사건		조수영 (趙秀永)	남	29	확인
전남	순천	군경토벌사건		조학섭 (趙學燮)	남	18	확인
전남	순천	군경토벌사건		지만동 (池萬炯)	남	23	확인
전남	순천	군경토벌사건	미신청 경찰자료	지만형	남	23	확인
전남	순천	군경토벌사건		지유섭 (池有燮)	남	20	확인
전남	순천	군경토벌사건		지한모 (池漢模)	남	22	확인
전남	순천	군경토벌사건		차상렬 (車相烈)	남	25	확인
전남	순천	군경토벌사건		최규관 (崔奎寬)	남	24	확인
전남	순천	군경토벌사건		최규삼 (崔圭三)	남	19	확인
전남	순천	군경토벌사건		최상문	남	26	확인
전남	순천	군경토벌사건		최성용 (崔成鎔)	남	22	확인
전남	순천	군경토벌사건		최일삼 (崔日三)	남	10	확인
전남	순천	군경토벌사건		최택림 (崔澤林)	남	10	확인

지역별		사건유형별	사건번호	진실규명대상자			조사 결과
				이름	성별	연령	
전남	순천	군경토벌사건	미신청 경찰자료	최평호 (崔坪鎬)	남	23	확인
전남	순천	군경토벌사건		최학철 (崔學澈)	남	25	확인
전남	순천	군경토벌사건		최한용 (崔漢鎔)	남	19	확인
전남	순천	군경토벌사건		하정대	남	26	확인
전남	순천	군경토벌사건		한경수 (韓敬壽)	남	30	확인
전남	순천	군경토벌사건		한인수 (韓仁洙)	남	27	확인
전남	순천	군경토벌사건		허낙구 (許洛九)	남	30	확인
전남	순천	군경토벌사건		허동규 (許東圭)	남	29	확인
전남	순천	군경토벌사건		허만관 (許萬寬)	남	12	확인
전남	순천	군경토벌사건		허만홍 (許萬洪)	남	29	확인
전남	순천	군경토벌사건		허정구 (許貞九)	남	14	확인
전남	순천	군경토벌사건		허태광 (許泰光)	남	23	확인
전남	순천	군경토벌사건		황영재 (黃榮在)	남	36	확인
전남	순천	국민보도 연맹사건	다-928	남상선 (南相善)	남	31	확인
전남	순천	국민보도 연맹사건	다-1356	허갑도 (許甲道)	남	23	확인
전남	순천	국민보도 연맹사건	다-1365	황계만 (黃桂萬)	남	28	확인
전남	순천	국민보도 연맹사건	다-1372	김한종 (金漢種)	남	29	확인

지역별		사건유형별	사건번호	진실규명대상자			조사 결과
				이름	성별	연령	
전남	순천	국민보도연맹사건	다-1388	정성조(鄭成朝)	남	27	확인
전남	순천	국민보도연맹사건	다-2248	조동길(趙東吉)	남	29	확인
전남	순천	국민보도연맹사건	다-2796	조운철(趙雲鐵)	남	28	확인
전남	순천	국민보도연맹사건	다-3000	김양호(金良浩)	남	22	확인
전남	순천	국민보도연맹사건	다-6067	이진옥(李辰玉)	남	29	확인
전남	순천	국민보도연맹사건	다-6068	이복근(李福根)	남	24	확인
전남	순천	국민보도연맹사건	다-6220	남병영(南炳永)	남	41	확인
전남	순천	국민보도연맹사건	다-6707	이병의(李丙儀)	남	24	확인
전남	순천	국민보도연맹사건	다-7624	최병모(崔炳模)	남	20	확인
전남	순천	국민보도연맹사건	다-7643	허갑효(許甲孝)	남	22	확인
전남	순천	국민보도연맹사건	다-7956	허정구	남	36	확인
전남	순천	국민보도연맹사건	다-8005	정운상(鄭雲賞)	남	29	확인
전남	순천	국민보도연맹사건	다-8006	정송택(鄭松澤)	남	28	확인
전남	순천	국민보도연맹사건	다-8008	최진필(崔鎭弼)	남	24	확인
전남	순천	국민보도연맹사건	다-8009	김영환(金永桓)	남	29	확인
전남	순천	국민보도연맹사건	다-8788	양회일(梁會一)	남	25	확인
전남	순천	국민보도연맹사건	다-8858	박영환(朴永煥)	남	45	확인

지역별		사건유형별	사건번호	진실규명대상자			조사 결과
				이름	성별	연령	
전남	순천	국민보도 연맹사건	다-9912	조연철 (趙淵澈)	남	33	확인
전남	순천	국민보도 연맹사건	다-9913	조영현 (趙榮賢)	남	23	확인
전남	순천	국민보도 연맹사건	다-1381(1)	공종모 (孔鍾模)	남	18	확인
전남	순천	국민보도 연맹사건	다-2329(1)	공영석 (孔榮錫)	남	22	확인
전남	순천	국민보도 연맹사건	다-9121(1)	박정래 (朴正來)	남	28	확인
전남	순천	국민보도 연맹사건	미신청	정보선	남	40	확인
전남	순천	국민보도 연맹사건	다-1359	정강열 (鄭堈烈)	남	60	확인
서울	서대문 형무소	형무소 재소자 희생사건(순천)	직다-1066	정기태 (鄭基台)	남	29	불능
서울	서대문 형무소	형무소 재소자 희생사건(순천)	직다-1369	허만진 (許萬鎭)	남	32	불능
서울	서대문 형무소	형무소 재소자 희생사건(순천)	직다-9901	김두용 (金斗容)	남	26	불능
서울	서대문 형무소	형무소 재소자 희생사건(순천)	직다-9907	이창현 (李昶鉉)	남	26	불능
서울	서대문 형무소	형무소 재소자 희생사건(순천)	미신청	송용진	남	미상	미정
서울	마포 형무소	형무소 재소자 희생사건(순천)	직다-7786	윤윤불 (尹允不)	남	41	불능
서울	마포 형무소	형무소 재소자 희생사건(순천)	직다-8785	조기홍 (曺基洪)	남	23	불능
서울	마포 형무소	형무소 재소자 희생사건(순천)	직다-9103	김봉열 (金奉烈)	남	21	불능
서울	마포 형무소	형무소 재소자 희생사건(순천)	직다-9107	추영환 (秋榮煥)	남	24	불능
서울	마포 형무소	형무소 재소자 희생사건(순천)	직다-9933	이인조 (李仁祚)	남	29	불능

지역별		사건유형별	사건번호	진실규명대상자			조사 결과
				이름	성별	연령	
서울	마포 형무소	형무소 재소자 희생사건(순천)	직다-9945	서보현	남	미상	불능
서울	마포 형무소	형무소 재소자 희생사건(순천)	직다-1793	차일섭 (車日燮)	남	25	불능
서울	부천· 영등포 형무소	형무소 재소자 희생사건(순천)	직다-9900	장영일	남	21	불능
서울	부천· 영등포 형무소	형무소 재소자 희생사건(순천)	직다-9926	강채원	남	36	불능
서울	부천· 영등포 형무소	형무소 재소자 희생사건(순천)	직다-10002	조맹식	남	36	불능
서울	부천· 영등포 형무소	형무소 재소자 희생사건(순천)	직다-1364	이성의	남	26	불능
인천	인천소년 형무소	형무소 재소자 희생사건(순천)	직다-1349	차종갑 (車鍾甲)	남	22	불능
인천	인천소년 형무소	형무소 재소자 희생사건(순천)	직다-1430	이성휴 (李性休)	남	22	불능
인천	인천소년 형무소	형무소 재소자 희생사건(순천)	직다-1432 직다-9950	박계수 (朴桂秀)	남	38	불능
인천	인천소년 형무소	형무소 재소자 희생사건(순천)	직다-4632	박병강 (朴炳康)	남	22	불능
대전	대전 형무소	형무소 재소자 희생사건(순천)	1347	박풍년 (朴豊年)	남	35	확인
대전	대전 형무소	형무소 재소자 희생사건(순천)	1386	박생규 (朴生圭)	남	28	확인
대전	대전 형무소	형무소 재소자 희생사건(순천)	1426	오지평 (吳之枰)	남	25	확인
대전	대전 형무소	형무소 재소자 희생사건(순천)	3014	채금동 (蔡金童)	남	26	확인
대전	대전 형무소	형무소 재소자 희생사건(순천)	3433	김태수 (金太守)	남	31	확인

지역별		사건유형별	사건번호	진실규명대상자			조사 결과
				이름	성별	연령	
대전	대전 형무소	형무소 재소자 희생사건(순천)	6870	이영준 (李永俊)	남	44	확인
대전	대전 형무소	형무소 재소자 희생사건(순천)	7008	박윤규 (朴允圭)	남	25	확인
대전	대전 형무소	형무소 재소자 희생사건(순천)	7087	오순일 (吳巡日)	남	37	확인
대전	대전 형무소	형무소 재소자 희생사건(순천)	9908	김윤태 (金允太)	남	31	확인
대전	대전 형무소	형무소 재소자 희생사건(순천)	9921	오금수 (吳金壽)	남	39	확인
대전	대전 형무소	형무소 재소자 희생사건(순천)	9952	김경두 (金京斗)	남	27	확인
대전	대전 형무소	형무소 재소자 희생사건(순천)	10053	연태수 (延泰洙)	남	20	확인
대전	대전 형무소	형무소 재소자 희생사건(순천)	미신청인	박병국 (朴炳國)	남	29	확인
대전	대전 형무소	형무소 재소자 희생사건(순천)	미신청인	오경옥 (吳景玉)	남	47	확인
충남	공주 형무소	형무소 재소자 희생사건(순천)	6148	이진근 (李璡根)	남	22	확인
대구	대구 형무소	형무소 재소자 희생사건(순천)	직다-7496	김덕순 (金德順)	남	31	확인
대구	대구 형무소	형무소 재소자 희생사건(순천)	미신청	박윤섭 (朴允燮) -박명희	남	28	확인
경북	김천 형무소	형무소 재소자 희생사건(순천)	직다-1387	허만홍 (許萬洪)	남	26	확인
경북	김천 형무소	형무소 재소자 희생사건(순천)	미신청	최만수 (崔萬洙)	남	22	확인
광주	광주 형무소	형무소 재소자 희생사건(순천)	1399	정풍연 (鄭豊烟)	남	22	확인
광주	광주 형무소	형무소 재소자 희생사건(순천)	1780	허명량 (許明亮)	남	26	확인

지역별		사건유형별	사건번호	진실규명대상자			조사 결과
				이름	성별	연령	
광주	광주 형무소	형무소 재소자 희생사건(순천)	3383	이승염	남	30	불능
광주	광주 형무소	형무소 재소자 희생사건(순천)	3760	박영학 (朴永學)	남	31	확인
광주	광주 형무소	형무소 재소자 희생사건(순천)	4379	김종순 (金鐘淳)	남	22	추정
광주	광주 형무소	형무소 재소자 희생사건(순천)	5734	류지성 (柳志星)	남	28	확인
광주	광주 형무소	형무소 재소자 희생사건(순천)	7031	최동홍 (崔東洪)	남	24	추정
광주	광주 형무소	형무소 재소자 희생사건(순천)	9919	남계휴 (南啓休)	남	24	추정
전남	목포 형무소	형무소 재소자 희생사건(순천)	1477	장희만 (張熙萬)	남	23	추정
전남	목포 형무소	형무소 재소자 희생사건(순천)	6565	곽은기 (郭銀基)	남	25	확인
전남	목포 형무소	형무소 재소자 희생사건(순천)	9112	박호순 (朴浩淳)	남	26	확인
전남	목포 형무소	형무소 재소자 희생사건(순천)	9928	최규동 (崔圭東)	남	32	확인
전남	순천경 찰서유 치장	형무소 재소자 희생사건(순천)	857(1)	최병렬 (崔炳烈)	남	21	추정
전남	순천경 찰서유 치장	형무소 재소자 희생사건(순천)	3376	주선본	남	34	확인
전남	순천경 찰서유 치장	형무소 재소자 희생사건(순천)	10467	조종래 (趙宗來)	남	24	확인
전남	순천	군경에 의한 민간인희생사건	다-3495	정의남 (鄭義男)	남	44	확인
전남	순천	군경에 의한 민간인희생사건	직다-9106	윤주한 (尹柱漢)	남	17	확인

지역별		사건유형별	사건번호	진실규명대상자			조사 결과
				이름	성별	연령	
전남	순천	군경에 의한 민간인희생사건	직다-10584	이영근 (李榮根)	남	45	확인
전남	순천	군경에 의한 민간인희생사건	직다-10584	양영묵 (梁永黙)	남	44	확인
전남	순천	군경에 의한 민간인희생사건		강대영 (姜大榮)	남	41	확인
전남	순천	군경에 의한 민간인희생사건		염순섭 (廉順燮)	남	37	확인
전남	순천	군경에 의한 민간인희생사건	직다-10586	김우열	남	미상	확인
전남	순천	군경에 의한 민간인희생사건		윤송치 (尹松致)	남	38	확인
전남	순천	군경에 의한 민간인희생사건		하경식	남	미상	확인
전남	순천 (목포)	군경에 의한 민간인희생사건	직다-4363	백경조 (白敬祚)	남	32	확인
전남	순천	군경에 의한 민간인희생사건	10403	이기호 (李起皓)	남	23	확인
전남	순천	적대세력사건	직다-8862	김봉식	남	20	확인
전남	순천	적대세력사건	직다-1320	이익순	남	27	확인
전남	순천	적대세력사건	직다-9544	이봉주	남	56	확인
전남	순천	적대세력사건	직다-9109	권영춘	남	28	확인
전남	순천	적대세력사건	직다-9941	정상림	남	24	확인
전남	순천	적대세력사건	직다-7074	이종남	남	22	확인
전남	순천	적대세력사건	직다-7075	이만재	남	22	확인
전남	순천	적대세력사건	직다-9914	양갑동	남	17	확인
전남	순천	적대세력사건	직다-10089	김봉심	여	26	확인
전남	순천	적대세력사건	직다-6567	박성섭	남	54	확인
전남	순천	적대세력사건	마-7074 마-7075	이동기	남	20대	확인
전남	순천	적대세력사건		김종길	남	21	확인
전남	순천	적대세력사건		김석례	남	23	확인
전남	순천	적대세력사건	마-9914	박창주	남	15	확인

지역별		사건유형별	사건번호	진실규명대상자			조사 결과
				이름	성별	연령	
전남	순천	적대세력사건	마-9914	오복만	남	19	확인
전남	순천	적대세력사건		이광범	남	20대	확인
전남	순천	적대세력사건		최귀술	남	19	확인
전남	순천	적대세력사건		김영만	남	30대	확인
전남	순천	적대세력사건		박형호	남	22	확인
전남	순천	적대세력사건		박형기	남	19	확인
전남	순천	적대세력사건		이종구	남	30대	확인
전남	순천	적대세력사건		전세환	남	19	확인
전남	순천	적대세력사건		박장호	남	32	확인
전남	순천	적대세력사건		임옥순	여	20대	확인
전남	순천	적대세력사건	마-10089	강승주	남	25	확인
전남	순천	적대세력사건		최상수	남	30	확인
전남	구례	군경토벌사건	직다-629	박덕서 (朴德緖)	남	32	확인
전남	구례	군경토벌사건	직다-630	김귀태 (金貴泰)	남	46	확인
전남	구례	군경토벌사건	직다-630	김정환 (金正煥)	남	19	확인
전남	구례	군경토벌사건	직다-632	신종우 (申從雨)	남	41	확인
전남	구례	군경토벌사건	직다-633	박계영 (朴桂泳)	남	32	확인
전남	구례	군경토벌사건	직다-634	박주운 (朴株運)	남	25	확인
전남	구례	군경토벌사건	직다-635	박주완 (朴株浣)	남	27	확인
전남	구례	군경토벌사건	직다-636	이기로 (李期魯)	남	25	확인
전남	구례	군경토벌사건	직다-638	이근선 (李根宣)	남	17	
전남	구례	군경토벌사건	직다-639	김동기 (金同基)	남	23	확인

지역별		사건유형별	사건번호	진실규명대상자			조사 결과
				이름	성별	연령	
전남	구례	군경토벌사건	직다-678	김노선 (金魯善)	남	27	확인
전남	구례	군경토벌사건	직다-679	이한열 (李漢烈)	남	28	확인
전남	구례	군경토벌사건	직다-681	박판석 (朴判石)	남	38	확인
전남	구례	군경토벌사건	직다-712	박경조 (朴敬祚)	남	29	확인
전남	구례	군경토벌사건	직다-713	박양조 (朴陽祚)	남	25	확인
전남	구례	군경토벌사건	직다-713	박종찬 (朴鍾贊)	남	18	확인
전남	구례	군경토벌사건	직다-714	유종택 (柳鐘澤)	남	20	확인
전남	구례	군경토벌사건	직다-715	류형복	남	22	확인
전남	구례	군경토벌사건	직다-717	최정용 (崔廷龍)	남	22	확인
전남	구례	군경토벌사건	직다-719	이강식 (李康植)	남	19	확인
전남	구례	군경토벌사건	직다-720	임해수 (林海秀)	남	22	확인
전남	구례	군경토벌사건	직다-720	임해용 (林海龍)	남	19	확인
전남	구례	군경토벌사건	직다-721	김용근 (金容瑾)	남	34	확인
전남	구례	군경토벌사건	직다-722	최재규 (崔宰奎)	남	25	확인
전남	구례	군경토벌사건	직다-723	손광인 (孫光仁)	남	25	확인
전남	구례	군경토벌사건	직다-798	오기성 (吳奇成)	남	25	확인
전남	구례	군경토벌사건	직다-799	오재만 (吳在萬)	남	36	확인

지역별		사건유형별	사건번호	진실규명대상자			조사결과
				이름	성별	연령	
전남	구례	군경토벌사건	직다-800	김종출 (金宗出)	남	42	확인
전남	구례	군경토벌사건	직다-800	김상곤 (金尙坤)	남	16	확인
전남	구례	군경토벌사건	직다-815	정상권 (鄭相權)	남	31	확인
전남	구례	군경토벌사건	직다-815	정덕권 (鄭德權)	남	19	확인
전남	구례	군경토벌사건	직다-815	정홍권 (鄭弘權)	남	30	확인
전남	구례	군경토벌사건	직다-827	김귀홍 (金貴洪)	남	31	확인
전남	구례	군경토벌사건	직다-837	김상옥 (金相玉)	남	29	확인
전남	구례	군경토벌사건	직다-843	박직상 (朴直相)	남	47	확인
전남	구례	군경토벌사건	직다-848	유형규 (柳鎣奎)	남	35	확인
전남	구례	군경토벌사건	직다-849	김영곤 (金榮坤)	남	25	확인
전남	구례	군경토벌사건	직다-851	이낙호 (李樂鎬)	남	25	확인
전남	구례	군경토벌사건	직다-853	유형윤 (柳螢閏)	남	25	확인
전남	구례	군경토벌사건	직다-854	유재환 (柳在桓)	남	47	확인
전남	구례	군경토벌사건	직다-855	신택식 (申擇植)	남	30	확인
전남	구례	군경토벌사건	직다-862	조동길 (趙東吉)	남	41	확인
전남	구례	군경토벌사건	직다-908	장계동 (張桂東)	남	39	확인
전남	구례	군경토벌사건	직다-909	고수동 (高壽童)	남	40	확인

지역별		사건유형별	사건번호	진실규명대상자			조사 결과
				이름	성별	연령	
전남	구례	군경토벌사건	직다-914	남정권 (南廷權)	남	28	확인
전남	구례	군경토벌사건	직다-914	남정삼 (南廷三)	남	15	확인
전남	구례	군경토벌사건	직다-991	박재동 (朴在東)	남	34	확인
전남	구례	군경토벌사건	직다-991	장종철 (張宗澈)	남	21	확인
전남	구례	군경토벌사건	직다-1006	고수동 (高壽童)	남	39	확인
전남	구례	군경토벌사건	직다-1007	이강윤 (李康潤)	남	22	확인
전남	구례	군경토벌사건	직다-1032	한용수 (韓龍洙)	남	19	확인
전남	구례	군경토벌사건	직다-1032	한영수 (韓永洙)	남	17	확인
전남	구례	군경토벌사건	직다-1033	이종선 (李鍾善)	남	24	확인
전남	구례	군경토벌사건	직다-1034	남순권 (南順權)	남	27	확인
전남	구례	군경토벌사건	직다-1055 직다-8949	최진원 (崔璡元)	남	54	확인
전남	구례	군경토벌사건	직다-1088	김용철 (金鏞哲)	남	26	확인
전남	구례	군경토벌사건	직다-1099	임문주 (林文周)	남	31	확인
전남	구례	군경토벌사건	직다-1100	정효종 (鄭孝宗)	남	25	확인
전남	구례	군경토벌사건	직다-1105	김영표 (金永杓)	남	40	확인
전남	구례	군경토벌사건	직다-1106	이대춘 (李大春)	남	42	확인
전남	구례	군경토벌사건	직다-1919	손양기	남	24	확인

지역별		사건유형별	사건번호	진실규명대상자			조사 결과
				이름	성별	연령	
전남	구례	군경토벌사건	직다-1925	박용래 (朴龍來)	남	24	확인
전남	구례	군경토벌사건	직다-2321	제종수 (諸鍾秀)	남	35	확인
전남	구례	군경토벌사건	직다-2401	조종백 (趙鍾白)	남	29	확인
전남	구례	군경토벌사건	직다-2434	이태식 (李太植)	남	23	확인
전남	구례	군경토벌사건	직다-2434	이신식 (李信植)	남	18	확인
전남	구례	군경토벌사건	직다-2435	이창식 (李彰植)	남	25	확인
전남	구례	군경토벌사건	직다-2605	백정환 (白正煥)	남	33	확인
전남	구례	군경토벌사건	직다-2606	백중환 (白仲煥)	남	23	확인
전남	구례	군경토벌사건	직다-2724	임홍규 (林洪圭)	남	17	확인
전남	구례	군경토벌사건	직다-2983	박원하 (朴元夏)	남	23	확인
전남	구례	군경토벌사건	직다-3092	강태원 (姜泰元)	남	33	확인
전남	구례	군경토벌사건	직다-3093	이상우 (李商雨)	남	15	확인
전남	구례	군경토벌사건	직다-3192	최성호 (崔性浩)	남	33	확인
전남	구례	군경토벌사건	직다-910 직다-3476	임정희 (林井熙)	남	28	확인
전남	구례	군경토벌사건	직다-3572	최석락 (崔錫樂)	남	32	확인
전남	구례	군경토벌사건	직다-3574	이종만 (李鍾萬)	남	27	확인
전남	구례	군경토벌사건	직다-3685	고병길 (高炳吉)	남	22	확인

지역별		사건유형별	사건번호	진실규명대상자			조사 결과
				이름	성별	연령	
전남	구례	군경토벌사건	직다-3758	이돈천 (李敦千)	남	36	확인
전남	구례	군경토벌사건	직다-3717	빈재순 (賓在順)	남	27	확인
전남	구례	군경토벌사건	직다-4049	최삼규 (崔三圭)	남	36	확인
전남	구례	군경토벌사건	직다-4113	남정구 (南正九)	남	20	확인
전남	구례	군경토벌사건	직다-4114	남형우 (南炯祐)	남	21	확인
전남	구례	군경토벌사건	직다-4247	김희성 (金喜成)	남	36	확인
전남	구례	군경토벌사건	직다-4444	강대봉 (姜大鳳)	남	33	확인
전남	구례	군경토벌사건	직다-4444	강대의 (姜大儀)	남	26	확인
전남	구례	군경토벌사건	직다-4526	이상수 (李相修)	남	24	확인
전남	구례	군경토벌사건	직다-4527 직다-8276	박창록 (朴倉祿)	남	40	확인
전남	구례	군경토벌사건	직다-4956	서기준 (徐棋準)	남	23	확인
전남	구례	군경토벌사건	직다-4957	신정모 (申正模)	남	26	확인
전남	구례	군경토벌사건	직다-4958	신재모 (申在模)	남	16	확인
전남	구례	군경토벌사건	직다-5040	장달수 (張達洙)	남	30	확인
전남	구례	군경토벌사건	직다-5291	양형남 (梁炯南)	남	21	확인
전남	구례	군경토벌사건	직다-5504	양봉식 (梁逢植)	남	23	확인
전남	구례	군경토벌사건	직다-5505	양해철 (梁海喆)	남	35	확인

지역별		사건유형별	사건번호	진실규명대상자			조사 결과
				이름	성별	연령	
전남	구례	군경토벌사건	직다-5521	손봉석 (孫鳳石)	남	28	확인
전남	구례	군경토벌사건	직다-6446	손맹수 (孫孟洙)	남	20	확인
전남	구례	군경토벌사건	직다-6447	황삼석	남	20	확인
전남	구례	군경토벌사건	직다-6448	정순영 (鄭順永)	남	21	확인
전남	구례	군경토벌사건	직다-6847	남정현 (南廷譞)	남	25	확인
전남	구례	군경토벌사건	직다-7268	최동석 (崔東錫)	남	19	확인
전남	구례	군경토벌사건	직다-7269	손형식 (孫炯植)	남	23	확인
전남	구례	군경토벌사건	직다-7271	최봉석 (崔奉錫)	남	24	확인
전남	구례	군경토벌사건	직다-7272	최종규 (崔鍾奎)	남	20	확인
전남	구례	군경토벌사건	직다-7481	김갑순 (金甲純)	남	25	확인
전남	구례	군경토벌사건	직다-7507	정영모 (鄭永模)	남	28	확인
전남	구례	군경토벌사건	직다-7508	정사기 (鄭士基)	남	19	확인
전남	구례	군경토벌사건	직다-7509	박천행 (朴千幸)	남	27	확인
전남	구례	군경토벌사건	직다-7510	이영수 (李永秀)	남	38	확인
전남	구례	군경토벌사건	직다-7540	김형태 (金炯太)	남	29	확인
전남	구례	군경토벌사건	직다-7582	김창렬 (金昌烈)	남	32	확인
전남	구례	군경토벌사건	직다-7797	차양심 (車良心)	여	41	확인

지역별		사건유형별	사건번호	진실규명대상자			조사 결과
				이름	성별	연령	
전남	구례	군경토벌사건	직다-7885	고광옥 (高光玉)	남	43	확인
전남	구례	군경토벌사건	직다-8290	김정오 (金正午)	남	33	확인
전남	구례	군경토벌사건	직다-8950	양기천 (梁基千)	남	23	확인
전남	구례	군경토벌사건	직다-8951	최차순 (崔次順)	여	21	확인
전남	구례	군경토벌사건	직다-8951	전이남 (全伊男)	여	16	확인
전남	구례	군경토벌사건	직다-8952	차관열 (車瓘烈)	남	49	확인
전남	구례	군경토벌사건	직다-8953	김한구 (金漢九)	남	21	확인
전남	구례	군경토벌사건	직다-8954	고명팔 (高命八)	남	39	확인
전남	구례	군경토벌사건	직다-8955	손기석 (孫基錫)	남	36	확인
전남	구례	군경토벌사건	직다-8957	차행열 (車行烈)	남	27	확인
전남	구례	군경토벌사건	직다-9072	박팔곤 (朴八坤)	남	38	확인
전남	구례	군경토벌사건	직다-9073	이귀열 (李貴烈)	남	35	확인
전남	구례	군경토벌사건	직다-9924	박재봉 (朴在鳳)	남	28	확인
전남	구례	군경토벌사건	직다-10096	김순동 (金順童)	남	39	확인
전남	구례	군경토벌사건	직다-10097	한순오 (韓順伍)	남	32	확인
전남	구례	군경토벌사건	직다-10098	구수엽 (具守葉)	여	22	확인
전남	구례	군경토벌사건	직다-10100	홍언표 (洪彦杓)	남	59	확인

지역별		사건유형별	사건번호	진실규명대상자			조사 결과
				이름	성별	연령	
전남	구례	군경토벌사건	직다-10101	구자만 (具滋萬)	남	19	확인
전남	구례	군경토벌사건	직다-10103	구수동 (具壽童)	남	30	확인
전남	구례	군경토벌사건	직다-10104	구진회 (具進會)	남	58	확인
전남	구례	군경토벌사건	직다-10105	구쌍홍 (具雙洪)	남	28	확인
전남	구례	군경토벌사건	직다-10106	허상기 (許相基)	남	42	확인
전남	구례	군경토벌사건	직다-10107	허인량 (許寅亮)	남	26	확인
전남	구례	군경토벌사건	직다-10110	임금생 (林今生)	남	40	확인
전남	구례	군경토벌사건	직다-10111	이승옥 (李升玉)	남	36	확인
전남	구례	군경토벌사건	직다-10112	이규태 (李奎泰)	남	37	확인
전남	구례	군경토벌사건	직다-10113	이윤엽 (李允燁)	남	25	확인
전남	구례	군경토벌사건	직다-10114	이태엽 (李泰燁)	남	32	확인
전남	구례	군경토벌사건	직다-10119	김순희 (金旬喜)	남	22	확인
전남	구례	군경토벌사건	직다-10120	박양도 (朴良道)	남	19	확인
전남	구례	군경토벌사건	직다-10121	구학서 (具學書)	남	42	확인
전남	구례	군경토벌사건	직다-10122	김형봉 (金炯奉)	남	24	확인
전남	구례	군경토벌사건	직다-10122	김형복 (金炯福)	남	23	확인
전남	구례	군경토벌사건	직다-10123	백남수 (白南守)	남	27	확인

지역별		사건유형별	사건번호	진실규명대상자			조사 결과
				이름	성별	연령	
전남	구례	군경토벌사건	직다-10123	백순례 (白順禮)	남	20	확인
전남	구례	군경토벌사건	직다-10124	임형순 (林亨淳)	남	28	확인
전남	구례	군경토벌사건	직다-10125	정기훈 (鄭琪燻)	남	26	확인
전남	구례	군경토벌사건	직다-10126	임선호 (林善鎬)	남	16	확인
전남	구례	군경토벌사건	직다-10127	임기동 (林璂東)	남	26	확인
전남	구례	군경토벌사건	직다-10128	유해동 (柳海東)	남	20	확인
전남	구례	군경토벌사건	직다-10129	이상복 (李相福)	남	25	확인
전남	구례	군경토벌사건	직다-10130	유판순 (柳判順)	여	19	확인
전남	구례	군경토벌사건	직다-10131	홍중환 (洪重桓)	남	28	확인
전남	구례	군경토벌사건	직다-10132	김용규 (金容圭)	남	24	확인
전남	구례	군경토벌사건	직다-10134	임연근 (林年根)	남	27	확인
전남	구례	군경토벌사건	미신청	황의회 (黃義淮)	남	19	확인
전남	구례	군경토벌사건	미신청	구윤회 (具允會)	남	33	확인
전남	구례	군경토벌사건	미신청	강영순 (姜永順)	여	28	확인
전남	구례	군경토벌사건	미신청	유근창 (柳根昌)	남	44	확인
전남	구례	군경토벌사건	미신청	이정엽 (李正燁)	남	42	확인
전남	구례	군경토벌사건	미신청	차병열 (車秉烈)	남	41	확인

지역별		사건유형별	사건번호	진실규명대상자			조사 결과
				이름	성별	연령	
전남	구례	군경토벌사건	미신청	강태신 (姜泰信)	남	33	확인
전남	구례	군경토벌사건	미신청	김복완 (金卜完)	남	48	확인
전남	구례	군경토벌사건	미신청	박병협 (朴丙夾)	남	38	추정
전남	구례	군경토벌사건	미신청	엄홍섭 (嚴弘燮)	남	27	추정
전남	구례	군경토벌사건	미신청	정관옥 (鄭寬玉)	남	36	추정
전남	구례	군경토벌사건	미신청	박종술 (朴鍾述)	남	27	추정
전남	구례	군경토벌사건	미신청	박귀석	남	미상	추정
전남	구례	군경토벌사건	미신청	김문일 (金文一)	남	38	추정
전남	구례	군경토벌사건	미신청	정태삼 (鄭太三)	남	66	추정
전남	구례	군경토벌사건	미신청	박승필 (朴勝泌)	남	43	추정
전남	구례	군경토벌사건	미신청	박승래 (朴勝來)	남	38	추정
전남	구례	국민보도 연맹사건	687	이우봉 (李宇鳳)	남	29	확인
전남	구례	국민보도 연맹사건	948	오강광 (吳江光)	남	45	확인
전남	구례	국민보도 연맹사건	7147	이기호 (李機浩)	남	43	확인
전남	구례	국민보도 연맹사건	8780	윤영순 (尹永淳)	남	50	확인
전남	구례	국민보도 연맹사건	미신청	기세완	남	32	확인
전남	구례	국민보도 연맹사건	미신청	지태윤 (池台潤)	남	38	확인

지역별		사건유형별	사건번호	진실규명대상자			조사 결과
				이름	성별	연령	
전남	구례	국민보도 연맹사건	미신청	배정우 (輩正雨)	남	33	확인
대전	대전 형무소	형무소 재소자 희생사건(구례)	725	정희윤 (鄭喜允)	남	38	확인
대전	대전 형무소	형무소 재소자 희생사건(구례)	727	손봉구 (孫奉九)	남	38	확인
대전	대전 형무소	형무소 재소자 희생사건(구례)	9075	최규용 (崔圭容)	남	45	확인
대전	대전 형무소	형무소 재소자 희생사건(구례)	10099	최규태 (崔圭泰)	남	34	확인
전북	전주 형무소	형무소 재소자 희생사건(구례)	797	임한수 (林漢壽)	남	35	추정
전남	구례	군경에 의한 민간인희생사건	직다-2408	도재덕 (都在德)	남	40	확인
전남	구례	군경에 의한 민간인희생사건		도광열 (都光烈)	남	9	확인
전남	구례	군경에 의한 민간인희생사건		도광옥 (都光玉)	남	1	확인
전남	구례	군경에 의한 민간인희생사건	직다-473 직다-606	표귀종 (表貴鍾)	남	32	추정
전남	구례	군경에 의한 민간인희생사건	직다-911	김길동 (金吉東)	남	22	확인
전남	구례	군경에 의한 민간인희생사건		김길수 (金吉洙)	남	10	확인
전남	구례	군경에 의한 민간인희생사건	직다-10133	임창순 (林昌淳)	남	41	확인
전남	구례	군경에 의한 민간인희생사건	직다-2723	임태규 (林泰圭)	남	32	확인
전남	구례	군경에 의한 민간인희생사건	직다-6779	임아지 (林阿只)	여	37	확인
전남	구례	군경에 의한 민간인희생사건	직다-2433	박판옥 (朴判玉)	남	29	확인
전남	구례	군경에 의한 민간인희생사건	직다-473 직다-606	고판수	남	미상	추정

지역별		사건유형별	사건번호	진실규명대상자			조사 결과
				이름	성별	연령	
전남	구례	군경에 의한 민간인희생사건	직다-473 직다-606	곽상수	남	미상	추정
전남	구례	군경에 의한 민간인희생사건		이중환 (李重煥)	남	58	추정
전남	구례	군경에 의한 민간인희생사건		장일수	남	미상	추정
전남	구례	군경에 의한 민간인희생사건		장응벽	남	미상	추정
전남	구례	군경에 의한 민간인희생사건		현세종	남	미상	추정
전남	구례	군경에 의한 민간인희생사건		이중환의 처1	여	미상	추정
전남	구례	군경에 의한 민간인희생사건		이중환의 처2	여	미상	추정
전남	구례	군경에 의한 민간인희생사건	직다-911	최대홍 (崔大洪)	남	22	확인
전남	구례	군경에 의한 민간인희생사건	직다-2433	구정길 (具正吉)	남	20	확인
전남	구례	군경에 의한 민간인희생사건	직다-2433	한기범	남	미상	확인
전남	구례	적대세력사건	마-852	이승하 (李承夏)	남	27	확인
전남	구례	적대세력사건	마-2647	박노성 (朴魯星)	남	16	추정
전남	구례	적대세력사건		박노순 (朴魯順)	여	26	추정
전남	광양	군경토벌사건	직다-1419	조용래 (趙龍來)	남	38	확인
전남	광양	군경토벌사건	직다-1420	이수경 (李壽卿)	남	46	확인
전남	광양	군경토벌사건	직다-3737	박계석 (朴季石)	남	36	확인
전남	광양	군경토벌사건	직다-3738	박노성 (朴魯星)	남	30	확인

지역별		사건유형별	사건번호	진실규명대상자			조사 결과
				이름	성별	연령	
전남	광양	군경토벌사건	직다-3738	박노관 (朴魯寬)	남	39	확인
전남	광양	군경토벌사건	직다-3739	박노준 (朴魯俊)	남	43	확인
전남	광양	군경토벌사건	직다-3741	최순용 (崔順龍)	남	34	확인
전남	광양	군경토벌사건	직다-4071	배정옥 (裵貞玉)	남	47	확인
전남	광양	군경토벌사건	직다-4072 직다-8063	김인섭 (金堙葉)	남	12	확인
전남	광양	군경토벌사건	직다-5023	최경열 (崔敬烈)	남	29	확인
전남	광양	군경토벌사건	직다-5024	이은실 (李恩實)	남	28	확인
전남	광양	군경토벌사건	직다-5218	주봉선 (朱鳳先)	남	28	확인
전남	광양	군경토벌사건	직다-5557	성기영 (成耆英)	남	22	확인
전남	광양	군경토벌사건	직다-6465	박차성 (朴且成)	남	52	확인
전남	광양	군경토벌사건	직다-6532	황성호 (黃聖鎬)	남	25	확인
전남	광양	군경토벌사건	직다-6537	정달수 (鄭達水)	남	50	확인
전남	광양	군경토벌사건	직다-7501	이흥조 (李興祚)	남	36	확인
전남	광양	군경토벌사건	직다-7858	윤동철 (尹東哲)	남	25	확인
전남	광양	군경토벌사건	직다-8041	정옥기 (鄭鈺基)	남	25	확인
전남	광양	군경토벌사건	직다-8042	홍옥동 (洪玉同)	남	34	확인
전남	광양	군경토벌사건	직다-8044	성채주 (成彩周)	남	36	확인

지역별		사건유형별	사건번호	진실규명대상자			조사 결과
				이름	성별	연령	
전남	광양	군경토벌사건	직다-8696	김덕용 (金德用)	남	29	확인
전남	광양	군경토벌사건	직다-8697	김준영 (金準永)	남	23	확인
전남	광양	군경토벌사건	직다-8698	김창성 (金昌成)	남	39	확인
전남	광양	군경토벌사건		김창오 (金昌吾)	남	28	확인
전남	광양	군경토벌사건	직다-8699	김기환 (金基煥)	남	31	확인
전남	광양	군경토벌사건	직다-8701	양이금 (梁二金)	남	42	확인
전남	광양	군경토벌사건	직다-8702	박태기 (朴泰基)	남	35	확인
전남	광양	군경토벌사건	직다-8703	황용호 (黃鏞浩)	남	24	확인
전남	광양	군경토벌사건	직다-8705	서순모 (徐順摸)	남	37	확인
전남	광양	군경토벌사건	직다-8706-1	김한기 (金漢奇)	남	52	확인
전남	광양	군경토벌사건	직다-8787	박병옥 (朴炳玉)	남	20	확인
전남	광양	군경토벌사건	직다-9265	이재덕 (李在德)	남	25	확인
전남	광양	군경토벌사건	직다-9277	윤계동 (尹桂同)	남	27	추정
전남	광양	군경토벌사건	직다-9282	김광식 (金曠植)	남	29	확인
전남	광양	군경토벌사건	직다-10790	반차용 (潘且龍)	남	40	확인
전남	광양	군경토벌사건	직다-10791	변은약 (卜銀若)	남	36	확인
전남	광양	군경토벌사건	직다-10791	이강현 (李康炫)	남	26	확인

지역별		사건유형별	사건번호	진실규명대상자			조사 결과
				이름	성별	연령	
전남	광양	군경토벌사건	직다-10972	이만수 (李萬守)	남	46	확인
전남	광양	군경토벌사건	직다-10791 관련	이강석	남	29	확인
전남	광양	군경토벌사건	직다-5024 관련	서금식 (徐金植)	남	29	확인
전남	광양	군경토벌사건	직다-4072 관련	김유복	남	37	확인
전남	광양	군경토벌사건	직다-4072 관련	김용찬 (김유복子)	남	7	확인
전남	광양	군경토벌사건	직다-1420 관련	김종석의 부친	남	미상	확인
전남	광양	군경토벌사건	직다-1420 관련	심옥자의 모	여	25	확인
전남	광양	군경토벌사건	직다-1420 관련	심옥자 (沈玉子)	여	7	확인
전남	광양	군경토벌사건	직다-1420 관련	손영호 (孫永浩)	남	36	확인
전남	광양	군경토벌사건	직다-6465 관련	이상모 (李相模)	남	36	확인
전남	광양	군경토벌사건	직다-4071 관련	문성수	남	25	확인
전남	광양	군경토벌사건	직다-8697 관련	박상수 (朴相守)	남	49	확인
전남	광양	군경토벌사건	직다-8697 관련	박임규 (朴任圭)	남	31	확인
전남	광양	군경토벌사건	직다-8696 관련	김신환의 동생	남	약 20	확인
전남	광양	군경토벌사건	직다-1418 관련	이강율 (李康律)	남	33	확인
전남	광양	군경토벌사건	직다-8703 관련	황진호 (黃珍浩)	남	27	확인
전남	광양	군경토벌사건	직다-3741 관련	윤경혁	남	20대	확인

지역별		사건유형별	사건번호	진실규명대상자			조사 결과
				이름	성별	연령	
전남	광양	군경토벌사건	직다-3741 관련	김경혁	남	25	확인
전남	광양	군경토벌사건	직다-3741 관련	강용수	남	약 40	확인
전남	광양	국민보도 연맹사건	다-3736	임학배 (林鶴培)	남	31	확인
전남	광양	국민보도 연맹사건	다-3740	김재암 (金在岩)	남	36	확인
전남	광양	국민보도 연맹사건	다-8706	김성옥 (金成玉)	남	27	확인
전남	광양	국민보도 연맹사건	다-10836	정현기 (鄭鉉基)	남	22	확인
전남	광양	국민보도 연맹사건	미신청	서명수 (徐命銖)	남	37	확인
대전	대전 형무소	형무소 재소자 희생사건(광양)	8707	김형용 (金炯用)	남	29	확인
대전	대전 형무소	형무소 재소자 희생사건(광양)	8708	박창현 (朴彰鉉)	남	27	확인
전북	전주 형무소	형무소 재소자 희생사건(광양)	8045	이성두 (李星斗)	남	32	추정
전남	광양	군경에 의한 민간인희생사건	다-10833	정태용 (鄭泰容)	남	42	확인
전남	광양	군경에 의한 민간인희생사건	다-10835	정석기 (鄭鈺基)	남	24	확인
전남	광양	적대세력사건	마-9267	정경봉 (鄭京鳳)	남	64	확인
전남	광양	적대세력사건	마-808	정화석 (鄭和錫)	남	58	확인
전남	광양	적대세력사건	직다-6531	서준문 (徐俊汶)	남	15	확인
전남	광양	적대세력사건	직다-9281	김우영석 (金又永碩)	남	38	확인
전남	광양	적대세력사건	직다-2325	남복수 (南福壽)	남	36	확인

지역별		사건유형별	사건번호	진실규명대상자			조사 결과
				이름	성별	연령	
전남	고흥	군경토벌사건	334	유춘재 (兪春在)	남	25	확인
전남	고흥	군경토벌사건	409	한상기 (韓相基)	남	60	확인
전남	고흥	군경토벌사건	409	김삼덕 (金三德)	여	57	확인
전남	고흥	군경토벌사건	410	한천행 (韓千幸)	남	34	확인
전남	고흥	군경토벌사건	412	박준임 (朴準任)	여	29	확인
전남	고흥	군경토벌사건	477	김명수 (金明洙)	남	22	확인
전남	고흥	군경토벌사건	699	표춘기 (表春基)	남	23	확인
전남	고흥	군경토벌사건	700	장옥석 (張玉錫)	남	26	확인
전남	고흥	군경토벌사건	844	정갑선 (丁甲善)	남	25	확인
전남	고흥	군경토벌사건	974	양정현 (梁貞炫)	남	23	확인
전남	고흥	군경토벌사건	1101	김운규 (金云奎)	남	22	확인
전남	고흥	군경토벌사건	3497	이종윤 (李宗允)	남	20	확인
전남	고흥	군경토벌사건	3856	정홍식	남	49	확인
전남	고흥	군경토벌사건	5520	송규섭 (宋奎燮)	남	28	확인
전남	고흥	군경토벌사건	6040	정남탁 (丁南坼)	남	23	확인
전남	고흥	군경토벌사건	6321	송재원 (宋在原)	남	22	확인
전남	고흥	군경토벌사건	6389	홍종오 (洪鐘午)	남	22	확인

지역별		사건유형별	사건번호	진실규명대상자			조사 결과
				이름	성별	연령	
전남	고흥	군경토벌사건	6425/ 6798	장맹동 (張孟東)	남	29	확인
전남	고흥	군경토벌사건	6425	장경래 (張景來)	남	29	확인
전남	고흥	군경토벌사건	6425	장흥래 (張興來)	남	31	확인
전남	고흥	군경토벌사건	6425	장형래 (張亨來)	남	27	확인
전남	고흥	군경토벌사건	6425	장양동 (張良東)	남	19	확인
전남	고흥	군경토벌사건	6425	장정동 (張正東)	남	20	확인
전남	고흥	군경토벌사건	6472	정하현 (丁夏玹)	남	38	확인
전남	고흥	군경토벌사건	6966	송하봉 (宋河奉)	남	19	확인
전남	고흥	군경토벌사건	7256	송정섭 (宋正燮)	남	34	확인
전남	고흥	군경토벌사건	7824	정홍기 (鄭洪基)	남	23	확인
전남	고흥	군경토벌사건	7824	정홍국 (鄭洪局)	남	21	확인
전남	고흥	군경토벌사건	7824	정홍주 (鄭洪周)	남	18	확인
전남	고흥	군경토벌사건	8069	류정담 (柳正潭)	남	25	확인
전남	고흥	군경토벌사건	8166	김주삼 (金周三)	남	60	확인
전남	고흥	군경토벌사건	8166	강수림 (姜守林)	여	54	확인
전남	고흥	군경토벌사건	8166	김유근 (金裕根)	남	24	확인
전남	고흥	군경토벌사건	9394	송용섭 (宋龍燮)	남	18	확인

지역별		사건유형별	사건번호	진실규명대상자			조사 결과
				이름	성별	연령	
전남	고흥	군경토벌사건	9546	김병순 (金炳珣)	남	33	확인
전남	고흥	군경토벌사건	9607	송양석	남	26	확인
전남	고흥	군경토벌사건	10422	이상근 (李相根)	남	25	확인
전남	고흥	군경토벌사건	10441	김병학 (金炳學)	남	27	확인
전남	고흥	군경토벌사건	10384	진기철 (陳起哲)	남	21	확인
전남	고흥	군경토벌사건	10525	배진채 (裵鎭采)	남	24	확인
전남	고흥	군경토벌사건	미신청	송윤현 (宋尹鉉)	남	22	확인
전남	고흥	군경토벌사건	미신청	음서봉 (陰瑞鳳)	남	35	확인
전남	고흥	군경토벌사건	미신청	박종수	남	25	추정
전남	고흥	국민보도 연맹사건	6609	장만석 (張萬錫)	남	23	확인
전남	고흥	국민보도 연맹사건	8905	이형담 (李亨淡)	남	47	확인
전남	고흥	국민보도 연맹사건	9383	송복록 (宋復綠)	남	26	확인
전남	고흥	국민보도 연맹사건	미신청	김정효 (金正孝)	남	23	확인
전남	고흥	국민보도 연맹사건	미신청	이활인 (李活人)	남	60대	확인
광주	광주 형무소	형무소 재소자 희생사건(고흥)	10440	임영하 (林永荷)	남	26	추정
충남	공주 형무소	형무소 재소자 희생사건(고흥)	8810	김태근 (金泰根)	남	20	확인
전남	고흥	군경에 의한 민간인희생사건	다-4126	김성현 (金聖炫)	남	29	확인
전남	고흥	군경에 의한 민간인희생사건	직다-6471	정병룡 (丁炳龍)	남	2	확인

지역별		사건유형별	사건번호	진실규명대상자			조사 결과
				이름	성별	연령	
전남	고흥	적대세력사건	직다-6426	김재수 (金在洙)	남	49	확인
전남	고흥	적대세력사건	직다-8777	송화봉 (宋化奉)	남	51	확인
전남	고흥	적대세력사건	직다-7783	이백헌 (李伯憲)	남	60	확인
전남	고흥	적대세력사건	직다-9476	김중진 (金仲珍)	여	63	확인
전남	고흥	적대세력사건		송문섭 (宋文燮)	남	38	확인
전남	고흥	적대세력사건	직다-10601	윤맹금 (尹孟今)	여	31	확인
전남	고흥	적대세력사건	직다-6053	박봉준 (朴奉俊)	남	43	확인
전남	고흥	적대세력사건	마-2389	송용채 (宋龍彩)	남	35	확인
전남	고흥	적대세력사건	직다-5730	김방녀 (金方女)	여	49	확인
전남	고흥	적대세력사건	직다-8859	김육림 (金六林)	여	36	확인
전남	고흥	적대세력사건	직다-6426 직다-8777	김영원	남	미상	확인
전남	고흥	적대세력사건		신봉근 (申奉根)	남	49	확인
전남	고흥	적대세력사건		장양호 (張良浩)	남	30	확인
전남	고흥	적대세력사건		장봉호	남	미상	확인
전남	고흥	적대세력사건	직다-9476	송도암	남	미상	추정
전남	고흥	적대세력사건		송효섭	남	미상	추정
전남	고흥	적대세력사건	직다-10601	임인규 (任仁奎)	남	40	확인
전남	고흥	적대세력사건		임사규 (林仕奎)	남	49	확인
전남	고흥	적대세력사건		임○○	남	미상	추정

지역별		사건유형별	사건번호	진실규명대상자			조사 결과
				이름	성별	연령	
전남	고흥	적대세력사건	직다-10601	정○○	남	미상	추정
전남	고흥	적대세력사건	직다-6053	김홍일	남	미상	확인
전남	고흥	적대세력사건	직다-2389	박남문	남	미상	확인
전남	고흥	적대세력사건	직다-5730 직다-8859	공영철	남	미상	확인
전남	고흥	적대세력사건		김도순 (金道順)	여	미상	확인
전남	고흥	적대세력사건		공○○	여	미상	확인
전남	보성	군경토벌사건	직다-668	정옥출 (鄭玉出)	남	35	확인
전남	보성	군경토벌사건	직다-668	권신녀 (權新女)	여	33	확인
전남	보성	군경토벌사건	직다-809	안진남 (安辰南)	여	19	확인
전남	보성	군경토벌사건	직다-1016	정창식 (鄭昌植)	남	36	확인
전남	보성	군경토벌사건	직다-1110	김일순 (金日順)	남	25	확인
전남	보성	군경토벌사건	직다-1340	임동철 (林東哲)	남	27	확인
전남	보성	군경토벌사건	직다-1345	안용순 (安容淳)	남	24	확인
전남	보성	군경토벌사건	직다-1345	안형순 (安炯淳)	남	19	확인
전남	보성	군경토벌사건	직다-1363	홍정모 (洪正模)	남	28	확인
전남	보성	군경토벌사건	직다-1414	임동욱 (林東郁)	남	22	확인
전남	보성	군경토벌사건	직다-1987	이종남 (李鐘南)	남	25	확인
전남	보성	군경토벌사건	직다-1987	김정기 (金正基)	남	25	확인
전남	보성	군경토벌사건	직다-1988	임한석 (林漢錫)	남	39	확인

지역별		사건유형별	사건번호	진실규명대상자			조사 결과
				이름	성별	연령	
전남	보성	군경토벌사건	직다-1989	임한열 (林漢烈)	남	34	확인
전남	보성	군경토벌사건	직다-2436	정백근 (鄭白根)	남	37	확인
전남	보성	군경토벌사건	직다-2437	강보현 (姜寶鉉)	남	16	확인
전남	보성	군경토벌사건	직다-2733	박명주 (朴明柱)	남	35	확인
전남	보성	군경토벌사건	직다-3041	송치섭	남	19	확인
전남	보성	군경토벌사건	직다-3043	송윤섭	남	27	확인
전남	보성	군경토벌사건	직다-3591	박창주 (朴昌柱)	남	48	확인
전남	보성	군경토벌사건	직다-3598	박태량 (朴泰良)	남	21	확인
전남	보성	군경토벌사건	직다-3599	박성기 (朴性棋)	남	29	확인
전남	보성	군경토벌사건	직다-3600	박성모 (朴性模)	남	22	확인
전남	보성	군경토벌사건	직다-3601	박유주 (朴有柱)	남	32	확인
전남	보성	군경토벌사건	직다-3603	김몽길 (金夢吉)	남	42	확인
전남	보성	군경토벌사건	직다-6241	윤규현 (尹圭鉉)	남	26	확인
전남	보성	군경토벌사건	직다-7223	정주석 (鄭柱石)	남	21	확인
전남	보성	군경토벌사건	직다-7334	최삼용 (崔三用)	남	46	확인
전남	보성	군경토벌사건	직다-7404	황정현	남	39	확인
전남	보성	군경토벌사건	직다-7405	황달주	남	17	확인
전남	보성	군경토벌사건	직다-7952	안종문 (安鐘文)	남	35	확인
전남	보성	군경토벌사건	직다-8235	임병록 (任炳祿)	남	24	확인

지역별		사건유형별	사건번호	진실규명대상자			조사 결과
				이름	성별	연령	
전남	보성	군경토벌사건	직다-8277	이병수 (李秉守)	남	29	확인
전남	보성	군경토벌사건	직다-8277	이병조 (李秉兆)	남	21	확인
전남	보성	군경토벌사건	직다-8532	이규하 (李奎夏)	남	41	확인
전남	보성	군경토벌사건	직다-8813	유병남 (兪炳南)	남	25	확인
전남	보성	군경토벌사건	직다-8855	배학일 (裵鶴壹)	남	46	확인
전남	보성	군경토벌사건	직다-8996	조홍례 (曺紅禮)	여	33	확인
전남	보성	군경토벌사건	직다-9460	이건섭 (李建燮)	남	45	확인
전남	보성	군경토벌사건	직다-9461	이보하 (李輔夏)	남	20	확인
전남	보성	군경토벌사건	직다-9557	조만길 (趙晩吉)	남	24	확인
전남	보성	군경토벌사건	미신청	정영국 (鄭永國)	남	41	확인
전남	보성	군경토벌사건		정정환 (鄭正桓)	남	41	확인
전남	보성	군경토벌사건		황구추 (黃九秋)	여	38	확인
전남	보성	군경토벌사건		최영례	여	28	확인
전남	보성	군경토벌사건		박인석 (朴仁錫)	남	40	확인
전남	보성	군경토벌사건		이만수	남	미상	추정
전남	보성	군경토벌사건		정철호	남	미상	추정
전남	보성	군경토벌사건		김영관	남	미상	추정
전남	보성	군경토벌사건		손종운	남	23	추정
전남	보성	군경토벌사건		이금출	남	40	추정
전남	보성	군경토벌사건		박종환	남	23	추정

지역별		사건유형별	사건번호	진실규명대상자			조사 결과
				이름	성별	연령	
전남	보성	군경토벌사건	미신청	박우주	남	23	추정
전남	보성	군경토벌사건		박갑주	남	30	추정
전남	보성	군경토벌사건		조길용	남	미상	추정
전남	보성	군경토벌사건		문판식	남	미상	추정
전남	보성	군경토벌사건		조유복	남	미상	추정
전남	보성	군경토벌사건		박태욱 (朴泰旭)	남	약 60	추정
전남	보성	군경토벌사건		박충식 (朴忠植)	남	약 40	추정
전남	보성	군경토벌사건		박충식의 부인	여	미상	추정
전남	보성	군경토벌사건		박행식의 부인	여	미상	추정
전남	보성	국민보도 연맹사건	639	이석철 (李錫澈)	남	36	확인
전남	보성	국민보도 연맹사건	425	문종선 (文鍾善)	남	26	확인
전남	보성	국민보도 연맹사건		이상규 (李相奎)	남	24	확인
전남	보성	국민보도 연맹사건	444	최기옥 (崔基玉)	남	20대	확인
전남	보성	국민보도 연맹사건	1343	정해춘 (鄭海春)	남	23	확인
전남	보성	국민보도 연맹사건	1344	이애순 (李愛順)	여	51	확인
전남	보성	국민보도 연맹사건	1346	김복동 (金福同)	남	29	확인
전남	보성	국민보도 연맹사건	242	박 영 (朴 永)	여	43	확인
전남	보성	국민보도 연맹사건	2874	이용남 (李容南)	남	25	확인
전남	보성	국민보도 연맹사건	3595	정홍주 (鄭弘柱)	남	27	확인

지역별		사건유형별	사건번호	진실규명대상자			조사 결과
				이름	성별	연령	
전남	보성	국민보도 연맹사건	4045	정석봉 (丁錫奉)	남	27	확인
전남	보성	국민보도 연맹사건	5194	제기봉 (諸起烽)	남	32	확인
전남	보성	국민보도 연맹사건	5641	안환태 (安煥台)	남	42	확인
전남	보성	국민보도 연맹사건	5989	라채영 (羅采永)	남	44	확인
전남	보성	국민보도 연맹사건	6201	최기창 (崔基昶)	남	30	확인
전남	보성	국민보도 연맹사건	6270	이복래 (李福來)	남	35	확인
전남	보성	국민보도 연맹사건	6468	박봉석 (朴奉錫)	남	25	확인
전남	보성	국민보도 연맹사건	6563	박태출 (朴泰出)	남	25	확인
전남	보성	국민보도 연맹사건	6667	박종태 (朴鍾泰)	남	32	확인
전남	보성	국민보도 연맹사건	6668	박금현 (朴金鉉)	남	30	확인
전남	보성	국민보도 연맹사건	6669	최현국 (崔鉉國)	남	23	확인
전남	보성	국민보도 연맹사건	6670	최기남 (崔奇南)	남	30	확인
전남	보성	국민보도 연맹사건	6821	문상섭 (文相涉)	남	29	확인
전남	보성	국민보도 연맹사건	6892	장경옥 (長慶玉)	남	42	확인
전남	보성	국민보도 연맹사건	7017	정강래 (鄭康來)	남	21	확인
전남	보성	국민보도 연맹사건	7018	김병환 (金炳煥)	남	20	확인
전남	보성	국민보도 연맹사건	7051	박기만 (朴基萬)	남	27	확인

지역별		사건유형별	사건번호	진실규명대상자			조사 결과
				이름	성별	연령	
전남	보성	국민보도 연맹사건	7051	박기언 (朴基彦)	남	21	확인
전남	보성	국민보도 연맹사건	7137	김순복 (金順福)	남	32	확인
전남	보성	국민보도 연맹사건	7212	박중희 (朴重熙)	남	37	확인
전남	보성	국민보도 연맹사건	7371	이항복 (李恒福)	남	28	확인
전남	보성	국민보도 연맹사건	7372	김치오 (金致五)	남	22	확인
전남	보성	국민보도 연맹사건	7526	임태경 (任泰景)	남	19	확인
전남	보성	국민보도 연맹사건	7805	박종운 (朴鍾雲)	남	23	확인
전남	보성	국민보도 연맹사건	9428	임종술 (林鍾述)	남	23	확인
전남	보성	국민보도 연맹사건	9468	선점근 (宣点根)	남	45	확인
전남	보성	국민보도 연맹사건	1988	이소아 (李小兒)	여	41	확인
전남	보성	국민보도 연맹사건	7334	최봉현 (崔奉鉉)	남	20	확인
전남	보성	국민보도 연맹사건	8164	김용식 (金用植)	남	20	확인
전남	보성	국민보도 연맹사건	미신청	김기태 (金箕泰)	남	22	확인
전남	보성	국민보도 연맹사건		김상오 (金相伍)	남	30	확인
전남	보성	국민보도 연맹사건		김기주 (金箕柱)	남	18	확인
전남	보성	국민보도 연맹사건		정천기 (鄭天基)	남	39	확인
인천	인천소년 형무소	형무소재소자 희생사건(보성)	직다-7912	소길영	남	23	불능

지역별		사건유형별	사건번호	진실규명대상자			조사 결과
				이름	성별	연령	
서울	영등포 형무소 수원농장	형무소재소자 희생사건(보성)	5984	차동호 (車東浩)	남	28	추정
전북	전주 형무소	형무소 재소자 희생사건(보성)	912	조순종 (趙淳宗)	남	27	추정
전북	전주 형무소	형무소 재소자 희생사건(보성)	913	김우석 (金于錫)	남	34	추정
전북	전주 형무소	형무소 재소자 희생사건(보성)	915	서재필 (徐在弼)	남	21	추정
전북	전주 형무소	형무소 재소자 희생사건(보성)	1521	서경옥 (徐京玉)	남	27	추정
전북	전주 형무소	형무소 재소자 희생사건(보성)	1522	조판암 (趙判岩)	남	30	추정
전북	군산 형무소	형무소 재소자 희생사건(보성)	3231	박열주 (朴烈柱)	남	28	추정
전북	군산 형무소	형무소 재소자 희생사건(보성)	3593	박연주 (朴蓮柱)	남	50	추정
전북	군산 형무소	형무소 재소자 희생사건(보성)	3594	박선주 (朴善株)	남	38	추정
전북	군산 형무소	형무소 재소자 희생사건(보성)	3596	박채주 (朴采柱)	남	44	확인
전북	군산 형무소	형무소 재소자 희생사건(보성)	3597	박한주 (朴漢柱)	남	33	추정
전북	군산 형무소	형무소 재소자 희생사건(보성)	3604	박선주 (朴善柱)	남	33	추정
전북	군산 형무소	형무소 재소자 희생사건(보성)	4773	임왈엽 (林曰燁)	남	38	추정
전남	보성	군경에 의한 민간인희생사건	직다-8277(1)	이병규 (李秉圭)	남	25	확인
전남	보성	군경에 의한 민간인희생사건	직다-7641	조동석 (趙東錫)	남	36	확인
전남	보성	군경에 의한 민간인희생사건	직다-8364	유제경 (柳濟景)	남	25	확인

지역별		사건유형별	사건번호	진실규명대상자			조사 결과
				이름	성별	연령	
전남	보성	적대세력사건	직다-7338	김고매 (金古梅)	여	51	확인
전남	보성	적대세력사건		김진옥 (金陳玉)	남	29	확인
전남	보성	적대세력사건	직다-8011	이종운 (李鍾雲)	남	43	확인
전남	보성	적대세력사건		이팔순 (李八淳)	남	30	확인
전남	보성	적대세력사건		이범순 (李範淳)	남	12	확인
전남	보성	적대세력사건	직다-1342	이용원 (李龍元)	남	26	확인
전남	보성	적대세력사건	직다-1015	정윤식 (鄭允植)	남	26	확인
전남	보성	적대세력사건	직다-9455	선재임 (宣在任)	여	37	확인
전남	보성	적대세력사건	직다-9456	박만순 (朴萬順)	여	39	확인
전남	보성	적대세력사건	직다-9457	이홍남 (李鴻南)	여	19	확인
전남	보성	적대세력사건	마-9464	임수남 (任水南)	여	15	확인
전남	보성	적대세력사건	마-9465	이일남 (李日南)	여	21	확인
전남	보성	적대세력사건	마-9466	임태식 (任泰植)	남	19	확인
전남	보성	적대세력사건	마-9467	손장은 (孫長銀)	여	25	확인
전남	보성	적대세력사건	직다-1014	정남수 (鄭南秀)	남	36	확인
전남	보성	적대세력사건	직다-9119	김경도 (金京道)	남	26	확인
전남	보성	적대세력사건	직다-2625	박필수 (朴必洙)	남	47	확인

지역별		사건유형별	사건번호	진실규명대상자			조사 결과
				이름	성별	연령	
전남	보성	적대세력사건	직다-8011	서방순 (徐芳順)	여	50	확인
전남	보성	적대세력사건		이권순 (李權淳)	남	17	확인
전남	보성	적대세력사건	직다-9463	문재원 (文在源)	남	22	확인
전남	보성	적대세력사건	직다-8264	황봉진 (黃鳳振)	남	40	확인
전남	보성	적대세력사건	마-9427	하천보 (河泉甫)	여	66	확인
전남	보성	적대세력사건		최복록 (崔福彔)	남	34	확인
전남	보성	적대세력사건	직다-1342	권형길	남	미상	확인
전남	보성	적대세력사건	직다-1342	김용수 (金容洙)	남	25	확인
전남	보성	적대세력사건	직다-1342	박일현 (朴日炫)	남	17	확인
전남	보성	적대세력사건	직다-1642	손기백 (孫基伯)	남	28	확인
전남	보성	적대세력사건	직다-1642	윤홍원 (尹洪遠)	남	23	확인
전남	보성	적대세력사건	직다-1642	이태원 (李泰元)	남	16	확인
전남	보성	적대세력사건	직다-1642	제순옥 (諸順玉)	남	22	확인
전남	보성	적대세력사건	직다-1342	최학선 (崔鶴善)	남	30	확인

지역별		사건유형별	사건번호	진실규명대상자			조사 결과
				이름	성별	연령	
전남	보성	적대세력사건	직다-9455 직다-9456 직다-9457 마-9464 마-9465 마-9466 마-9467	박유복 (朴有福)	남	26	확인
전남	보성	적대세력사건		박태복 (朴泰福)	남	16	확인
전남	보성	적대세력사건		안지순 (安志順)	여	41	확인
전남	보성	적대세력사건		임기모 (任麒模)	남	19	확인
전남	보성	적대세력사건		임매월 (任賣月)	남	46	확인
전남	보성	적대세력사건		임복철 (任福喆)	남	41	확인
전남	보성	적대세력사건		임점순 (任点順)	여	17	확인
전남	보성	적대세력사건		최점순 (崔点順)	여	16	확인
전남	보성	적대세력사건	마-9459	박봉동 (朴奉東)	남	27	확인
전남	보성	적대세력사건		신○○	남		추정
전남	곡성	국민보도 연맹사건	833	이금하 (李錦夏)	남	27	확인
전남	곡성	국민보도 연맹사건	6420	김병식 (金炳植)	남	29	확인
전남	곡성	국민보도 연맹사건	6466	이재순 (李在順)	남	41	확인
전남	곡성	국민보도 연맹사건	7196	김중호 (金仲浩)	남	27	확인
전남	곡성	국민보도 연맹사건	미신청	김종욱 (金種旭)	남	29	확인
전남	곡성	국민보도 연맹사건	미신청	안기수 (安基受)	남	46	확인
전남	곡성	국민보도 연맹사건	미신청	정애순 (鄭愛順)	여	33	확인

지역별		사건유형별	사건번호	진실규명대상자			조사 결과
				이름	성별	연령	
전남	곡성	군경에 의한 민간인희생사건	직다-5416	고규석 (高奎錫)	남	24	확인
전남	곡성	군경에 의한 민간인희생사건	직다-505	마준화 (馬俊華)	남	48	확인
전남	곡성	군경에 의한 민간인희생사건		마임석 (馬林錫)	남	42	확인
전남	곡성	군경에 의한 민간인희생사건		마성숙 (馬成淑)	남	26	확인
전남	곡성	군경에 의한 민간인희생사건	직다-6758	박판순 (朴判順)	남	56	확인
전남	곡성	군경에 의한 민간인희생사건	직다-8020	신삼균 (申三均)	남	21	확인
전남	곡성	군경에 의한 민간인희생사건	직다-8844	신봉옥 (申奉玉)	남	48	확인
전남	곡성	군경에 의한 민간인희생사건	직다-2808	김만수 (金萬洙)	남	36	확인
전남	곡성	군경에 의한 민간인희생사건	직다-8020	신홍균 (申洪均)	남	27	확인
전남	곡성	군경에 의한 민간인희생사건		김기태	남	미상	확인
전남	곡성	군경에 의한 민간인희생사건		정명옥	남	미상	확인
전남	담양	군경에 의한 민간인희생사건	직다-438	고광율 (高光律)	남	31	확인
전남	담양	군경에 의한 민간인희생사건	직다-8524	김점술 (金点述)	남	14	확인
전남	담양	군경에 의한 민간인희생사건		김종철 (金宗喆)	남	28	확인
전남	담양	군경에 의한 민간인희생사건		박균상 (朴均祥)	남	16	확인
전남	담양	군경에 의한 민간인희생사건		강용구 (姜龍求)	남	18	확인
전남	담양	군경에 의한 민간인희생사건	직다-8524	김달마 (金達馬)	남	59	확인

지역별		사건유형별	사건번호	진실규명대상자			조사 결과
				이름	성별	연령	
전남	담양	군경에 의한 민간인희생사건	직다-8524	김기팔	남	미상	확인
전남	담양	군경에 의한 민간인희생사건		김우명	남	미상	확인
전남	담양	군경에 의한 민간인희생사건		김용덕	남	미상	확인
전남	담양	군경에 의한 민간인희생사건		문○○ 문도연 차남	남	미상	확인
전남	담양	군경에 의한 민간인희생사건		박○○ 박균수 제	남	미상	확인
전남	담양	군경에 의한 민간인희생사건		김○○ 이름 미상	남	미상	확인
전남	담양	군경에 의한 민간인희생사건		박○○ 신산이 사위	남	미상	확인
전남	담양	적대세력사건	마-7351 마-10417	이진석 (李鎭錫)	남	27	확인
전남	담양	적대세력사건	마-8791	류영옥	남	33	확인
전남	영암	군경에 의한 민간인희생사건	직다-8917	최윤성 (崔潤成)	남	33	확인
전남	영암	군경에 의한 민간인희생사건	직다-8473	김병남 (金炳南)	남	29	확인
전남	영암	군경에 의한 민간인희생사건	직다-8473	김재윤 (金在允)	남	26	확인
전남	장성	군경에 의한 민간인희생사건	직다-992	강대석 (姜大錫)	남	48	확인
전남	장성	군경에 의한 민간인희생사건		김기묘 (金基妙)	여	40	확인
전남	장성	군경에 의한 민간인희생사건		강가원 (姜可遠)	남	21	확인
전남	장성	군경에 의한 민간인희생사건		강점순 (姜占順)	여	10	확인
전남	장성	군경에 의한 민간인희생사건		강시원 (姜施遠)	남	7	확인

지역별		사건유형별	사건번호	진실규명대상자			조사 결과
				이름	성별	연령	
전남	장성	군경에 의한 민간인희생사건	직다-992	강인원 (姜仁遠)	남	3	확인
전남	장성	군경에 의한 민간인희생사건		박○○ (강가원 처)	여	미상	확인
전남	장성	군경에 의한 민간인희생사건		강점희	여	4	확인
전남	장성	군경에 의한 민간인희생사건		강○○ (강가원 자)	남	2	확인
전남	장흥	군경에 의한 민간인희생사건	직다-9338	김난금 (金暖金)	남	48	확인
전남	장흥	군경에 의한 민간인희생사건	직다-565	손금태 (孫金台)	남	52	확인
전남	장흥	군경에 의한 민간인희생사건	직다-595	김소례 (金小禮)	여	48	확인
전남	화순	군경에 의한 민간인희생사건	직다-5126	이애기 (李愛己)	남	40	확인
전남	화순	군경에 의한 민간인희생사건	직다-5126	이사봉 (李四峰)	남	32	확인
전남	화순	군경에 의한 민간인희생사건	직다-5127	이작산 (李鵲山)	남	36	확인
전남	화순	군경에 의한 민간인희생사건	직다-9525	정임채 (鄭任采)	남	28	확인
전남	화순	군경에 의한 민간인희생사건	직다-9525	정월채 (鄭月采)	남	30	확인
전남	화순	군경에 의한 민간인희생사건	직다-9525	정길채 (鄭吉采)	남	42	확인
전남	화순	군경에 의한 민간인희생사건	직다-9525	정병채 (鄭丙采)	남	33	확인
전남	화순	군경에 의한 민간인희생사건	직다-9525	정동채 (鄭東采)	남	23	확인
전남	화순	군경에 의한 민간인희생사건	직다-9525	정순학 (鄭淳鶴)	남	42	확인
전남	화순	군경에 의한 민간인희생사건	직다-4066	홍기창 (洪起昌)	남	19	확인

지역별		사건유형별	사건번호	진실규명대상자			조사 결과
				이름	성별	연령	
전남	화순	군경에 의한 민간인희생사건	직다-4066	홍세희 (洪世憙)	남	27	확인
전남	화순	군경에 의한 민간인희생사건	직다-4066	기세창 (奇世昌)	남	25	확인
전남	화순	군경에 의한 민간인희생사건	직다-4066	윤만종 (尹萬鍾)	남	32	확인
전남	화순	군경에 의한 민간인희생사건	직다-8242	박귀봉 (朴貴奉)	남	32	확인
전남	화순	군경에 의한 민간인희생사건	직다-4991	조영옥 (曺永鈺)	남	27	확인
전남	화순	군경에 의한 민간인희생사건	직다-4991	조영태 (曺永台)	남	32	확인
전남	화순	군경에 의한 민간인희생사건	직다-7136	김홍식 (金洪植)	남	27	확인
전남	화순	군경에 의한 민간인희생사건	직다-10574	문제춘 (文濟春)	남	29	확인
전남	화순	군경에 의한 민간인희생사건	직다-10579	박인상 (朴仁相)	남	51	확인
전남	화순	군경에 의한 민간인희생사건	직다-4366	한영표 (韓榮杓)	남	43	확인
전남	화순	군경에 의한 민간인희생사건	직다-4366	이동지	남	미상	확인
전남	화순	군경에 의한 민간인희생사건	직다-4366	이현수	남	미상	확인
전남	화순	군경에 의한 민간인희생사건	직다-4366	조희주	남	40대	확인
전남	화순	군경에 의한 민간인희생사건	직다-4366	조유호	남	20대	확인
전남	화순	군경에 의한 민간인희생사건	직다-4366	조형호	남	20대	확인
전남	화순	군경에 의한 민간인희생사건	직다-4366	조찬호	남	20대	확인
전남	화순	군경에 의한 민간인희생사건	직다-4366	조성호	남	20대	확인

지역별		사건유형별	사건번호	진실규명대상자			조사 결과
				이름	성별	연령	
전남	화순	군경에 의한 민간인희생사건	직다-4366	박순상 (朴淳相)	남	22	확인
전남	화순	군경에 의한 민간인희생사건	직다-4366	강찬수	남	미상	확인
전남	화순	군경에 의한 민간인희생사건	직다-4366	강찬수 妻	여	미상	확인
전남	화순	군경에 의한 민간인희생사건	직다-4366	강찬수 父	남	미상	확인
전남	화순	군경에 의한 민간인희생사건	직다-4366	강찬수 母	여	미상	확인
전남	화순	군경에 의한 민간인희생사건	직다-4366	강찬수 1弟	남	미상	확인
전남	화순	군경에 의한 민간인희생사건	직다-4366	강찬수 2弟	남	미상	확인
전남	화순	군경에 의한 민간인희생사건	직다-4366	강찬수 子	남	미상	확인
전남	화순	군경에 의한 민간인희생사건	직다-4366	김유옥 (金酉玉)	여	72	확인
전남	화순	군경에 의한 민간인희생사건	직다-4366	장춘화 (張春化)	여	16	확인
전남	화순	군경에 의한 민간인희생사건	직다-4366	장형일 (張炯日)	남	12	확인
전남	화순	군경에 의한 민간인희생사건	직다-4366	노병길	남	미상	확인
전남	화순	군경에 의한 민간인희생사건	직다-4366	김치조 (金致祚)	남	42	확인
전남	화순	군경에 의한 민간인희생사건	직다-8253	김학열 (金學烈)	남	28	확인
전남	화순	군경에 의한 민간인희생사건	직다-8908	이순임 (李順任)	여	50	확인
전남	화순	군경에 의한 민간인희생사건	직다-8908	조병호 (曺炳鎬)	남	16	확인
전남	화순	군경에 의한 민간인희생사건	직다-8908	조행순 (曺杏順)	여	7	확인

지역별		사건유형별	사건번호	진실규명대상자			조사 결과
				이름	성별	연령	
전남	화순	군경에 의한 민간인희생사건	직다-8149	김종택 (金琮宅)	남	25	확인
전남	화순	군경에 의한 민간인희생사건	직다-8149	김영희 (金永曦)	남	26	확인
전남	화순	군경에 의한 민간인희생사건	직다-8149	김영균 (金永均)	남	18	확인
전남	화순	군경에 의한 민간인희생사건	직다-8149	김철수 (金哲洙)	남	27	확인
전남	화순	군경에 의한 민간인희생사건	직다-2653	김익순 (金益順)	남	39	확인
전남	화순	군경에 의한 민간인희생사건	8908-1	조영호 (曺英鎬)	남	24	확인
전남	화순	군경에 의한 민간인희생사건	직다-2597(6)	이용섭	남	미상	확인
전남	화순	적대세력사건	마-9591	김용후 (金用厚)	남	25	확인
전남	화순	적대세력사건	직다-3072	조기옥 (曺基玉)	남	50	확인
전남	화순	적대세력사건		조관현 (曺管鉉)	남	31	확인
전남	화순	적대세력사건		손효덕	여	미상	확인
전남	화순	적대세력사건	직다-8412	정기진 (丁基鎭)	남	34	확인
전남	화순	적대세력사건	직다-7789	구춘재 (具春在)	남	32	확인
전남	화순	적대세력사건	직다-7789	김양규 (金良圭)	남	30	확인
광주	광주 형무소	형무소 재소자 희생사건(광주)	6119	김광진 (金光振)	남	24	확인
전남	나주	군경에 의한 민간인희생사건	직다-8172	유진수 (柳鎭洙)	남	29	확인
전남	나주	군경에 의한 민간인희생사건	2597(6)-1	박상환 (朴相煥)	남	15	확인

지역별		사건유형별	사건번호	진실규명대상자			조사 결과
				이름	성별	연령	
전남	나주	군경에 의한 민간인희생사건	직다-2501	홍대석 (洪大石)	남	53	확인
전남	나주	군경에 의한 민간인희생사건	직다-9336	한순동 (韓順東)	남	29	확인
전남	나주	군경에 의한 민간인희생사건	다-2597(7)	홍병식 (洪丙植)	남	38	확인
전남	나주	군경에 의한 민간인희생사건	2597(7)-1	양재순 (梁在順/ 양태묵)	남	49	확인
전남	나주	군경에 의한 민간인희생사건	직다-2597(6)	강대천	남	30	확인
전남	나주	군경에 의한 민간인희생사건	직다-2597(6)	김화연	남	미상	확인
전남	나주	군경에 의한 민간인희생사건	직다-2597(6)	백만식	남	미상	확인
전남	나주	군경에 의한 민간인희생사건	직다-2597(6)	서치우	남	미상	확인
전남	나주	군경에 의한 민간인희생사건	직다-4991	김재생	남	미상	확인
전남	나주	군경에 의한 민간인희생사건	직다-7136, 10574,10579	조영섭	남	미상	확인
전남	신안	군경에 의한 민간인희생사건	직다-7788	박정은 (朴正恩)	남	51	확인
전남	영광	국민보도 연맹사건	다-6689	김희조 (金喜造)	남	28	확인
전남	영광	국민보도 연맹사건	다-10357	장공규 (張供奎)	남	32	확인
전남	영광	국민보도 연맹사건	미신청	장규옥	남	22	확인
전남	영광	국민보도 연맹사건	미신청	장기춘	남	25	확인
광주	광주 형무소	형무소 재소자 희생사건(영광)	7033	이종기 (李琮基)	남	27	확인

지역별		사건유형별	사건번호	진실규명대상자			조사 결과
				이름	성별	연령	
전남	영광	적대세력사건	다-6746	오병준 (吳炳俊)	남	34	확인
전남	영광	적대세력사건		이현도	남	50대	확인
전남	영광	적대세력사건	다-6746	이창원	남	20대	확인
전남	영광	적대세력사건		조충환	남	미상	확인
전남	영암	국민보도 연맹사건	다-8846	신부길 (慎富吉)	남	17	확인
전남	영암	국민보도 연맹사건	다-9566	이교범 (李教範)	남	24	확인
인천	인천소년 형무소	형무소 재소자 희생사건(영암)	직다-8609	최규복 (崔圭復)	남	29	불능
인천	인천소년 형무소	형무소 재소자 희생사건(영암)	미신청	최상구	남	미상	미정
전남	영암	군경에 의한 민간인희생사건	8613(1)	김달수 (金達守)	남	23	확인
전남	영암	군경에 의한 민간인희생사건	8609	조수현 (曺秀鉉)	남	21	확인
전남	영암	군경에 의한 민간인희생사건	8609	신현탁 (申鉉倬)	남	27	확인
전남	영암	군경에 의한 민간인희생사건	8609	최월규 (崔月奎)	남	28	확인
전남	영암	군경에 의한 민간인희생사건	8609	최주호 (崔周鎬)	남	30	확인
전남	영암	군경에 의한 민간인희생사건	8609	곽복수 (郭福秀)	남	29	확인
전남	영암	군경에 의한 민간인희생사건	8609	박석열 (朴錫烈)	남	18	확인
전남	영암	군경에 의한 민간인희생사건	8609	박현구 (朴炫球)	남	42	확인
전남	영암	군경에 의한 민간인희생사건	8609	이삼만 (李三萬)	남	36	확인
전남	영암	군경에 의한 민간인희생사건	8609	최용정	남	17	확인

지역별		사건유형별	사건번호	진실규명대상자			조사 결과
				이름	성별	연령	
전남	영암	군경에 의한 민간인희생사건	8609(19)	최재명 (崔在明)	남	38	불능
전남	영암	군경에 의한 민간인희생사건	8609(19)	박춘재 (朴春在)	남	21	불능
전남	영암	군경에 의한 민간인희생사건	8609(19)	민시호	남	미상	불능
전남	영암	군경에 의한 민간인희생사건	8609(19)	민춘호	남	미상	불능
전남	영암	군경에 의한 민간인희생사건	8609(19)	최규택 (崔圭宅)	남	26	불능
전남	영암	군경에 의한 민간인희생사건	8609(19)	박율 (朴 栗)	남	24	불능
전남	영암	적대세력사건	직다-8918	최병환 (崔炳煥)	남	60	확인
전남	영암	적대세력사건	직다-8918	최준현 (崔準鉉)	남	61	확인
전남	장흥	국민보도 연맹사건	미신청	위경양	남	23	확인
경북	김천 형무소	형무소 재소자 희생사건(장흥)	직다-3037	김장온 (金長溫)	남	21	확인
광주	광주 형무소	형무소 재소자 희생사건(장흥)	8609-9	박길동 (朴吉童)	남	26	확인
전남	장흥	적대세력사건	직다-7645	손병부 (孫炳涪)	남	32	확인
전남	장흥	적대세력사건	직다-7645	김동렬	남	미상	확인
전남	장흥	적대세력사건		김종연	남	미상	확인
전남	진도	국민보도 연맹사건	다-8604(1)	박병후 (朴秉厚)	남	24	확인
전남	함평	국민보도 연맹사건	다-3621	이계혁 (李啓赫)	남	27	확인
전남	함평	국민보도 연맹사건	다-3622	이주범 (李周範)	남	24	확인
전남	함평	국민보도 연맹사건	다-5502 다-6301	나병현 (羅丙鉉)	남	38	확인

지역별		사건유형별	사건번호	진실규명대상자			조사 결과
				이름	성별	연령	
전남	함평	국민보도 연맹사건	다-711	노상원 (盧相元)	남	39	확인
전남	함평	국민보도 연맹사건	다-3926	장화식 (張和植)	남	33	확인
전남	함평	국민보도 연맹사건	다-3927	장영식 (張永植)	남	28	확인
전남	함평	국민보도 연맹사건	미신청	노종숙	남	38	확인
전남	함평	국민보도 연맹사건	다-7521	정준기 (鄭俊基)	남	25	확인
전남	함평	국민보도 연맹사건	미신청	정곽채	남	35	확인
전남	함평	국민보도 연맹사건	다-10821	조성갑 (趙誠甲)	남	28	확인
전남	함평	국민보도 연맹사건	다-1052	박윤기 (朴允基)	남	33	불능
전남	함평	국민보도 연맹사건	다-4693	정기우 (鄭基祐)	남	30	확인
전남	함평	국민보도 연맹사건	다-4695	정만우 (鄭萬祐)	남	36	각하
전남	함평	국민보도 연맹사건	다-4694	이남우 (李楠雨)	남	18	확인
전남	함평	국민보도 연맹사건	다-8486	정종란 (鄭鍾瀾)	남	21	확인
전남	함평	국민보도 연맹사건	다-3637	유갑진 (劉甲振)	남	49	확인
전남	함평	국민보도 연맹사건	다-3638	김규남 (金珪南)	남	53	확인
전남	함평	국민보도 연맹사건	다-2864	이정영 (李正永)	남	22	확인
전남	함평	국민보도 연맹사건	다-6330	유인식 (兪仁植)	남	25	확인
전남	함평	국민보도 연맹사건	다-2643	김삼봉 (金三峯)	남	27	확인

지역별		사건유형별	사건번호	진실규명대상자			조사 결과
				이름	성별	연령	
전남	함평	국민보도연맹사건	다-2855	김동열 (金東烈)	남	26	확인
전남	함평	국민보도연맹사건	다-5308	김종섭 (金宗燮)	남	31	확인
전남	함평	국민보도연맹사건	다-5309	윤낙중 (尹洛重)	남	31	확인
전남	함평	국민보도연맹사건	다-5309	윤환중 (尹桓重)	남	24	확인
전남	함평	국민보도연맹사건	다-5314	윤호병 (尹浩炳)	남	53	확인
전남	함평	국민보도연맹사건	다-5310	강인수 (姜仁秀)	남	27	확인
전남	함평	국민보도연맹사건	다-5310	강점수 (姜点秀)	남	23	확인
전남	함평	국민보도연맹사건	다-5315	윤점병 (尹点炳)	남	21	확인
전남	함평	국민보도연맹사건	다-5315	윤흥병 (尹興炳)	남	24	확인
전남	함평	국민보도연맹사건	다-5317	이완범 (李玩範)	남	26	확인
전남	함평	국민보도연맹사건	다-5304 다-5316	이계일 (李啓日)	남	34	확인
전남	함평	국민보도연맹사건	다-5316	이계중 (李啓中)	남	28	확인
전남	함평	국민보도연맹사건	다-5313	윤한중 (尹漢重)	남	25	확인
전남	함평	국민보도연맹사건	다-10808	김홍금 (金洪金)	남	20	확인
전남	함평	국민보도연맹사건	다-10827	윤요병 (尹堯炳)	남	28	확인
전남	함평	국민보도연맹사건	다-2609	정종량 (鄭鍾亮)	남	32	확인
전남	함평	국민보도연맹사건	미신청	정만휘	남	42	확인

지역별		사건유형별	사건번호	진실규명대상자			조사 결과
				이름	성별	연령	
전남	함평	국민보도 연맹사건	미신청	정동택	남	36	확인
전남	함평	국민보도 연맹사건	다-8758	정휴철 (鄭休哲)	남	28	확인
전남	함평	국민보도 연맹사건	다-8835	정병섭 (鄭炳燮)	남	34	확인
전남	함평	국민보도 연맹사건	미신청	이정범	남	24	확인
전남	함평	국민보도 연맹사건	미신청	윤무병	남	26	확인
전남	함평	국민보도 연맹사건	미신청	윤상담	남	46	확인
전남	함평	국민보도 연맹사건	다-5103	장달섭 (張達燮)	남	23	확인
전남	함평	국민보도 연맹사건	다-5104	장화식 (張化植)	남	43	확인
전남	함평	국민보도 연맹사건	다-5105	박병석 (朴炳錫)	남	34	확인
전남	함평	국민보도 연맹사건	다-7285	안석수 (安錫洙)	남	20	확인
전남	함평	국민보도 연맹사건	다-10818	박소자 (朴小者)	남	41	확인
전남	함평	국민보도 연맹사건	미신청	김갑성	남	27	확인
전남	함평	국민보도 연맹사건	미신청	이재식	남	20	확인
전남	해남	국민보도 연맹사건	다-1077	박시화 (朴始華)	남	34	확인
전남	해남	국민보도 연맹사건	다-3513	박형화 (朴亨華)	남	33	확인
전남	완도	국민보도 연맹사건	다-657	김상숙 (金相淑)	남	44	확인
전남	완도	국민보도 연맹사건	다-2565	김관화 (金寬華)	남	24	확인

지역별		사건유형별	사건번호	진실규명대상자			조사 결과
				이름	성별	연령	
전남	완도	국민보도 연맹사건	다-2522	장영효 (張永孝)	남	26	확인
전남	완도	국민보도 연맹사건	다-689	신성균 (申星均)	남	27	확인
전남	완도	국민보도 연맹사건	다-755	안규섭 (安圭爕)	남	40	확인
전남	완도	국민보도 연맹사건	다-755	안종일 (安鍾一)	남	18	확인
전남	완도	국민보도 연맹사건	다-10757	박채봉 (朴彩鳳)	남	34	확인
전남	완도	국민보도 연맹사건	다-10759	박석훈 (朴錫勳)	남	22	확인
전남	완도	국민보도 연맹사건	다-10735	김석준 (金石俊)	남	29	확인
전남	완도	국민보도 연맹사건	다-10763	김복수 (金福守)	남	26	확인
전남	완도	국민보도 연맹사건	미신청	권상철	남	31	확인
전남	완도	국민보도 연맹사건	미신청	김영주	남	23	확인
전남	완도	국민보도 연맹사건	다-10721	김구지 (金求地)	남	30	확인
전남	완도	국민보도 연맹사건	다-9320	이구용 (李玖鎔)	남	26	확인
전남	완도	국민보도 연맹사건	다-10745	김병용 (金丙龍)	남	29	확인
전남	완도	국민보도 연맹사건	다-10745	김현용 (金現龍)	남	24	확인
전남	완도	국민보도 연맹사건	다-10722	이시우 (李時雨)	남	31	확인
전남	완도	국민보도 연맹사건	다-9319	김응담 (金應淡)	남	27	확인
전남	완도	국민보도 연맹사건	다-10746	임란규 (林蘭圭)	남	25	확인

지역별		사건유형별	사건번호	진실규명대상자			조사 결과
				이름	성별	연령	
전남	강진	적대세력사건	마-9474	곽영상 (郭永相)	남	22	확인
전남	강진	적대세력사건	직다-8402	이정교 (李貞敎)	남	24	확인
전남	강진	적대세력사건	직다-8405	이병종 (李炳鍾)	남	46	확인
전남	강진	적대세력사건		이원교 (李元敎)	남	28	확인
전남	강진	적대세력사건	직다-8750	김수환 (金洙煥)	남	22	확인
전남	강진	적대세력사건	마-9474	곽판길 (郭判吉)	남	46	확인
전남	강진	적대세력사건	직다-8402 8405	이병하 (李炳厦)	남	48	확인
전남	강진	적대세력사건	8705	이만교	남	미상	확인
대전	대전 형무소	형무소 재소자 희생사건(14연대)	680	이한길 (李漢吉)	남	26	확인
대전	대전 형무소	형무소 재소자 희생사건(14연대)	850	유형낙 (柳瑩樂)	남	24	확인
대전	대전 형무소	형무소 재소자 희생사건(14연대)	1084	박정환 (朴正煥)	남	35	확인
대전	대전 형무소	형무소 재소자 희생사건(14연대)	1391	서순수 (徐順洙)	남	20	확인
대전	대전 형무소	형무소 재소자 희생사건(14연대)	2539	김종열 (金鍾烈)	남	27	확인
대전	대전 형무소	형무소 재소자 희생사건(14연대)	2670	이영만 (李永萬)	남	22	확인
대전	대전 형무소	형무소 재소자 희생사건(14연대)	2800	최흥 (崔興)	남	25	확인
대전	대전 형무소	형무소 재소자 희생사건(14연대)	3811	이상율 (李相律)	남	21	확인
대전	대전 형무소	형무소 재소자 희생사건(14연대)	4027	박후동 (朴後童)	남	21	확인

지역별		사건유형별	사건번호	진실규명대상자			조사 결과
				이름	성별	연령	
대전	대전 형무소	형무소 재소자 희생사건(14연대)	4100	김두칠 (金斗七)	남	21	확인
대전	대전 형무소	형무소 재소자 희생사건(14연대)	4446	김점수 (金點守)	남	26	확인
대전	대전 형무소	형무소 재소자 희생사건(14연대)	4932	박의섭 (朴義燮)	남	20	확인
대전	대전 형무소	형무소 재소자 희생사건(14연대)	5735	박형남 (朴亨南)	남	21	확인
대전	대전 형무소	형무소 재소자 희생사건(14연대)	6056	김정용 (金正龍)	남	19	확인
대전	대전 형무소	형무소 재소자 희생사건(14연대)	6308	홍성호 (洪性浩)	남	24	확인
대전	대전 형무소	형무소 재소자 희생사건(14연대)	7077	양회문 (梁會文)	남	23	확인
대전	대전 형무소	형무소 재소자 희생사건(14연대)	7646	손병기 (孫炳基)	남	19	확인
대전	대전 형무소	형무소 재소자 희생사건(14연대)	7966	정옥연 (鄭玉連)	남	25	확인
대전	대전 형무소	형무소 재소자 희생사건(14연대)	8004	안창섭 (安昌燮)	남	19	확인
대전	대전 형무소	형무소 재소자 희생사건(14연대)	9099	이계조 (李桂祚)	남	24	확인
대전	대전 형무소	형무소 재소자 희생사건(14연대)	10036	김유복 (金有福)	남	20	확인
대전	대전 형무소	형무소 재소자 희생사건(14연대)	10399	김종환 (金宗煥)	남	21	확인
대전	대전 형무소	형무소 재소자 희생사건(14연대)	10480	박우환 (朴又煥)	남	23	확인
대전	대전 형무소	형무소 재소자 희생사건(14연대)	6871	하용남 (河龍男)	남	22	확인
대전	대전 형무소	형무소 재소자 희생사건(14연대)	10393	강훈호 (姜壎浩)	남	23	확인
대전	대전 형무소	형무소 재소자 희생사건(14연대)	10508	정기동 (鄭基東)	남	16	확인

지역별		사건유형별	사건번호	진실규명대상자			조사 결과
				이름	성별	연령	
대전	대전 형무소	형무소 재소자 희생사건(14연대)	미신청인	박장열 (朴章烈)	남	21	확인
대전	대전 형무소	형무소 재소자 희생사건(14연대)		안태봉 (安泰奉)	남	22	확인
대전	대전 형무소	형무소 재소자 희생사건(14연대)		안홍섭 (安洪燮)	남	21	확인
경북	김천 형무소	형무소 재소자 희생사건(14연대)	직다-6313	박규철 (朴奎撤) -박용주	남	21	추정
경남	진주 형무소	형무소 재소자 희생사건(14연대)	직다-10039	조식래 (趙植來)	남	24	확인
광주	광주 형무소	형무소 재소자 희생사건(14연대)	8842	장지남 (張志湳)	남	32	확인
전북	전주 형무소	형무소 재소자 희생사건(14연대)	611	최정순 (崔正淳)	남	19	추정
대전	대전 형무소	형무소 재소자 희생사건(미상)	857	최경록 (崔京錄)	남	28	확인
대전	대전 형무소	형무소 재소자 희생사건(미상)	1504	김기문 (金基文)	남	25	확인
대전	대전 형무소	형무소 재소자 희생사건(미상)	9213	이규주 (李珪柱)	남	29	확인
대전	대전 형무소	형무소 재소자 희생사건(미상)	10458	김평옥 (金平玉)	남	38	확인
대전	대전 형무소	형무소 재소자 희생사건(미상)	미신청인	김호철 (金浩喆)	남	30	확인
대전	대전 형무소	형무소 재소자 희생사건(미상)		장민익 (張敏翼)	남	29	확인
경북	김천 형무소	형무소 재소자 희생사건(미상)	미신청	최시정 (崔時珽)	남	22	확인
경북	김천 형무소	형무소 재소자 희생사건(미상)		이판상 (李判相)	남	27	확인
경북	김천 형무소	형무소 재소자 희생사건(미상)		김진동 (金鎭東)	남	21	확인

지역별		사건유형별	사건번호	진실규명대상자			조사 결과
				이름	성별	연령	
경북	김천 형무소	형무소 재소자 희생사건(미상)	미신청	최인한 (崔仁翰)	남	21	확인
경북	김천 형무소	형무소 재소자 희생사건(미상)		이병훈 (李炳勳)	남	22	확인
경북	김천 형무소	형무소 재소자 희생사건(미상)		박재식 (朴載植)	남	18	확인
경남	마산 형무소	형무소 재소자 희생사건(미상)	직다-7391	차생길 (車生吉) -차반석	남	34	확인
경남	진주 형무소	형무소 재소자 희생사건(미상)	직다-145	안장섭 (安璋燮)	남	35	확인
경남	진주 형무소	형무소 재소자 희생사건(미상)	직다-9214	안종우 (安鍾禹)	남	29	확인
경남	진주 형무소	형무소 재소자 희생사건(미상)	직다-9214	안종순 (安鍾純)	남	19	확인
경남	진주 형무소	형무소 재소자 희생사건(미상)	직다-9288	박주팔 (朴周八)	남	44	확인
경남	진주 형무소	형무소 재소자 희생사건(미상)	직다-9454	권재봉 (權再鳳)	남	37	확인
경남	진주 형무소	형무소 재소자 희생사건(미상)	직다-9559	하종일 (河宗一)	남	32	확인
경남	진주 형무소	형무소 재소자 희생사건(미상)	직다-9569	정극두 (鄭極斗)	남	32	확인
경남	진주 형무소	형무소 재소자 희생사건(미상)	직다-9772	이우복 (李又福) -이말복	남	29	확인
경남	진주 형무소	형무소 재소자 희생사건(미상)	직다-9784	하용재 (河龍載)	남	32	확인
경남	진주 형무소	형무소 재소자 희생사건(미상)	직다-9821	강상규 (姜相奎)	남	29	확인
광주	광주 형무소	형무소 재소자 희생사건(미상)	342	정태희 (鄭泰熙)	남	21	추정
광주	광주 형무소	형무소 재소자 희생사건(미상)	682	김판금 (金判金)	남	36	확인

지역별		사건유형별	사건번호	진실규명대상자			조사 결과
				이름	성별	연령	
광주	광주 형무소	형무소 재소자 희생사건(미상)	726	박홍선 (朴泓善)	남	32	확인
광주	광주 형무소	형무소 재소자 희생사건(미상)	1370	최행순 (崔幸順)	남	30	확인
광주	광주 형무소	형무소 재소자 희생사건(미상)	1417	남덕희 (南德熙)	남	26	추정
광주	광주 형무소	형무소 재소자 희생사건(미상)	1425	오기순 (吳氣淳)	남	45	추정
광주	광주 형무소	형무소 재소자 희생사건(미상)	1509	김공빈 (金公彬)	남	25	추정
광주	광주 형무소	형무소 재소자 희생사건(미상)	1937	박성문 (朴星文)	남	31	추정
광주	광주 형무소	형무소 재소자 희생사건(미상)	1972	송용옥 (宋龍玉)	남	28	추정
광주	광주 형무소	형무소 재소자 희생사건(미상)	2407	신삼식 (申三植)	남	32	확인
광주	광주 형무소	형무소 재소자 희생사건(미상)	3434	김남수 (金南守)	남	38	추정
광주	광주 형무소	형무소 재소자 희생사건(미상)	3592	박래주 (朴來柱)	남	26	추정
광주	광주 형무소	형무소 재소자 희생사건(미상)	3602	안삼환 (安三煥)	남	29	추정
광주	광주 형무소	형무소 재소자 희생사건(미상)	5196	강용구 (姜龍九)	남	27	확인
광주	광주 형무소	형무소 재소자 희생사건(미상)	5984	차점금 (車点金)	남	54	추정
광주	광주 형무소	형무소 재소자 희생사건(미상)	6172	이상래 (李相來)	남	41	확인
광주	광주 형무소	형무소 재소자 희생사건(미상)	6323	이상경 (李相慶)	남	39	추정
광주	광주 형무소	형무소 재소자 희생사건(미상)	6355	이은곤 (李殷坤)	남	29	확인
광주	광주 형무소	형무소 재소자 희생사건(미상)	7135	백천석 (白千石)	남	39	추정

지역별		사건유형별	사건번호	진실규명대상자			조사 결과
				이름	성별	연령	
광주	광주 형무소	형무소 재소자 희생사건(미상)	7362	임길남 (林吉南)	남	23	확인
광주	광주 형무소	형무소 재소자 희생사건(미상)	7522	이종용 (李鍾鎔)	남	33	확인
광주	광주 형무소	형무소 재소자 희생사건(미상)	8007	최진귀 (崔鎭貴)	남	30	추정
광주	광주 형무소	형무소 재소자 희생사건(미상)	8269	송기해 (宋基海)	남	25	확인
광주	광주 형무소	형무소 재소자 희생사건(미상)	8609-11	박원재 (朴元在)	남	28	확인
광주	광주 형무소	형무소 재소자 희생사건(미상)	8704	황맹권 (黃孟權)	남	32	확인
광주	광주 형무소	형무소 재소자 희생사건(미상)	8778	이강수 (李康洙)	남	49	확인
광주	광주 형무소	형무소 재소자 희생사건(미상)	9068	송종옥 (宋鐘玉)	남	36	추정
광주	광주 형무소	형무소 재소자 희생사건(미상)	9069	송기평 (宋基坪)	남	21	추정
광주	광주 형무소	형무소 재소자 희생사건(미상)	9070	송병섭 (宋丙燮)	남	25	추정
광주	광주 형무소	형무소 재소자 희생사건(미상)	9108	이충규 (李忠圭)	남	30	추정
광주	광주 형무소	형무소 재소자 희생사건(미상)	9110	장택규 (張澤奎)	남	23	추정
광주	광주 형무소	형무소 재소자 희생사건(미상)	9122	박은수 (朴殷洙)	남	22	확인
광주	광주 형무소	형무소 재소자 희생사건(미상)	9903	박병태 (朴炳馱)	남	28	추정
광주	광주 형무소	형무소 재소자 희생사건(미상)	9904	최경수 (崔景洙)	남	32	확인
광주	광주 형무소	형무소 재소자 희생사건(미상)	10090	김종표 (金鍾表)	남	39	확인
광주	광주 형무소	형무소 재소자 희생사건(미상)	10093	이종양 (李鍾陽)	남	21	추정

지역별		사건유형별	사건번호	진실규명대상자			조사 결과
				이름	성별	연령	
광주	광주 형무소	형무소 재소자 희생사건(미상)	10136	문상재 (文相在)	남	26	확인
광주	광주 형무소	형무소 재소자 희생사건(미상)	10137	박동근 (朴東根)	남	28	확인
광주	광주 형무소	형무소 재소자 희생사건(미상)	10493	김조인 (金肇仁)	남	29	확인
광주	광주 형무소	형무소 재소자 희생사건(미상)	10494	심정섭 (沈正燮)	남	26	확인
전남	목포 형무소	형무소 재소자 희생사건(미상)	1031	김형용 (金炯用)	남	24	확인
전남	목포 형무소	형무소 재소자 희생사건(미상)	1065	김석우 (金石又)	남	38	확인
전남	목포 형무소	형무소 재소자 희생사건(미상)	1332	오인태 (吳仁泰)	남	36	확인
전남	목포 형무소	형무소 재소자 희생사건(미상)	1362	김우상 (金遇商)	남	23	확인
전남	목포 형무소	형무소 재소자 희생사건(미상)	1410	김경렬 (金京烈)	남	29	확인
전남	목포 형무소	형무소 재소자 희생사건(미상)	2299	김주옥 (金注玉)	남	24	추정
전남	목포 형무소	형무소 재소자 희생사건(미상)	2814	김양현 (金良炫)	남	27	확인
전남	목포 형무소	형무소 재소자 희생사건(미상)	3432	박몽길 (朴夢吉)	남	41	추정
전남	목포 형무소	형무소 재소자 희생사건(미상)	4311	김주옥 (金注玉)	남	24	확인
전남	목포 형무소	형무소 재소자 희생사건(미상)	6582	김양석 (金亮錫)	남	24	확인
전남	목포 형무소	형무소 재소자 희생사건(미상)	6654	장영묵 (張泳黙)	남	29	추정
전남	목포 형무소	형무소 재소자 희생사건(미상)	7639	최재동 (崔在東)	남	55	확인
전남	목포 형무소	형무소 재소자 희생사건(미상)	8609-6	최부봉 (崔富奉)	남	41	확인

지역별		사건유형별	사건번호	진실규명대상자			조사 결과
				이름	성별	연령	
전남	목포 형무소	형무소 재소자 희생사건(미상)	8784	허갑조 (許甲祖)	남	24	확인
전남	목포 형무소	형무소 재소자 희생사건(미상)	9337	강준석 (姜俊錫)	남	44	확인
전남	목포 형무소	형무소 재소자 희생사건(미상)	9479	김재근 (金在根)	남	37	확인
전남	목포 형무소	형무소 재소자 희생사건(미상)	9480	김수일 (金守一)	남	30	확인
전남	목포 형무소	형무소 재소자 희생사건(미상)	9554	김석우 (金石又)	남	38	확인
전남	목포 형무소	형무소 재소자 희생사건(미상)	9927	최우국 (崔又國)	남	28	확인
전남	목포 형무소	형무소 재소자 희생사건(미상)	9932	황우연 (黃又淵)	남	26	확인
전남	목포 형무소	형무소 재소자 희생사건(미상)	9947	이기수 (李起洙)	남	34	확인
전남	목포 형무소	형무소 재소자 희생사건(미상)	10768	김석우 (金石又	남	38	추정
전남	순천경 찰서유 치장	형무소 재소자 희생사건(미상)	6318	김형우 (金亨佑)	남	22	추정
전남	순천경 찰서유 치장	형무소 재소자 희생사건(미상)	9071	손석순 (孫石順)	남	25	추정
전남	순천경 찰서유 치장	형무소 재소자 희생사건(미상)	10462	조충갑 (趙忠甲)	남	28	확인
전북	전주 형무소	형무소 재소자 희생사건(미상)	588	김종덕 (金宗德)	남	30	확인
전북	전주 형무소	형무소 재소자 희생사건(미상)	631	오영수 (吳永洙)	남	27	추정
전북	전주 형무소	형무소 재소자 희생사건(미상)	716	김규봉 (金奎鳳)	남	28	추정

지역별		사건유형별	사건번호	진실규명대상자			조사 결과
				이름	성별	연령	
전북	전주 형무소	형무소 재소자 희생사건(미상)	718	최일주 (崔一周)	남	44	추정
전북	전주 형무소	형무소 재소자 희생사건(미상)	856	강대봉 (姜大奉)	남	27	추정
전북	전주 형무소	형무소 재소자 희생사건(미상)	1519	김극렬 (金克烈)	남	50	추정
전북	전주 형무소	형무소 재소자 희생사건(미상)	1520	김태희 (金太喜)	남	28	추정
전북	전주 형무소	형무소 재소자 희생사건(미상)	3455	유혁열 (劉赫烈)	남	28	추정
전북	전주 형무소	형무소 재소자 희생사건(미상)	6132	조상국 (趙相局)	남	29	확인
전북	전주 형무소	형무소 재소자 희생사건(미상)	7038	양을동 (梁乙童)	남	38	확인
전북	전주 형무소	형무소 재소자 희생사건(미상)	7146	김형수 (金炯秀)	남	34	추정
전북	전주 형무소	형무소 재소자 희생사건(미상)	7162	이영수 (李永洙)	남	20	확인
전북	전주 형무소	형무소 재소자 희생사건(미상)	7357	이경상 (李庚相)	남	21	추정
전북	전주 형무소	형무소 재소자 희생사건(미상)	7489	이왕석 (李旺碩)	남	46	추정
전북	전주 형무소	형무소 재소자 희생사건(미상)	7489	이환식 (李懽植)	남	22	확인
전북	전주 형무소	형무소 재소자 희생사건(미상)	7511	장중호 (張仲浩)	남	42	확인
전북	전주 형무소	형무소 재소자 희생사건(미상)	7666(1)	곽기중 (郭基重)	남	32	추정
전북	전주 형무소	형무소 재소자 희생사건(미상)	7693	권재현 (權載顯)	남	23	추정
전북	전주 형무소	형무소 재소자 희생사건(미상)	7694	김두연 (金斗鍊)	남	33	추정
전북	전주 형무소	형무소 재소자 희생사건(미상)	8243	박주성 (朴柱成)	남	35	추정

지역별		사건유형별	사건번호	진실규명대상자			조사 결과
				이름	성별	연령	
전북	전주 형무소	형무소 재소자 희생사건(미상)	8307	이윤희 (李閏熙)	남	29	추정
전북	전주 형무소	형무소 재소자 희생사건(미상)	8889(1)	김형빈 (金形彬)	남	22	추정
전북	전주 형무소	형무소 재소자 희생사건(미상)	9093	윤석한 (尹錫漢)	남	26	확인
전북	전주 형무소	형무소 재소자 희생사건(미상)	10108	김상권 (金相權)	남	43	추정
전북	전주 형무소	형무소 재소자 희생사건(미상)	10135	한동호 (韓同浩)	남	26	추정
전북	전주 형무소	형무소 재소자 희생사건(미상)	10297	최동학 (崔東鶴)	남	35	추정
전북	전주 형무소	형무소 재소자 희생사건(미상)	10388	신경호 (申京浩)	남	29	추정
전북	전주 형무소	형무소 재소자 희생사건(미상)	10396	심명선 (沈明善)	남	21	확인
전북	군산 형무소	형무소 재소자 희생사건(미상)	7796	정태중 (鄭泰重)	남	50	추정

3. 전북지역

구분	군경토벌				국민보도연맹				형무소사건			
	확인	불능	추정	계	확인	불능	추정	계	확인	불능	추정	계
고창					1			1				
임실												
순창											2	2
계					1			1			2	2

구분	군경사건				적대사건				계			
	확인	불능	추정	계	확인	불능	추정	계	확인	불능	추정	계
고창									1			1
임실	3		18	21					3		18	21
순창		2		2						2	2	4
계	3	2	18	23					4	2	20	26

※ 설명: 확인–진실규명/ 불능–불능·각하/ 추정–추정·미정.

지역별		사건유형별	사건번호	진실규명대상자			조사 결과
				이름	성별	연령	
전북	고창	국민보도 연맹사건	9648	성윤기 (成潤基)	남	23	확인
전북	임실	군경에 의한 민간인희생사건	228	박훈 (朴壎)	남	30	확인
전북	임실	군경에 의한 민간인희생사건	269	박세열 (朴世烈)	남	36	확인
전북	임실	군경에 의한 민간인희생사건	10011	백길동 (白吉同)	남	21	추정
전북	임실	군경에 의한 민간인희생사건	10012	전상옥 (全相玉)	남	39	추정
전북	임실	군경에 의한 민간인희생사건	10014	전용순 (全龍淳)	남	36	추정
전북	임실	군경에 의한 민간인희생사건	10182	전상우 (全相佑)	남	37	확인
전북	임실	군경에 의한 민간인희생사건	10182	전상현 (全相鉉)	남	33	추정
전북	임실	군경에 의한 민간인희생사건	10011 10012 10014 10182	김경연	남	20대	추정
전북	임실	군경에 의한 민간인희생사건		김기생	남	20대	추정
전북	임실	군경에 의한 민간인희생사건		박병만	남	20대	추정
전북	임실	군경에 의한 민간인희생사건		박병문 (朴炳文)	남	48	추정

				박상옥	남	미상	추정
전북	임실	군경에 의한 민간인희생사건		박상옥	남	미상	추정
전북	임실	군경에 의한 민간인희생사건		박용석 (朴龍碩)	남	21	추정
전북	임실	군경에 의한 민간인희생사건		이광진 (李光鎭)	남	31	추정
전북	임실	군경에 의한 민간인희생사건		이기성	남	30대	추정
전북	임실	군경에 의한 민간인희생사건	10011 10012 10014 10182	임병옥 (林炳玉)	남	34	추정
전북	임실	군경에 의한 민간인희생사건		전상백	남	20대	추정
전북	임실	군경에 의한 민간인희생사건		전상채	남	40대	추정
전북	임실	군경에 의한 민간인희생사건		전상표	남	20대	추정
전북	임실	군경에 의한 민간인희생사건		전판성	남	미상	추정
전북	임실	군경에 의한 민간인희생사건		전판철	남	20대	추정
전북	순창	군경에 의한 민간인희생사건	582	박창휴 (朴昌休)	남	21	불능
전북	순창	군경에 의한 민간인희생사건	4115	양관영 (楊寬泳)	남	28	불능
인천	인천소년 형무소	형무소 재소자 희생사건(순창)	미신청	이홍우	남	미상	미정
전북	전주 형무소	형무소 재소자 희생사건(순창)	8675	김태환 (金泰煥)	남	37	추정

4. 경남지역

구분	군경토벌				국민보도연맹				형무소사건			
	확인	불능	추정	계	확인	불능	추정	계	확인	불능	추정	계
거창					36			36				
산청					28		1	29				
함양					24		2	26				
하동											1	1
합천												
함안									3			3
진주											1	1
사천												
계					88		3	91	3		2	5

구분	군경사건				적대사건				계			
	확인	불능	추정	계	확인	불능	추정	계	확인	불능	추정	계
거창	18		1	19	3			3	57		1	58
산청	179		1	180	4			4	211		2	213
함양	98	1	4	103	9			9	131	1	6	138
하동	26		5	31	1			1	27		6	33
합천	5			5	1			1	6			6
함안					6			6	9			9
진주											1	1
사천	1			1					1			1
계	327	1	11	339	24			24	442	1	16	459

※ 설명: 확인–진실규명/ 불능–불능·각하/ 추정–추정·미정.

지역별		사건유형별	사건번호	진실규명대상자			조사 결과
				이름	성별	연령	
경남	거창	국민보도연맹사건	79	곽천섭 (郭天燮)	남	28	확인
경남	거창	국민보도연맹사건		엄판용 (嚴判龍)	남	37	확인
경남	거창	국민보도연맹사건		곽환섭 (郭歡燮)	남	35	확인
경남	거창	국민보도연맹사건		김행두 (金行斗)	남	28	확인
경남	거창	국민보도연맹사건		김형진 (金炯進)	남	36	확인
경남	거창	국민보도연맹사건		김형규 (金炯圭)	남	32	확인
경남	거창	국민보도연맹사건		김재규 (金在圭)	남	21	확인
경남	거창	국민보도연맹사건		김형문 (金炯文)	남	24	확인
경남	거창	국민보도연맹사건		한만봉 (韓萬鳳)	남	23	확인
경남	거창	국민보도연맹사건	358	박재준 (朴在俊)	남	20	확인
경남	거창	국민보도연맹사건		신익성 (愼益晟)	남	31	확인
경남	거창	국민보도연맹사건		신성재 (愼晟縡)	남	25	확인
경남	거창	국민보도연맹사건		백종석 (白鍾錫)	남	25	확인
경남	거창	국민보도연맹사건		백종문 (白鍾文)	남	24	확인
경남	거창	국민보도연맹사건		이월문 (李月文)	남	24	확인
경남	거창	국민보도연맹사건		유응락 (柳應落)	남	33	확인
경남	거창	국민보도연맹사건		류재하 (柳在河)	남	30	확인

지역별		사건유형별	사건번호	진실규명대상자			조사결과
				이름	성별	연령	
경남	거창	국민보도연맹사건	358	이희구(李熙九)	남	31	확인
경남	거창	국민보도연맹사건		양개이(梁介伊)	남	32	확인
경남	거창	국민보도연맹사건		박순억(朴順億)	남	30	확인
경남	거창	국민보도연맹사건		백영복(白永福)	남	28	확인
경남	거창	국민보도연맹사건		이윤종(李潤鍾)	남	40	확인
경남	거창	국민보도연맹사건		백무흠(白武欽)	남	27	확인
경남	거창	국민보도연맹사건		백봉흠(白奉欽)	남	24	확인
경남	거창	국민보도연맹사건		어문우(魚文愚)	남	25	확인
경남	거창	국민보도연맹사건		주재근(朱在根)	남	25	확인
경남	거창	국민보도연맹사건		엄차술(嚴且述)	남	41	확인
경남	거창	국민보도연맹사건	3066	이구관(李九管)	남	49	확인
경남	거창	국민보도연맹사건	3090	신위흥(愼魏興)	남	미상	확인
경남	거창	국민보도연맹사건	3725	김봉택(金鳳鐸)	남	33	확인
경남	거창	국민보도연맹사건	5335	신종우(愼鍾宇)	남	45	확인
경남	거창	국민보도연맹사건	6644	임재만(林載萬)	남	34	확인
경남	거창	국민보도연맹사건	7236	박광남	남	29	확인
경남	거창	국민보도연맹사건	8382	박석봉(朴石奉)	남	31	확인

지역별		사건유형별	사건번호	진실규명대상자			조사 결과
				이름	성별	연령	
경남	거창	국민보도 연맹사건	8386	임기식 (林基植)	남	20대 후반	확인
경남	거창	국민보도 연맹사건	미신청	이덕종	남	40대 초반	확인
경남	거창	군경에 의한 민간인희생사건		맹태호 (孟泰鎬)	남	26	확인
경남	거창	군경에 의한 민간인희생사건		이현욱 (李賢旭)	남	36	확인
경남	거창	군경에 의한 민간인희생사건		백창순 (白昌淳)	남	27	확인
경남	거창	군경에 의한 민간인희생사건		백용순 (白容淳)	남	19	확인
경남	거창	군경에 의한 민간인희생사건		박재규 (朴在圭)	남	23	확인
경남	거창	군경에 의한 민간인희생사건		정진국 (鄭鎭國)	남	29	확인
경남	거창	군경에 의한 민간인희생사건		심재섭 (沈在燮)	남	24	확인
경남	거창	군경에 의한 민간인희생사건	358(3)	김상출 (金相出)	남	23	확인
경남	거창	군경에 의한 민간인희생사건		이성록 (李成祿)	남	27	확인
경남	거창	군경에 의한 민간인희생사건		이춘복 (李春福)	남	19	확인
경남	거창	군경에 의한 민간인희생사건		윤기순 (尹基淳)	남	28	확인
경남	거창	군경에 의한 민간인희생사건		이금행 (李金行)	남	23	확인
경남	거창	군경에 의한 민간인희생사건		김종환 (金鍾煥)	남	23	확인
경남	거창	군경에 의한 민간인희생사건		김정곤 (金正坤)	남	43	확인
경남	거창	군경에 의한 민간인희생사건		정덕용 (鄭德用)	남	23	확인

지역별		사건유형별	사건번호	진실규명대상자			조사 결과
				이름	성별	연령	
경남	거창	군경에 의한 민간인희생사건	358(3)	김만대 (金萬大)	남	20	확인
경남	거창	군경에 의한 민간인희생사건		이영이 (李濚伊)	남	33	추정
경남	거창	군경에 의한 민간인희생사건	868	박윤호 (朴允浩)	남	40	확인
경남	거창	군경에 의한 민간인희생사건	4112	유봉태 (劉鳳泰)	남	41	확인
경남	거창	적대세력사건	마-9178	표정준 (表正俊)	남	74	확인
경남	거창	적대세력사건		표영수 (表瑛洙)	남	29	확인
경남	거창	적대세력사건	마-3589	김형락 (金炯落)	남	26	확인
경남	산청	국민보도 연맹사건	273	이성실	남	24	확인
경남	산청	국민보도 연맹사건	361	민을호 (閔乙鎬)	남	36	확인
경남	산청	국민보도 연맹사건		민경생 (閔慶生)	남	41	확인
경남	산청	국민보도 연맹사건		민상호 (閔相鎬)	남	39	확인
경남	산청	국민보도 연맹사건	375	홍인수 (洪寅洙)	남	26	확인
경남	산청	국민보도 연맹사건	558	박호조 (朴好祚)	남	30	확인
경남	산청	국민보도 연맹사건	3390	배차수 (輩且壽)	남	41	확인
경남	산청	국민보도 연맹사건	3463	이또상 (李又相)	남	42	확인
경남	산청	국민보도 연맹사건	3761	문정석 (文正碩)	남	43	확인
경남	산청	국민보도 연맹사건		김수연 (金壽連)	남	31	확인

지역별		사건유형별	사건번호	진실규명대상자			조사 결과
				이름	성별	연령	
경남	산청	국민보도 연맹사건	3761	문홍국 (文洪國)	남	3	확인
경남	산청	국민보도 연맹사건		민영조 (閔永祚)	남	34	확인
경남	산청	국민보도 연맹사건		문대주 (文大柱)	남	3	확인
경남	산청	국민보도 연맹사건		노우분 (盧又紛)	남	33	확인
경남	산청	국민보도 연맹사건		문인주 (文仁柱)	남	1	확인
경남	산청	국민보도 연맹사건		문성주 (文成柱)	남	1	확인
경남	산청	국민보도 연맹사건		金氏	남	미상	확인
경남	산청	국민보도 연맹사건		문국현 (文國鉉)	남	29	확인
경남	산청	국민보도 연맹사건	4389	김종만 (金鍾萬)	남	27	확인
경남	산청	국민보도 연맹사건	5259	최종환 (崔宗煥)	남	28	확인
경남	산청	국민보도 연맹사건	5260	김성진 (金聖辰)	남	26	확인
경남	산청	국민보도 연맹사건	6458	이상대 (李相大)	남	31	확인
경남	산청	국민보도 연맹사건	7718	권재도 (權載道)	남	27	확인
경남	산청	국민보도 연맹사건	8314	정정근 (鄭貞根)	남	38	확인
경남	산청	국민보도 연맹사건	8318	노상식 (盧相植)	남	25	확인
경남	산청	국민보도 연맹사건	8319	강철판 (姜招判)	남	40	확인
경남	산청	국민보도 연맹사건	8467	노을상 (盧乙相)	남	36	확인

지역별		사건유형별	사건번호	진실규명대상자			조사 결과
				이름	성별	연령	
경남	산청	국민보도 연맹사건	9784(1)	하재문 (河載文)	남	22	확인
경남	산청	국민보도 연맹사건	미신청	민치상	남	33	추정
경남	산청	군경에 의한 민간인희생사건		정임조 (鄭任朝)	남	52	확인
경남	산청	군경에 의한 민간인희생사건		정경조 (鄭敬朝)	남	59	확인
경남	산청	군경에 의한 민간인희생사건		정병선 (鄭炳善)	남	33	확인
경남	산청	군경에 의한 민간인희생사건		김종태 (金鍾泰)	남	24	확인
경남	산청	군경에 의한 민간인희생사건		김종렬 (金鍾列)	남	25	확인
경남	산청	군경에 의한 민간인희생사건		김종철 (金鍾喆)	남	23	확인
경남	산청	군경에 의한 민간인희생사건		민영철 (閔永喆)	남	24	확인
경남	산청	군경에 의한 민간인희생사건	76	김의열 (金義烈)	남	27	확인
경남	산청	군경에 의한 민간인희생사건		김의경 (金義炅)	남	20	확인
경남	산청	군경에 의한 민간인희생사건		김의찬 (金義贊)	남	32	확인
경남	산청	군경에 의한 민간인희생사건		김의수 (金義洙)	남	18	확인
경남	산청	군경에 의한 민간인희생사건		김태수 (金泰洙)	남	14	확인
경남	산청	군경에 의한 민간인희생사건		김병은 (金炳殷)	남	17	확인
경남	산청	군경에 의한 민간인희생사건		곽상근 (郭相根)	남	22	확인
경남	산청	군경에 의한 민간인희생사건		곽노숙 (郭盧淑)	남	17	확인

지역별		사건유형별	사건번호	진실규명대상자			조사 결과
				이름	성별	연령	
경남	산청	군경에 의한 민간인희생사건	76	배쌍돌 (裵雙乭)	남	48	확인
경남	산청	군경에 의한 민간인희생사건		배덕출 (裵德出)	남	19	확인
경남	산청	군경에 의한 민간인희생사건		노충환 (盧忠煥)	남	27	확인
경남	산청	군경에 의한 민간인희생사건		권상근 (權相根)	남	33	확인
경남	산청	군경에 의한 민간인희생사건		김의종 (金義鍾)	남	66	확인
경남	산청	군경에 의한 민간인희생사건		김의섭 (金義燮)	남	50	확인
경남	산청	군경에 의한 민간인희생사건	338(1)	강우실 (姜又實)	남	45	확인
경남	산청	군경에 의한 민간인희생사건	338	정태인	남	36	확인
경남	산청	군경에 의한 민간인희생사건		양차갑	남	38	확인
경남	산청	군경에 의한 민간인희생사건		이한수	남	32	확인
경남	산청	군경에 의한 민간인희생사건		이갑규	남	34	확인
경남	산청	군경에 의한 민간인희생사건		이금상	남	23	확인
경남	산청	군경에 의한 민간인희생사건		김학진	남	25	확인
경남	산청	군경에 의한 민간인희생사건		신현도	남	27	확인
경남	산청	군경에 의한 민간인희생사건		민창호	남	24	확인
경남	산청	군경에 의한 민간인희생사건		안용석	남	35	확인
경남	산청	군경에 의한 민간인희생사건		권갑용	남	37	확인

지역별		사건유형별	사건번호	진실규명대상자			조사 결과
				이름	성별	연령	
경남	산청	군경에 의한 민간인희생사건		권삼용	남	27	확인
경남	산청	군경에 의한 민간인희생사건		정삼만	남	32	확인
경남	산청	군경에 의한 민간인희생사건		홍종현	남	84	확인
경남	산청	군경에 의한 민간인희생사건		홍학봉	남	50	확인
경남	산청	군경에 의한 민간인희생사건		홍표성	남	21	확인
경남	산청	군경에 의한 민간인희생사건		유재성	남	41	확인
경남	산청	군경에 의한 민간인희생사건		유경문	남	54	확인
경남	산청	군경에 의한 민간인희생사건		유윤석	남	50	확인
경남	산청	군경에 의한 민간인희생사건	338	유효생	남	18	확인
경남	산청	군경에 의한 민간인희생사건		강학인	남	25	확인
경남	산청	군경에 의한 민간인희생사건		진또분	여	22	확인
경남	산청	군경에 의한 민간인희생사건		손태만	남	19	확인
경남	산청	군경에 의한 민간인희생사건		손재만	남	17	확인
경남	산청	군경에 의한 민간인희생사건		정재복	남	49	확인
경남	산청	군경에 의한 민간인희생사건		오명수	남	31	확인
경남	산청	군경에 의한 민간인희생사건		유필남	여	23	확인
경남	산청	군경에 의한 민간인희생사건		김흥수	남	29	확인

지역별		사건유형별	사건번호	진실규명대상자			조사 결과
				이름	성별	연령	
경남	산청	군경에 의한 민간인희생사건		이성호	남	44	확인
경남	산청	군경에 의한 민간인희생사건		유재용	남	35	확인
경남	산청	군경에 의한 민간인희생사건		조계상	남	29	확인
경남	산청	군경에 의한 민간인희생사건		김차상	남	50	확인
경남	산청	군경에 의한 민간인희생사건		문순옥	남	43	확인
경남	산청	군경에 의한 민간인희생사건		하순석	남	32	확인
경남	산청	군경에 의한 민간인희생사건		허남석	남	40	확인
경남	산청	군경에 의한 민간인희생사건		최성봉	남	33	확인
경남	산청	군경에 의한 민간인희생사건	338	김규상	남	20	확인
경남	산청	군경에 의한 민간인희생사건		양일환	남	34	확인
경남	산청	군경에 의한 민간인희생사건		권규두	남	36	확인
경남	산청	군경에 의한 민간인희생사건		이시우	남	40	확인
경남	산청	군경에 의한 민간인희생사건		이석동	남	21	확인
경남	산청	군경에 의한 민간인희생사건		최경수	남	21	확인
경남	산청	군경에 의한 민간인희생사건		민경용	남	45	확인
경남	산청	군경에 의한 민간인희생사건		하이호	남	45	확인
경남	산청	군경에 의한 민간인희생사건		이정호	남	24	확인

지역별		사건유형별	사건번호	진실규명대상자			조사 결과
				이름	성별	연령	
경남	산청	군경에 의한 민간인희생사건		박창규	남	32	확인
경남	산청	군경에 의한 민간인희생사건		배재환	남	19	확인
경남	산청	군경에 의한 민간인희생사건		하또상	남	46	확인
경남	산청	군경에 의한 민간인희생사건		이근호	남	14	확인
경남	산청	군경에 의한 민간인희생사건		김종은	남	30	확인
경남	산청	군경에 의한 민간인희생사건		김점원	남	45	확인
경남	산청	군경에 의한 민간인희생사건		김정생	남	30	확인
경남	산청	군경에 의한 민간인희생사건		이영환	남	20	확인
경남	산청	군경에 의한 민간인희생사건	338	김연홍	남	28	확인
경남	산청	군경에 의한 민간인희생사건		민원식	남	30	확인
경남	산청	군경에 의한 민간인희생사건		김용수	남	43	확인
경남	산청	군경에 의한 민간인희생사건		이기열	남	25	확인
경남	산청	군경에 의한 민간인희생사건		하맹윤	남	36	확인
경남	산청	군경에 의한 민간인희생사건		정태수	남	58	확인
경남	산청	군경에 의한 민간인희생사건		김판영	남	30	확인
경남	산청	군경에 의한 민간인희생사건		이병문	남	34	확인
경남	산청	군경에 의한 민간인희생사건		김오원	남	35	확인

지역별		사건유형별	사건번호	진실규명대상자			조사 결과
				이름	성별	연령	
경남	산청	군경에 의한 민간인희생사건		남영희	남	36	확인
경남	산청	군경에 의한 민간인희생사건		노병태	남	25	확인
경남	산청	군경에 의한 민간인희생사건		하태만	남	25	확인
경남	산청	군경에 의한 민간인희생사건		하수헌	남	23	확인
경남	산청	군경에 의한 민간인희생사건		이춘실	남	74	확인
경남	산청	군경에 의한 민간인희생사건		이학환	남	19	확인
경남	산청	군경에 의한 민간인희생사건		이인수	남	22	확인
경남	산청	군경에 의한 민간인희생사건		이병영	남	21	확인
경남	산청	군경에 의한 민간인희생사건	338	안시만	남	24	확인
경남	산청	군경에 의한 민간인희생사건		안점도	남	14	확인
경남	산청	군경에 의한 민간인희생사건		박태규	남	20	확인
경남	산청	군경에 의한 민간인희생사건		김재구	남	32	확인
경남	산청	군경에 의한 민간인희생사건		권국이	남	20	확인
경남	산청	군경에 의한 민간인희생사건		이범태	남	16	확인
경남	산청	군경에 의한 민간인희생사건		이병수	남	20	확인
경남	산청	군경에 의한 민간인희생사건		하계문	남	26	확인
경남	산청	군경에 의한 민간인희생사건		정문도	남	25	확인

지역별		사건유형별	사건번호	진실규명대상자			조사 결과
				이름	성별	연령	
경남	산청	군경에 의한 민간인희생사건		김종태	남	23	확인
경남	산청	군경에 의한 민간인희생사건		이재옥	남	35	확인
경남	산청	군경에 의한 민간인희생사건		하용수	남	50	확인
경남	산청	군경에 의한 민간인희생사건		이세우	남	29	확인
경남	산청	군경에 의한 민간인희생사건		김용수	남	32	확인
경남	산청	군경에 의한 민간인희생사건		김용태	남	34	확인
경남	산청	군경에 의한 민간인희생사건		박창환	남	20	확인
경남	산청	군경에 의한 민간인희생사건		최정수	남	24	확인
경남	산청	군경에 의한 민간인희생사건	338	서귀성	남	40	확인
경남	산청	군경에 의한 민간인희생사건		이삼봉	남	33	확인
경남	산청	군경에 의한 민간인희생사건		조상갑	남	50	확인
경남	산청	군경에 의한 민간인희생사건		최점생	남	53	확인
경남	산청	군경에 의한 민간인희생사건		심양수	여	52	확인
경남	산청	군경에 의한 민간인희생사건		최판돌	남	18	확인
경남	산청	군경에 의한 민간인희생사건		하재우	남	16	확인
경남	산청	군경에 의한 민간인희생사건		주만용	남	19	확인
경남	산청	군경에 의한 민간인희생사건		이상문	남	36	확인

지역별		사건유형별	사건번호	진실규명대상자			조사 결과
				이름	성별	연령	
경남	산청	군경에 의한 민간인희생사건	338	진종현	남	28	확인
경남	산청	군경에 의한 민간인희생사건		진학봉	남	55	확인
경남	산청	군경에 의한 민간인희생사건		김삼세	남	21	확인
경남	산청	군경에 의한 민간인희생사건		허경	남	23	확인
경남	산청	군경에 의한 민간인희생사건		황용해	남	62	확인
경남	산청	군경에 의한 민간인희생사건		황재석	남	15	확인
경남	산청	군경에 의한 민간인희생사건		성봉주	남	30	확인
경남	산청	군경에 의한 민간인희생사건		강증수	남	28	확인
경남	산청	군경에 의한 민간인희생사건		이상업	남	18	확인
경남	산청	군경에 의한 민간인희생사건		이기주	남	24	확인
경남	산청	군경에 의한 민간인희생사건	340	조용덕	남	30	확인
경남	산청	군경에 의한 민간인희생사건	359	권재갑	남	18	확인
경남	산청	군경에 의한 민간인희생사건	418	조용문	남	23	확인
경남	산청	군경에 의한 민간인희생사건	834	배판금	남	40	확인
경남	산청	군경에 의한 민간인희생사건	927	배수만	남	42	확인
경남	산청	군경에 의한 민간인희생사건		배만석	남	38	확인
경남	산청	군경에 의한 민간인희생사건	2282	신재철	남	25	확인

지역별		사건유형별	사건번호	진실규명대상자			조사 결과
				이름	성별	연령	
경남	산청	군경에 의한 민간인희생사건	4521	정창영	남	30	확인
경남	산청	군경에 의한 민간인희생사건	5334	이해순	남	40	확인
경남	산청	군경에 의한 민간인희생사건	6481	성환철	남	30	확인
경남	산청	군경에 의한 민간인희생사건	7070	곽윤조	남	50	확인
경남	산청	군경에 의한 민간인희생사건	7358	송재상	남	24	확인
경남	산청	군경에 의한 민간인희생사건	7716	최삼용	남	36	확인
경남	산청	군경에 의한 민간인희생사건	7778	이재봉	남	44	확인
경남	산청	군경에 의한 민간인희생사건	8169	김학진	남	22	확인
경남	산청	군경에 의한 민간인희생사건	8316	이태용	남	28	확인
경남	산청	군경에 의한 민간인희생사건	8317	이경연	여	28	확인
경남	산청	군경에 의한 민간인희생사건		권규태	남	18	확인
경남	산청	군경에 의한 민간인희생사건	8829	이록이	남	50	확인
경남	산청	군경에 의한 민간인희생사건		송임덕	여	49	확인
경남	산청	군경에 의한 민간인희생사건		이대수	남	7	확인
경남	산청	군경에 의한 민간인희생사건	9377	정재호	남	20	확인
경남	산청	군경에 의한 민간인희생사건	9381	권위생	남	38	확인
경남	산청	군경에 의한 민간인희생사건	10563	정영근	남	21	확인

지역별		사건유형별	사건번호	진실규명대상자			조사 결과
				이름	성별	연령	
경남	산청	군경에 의한 민간인희생사건	4006	김병우 (金炳祐)	남	18	확인
경남	산청	군경에 의한 민간인희생사건	4352	임재문 (林在文)	남	46	확인
경남	산청	군경에 의한 민간인희생사건	6502	김임갑 (金任甲)	남	36	확인
경남	산청	군경에 의한 민간인희생사건	6863	황경준 (黃庚俊)	남	39	확인
경남	산청	군경에 의한 민간인희생사건		황축천 (黃丑賤)	남	36	확인
경남	산청	군경에 의한 민간인희생사건	7042	최명영 (崔明永)	남	23	확인
경남	산청	군경에 의한 민간인희생사건	7360	오인호 (吳仁鎬)	남	58	확인
경남	산청	군경에 의한 민간인희생사건	7450	최우학 (崔又學)	남	48	확인
경남	산청	군경에 의한 민간인희생사건	7451	김상근 (金尙根)	남	51	확인
경남	산청	군경에 의한 민간인희생사건	7453	배영선 (裵永선)	남	46	확인
경남	산청	군경에 의한 민간인희생사건	7719	박우출 (朴又出)	남	39	확인
경남	산청	군경에 의한 민간인희생사건	8315	송성서 (宋成序)	남	44	확인
경남	산청	군경에 의한 민간인희생사건		송진호 (宋辰虎)	남	31	확인
경남	산청	군경에 의한 민간인희생사건	8321	오규환 (吳奎煥)	남	28	확인
경남	산청	군경에 의한 민간인희생사건	8736	진재석 (陳在錫)	남	25	확인
경남	산청	군경에 의한 민간인희생사건	8827	박판대 (朴判大)	남	32	확인
경남	산청	군경에 의한 민간인희생사건	8830	박완주 (朴完柱)	남	35	확인

지역별		사건유형별	사건번호	진실규명대상자			조사 결과
				이름	성별	연령	
경남	산청	군경에 의한 민간인희생사건	9248	권명이 (權命伊)	남	41	확인
경남	산청	군경에 의한 민간인희생사건		권중명 (權中命)	남	35	확인
경남	산청	군경에 의한 민간인희생사건	9378	권재만 (權載萬)	남	28	확인
경남	산청	군경에 의한 민간인희생사건	9882	김천수 (金千壽)	남	59	확인
경남	산청	군경에 의한 민간인희생사건		박고비 (朴古非)	여	56	확인
경남	산청	군경에 의한 민간인희생사건	10325	정화석 (鄭華錫)	남	25	확인
경남	산청	군경에 의한 민간인희생사건	10670	민만호 (閔萬鎬)	남	33	확인
경남	산청	군경에 의한 민간인희생사건	10676	김명준 (金命俊)	남	28	확인
경남	산청	군경에 의한 민간인희생사건	10677	장재호 (張在鎬)	남	32	확인
경남	산청	군경에 의한 민간인희생사건	미신청	김주생 (金柱生)	남	43	확인
경남	산청	군경에 의한 민간인희생사건		정기석 (鄭基錫)	남	35	추정
경남	산청	군경에 의한 민간인희생사건		김영현	남	27	확인
경남	산청	적대세력사건	마-8320	권태국 (權泰國)	남	50	확인
경남	산청	적대세력사건	미신청	홍상도 (洪相道)	남	40	확인
경남	산청	적대세력사건	마-338(2)	하용석 (河龍錫)	남	47	확인
경남	산청	적대세력사건		하용득 (河龍得)	남	44	확인
경남	함양	국민보도 연맹사건	2	이경록 (李慶彔)	남	39	확인

지역별		사건유형별	사건번호	진실규명대상자			조사 결과
				이름	성별	연령	
경남	함양	국민보도연맹사건	952	이타관개 (李他官介)	남	45	확인
경남	함양	국민보도연맹사건	1979	이종운 (李鍾云)	남	20	추정
경남	함양	국민보도연맹사건	2188	조문옥 (趙文玉)	남	29	확인
경남	함양	국민보도연맹사건	2189	김완철 (金完哲)	남	26	확인
경남	함양	국민보도연맹사건	2280	차태석 (車泰錫)	남	37	확인
경남	함양	국민보도연맹사건	2281	임종섭 (林鍾燮)	남	30	확인
경남	함양	국민보도연맹사건	2604	전영석 (全永錫)	남	18	확인
경남	함양	국민보도연맹사건	3062	임원섭 (林原燮)	남	43	확인
경남	함양	국민보도연맹사건	3063	이춘성 (李春成)	남	37	확인
경남	함양	국민보도연맹사건	3064	이영운 (李泳云)	남	26	확인
경남	함양	국민보도연맹사건	3065	정용진 (鄭龍辰)	남	31	확인
경남	함양	국민보도연맹사건	3360	권재덕 (權載德)	남	58	확인
경남	함양	국민보도연맹사건	4089	최희원 (崔凞元)	남	35	확인
경남	함양	국민보도연맹사건	5560	박종달 (朴鍾達)	남	37	확인
경남	함양	국민보도연맹사건	5649	엄무성	남	미상	확인
경남	함양	국민보도연맹사건		유소아지	여	미상	확인
경남	함양	국민보도연맹사건	5681	허삼암 (許三岩)	남	35	확인

지역별		사건유형별	사건번호	진실규명대상자			조사 결과
				이름	성별	연령	
경남	함양	국민보도 연맹사건	6414	신종선 (申宗先)	남	24	확인
경남	함양	국민보도 연맹사건	6698	강영길 (姜永吉)	남	36	추정
경남	함양	국민보도 연맹사건	7638	배길용 (輩吉龍)	남	33	확인
경남	함양	국민보도 연맹사건	9976	박승창 (朴勝昌)	남	26	확인
경남	함양	국민보도 연맹사건	9977	여옥현 (呂玉鉉)	남	23	확인
경남	함양	국민보도 연맹사건	9978	하종갑 (河宗甲)	남	34	확인
경남	함양	국민보도 연맹사건	2572(1)	김석배 (金錫培)	남	29	확인
경남	함양	국민보도 연맹사건	미신청	허사옥	남	20대	확인
경남	함양	군경에 의한 민간인희생사건	90	최태현 (崔泰炫)	남	25	확인
경남	함양	군경에 의한 민간인희생사건	194	진천을 (陳天乙)	남	36	확인
경남	함양	군경에 의한 민간인희생사건	637	임정택 (林禎澤)	남	28	확인
경남	함양	군경에 의한 민간인희생사건		임기택 (林箕澤)	남	24	확인
경남	함양	군경에 의한 민간인희생사건		임한택 (林漢澤)	남	22	확인
경남	함양	군경에 의한 민간인희생사건		박팔규 (朴八圭)	남	25	확인
경남	함양	군경에 의한 민간인희생사건		임종수 (林鍾守)	남	25	확인
경남	함양	군경에 의한 민간인희생사건		임종규 (林鍾圭)	남	25	확인
경남	함양	군경에 의한 민간인희생사건		임이규 (林二圭)	남	26	확인

지역별		사건유형별	사건번호	진실규명대상자			조사 결과
				이름	성별	연령	
경남	함양	군경에 의한 민간인희생사건		이태훈 (李泰薰)	남	27	확인
경남	함양	군경에 의한 민간인희생사건		이홍구 (李洪九)	남	22	확인
경남	함양	군경에 의한 민간인희생사건		박명규 (朴明圭)	남	28	확인
경남	함양	군경에 의한 민간인희생사건		조일천 (曺一千)	남	27	확인
경남	함양	군경에 의한 민간인희생사건	637	박광을 (朴光乙)	남	22	확인
경남	함양	군경에 의한 민간인희생사건		김봉규 (金奉圭)	남	24	확인
경남	함양	군경에 의한 민간인희생사건		전재하 (全載夏)	남	25	확인
경남	함양	군경에 의한 민간인희생사건		전재윤 (全載潤)	남	23	확인
경남	함양	군경에 의한 민간인희생사건		정봉기 (鄭奉基)	남	29	확인
경남	함양	군경에 의한 민간인희생사건	1946	전갑봉 (全甲鳳)	남	25	확인
경남	함양	군경에 의한 민간인희생사건		이이업 (李二業)	남	39	확인
경남	함양	군경에 의한 민간인희생사건		이기주 (李奇柱)	남	49	확인
경남	함양	군경에 의한 민간인희생사건		정구용 (鄭九龍)	남	54	확인
경남	함양	군경에 의한 민간인희생사건	2569	임경태 (林慶泰)	남	20	확인
경남	함양	군경에 의한 민간인희생사건		박길종 (朴吉鍾)	남	43	확인
경남	함양	군경에 의한 민간인희생사건		박현순 (朴現順)	남	50대	확인
경남	함양	군경에 의한 민간인희생사건		박승종 (朴承鍾)	남	28	확인

지역별		사건유형별	사건번호	진실규명대상자			조사결과
				이름	성별	연령	
경남	함양	군경에 의한 민간인희생사건	2569	전삼대 (全三大)	남	47	확인
경남	함양	군경에 의한 민간인희생사건		전영창 (全永贊)	남	19	확인
경남	함양	군경에 의한 민간인희생사건		이종경 (李種京)	남	16	확인
경남	함양	군경에 의한 민간인희생사건		박규종 (朴圭鍾)	남	53	확인
경남	함양	군경에 의한 민간인희생사건		박우상 (朴雨相)	남	31	확인
경남	함양	군경에 의한 민간인희생사건		이계상 (李癸祥)	남	26	확인
경남	함양	군경에 의한 민간인희생사건		이상용 (李尙用)	남	42	확인
경남	함양	군경에 의한 민간인희생사건	2571	최남식 (崔南植)	남	30	확인
경남	함양	군경에 의한 민간인희생사건		엄원조 (嚴元祚)	남	28	확인
경남	함양	군경에 의한 민간인희생사건		정광수 (鄭光洙)	남	27	확인
경남	함양	군경에 의한 민간인희생사건		정인근 (鄭寅根)	남	26	확인
경남	함양	군경에 의한 민간인희생사건	2572	김분돌 (金紛乭)	남	31	확인
경남	함양	군경에 의한 민간인희생사건		박규용 (朴圭庸)	남	48	확인
경남	함양	군경에 의한 민간인희생사건		김영배 (金泳培)	남	24	확인
경남	함양	군경에 의한 민간인희생사건	2574	문홍규 (文洪圭)	남	38	확인
경남	함양	군경에 의한 민간인희생사건	2575	박상하 (朴相夏)	남	38	확인
경남	함양	군경에 의한 민간인희생사건	2576	전쾌승 (全快勝)	남	30	확인

지역별		사건유형별	사건번호	진실규명대상자			조사 결과
				이름	성별	연령	
경남	함양	군경에 의한 민간인희생사건	2577	이성달 (李成達)	남	40	확인
경남	함양	군경에 의한 민간인희생사건	2601	이해용 (李海容)	남	59	확인
경남	함양	군경에 의한 민간인희생사건		이종열 (李鍾悅)	남	24	확인
경남	함양	군경에 의한 민간인희생사건		이종선 (李鍾善)	남	21	확인
경남	함양	군경에 의한 민간인희생사건	2602	장귀열 (章貴烈)	남	28	확인
경남	함양	군경에 의한 민간인희생사건	2781	차재규 (車在圭)	남	34	확인
경남	함양	군경에 의한 민간인희생사건		권재석 (權在碩)	남	54	확인
경남	함양	군경에 의한 민간인희생사건		권기만 (權奇萬)	남	42	확인
경남	함양	군경에 의한 민간인희생사건		권영준 (權靈俊)	남	28	확인
경남	함양	군경에 의한 민간인희생사건		임귀택 (林貴澤)	남	34	확인
경남	함양	군경에 의한 민간인희생사건		이재수 (李在守)	남	32	확인
경남	함양	군경에 의한 민간인희생사건		이재효 (李在効)	남	26	확인
경남	함양	군경에 의한 민간인희생사건		임종권 (林鍾權)	남	29	확인
경남	함양	군경에 의한 민간인희생사건		김명수 (金明洙)	남	32	확인
경남	함양	군경에 의한 민간인희생사건		권순용 (權旬容)	남	25	확인
경남	함양	군경에 의한 민간인희생사건		권재천 (權載千)	남	31	확인
경남	함양	군경에 의한 민간인희생사건		권재생 (權載生)	남	26	확인

지역별		사건유형별	사건번호	진실규명대상자			조사 결과
				이름	성별	연령	
경남	함양	군경에 의한 민간인희생사건	2781	권재산 (權載山)	남	22	확인
경남	함양	군경에 의한 민간인희생사건		임종수 (林鍾守)	남	22	확인
경남	함양	군경에 의한 민간인희생사건		강주상 (姜主相)	남	20	확인
경남	함양	군경에 의한 민간인희생사건		권태용 (權泰庸)	남	26	확인
경남	함양	군경에 의한 민간인희생사건		이계도 (李戒道)	남	25	확인
경남	함양	군경에 의한 민간인희생사건		서쌍환 (徐雙煥)	남	26	확인
경남	함양	군경에 의한 민간인희생사건		권재인 (權載仁)	남	20	확인
경남	함양	군경에 의한 민간인희생사건		정순안 (鄭淳安)	남	19	확인
경남	함양	군경에 의한 민간인희생사건	2876	이종수	남	22	확인
경남	함양	군경에 의한 민간인희생사건	5117	강태영 (姜太永)	남	37	확인
경남	함양	군경에 의한 민간인희생사건	5256	김희철 (金喜哲)	남	36	확인
경남	함양	군경에 의한 민간인희생사건	5561	권재용 (權載龍)	남	39	확인
경남	함양	군경에 의한 민간인희생사건	7974	박영환 (朴永煥)	남	34	확인
경남	함양	군경에 의한 민간인희생사건	7975	김갑상 (金甲上)	남	24	확인
경남	함양	군경에 의한 민간인희생사건	9974	이종안 (李鍾安)	남	28	확인
경남	함양	군경에 의한 민간인희생사건	952	이세태 (李世泰)	남	24	확인
경남	함양	군경에 의한 민간인희생사건	미신청	김타관	남	미상	추정

지역별		사건유형별	사건번호	진실규명대상자			조사결과
				이름	성별	연령	
경남	함양	군경에 의한 민간인희생사건	미신청	이두철	남	미상	추정
경남	함양	군경에 의한 민간인희생사건	953	공기홍 (孔奇洪)	남	25	확인
경남	함양	군경에 의한 민간인희생사건	1978	석성수 (石聖守)	남	31	확인
경남	함양	군경에 의한 민간인희생사건	1981	조성옥 (趙星玉)	남	28	불능
경남	함양	군경에 의한 민간인희생사건	2877	한상훈 (韓相燻)	남	39	확인
경남	함양	군경에 의한 민간인희생사건	3086	곽병석 (郭丙錫)	남	23	확인
경남	함양	군경에 의한 민간인희생사건	3580	홍순철 (洪淳哲)	남	26	확인
경남	함양	군경에 의한 민간인희생사건	5116	김채규 (金采圭)	남	22	확인
경남	함양	군경에 의한 민간인희생사건	6809	곽봉준 (郭鳳準)	남	28	확인
경남	함양	군경에 의한 민간인희생사건	8741	강위철 (姜渭喆)	남	21	확인
경남	함양	군경에 의한 민간인희생사건	9975	김원대 (金元大)	남	27	확인
경남	함양	군경에 의한 민간인희생사건	10169	신재현 (申在鉉)	남	22	확인
경남	함양	군경에 의한 민간인희생사건		신호영 (申浩永)	남	25	확인
경남	함양	군경에 의한 민간인희생사건	2604(1)	전영구 (全永九)	남	27	확인
경남	함양	군경에 의한 민간인희생사건	3360(1)	권구현 (權求鉉)	남	27	추정
경남	함양	군경에 의한 민간인희생사건		권계현 (權季鉉)	남	22	추정
경남	함양	적대세력사건	직다-493	임갑수 (林甲洙)	남	29	확인

지역별		사건유형별	사건번호	진실규명대상자			조사결과
				이름	성별	연령	
경남	함양	적대세력사건	직다-493	손인도 (孫仁道)	남	44	확인
경남	함양	적대세력사건		양판주 (梁判株)	남	42	확인
경남	함양	적대세력사건		박인호 (朴寅浩)	남	미상	확인
경남	함양	적대세력사건		허판천 (許判千)	남	42	확인
경남	함양	적대세력사건		정철상 (鄭喆相)	남	미상	확인
경남	함양	적대세력사건	직다-2573	박길주 (朴吉柱)	남	26	확인
경남	함양	적대세력사건		강상원	남	미상	확인
경남	함양	적대세력사건	마-8298	서오묵 (徐梧黙)	여	49	확인
서울	서대문 형무소	형무소 재소자 희생사건(하동)	미신청	김명현 (金明炫)	남	22	추정
경남	하동	군경에 의한 민간인희생사건	3232	정흥덕 (鄭興德)	남	31	확인
경남	하동	군경에 의한 민간인희생사건	3233	정태석 (鄭泰錫)	남	46	확인
경남	하동	군경에 의한 민간인희생사건	3676	정민석 (鄭玟錫)	남	30	확인
경남	하동	군경에 의한 민간인희생사건	6158	강윤석 (姜允錫)	남	31	확인
경남	하동	군경에 의한 민간인희생사건	6161	정사현 (鄭士賢)	남	32	확인
경남	하동	군경에 의한 민간인희생사건		정수현 (鄭守賢)	남	21	확인
경남	하동	군경에 의한 민간인희생사건	6174	심은섭 (沈銀燮)	남	28	확인
경남	하동	군경에 의한 민간인희생사건	6175	이인호 (李仁鎬)	남	29	확인

지역별		사건유형별	사건번호	진실규명대상자			조사 결과
				이름	성별	연령	
경남	하동	군경에 의한 민간인희생사건	6176	조성조 (曺聖助)	남	44	확인
경남	하동	군경에 의한 민간인희생사건	6177	정을묘 (鄭乙卯)	남	34	확인
경남	하동	군경에 의한 민간인희생사건	6179	정환삼 (鄭煥三)	남	27	확인
경남	하동	군경에 의한 민간인희생사건	6180	심재섭 (沈在燮)	남	35	확인
경남	하동	군경에 의한 민간인희생사건	6181	심정섭 (沈鉦燮)	남	31	확인
경남	하동	군경에 의한 민간인희생사건	6182	정순경 (鄭淳鏡)	남	27	확인
경남	하동	군경에 의한 민간인희생사건	6185	이삼용 (李三龍)	남	24	확인
경남	하동	군경에 의한 민간인희생사건	6186	심두섭 (沈斗燮)	남	21	추정
경남	하동	군경에 의한 민간인희생사건	9289	김도종	남	46	추정
경남	하동	군경에 의한 민간인희생사건	7306(1)	최수열 (崔穗烈)	남	33	확인
경남	하동	군경에 의한 민간인희생사건	733	정윤화 (鄭允和)	남	34	추정
경남	하동	군경에 의한 민간인희생사건	6159	강점복 (姜点福)	남	44	확인
경남	하동	군경에 의한 민간인희생사건	6160	강대선 (姜大璇)	남	37	확인
경남	하동	군경에 의한 민간인희생사건	6168	이덕성 (李德成)	남	25	확인
경남	하동	군경에 의한 민간인희생사건	6178	최성덕 (崔聖德)	남	36	확인
경남	하동	군경에 의한 민간인희생사건	6183	하청일 (河淸逸)	남	28	확인
경남	하동	군경에 의한 민간인희생사건	6184	김광명 (金光明)	남	23	확인

지역별		사건유형별	사건번호	진실규명대상자			조사 결과
				이름	성별	연령	
경남	하동	군경에 의한 민간인희생사건	6503	박삼용 (朴三龍)	남	28	확인
경남	하동	군경에 의한 민간인희생사건	8732	홍승윤 (洪承允)	남	18	확인
경남	하동	군경에 의한 민간인희생사건	9434	황월봉 (黃月奉)	남	24	확인
경남	하동	군경에 의한 민간인희생사건	3762	문홍택 (文洪澤)	남	38	추정
경남	하동	군경에 의한 민간인희생사건		박氏	여	미상	추정
경남	하동	군경에 의한 민간인희생사건	3763	문홍각 (文洪珏)	남	35	확인
경남	하동	적대세력사건	마-6006	이용규 (李容奎)	남	24	확인
경남	합천	군경에 의한 민간인희생사건	6955	이재만	남	27	확인
경남	합천	군경에 의한 민간인희생사건	10175 10324	정기수	남	21	확인
경남	합천	군경에 의한 민간인희생사건	미신청	황영수	남	39	확인
경남	합천	군경에 의한 민간인희생사건		서갑이	남	미상	확인
경남	합천	군경에 의한 민간인희생사건	5721	임민이	남	26	확인
경남	합천	적대세력사건	마-6813	김영동 (金榮東)	남	48	확인
경남	마산 형무소	형무소 재소자 희생사건(함안)	직다-8206	이상기 (李相杞)	남	35	확인
경남	마산 형무소	형무소 재소자 희생사건(함안)	직다-9717	전기종 (全箕鍾)	남	26	확인
경남	마산 형무소	형무소 재소자 희생사건(함안)	직다-7098	이주익 (李柱益)	남	32	확인
경남	함안	적대세력사건	마-7380	이재근 (李在根)	남	22	확인

지역별		사건유형별	사건번호	진실규명대상자			조사결과
				이름	성별	연령	
경남	함안	적대세력사건	마-810	이진호 (李珍浩)	남	43	확인
경남	함안	적대세력사건	마-6551	안기수 (安基洙)	남	33	확인
경남	함안	적대세력사건	마-7433	조경래 (趙敬來)	남	33	확인 (상해)
경남	함안	적대세력사건	미신청	조순재	남	미상	확인
경남	함안	적대세력사건		홍태만	남	미상	확인
광주	광주 형무소	형무소 재소자 희생사건(진주)	7307	최희열 (崔希烈)	남	42	추정
경남	사천	군경에 의한 민간인희생사건	9992	류하영 (柳河永)	남	18	확인

제2절 사건 유형별 피학살자 명단

1. 군경토벌사건

구분	성별			연령별						조사결과				
	남	여	계	10세 미만	10 대	20 대	30 대	40 대	50대 이상	미상	계	확인	불능	추정	계
여수	116	8	124		37	60	12	8	7		124	124			124
순천	428	35	463	28	70	228	72	26	23	16	463	446	14	3	463
구례	168	6	174		22	81	44	22	4	1	174	165		9	174
광양	55	2	57	2	1	24	18	8	3	1	57	56		1	57
고흥	40	3	43		4	28	6	1	4		43	42		1	43
보성	54	7	61		5	23	13	12	1	8	61	46		15	61
계	861	61	922	30	139	444	165	77	42	26	922	879	14	29	922

※ 설명: 확인–진실규명 / 불능–불능·각하 / 추정–추정·미정.

지역별		사건유형별	사건번호	진실규명대상자			조사 결과
				이름	성별	연령	
전남	여수	군경토벌사건	직다-3608	성경택 (成敬澤)	남	23	확인
전남	여수	군경토벌사건	직다-2609	김행만 (金行萬)	남	33	확인
전남	여수	군경토벌사건	직다-614	주천수 (朱千洙)	남	36	확인
전남	여수	군경토벌사건	직다-6933	박대엽 (朴大葉)	여	77	확인
전남	여수	군경토벌사건	직다-1434 직다-609	하채호 (河采鎬)	남	23	확인
전남	여수	군경토벌사건	직다-2852	조옥현 (曺玉鉉)	남	19	확인
전남	여수	군경토벌사건	직다-609	하남호 (河南鎬)	남	18	확인
전남	여수	군경토벌사건	직다-6055	김태식 (金太植)	남	18	확인
전남	여수	군경토벌사건	직다-17	강태효 (姜泰孝)	남	24	확인
전남	여수	군경토벌사건		강태수 (姜泰洙)	남	18	확인
전남	여수	군경토벌사건	직다-6935	박병연 (朴炳椽)	남	21	확인
전남	여수	군경토벌사건	직다-1435	김백후 (金伯厚)	남	21	확인
전남	여수	군경토벌사건	직다-587	박소록 (朴小彔)	남	36	확인
전남	여수	군경토벌사건	직다-8275	강수현 (姜守鉉)	남	20	확인
전남	여수	군경토벌사건	직다-3377	주문열 (朱文烈)	남	19	확인
전남	여수	군경토벌사건	직다-8246	서영춘 (徐永春)	남	19	확인
전남	여수	군경토벌사건	직다-6594	이덕수 (李德水)	남	24	확인

지역별		사건유형별	사건번호	진실규명대상자			조사 결과
				이름	성별	연령	
전남	여수	군경토벌사건	직다-7586	손병석 (孫炳錫)	남	17	확인
전남	여수	군경토벌사건	직다-6780	박우수 (朴又洙)	남	33	확인
전남	여수	군경토벌사건	직다-8283	민병진 (閔丙珍)	남	17	확인
전남	여수	군경토벌사건	직다-10051	강귀현 (姜貴賢)	남	27	확인
전남	여수	군경토벌사건	직다-6591	남재필 (南在弼)	남	28	확인
전남	여수	군경토벌사건	직다-6887	배효영 (輩孝英)	남	24	확인
전남	여수	군경토벌사건	직다-3819	조계섭 (趙季先)	남	16	확인
전남	여수	군경토벌사건	직다-2024	남태선 (南太先)	남	34	확인
전남	여수	군경토벌사건	직다-2023	이연식 (李連植)	남	28	확인
전남	여수	군경토벌사건	직다-828	서우범 (徐佑範)	남	25	확인
전남	여수	군경토벌사건	직다-617	정귀석 (丁貴碩)	남	18	확인
전남	여수	군경토벌사건	직다-1939	김유한 (金裕漢)	남	25	확인
전남	여수	군경토벌사건	직다-1940	정기철 (鄭琪徹)	남	16	확인
전남	여수	군경토벌사건	직다-9152 직다-9436	정태식 (丁台湜)	남	43	확인
전남	여수	군경토벌사건	직다-9393	신공식 (申公植)	남	18	확인
전남	여수	군경토벌사건	직다-3378	정기덕 (鄭基德)	여	19	확인
전남	여수	군경토벌사건	직다-6584	오성재 (吳星在)	남	23	확인

지역별		사건유형별	사건번호	진실규명대상자			조사 결과
				이름	성별	연령	
전남	여수	군경토벌사건	직다-10383	박양기 (朴亮基)	남	19	확인
전남	여수	군경토벌사건		박쇠동 (朴釗同)	남	50	확인
전남	여수	군경토벌사건	직다-6576	윤학채	남	34	확인
전남	여수	군경토벌사건	직다-677	김지곤 (金知坤)	남	20	확인
전남	여수	군경토벌사건	직다-9160	서용빈 (徐鎔彬)	남	32	확인
전남	여수	군경토벌사건	직다-7881	곽철진 (郭鐵鎭)	남	20	확인
전남	여수	군경토벌사건	직다-9156	배순심 (輩順心)	여	16	확인
전남	여수	군경토벌사건	직다-8282	김종태 (金宗太)	남	19	확인
전남	여수	군경토벌사건	직다-10464	최윤갑 (崔允甲)	남	25	확인
전남	여수	군경토벌사건	직다-7160	김말동 (金末東)	남	19	확인
전남	여수	군경토벌사건	직다-674	최영남 (崔永男)	남	20	확인
전남	여수	군경토벌사건	직다-7867	진삼화 (陳三華)	남	17	확인
전남	여수	군경토벌사건	직다-6936	박병기 (朴炳基)	남	18	확인
전남	여수	군경토벌사건	직다-354 직다-356	김영두 (金永斗)	남	19	확인
전남	여수	군경토벌사건	직다-608	김윤천 (金允千)	남	25	확인
전남	여수	군경토벌사건	직다-10394	임완선 (林完善)	남	27	확인
전남	여수	군경토벌사건	직다-10407	윤형영 (尹亨永)	남	27	확인

지역별		사건유형별	사건번호	진실규명대상자			조사 결과
				이름	성별	연령	
전남	여수	군경토벌사건	직다-10461	김영권 (金永權)	남	22	확인
전남	여수	군경토벌사건	직다-10484	윤이길 (尹貳吉)	남	21	확인
전남	여수	군경토벌사건		윤생길 (尹生吉)	남	24	확인
전남	여수	군경토벌사건	직다-6054	황순현 (黃淳憲)	남	22	확인
전남	여수	군경토벌사건	직다-6595	최재열 (崔在烈)	남	27	확인
전남	여수	군경토벌사건	직다-4025	김견용 (金見用)	남	67	확인
전남	여수	군경토벌사건	직다-4026	이길수 (李吉洙)	남	28	확인
전남	여수	군경토벌사건	직다-7884	황동규 (黃東奎)	남	24	확인
전남	여수	군경토벌사건		황규수 (黃奎秀)	남	18	확인
전남	여수	군경토벌사건	직다-676	김복수 (金福洙)	남	28	확인
전남	여수	군경토벌사건		김석철 (金石喆)	남	22	확인
전남	여수	군경토벌사건	직다-10386	조일용 (趙一用)	남	20	확인
전남	여수	군경토벌사건	직다-10460	김덕완 (金德完)	남	43	확인
전남	여수	군경토벌사건	직다-5227	김동훈 (金東勳)	남	25	확인
전남	여수	군경토벌사건	직다-7266	김윤곤 (金倫坤)	남	21	확인
전남	여수	군경토벌사건	직다-10391	신청암 (申靑岩)	남	18	확인
전남	여수	군경토벌사건	직다-3582	주우철 (朱雲哲)	남	25	확인

지역별		사건유형별	사건번호	진실규명대상자			조사 결과
				이름	성별	연령	
전남	여수	군경토벌사건	직다-9278	강대선 (姜大善)	남	19	확인
전남	여수	군경토벌사건	직다-9279	전선오 (全宣旿)	남	17	확인
전남	여수	군경토벌사건	직다-미신청	김채선 (金采善)	남	22	확인
전남	여수	군경토벌사건		김용덕 (金用德)	남	26	확인
전남	여수	군경토벌사건		이기호 (李起浩)	남	34	확인
전남	여수	군경토벌사건		김인애 (金麟埃)	남	19	확인
전남	여수	군경토벌사건	직다-4206	김영길 (金永吉)	남	36	확인
전남	여수	군경토벌사건	직다-6579	김상환 (金祥煥)	남	18	확인
전남	여수	군경토벌사건	직다-6580	김세환 (金世煥)	남	19	확인
전남	여수	군경토벌사건	직다-7050	김기천 (金基千)	남	17	확인
전남	여수	군경토벌사건	직다-8281	손형석 (孫亨錫)	남	20	확인
전남	여수	군경토벌사건	직다-6581	김동풍 (金東豊)	남	24	확인
전남	여수	군경토벌사건	직다-3757	구일수 (具日秀)	남	25	확인
전남	여수	군경토벌사건	직다-8254	이용운 (李龍雲)	남	19	확인
전남	여수	군경토벌사건	직다-1795	박관섭 (朴寬燮)	남	23	확인
전남	여수	군경토벌사건	직다-3083	김용암 (金容岩)	남	25	확인
전남	여수	군경토벌사건	직다-8249	황계완 (黃桂鋺)	남	18	확인

지역별		사건유형별	사건번호	진실규명대상자			조사 결과
				이름	성별	연령	
전남	여수	군경토벌사건	직다-9171	황계홍 (黃桂洪)	남	18	확인
전남	여수	군경토벌사건	직다-9172	최상민 (崔相珉)	남	20	확인
전남	여수	군경토벌사건	직다-8248	김부용 (金富容)	남	23	확인
전남	여수	군경토벌사건	직다-601 직다-7567	박태현 (朴泰炫)	남	27	확인
전남	여수	군경토벌사건	직다-601 직다-7567	박평업 (朴平業)	여	29	확인
전남	여수	군경토벌사건	직다-430	김백완 (金伯完)	남	25	확인
전남	여수	군경토벌사건	직다-4204	김성곤 (金性坤)	남	19	확인
전남	여수	군경토벌사건	직다-3082	문보수 (文寶洙)	남	24	확인
전남	여수	군경토벌사건	직다-9165	손도영 (孫道永)	남	49	확인
전남	여수	군경토벌사건	직다-10397	박영태	남	20	확인
전남	여수	군경토벌사건	직다-10398	심성윤 (沈性允)	남	19	확인
전남	여수	군경토벌사건	직다-10473	김솔공 (金率公)	남	35	확인
전남	여수	군경토벌사건	직다-10473	김솔불 (金率不)	남	29	확인
전남	여수	군경토벌사건	직다-9169	강종원 (姜鍾元)	남	17	확인
전남	여수	군경토벌사건	직다-6573	주복신 (朱福新)	남	29	확인
전남	여수	군경토벌사건	직다-6574	최채단 (崔采丹)	여	54	확인
전남	여수	군경토벌사건	직다-6574	이두애 (李斗愛)	여	58	확인

지역별		사건유형별	사건번호	진실규명대상자			조사 결과
				이름	성별	연령	
전남	여수	군경토벌사건	직다-6574	정유성 (丁維成)	여	24	확인
전남	여수	군경토벌사건	직다-10408	윤선관 (尹善寬)	남	59	확인
전남	여수	군경토벌사건		윤경영 (尹京永)	남	18	확인
전남	여수	군경토벌사건	직다-10475	김재수 (金雲永)	남	24	확인
전남	여수	군경토벌사건	직다-10485	윤완중 (尹完重)	남	23	확인
전남	여수	군경토벌사건	직다-10463	서상호 (徐相浩)	남	36	확인
전남	여수	군경토벌사건		최금례 (崔金禮)	남	29	확인
전남	여수	군경토벌사건	직다-8273	김상곤 (金相均)	남	17	확인
전남	여수	군경토벌사건	직다-8272	김정규 (金正圭)	남	28	확인
전남	여수	군경토벌사건	직다-8274	김재순 (金在順)	남	42	확인
전남	여수	군경토벌사건	직다-1029	황금수 (黃金秀)	남	23	확인
전남	여수	군경토벌사건	직다-9115	김순석 (金順石)	남	28	확인
전남	여수	군경토벌사건	직다-10298	최동규 (崔東奎)	남	25	확인
전남	여수	군경토벌사건	직다-10043	이승옥 (李承玉)	남	26	확인
전남	여수	군경토벌사건	직다-9173	류지선 (柳志善)	남	40	확인
전남	여수	군경토벌사건	직다-10406	류재신 (柳在辛)	남	47	확인
전남	여수	군경토벌사건	직다-미신청	서봉기 (徐鳳琪)	남	48	확인

지역별		사건유형별	사건번호	진실규명대상자			조사 결과
				이름	성별	연령	
전남	여수	군경토벌사건	직다-8327	강금동 (姜金同)	남	31	확인
전남	여수	군경토벌사건	직다-7894	오태문 (吳太文)	남	55	확인
전남	여수	군경토벌사건	직다-7891	김차내 (金次乃)	여	45	확인
전남	여수	군경토벌사건	직다-6111	김규암 (金奎岩)	남	16	확인
전남	여수	군경토벌사건	직다-602 직다-8280	허효인 (許孝仁)	남	23	확인
전남	순천	군경토벌사건	직다-1026	장환봉 (張環峰)	남	29	확인
전남	순천	군경토벌사건	직다-1421	장용암 (張龍岩)	남	63	확인
전남	순천	군경토벌사건		장종환 (張鍾桓)	남	34	확인
전남	순천	군경토벌사건	직다-1781	신태수 (申泰秀)	남	31	확인
전남	순천	군경토벌사건	직다-2626	황천식 (黃千植)	남	30	확인
전남	순천	군경토벌사건	직다-3381	이상호 (李祥昊)	남	24	확인
전남	순천	군경토벌사건	직다-3382	정기홍	남	26	확인
전남	순천	군경토벌사건	직다-3435	허종순 (許鍾順)	남	25	확인
전남	순천	군경토벌사건	직다-6382	우영철 (禹榮哲)	남	19	확인
전남	순천	군경토벌사건	직다-6419	황인주	남	66	확인
전남	순천	군경토벌사건		서평촌	여	59	확인
전남	순천	군경토벌사건		김옥순	여	25	확인
전남	순천	군경토벌사건		황하연	여	2	확인
전남	순천	군경토벌사건		황종은	남	17	확인
전남	순천	군경토벌사건		방광수	남	16	확인

지역별		사건유형별	사건번호	진실규명대상자			조사 결과
				이름	성별	연령	
전남	순천	군경토벌사건	직다-6419	중앙병원 ○간호사부	남	미상	불능
전남	순천	군경토벌사건		중앙병원 ○간호사모	녀	미상	불능
전남	순천	군경토벌사건		중앙병원 ○간호사 언니	녀	미상	불능
전남	순천	군경토벌사건		나 씨 딸	여	미상	불능
전남	순천	군경토벌사건		○○○ 나 씨 사위	남	미상	불능
전남	순천	군경토벌사건		○○○	미상	미상	불능
전남	순천	군경토벌사건		○○○	미상	미상	불능
전남	순천	군경토벌사건		○○○	미상	미상	불능
전남	순천	군경토벌사건		○○○	미상	미상	불능
전남	순천	군경토벌사건		○○○	미상	미상	불능
전남	순천	군경토벌사건		○○○	미상	미상	불능
전남	순천	군경토벌사건		○○○	미상	미상	불능
전남	순천	군경토벌사건		○○○	미상	미상	불능
전남	순천	군경토벌사건		○○○	미상	미상	불능
전남	순천	군경토벌사건	직다-7165	안태현	남	47	확인
전남	순천	군경토벌사건		김삼수	여	42	확인
전남	순천	군경토벌사건		안종만	남	17	확인
전남	순천	군경토벌사건		안선자	여	15	확인
전남	순천	군경토벌사건	직다-7782	이봉권 (李奉權)	남	29	확인
전남	순천	군경토벌사건	직다-7865	정순현 (鄭順鉉)	남	37	확인
전남	순천	군경토벌사건		정계현 (鄭桂鉉)	남	27	확인
전남	순천	군경토벌사건	직다-8267	김용환 (金容煥)	남	23	확인
전남	순천	군경토벌사건	직다-8279	한석기 (韓碩基)	남	40	추정

지역별		사건유형별	사건번호	진실규명대상자			조사 결과
				이름	성별	연령	
전남	순천	군경토벌사건	직다-9895	홍성표 (洪聖杓)	남	23	확인
전남	순천	군경토벌사건	직다-9925	이계수 (李啓洙)	남	26	확인
전남	순천	군경토벌사건	직다-9929	신원문 (申元文)	남	17	확인
전남	순천	군경토벌사건	직다-9937	백학선 (白學先)	남	24	확인
전남	순천	군경토벌사건	직다-10095	최명순 (崔明順)	여	28	확인
전남	순천	군경토벌사건	미신청	최창수 (崔暢洙)	남	23	확인
전남	순천	군경토벌사건		정영자 (鄭榮子)	여	10	확인
전남	순천	군경토벌사건		김생옥 (金生鈺)	남	30	확인
전남	순천	군경토벌사건		김유섭 (金有燮)	남	31	확인
전남	순천	군경토벌사건	직다-1524	최경심 (崔敬心)	여	31	확인
전남	순천	군경토벌사건	직다-2795	이영오 (李永五)	남	30	확인
전남	순천	군경토벌사건	직다-4075	이소유 (李小臾)	여	28	확인
전남	순천	군경토벌사건	직다-4926	최동두 (崔東斗)	남	29	확인
전남	순천	군경토벌사건	직다-6289	김점수 (金点秀)	남	38	확인
전남	순천	군경토벌사건	직다-8121	지채종 (池采鍾)	남	28	확인
전남	순천	군경토벌사건	직다-9905	김종필 (金鍾弼)	남	28	확인
전남	순천	군경토벌사건	직다-9263	이덕심	여	34	확인

지역별		사건유형별	사건번호	진실규명대상자			조사 결과
				이름	성별	연령	
전남	순천	군경토벌사건	직다-9940	김복개 (金福介)	남	37	확인
전남	순천	군경토벌사건	직다-9942	신창우 (申昌雨)	남	26	확인
전남	순천	군경토벌사건	직다-9943	신현우 (申鉉雨)	남	20	확인
전남	순천	군경토벌사건	직다-9957	김만옥 (金萬玉)	남	26	확인
전남	순천	군경토벌사건	직다-10088	박소아	여	40	확인
전남	순천	군경토벌사건	직다-10091	장순심 (張巡心)	여	41	확인
전남	순천	군경토벌사건	직다-1064	김학건 (金學乾)	남	25	확인
전남	순천	군경토벌사건	직다-1348	허정년 (許正年)	남	24	확인
전남	순천	군경토벌사건	직다-1350	양경식 (楊炅植)	남	26	확인
전남	순천	군경토벌사건	직다-1351	박병구 (朴炳球)	남	28	확인
전남	순천	군경토벌사건	직다-1352	송칠귀 (宋七貴)	남	56	확인
전남	순천	군경토벌사건		이효심 (李孝心)	여	42	확인
전남	순천	군경토벌사건		김임순 (金壬順)	여	26	확인
전남	순천	군경토벌사건		송기화 (宋基和)	남	3	확인
전남	순천	군경토벌사건	직다-1353	허규범 (許圭凡)	남	21	확인
전남	순천	군경토벌사건	직다-1354	정인택 (丁仁澤)	남	36	확인
전남	순천	군경토벌사건	직다-1355	허필동 (許弼同)	남	19	확인

지역별		사건유형별	사건번호	진실규명대상자			조사 결과
				이름	성별	연령	
전남	순천	군경토벌사건	직다-1357	허갑진 (許押震)	남	32	확인
전남	순천	군경토벌사건		허만두 (許萬斗)	남	26	확인
전남	순천	군경토벌사건	직다-1358	배학선 (輩學善)	남	29	확인
전남	순천	군경토벌사건	직다-1360	정기영 (鄭基榮)	남	41	확인
전남	순천	군경토벌사건	직다-1361	정추택 (鄭樞澤)	남	28	확인
전남	순천	군경토벌사건	직다-1366	김철중 (金喆中)	남	24	확인
전남	순천	군경토벌사건	직다-1367	김원기 (金源基)	남	27	확인
전남	순천	군경토벌사건	직다-1368	정기석 (鄭基碩)	남	37	확인
전남	순천	군경토벌사건	직다-1381	공재권 (孔在權)	남	45	확인
전남	순천	군경토벌사건		오연심 (吳連心)	여	38	확인
전남	순천	군경토벌사건	직다-2329	양두남 (梁豆男)	여	48	확인
전남	순천	군경토벌사건	직다-3001	박상교	남	48	확인
전남	순천	군경토벌사건	직다-3002	김희곤 (金熙坤)	남	18	확인
전남	순천	군경토벌사건	직다-3369	서병중 (徐丙中)	남	46	확인
전남	순천	군경토벌사건	직다-3614	허만우 (許萬佑)	남	26	확인
전남	순천	군경토벌사건	직다-3615	김용수 (金容洙)	남	34	확인
전남	순천	군경토벌사건	직다-3616	박현석 (朴現錫)	남	33	확인

지역별		사건유형별	사건번호	진실규명대상자			조사 결과
				이름	성별	연령	
전남	순천	군경토벌사건	직다-3733	박영옥 (朴永玉)	남	18	확인
전남	순천	군경토벌사건	직다-3734	남동산 (南東山)	여	59	확인
전남	순천	군경토벌사건		임병순 (林炳順)	여	20	확인
전남	순천	군경토벌사건	직다-3735	정일천	남	27	확인
전남	순천	군경토벌사건		송삼덕 (宋三德)	여	25	확인
전남	순천	군경토벌사건	직다-3882	송기찬 (宋基贊)	남	21	확인
전남	순천	군경토벌사건	직다-3885	정순원 (鄭順源)	남	24	확인
전남	순천	군경토벌사건	직다-3886	송기봉 (宋基琫)	남	32	확인
전남	순천	군경토벌사건	직다-5010	박계호 (朴桂浩)	남	28	확인
전남	순천	군경토벌사건	직다-5011	박정호 (朴政浩)	남	21	확인
전남	순천	군경토벌사건	직다-5290	박선호 (朴繕浩)	남	22	확인
전남	순천	군경토벌사건	직다-5302	박임석 (朴壬錫)	남	56	확인
전남	순천	군경토벌사건		정현순 (鄭玄順)	여	50	확인
전남	순천	군경토벌사건	직다-5303	박영구 (朴永求)	남	21	확인
전남	순천	군경토벌사건	직다-6384	정태구 (鄭泰龜)	남	21	확인
전남	순천	군경토벌사건	직다-6385	김홍연 (金烘淵)	남	24	확인
전남	순천	군경토벌사건	직다-6650	최승수 (崔昇壽)	남	19	확인

지역별		사건유형별	사건번호	진실규명대상자			조사 결과
				이름	성별	연령	
전남	순천	군경토벌사건	직다-6650	최승모 (崔昇模)	남	17	확인
전남	순천	군경토벌사건	직다-6653	박태윤 (朴泰允)	남	24	확인
전남	순천	군경토벌사건		박태숙 (朴泰淑)	남	21	확인
전남	순천	군경토벌사건	직다-6868	이군보 (李軍甫)	남	42	확인
전남	순천	군경토벌사건		박우남 (朴禹南)	여	43	확인
전남	순천	군경토벌사건		이점례	여	2	확인
전남	순천	군경토벌사건	직다-7784	최순식 (崔順植)	남	28	확인
전남	순천	군경토벌사건	직다-7785	최운식 (崔雲植)	남	23	확인
전남	순천	군경토벌사건	직다-7866	최진영 (崔鎭永)	남	27	확인
전남	순천	군경토벌사건	직다-7953	허영구	남	19	확인
전남	순천	군경토벌사건	직다-8365	최진숙 (崔鎭淑)	남	20	확인
전남	순천	군경토벌사건	직다-9111	박호지 (朴浩志)	남	21	확인
전남	순천	군경토벌사건	직다-9113	정동선 (鄭東善)	남	19	확인
전남	순천	군경토벌사건	직다-9114	김정기 (金正基)	남	33	확인
전남	순천	군경토벌사건	직다-9120	배형회 (輩炯檜)	남	20	확인
전남	순천	군경토벌사건	직다-9121	박기래 (朴鎮來)	남	22	확인
전남	순천	군경토벌사건	미신청	최진옥 (崔鎭玉)	남	31	확인
전남	순천	군경토벌사건		허필윤 (許弼允)	남	31	확인

지역별		사건유형별	사건번호	진실규명대상자			조사 결과
				이름	성별	연령	
전남	순천	군경토벌사건	미신청	김옥태	남	31	확인
전남	순천	군경토벌사건		송기성	남	24	확인
전남	순천	군경토벌사건	직다-1334	이기증 (李奇增)	남	50	확인
전남	순천	군경토벌사건	직다-1395	황만수 (黃萬壽)	남	33	확인
전남	순천	군경토벌사건	직다-1396	김복종 (金福鍾)	남	30	확인
전남	순천	군경토벌사건	직다-1397	유복암 (兪福岩)	남	41	확인
전남	순천	군경토벌사건	직다-1398	이복석 (李福石)	남	36	확인
전남	순천	군경토벌사건	직다-1400	제갈숙 (諸葛淑)	남	19	확인
전남	순천	군경토벌사건	직다-1401	제갈아지 (諸葛可只)	남	22	확인
전남	순천	군경토벌사건	직다-1402	이봉주 (李鳳柱)	남	19	확인
전남	순천	군경토벌사건	직다-1404	김성균 (金晟均)	남	27	확인
전남	순천	군경토벌사건	직다-1405	박재정 (朴載汀)	남	23	추정
전남	순천	군경토벌사건	직다-1406	박인규 (朴仁奎)	남	28	추정
전남	순천	군경토벌사건	직다-1407	윤우암 (尹又巖)	남	36	확인
전남	순천	군경토벌사건	직다-1408	이희철 (李熙哲)	남	31	확인
전남	순천	군경토벌사건	직다-1409	김용배 (金容培)	남	37	확인
전남	순천	군경토벌사건	직다-1411	권성옥 (權性玉)	남	29	확인
전남	순천	군경토벌사건	직다-1412	이기찬 (李基贊)	남	40	확인

지역별		사건유형별	사건번호	진실규명대상자			조사 결과
				이름	성별	연령	
전남	순천	군경토벌사건	직다-1413	이삼근 (李三根)	남	35	확인
전남	순천	군경토벌사건	직다-7640	이정철 (李正哲)	남	36	확인
전남	순천	군경토벌사건	직다-8782	허순조 (許淳祖)	남	33	확인
전남	순천	군경토벌사건	직다-8857	정기선 (鄭淇銑)	남	29	확인
전남	순천	군경토벌사건	미신청	남상효 (南相孝)	남	20	확인
전남	순천	군경토벌사건	직다-1331	오인권 (吳仁權)	남	27	확인
전남	순천	군경토벌사건	직다-1333	허길성 (許吉星)	남	31	확인
전남	순천	군경토벌사건	직다-1394	장석남 (場錫楠)	남	32	확인
전남	순천	군경토벌사건	직다-1403	고재옥 (高在玉)	남	26	확인
전남	순천	군경토벌사건	직다-1792	황종부 (黃鍾桴)	남	24	확인
전남	순천	군경토벌사건	직다-3490	이영수 (李永洙)	남	25	확인
전남	순천	군경토벌사건	직다-6535	최경식 (崔敬植)	남	28	확인
전남	순천	군경토벌사건	직다-6536	김길동 (金吉童)	남	35	확인
전남	순천	군경토벌사건	직다-6646	최인규 (崔仁奎)	남	23	확인
전남	순천	군경토벌사건		최진규 (崔珍圭)	남	18	확인
전남	순천	군경토벌사건	직다-6891	손인갑 (孫仁甲)	남	33	확인
전남	순천	군경토벌사건	직다-6974	허전	남	24	확인

지역별		사건유형별	사건번호	진실규명대상자			조사 결과
				이름	성별	연령	
전남	순천	군경토벌사건	직다-7270	손형수 (孫亨洙)	남	31	확인
전남	순천	군경토벌사건	직다-7951	김병수 (金炳洙)	남	28	확인
전남	순천	군경토벌사건		김학수 (金學洙)	남	20	확인
전남	순천	군경토벌사건	직다-9116	하재규 (河在奎)	남	25	확인
전남	순천	군경토벌사건	직다-9909	정병우 (鄭炳祐)	남	19	확인
전남	순천	군경토벌사건	직다-9910	김홍수 (金洪壽)	남	19	확인
전남	순천	군경토벌사건	직다-1422	방용규 房鏞圭)	남	18	확인
전남	순천	군경토벌사건		방영규 (房泳圭)	남	15	확인
전남	순천	군경토벌사건	직다-7076	양회정 (梁會正)	남	27	확인
전남	순천	군경토벌사건	직다-8366	강길수 (姜吉洙)	남	23	확인
전남	순천	군경토벌사건		강종훈 (姜鍾勳)	남	20	확인
전남	순천	군경토벌사건		방봉애 (房鳳愛)	남	19	확인
전남	순천	군경토벌사건	직다-8861	양회주 (梁會炷)	여	26	확인
전남	순천	군경토벌사건	직다-9095	추인수	남	25	확인
전남	순천	군경토벌사건	직다-9096	추석순	남	17	확인
전남	순천	군경토벌사건	직다-9097	추기선 (秋基善)	남	28	확인
전남	순천	군경토벌사건		추기운 (秋基雲)	남	26	확인
전남	순천	군경토벌사건	직다-9098	추형량 (秋形亮)	남	27	확인

지역별		사건유형별	사건번호	진실규명대상자			조사 결과
				이름	성별	연령	
전남	순천	군경토벌사건	직다-9104	김두표 (金斗杓)	남	22	확인
전남	순천	군경토벌사건	직다-9105	정영철 (鄭泳喆)	남	18	확인
전남	순천	군경토벌사건	직다-9118	지태석 (池泰錫)	남	20	확인
전남	순천	군경토벌사건	직다-9906	최창열 (崔昌烈)	남	20	확인
전남	순천	군경토벌사건	직다-9946	이기신 (李起新)	남	22	확인
전남	순천	군경토벌사건	미신청	김현조 (金鉉祚)	남	62	확인
전남	순천	군경토벌사건		김학모 (金學模)	남	37	확인
전남	순천	군경토벌사건	직다-1392	김태구 (金泰求)	남	24	확인
전남	순천	군경토벌사건	직다-1423	박재규 (朴在圭)	남	24	확인
전남	순천	군경토벌사건	직다-1427	전덕상 (全德相)	남	34	확인
전남	순천	군경토벌사건	직다-1428	박명구 (朴明九)	남	35	확인
전남	순천	군경토벌사건	직다-1429	최석호 (崔石鎬)	남	37	확인
전남	순천	군경토벌사건	직다-1433	김점례 (金点禮)	남	47	확인
전남	순천	군경토벌사건		최채용 (崔彩鎔)	남	27	확인
전남	순천	군경토벌사건		최덕용 (崔德鎔)	남	25	확인
전남	순천	군경토벌사건		최덕심 (崔德心)	남	20	확인
전남	순천	군경토벌사건		최창용 (崔昌鎔)	여	19	확인

지역별		사건유형별	사건번호	진실규명대상자			조사 결과
				이름	성별	연령	
전남	순천	군경토벌사건	직다-1433	최정호 (崔廷鎬)	남	12	확인
전남	순천	군경토벌사건	직다-3837	이선권 (李先權)	남	16	확인
전남	순천	군경토벌사건	직다-4927	방기현 (方璂現)	남	48	확인
전남	순천	군경토벌사건	직다-4974	송태은 (宋泰銀)	남	35	확인
전남	순천	군경토벌사건	직다-5053	지득권 (池得權)	남	23	확인
전남	순천	군경토벌사건	직다-5288	방윤섭 (方允燮)	남	20	확인
전남	순천	군경토벌사건	직다-5729	오연근 (吳連根)	남	41	확인
전남	순천	군경토벌사건	직다-7009	박선규 (朴先圭)	남	37	확인
전남	순천	군경토벌사건		박윤규 (朴允圭)	남	24	확인
전남	순천	군경토벌사건	직다-7010	박득규 (朴得圭)	남	22	확인
전남	순천	군경토벌사건	직다-8057	정종신 (鄭宗臣)	남	21	확인
전남	순천	군경토벌사건	직다-8786	박홍기 (朴洪紀)	남	27	확인
전남	순천	군경토벌사건	직다-9893	박병근 (朴炳根)	남	23	확인
전남	순천	군경토벌사건	직다-9894	박병두 (朴炳斗)	남	18	확인
전남	순천	군경토벌사건	직다-9896	박병렬 (朴炳烈)	남	34	확인
전남	순천	군경토벌사건	직다-9897	박병기 (朴炳箕)	남	27	확인
전남	순천	군경토벌사건	직다-9917	김화현 (金和鉉)	남	34	확인

지역별		사건유형별	사건번호	진실규명대상자			조사 결과
				이름	성별	연령	
전남	순천	군경토벌사건	직다-9920	이준평 (李晙坪)	남	35	확인
전남	순천	군경토벌사건	직다-1385	이상연 (李相連)	남	24	확인
전남	순천	군경토벌사건	직다-1389	박기영 (朴基連)	남	36	확인
전남	순천	군경토벌사건	직다-1431	박성일 (朴基英)	남	31	확인
전남	순천	군경토벌사건	직다-4383	최병주 (崔炳周)	남	25	확인
전남	순천	군경토벌사건	직다-8362	정기영 (鄭基永)	남	26	확인
전남	순천	군경토벌사건	직다-8363	이재선 (李在先)	남	63	확인
전남	순천	군경토벌사건	직다-9101	김홍열 (金興烈)	남	36	확인
전남	순천	군경토벌사건	직다-9532	황인만 (黃仁滿)	남	21	확인
전남	순천	군경토벌사건	직다-9934	한상범 (韓相範)	남	38	확인
전남	순천	군경토벌사건	직다-9935	윤석봉 (尹錫奉)	남	26	확인
전남	순천	군경토벌사건	직다-324 1378	강재수 (姜裁秀)	남	58	확인
전남	순천	군경토벌사건	직다-324 1378	김대례 (金大禮)	남	60	확인
전남	순천	군경토벌사건	직다-324 1378	강옥순 (姜玉順)	여	12	확인
전남	순천	군경토벌사건	직다-1371	나성환 (羅成煥)	여	32	확인
전남	순천	군경토벌사건	직다-1373	홍목침 (洪木沈)	남	45	확인
전남	순천	군경토벌사건		정선례 (鄭善禮)	남	32	확인

지역별		사건유형별	사건번호	진실규명대상자			조사 결과
				이름	성별	연령	
전남	순천	군경토벌사건	직다-1373	홍일순 (洪一順)	남	17	확인
전남	순천	군경토벌사건		홍재호 (洪在鎬)	여	3	확인
전남	순천	군경토벌사건	직다-1374	위형량 (魏瑩良)	남	67	확인
전남	순천	군경토벌사건	직다-1375	조정순 (趙正順)	남	38	확인
전남	순천	군경토벌사건		이삭심 (李朔心)	여	4	확인
전남	순천	군경토벌사건	직다-1376	김용기 (金容基)	여	25	확인
전남	순천	군경토벌사건	직다-1377	이공월 (李空月)	남	43	확인
전남	순천	군경토벌사건	직다-1379	강양수 (姜陽秀)	여	56	확인
전남	순천	군경토벌사건	직다-1380	조성림 (趙成林)	남	47	확인
전남	순천	군경토벌사건	직다-1415	김인석 (金仁錫)	여	27	확인
전남	순천	군경토벌사건	직다-1948 1970	박노은 (朴魯銀)	남	53	확인
전남	순천	군경토벌사건	직다-1948 1970	이장순 (李長順)	남	41	확인
전남	순천	군경토벌사건		박옥란 (朴玉蘭)	여	14	확인
전남	순천	군경토벌사건	직다-2246	한관섭	여	19	확인
전남	순천	군경토벌사건	직다-7642	조한송 (趙漢松)	남	47	확인
전남	순천	군경토벌사건	직다-9902	신복동 (申福同)	남	39	확인
전남	순천	군경토벌사건	직다-9911	조한상 (趙漢相)	남	27	확인

지역별		사건유형별	사건번호	진실규명대상자			조사 결과
				이름	성별	연령	
전남	순천	군경토벌사건	직다-1335	이기담 (李起淡)	남	23	확인
전남	순천	군경토벌사건	직다-1336	안두영 (安斗榮)	남	23	확인
전남	순천	군경토벌사건	직다-1337	이상근 (李相根)	남	40	확인
전남	순천	군경토벌사건	직다-1338	박상래 (朴相來)	남	39	확인
전남	순천	군경토벌사건	직다-1382	김영모 (金永模)	남	47	확인
전남	순천	군경토벌사건	직다-1383	박기옥 (朴基玉)	남	29	확인
전남	순천	군경토벌사건	직다-1384	박유만 (朴有萬)	남	40	확인
전남	순천	군경토벌사건	직다-1390	김용연 (金容淵)	남	27	확인
전남	순천	군경토벌사건	직다-9918	이수개 (李守介)	남	19	확인
전남	순천	군경토벌사건	직다-10593	김용태 (金容台)	남	31	확인
전남	순천	군경토벌사건	직다-1424	정귀남 (鄭貴男)	남	33	확인
전남	순천	군경토벌사건	직다-2400	최춘우 (崔春宇)	남	20	추정
전남	순천	군경토벌사건	직다-8856	이덕행 (李德行)	남	22	확인
전남	순천	군경토벌사건	직다-9433	한광수 (韓光洙)	남	37	확인
전남	순천	군경토벌사건		한익수 (韓益洙)	남	24	확인
전남	순천	군경토벌사건	직다-9922	오종호 (吳宗鎬)	남	31	확인
전남	순천	군경토벌사건	미신청	이문휴 (李文休)	남	35	확인

지역별		사건유형별	사건번호	진실규명대상자			조사 결과
				이름	성별	연령	
전남	순천	군경토벌사건	직다-2278	박동련 (朴東連)	남	66	확인
전남	순천	군경토벌사건	직다-1341	여두원 (呂斗元)	남	18	확인
전남	순천	군경토벌사건	직다-3363	정맹현 (丁孟鉉)	남	21	확인
전남	순천	군경토벌사건	직다-4050	최석호 (崔錫澔)	남	19	확인
전남	순천	군경토벌사건	직다-6267	민계식 (閔季植)	남	18	확인
전남	순천	군경토벌사건	직다-6572	주두신 (朱斗新)	남	19	확인
전남	순천	군경토벌사건		주성창 (朱成錩)	남	22	확인
전남	순천	군경토벌사건	직다-7267	송임석 (宋林錫)	남	22	확인
전남	순천	군경토벌사건	직다-7505	윤달헌 (尹達憲)	남	21	확인
전남	순천	군경토벌사건	직다-9959	박이만 (朴以萬)	남	21	확인
전남	순천	군경토벌사건	직다-10652	정대룡 (鄭大龍)	남	19	확인
전남	순천	군경토벌사건	직다-10834	정옥기 (鄭鈺基)	남	25	확인
전남	순천	군경토벌사건	미신청 경찰자료	김관선 (金寬善)	남	7	확인
전남	순천	군경토벌사건		김남곤 (金南坤)	남	19	확인
전남	순천	군경토벌사건		김남수 (金南洙)	남	15	확인
전남	순천	군경토벌사건		김덕상 (金德相)	남	15	확인
전남	순천	군경토벌사건		김도수 (金道秀)	남	26	확인

지역별		사건유형별	사건번호	진실규명대상자			조사결과
				이름	성별	연령	
전남	순천	군경토벌사건		김동길 (金東吉)	남	23	확인
전남	순천	군경토벌사건		김동석 (金東錫)	남	29	확인
전남	순천	군경토벌사건		김동섭	남	6	확인
전남	순천	군경토벌사건		김문수 (金汶洙)	남	19	확인
전남	순천	군경토벌사건		김복동 (金福同)	남	19	확인
전남	순천	군경토벌사건		김복수 (金卜壽)	남	17	확인
전남	순천	군경토벌사건		김봉옥 (金奉玉)	남	31	확인
전남	순천	군경토벌사건	미신청 경찰자료	김삼용 (金上用)	남	96	확인
전남	순천	군경토벌사건		김상규 (金相圭)	남	25	확인
전남	순천	군경토벌사건		김상근 (金尙根)	남	24	확인
전남	순천	군경토벌사건		김상석 (金相錫)	남	14	확인
전남	순천	군경토벌사건		김성권 (金聖權)	남	21	확인
전남	순천	군경토벌사건		김승옥 (金勝玉)	남	20	확인
전남	순천	군경토벌사건		김영수 (金永水)	남	29	확인
전남	순천	군경토벌사건		김영식 (金永植)	남	18	확인
전남	순천	군경토벌사건		김영한 (金永漢)	남	10	확인
전남	순천	군경토벌사건		김영호 (金永鎬)	남	22	확인

지역별		사건유형별	사건번호	진실규명대상자			조사 결과
				이름	성별	연령	
전남	순천	군경토벌사건		김오묵 (金五默)	남	5	확인
전남	순천	군경토벌사건		김용순 (金用淳)	남	15	확인
전남	순천	군경토벌사건		김우현 (金禹鉉)	남	13	확인
전남	순천	군경토벌사건		김재환 (金在煥)	남	28	확인
전남	순천	군경토벌사건		김종실 (金鍾實)	남	23	확인
전남	순천	군경토벌사건		김중기 (金重基)	남	25	확인
전남	순천	군경토벌사건		김탁모 (金鐸模)	남	24	확인
전남	순천	군경토벌사건		김태모 (金泰模)	남	13	확인
전남	순천	군경토벌사건	미신청 경찰자료	김택모	남	24	확인
전남	순천	군경토벌사건		김한동 (金漢東)	남	25	확인
전남	순천	군경토벌사건		김현수 (金現洙)	남	25	확인
전남	순천	군경토벌사건		김홍만 (金洪萬)	남	30	확인
전남	순천	군경토벌사건		남병수 (南炳洙)	남	12	확인
전남	순천	군경토벌사건		남병화 (南炳化)	남	9	확인
전남	순천	군경토벌사건		남종태 (南鍾泰)	남	28	확인
전남	순천	군경토벌사건		문동원 (文東元)	남	24	확인
전남	순천	군경토벌사건		문의준 (文義俊)	남	23	확인

지역별		사건유형별	사건번호	진실규명대상자			조사 결과
				이름	성별	연령	
전남	순천	군경토벌사건		문태준	남	23	확인
전남	순천	군경토벌사건		박가오 (朴佳五)	남	17	확인
전남	순천	군경토벌사건		박정호 (朴京浩)	남	11	확인
전남	순천	군경토벌사건		박기열 (朴基烈)	남	17	확인
전남	순천	군경토벌사건		박기조 (朴奇祚)	남	7	확인
전남	순천	군경토벌사건		박대규 (朴大圭)	남	23	확인
전남	순천	군경토벌사건		박병문 (朴炳文)	남	25	확인
전남	순천	군경토벌사건		박병은 (朴炳殷)	남	27	확인
전남	순천	군경토벌사건	미신청 경찰자료	박병태 (朴炳泰)	남	20	확인
전남	순천	군경토벌사건		박병호 (朴炳浩)	남	31	확인
전남	순천	군경토벌사건		박봉민 (朴鳳玟)	남	20	확인
전남	순천	군경토벌사건		박성춘 (朴成春)	남	22	확인
전남	순천	군경토벌사건		박영천 (朴永天)	남	미상	확인
전남	순천	군경토벌사건		박용규 (朴容圭)	남	23	확인
전남	순천	군경토벌사건		박우동 (朴佑同)	남	24	확인
전남	순천	군경토벌사건		박재규 (朴再圭)	남	26	확인
전남	순천	군경토벌사건		박적석 (朴積錫)	남	11	확인

지역별		사건유형별	사건번호	진실규명대상자			조사 결과
				이름	성별	연령	
전남	순천	군경토벌사건		박종대 (朴鍾大)	남	26	확인
전남	순천	군경토벌사건		박태현 (朴泰鉉)	남	14	확인
전남	순천	군경토벌사건		박현래 (朴鋧來)	남	23	확인
전남	순천	군경토벌사건		박형동 (朴炯東)	남	21	확인
전남	순천	군경토벌사건		박형래	남	21	확인
전남	순천	군경토벌사건		박호순 (朴浩淳)	남	10	확인
전남	순천	군경토벌사건		방무길 (方武吉)	남	25	확인
전남	순천	군경토벌사건		배병문 (輩炳文)	남	93	확인
전남	순천	군경토벌사건	미신청 경찰자료	서덕용 (徐德用)	남	88	확인
전남	순천	군경토벌사건		서문석	남	30	확인
전남	순천	군경토벌사건		서종오 (徐鍾午)	남	30	확인
전남	순천	군경토벌사건		서홍석	남	25	확인
전남	순천	군경토벌사건		선병률 (宣炳律)	남	27	확인
전남	순천	군경토벌사건		선병문 (宣炳文)	남	5	확인
전남	순천	군경토벌사건		선병우	남	28	확인
전남	순천	군경토벌사건		선복환 (宣福煥)	남	23	확인
전남	순천	군경토벌사건		선쌍수 (宣雙洙)	남	25	확인
전남	순천	군경토벌사건		선화근 (宣和根)	남	23	확인
전남	순천	군경토벌사건		손일권 (孫日權)	남	16	확인

지역별		사건유형별	사건번호	진실규명대상자			조사결과
				이름	성별	연령	
전남	순천	군경토벌사건		손일문 (孫日文)	남	22	확인
전남	순천	군경토벌사건		신경우	남	6	확인
전남	순천	군경토벌사건		신래휴 (申來休)	남	23	확인
전남	순천	군경토벌사건		신설우 (申雪雨)	남	20	확인
전남	순천	군경토벌사건		안경환 (安敬煥)	남	미상	확인
전남	순천	군경토벌사건		안귀섭 (安貴燮)	남	28	확인
전남	순천	군경토벌사건		안기호 (安琪鎬)	남	30	확인
전남	순천	군경토벌사건		안봉우 (安琫右))	남	25	확인
전남	순천	군경토벌사건	미신청 경찰자료	안봉주 (安奉柱)	남	15	확인
전남	순천	군경토벌사건		안봉준 (安琫準)	남	10	확인
전남	순천	군경토벌사건		안삼종 (安三鍾)	남	29	확인
전남	순천	군경토벌사건		안순동 (安詢同)	남	22	확인
전남	순천	군경토벌사건		안점수	남	20	확인
전남	순천	군경토벌사건		안창섭 (安昌燮)	남	30	확인
전남	순천	군경토벌사건		양전 (楊槇)	남	22	확인
전남	순천	군경토벌사건		양태승 (梁太昇)	남	24	확인
전남	순천	군경토벌사건		이태근	남	25	확인
전남	순천	군경토벌사건		오경옥 (吳景玉)	남	4	확인

지역별		사건유형별	사건번호	진실규명대상자			조사 결과
				이름	성별	연령	
전남	순천	군경토벌사건		오기수 (吳基洙)	남	28	확인
전남	순천	군경토벌사건		오기주	남	27	확인
전남	순천	군경토벌사건		오순용 (吳順龍)	남	18	확인
전남	순천	군경토벌사건		유영찬 (劉永贊)	남	81	확인
전남	순천	군경토벌사건		유익상 (劉翊相)	남	22	확인
전남	순천	군경토벌사건		유일상 (劉日相)	남	29	확인
전남	순천	군경토벌사건		유일준 (劉日濬)	남	16	확인
전남	순천	군경토벌사건		유장렬 (劉長烈)	남	25	확인
전남	순천	군경토벌사건		유장효 (劉長孝)	남	9	확인
전남	순천	군경토벌사건	미신청 경찰자료	윤대준 (尹大俊)	남	30	확인
전남	순천	군경토벌사건		윤상현 (尹商鉉)	남	20	확인
전남	순천	군경토벌사건		윤선종 (尹善鍾)	남	29	확인
전남	순천	군경토벌사건		윤영학 (尹永學)	남	6	확인
전남	순천	군경토벌사건		이강철 (李康哲)	남	98	확인
전남	순천	군경토벌사건		이경모 (李京模)	남	20	확인
전남	순천	군경토벌사건		이경의 (李京義)	남	22	확인
전남	순천	군경토벌사건		이금년	남	23	확인
전남	순천	군경토벌사건		이기홍 (李起洪)	남	29	확인

지역별		사건유형별	사건번호	진실규명대상자			조사 결과
				이름	성별	연령	
전남	순천	군경토벌사건	미신청 경찰자료	이만석 (李萬石)	남	14	확인
전남	순천	군경토벌사건		이분년 (李分年)	남	20	확인
전남	순천	군경토벌사건		이옥재 (李玉宰)	남	27	확인
전남	순천	군경토벌사건		이용기 (李鏞基)	남	22	확인
전남	순천	군경토벌사건		이윤갑 (李允甲)	남	13	확인
전남	순천	군경토벌사건		이윤만 (李允萬)	남	10	확인
전남	순천	군경토벌사건		이의윤 (李義允)	남	26	확인
전남	순천	군경토벌사건		이장석 (李長碩)	남	27	확인
전남	순천	군경토벌사건		이정호 (李貞鎬)	남	87	확인
전남	순천	군경토벌사건		이종배 (李鍾培)	남	28	확인
전남	순천	군경토벌사건		이종태 (李鍾泰)	남	25	확인
전남	순천	군경토벌사건		이진철 (李鎭徹)	남	10	확인
전남	순천	군경토벌사건		이채동 (李彩同)	남	23	확인
전남	순천	군경토벌사건		이춘기	남	28	확인
전남	순천	군경토벌사건		이팔형 (李八炯)	남	25	확인
전남	순천	군경토벌사건		이형순 (李珩順)	남	24	확인
전남	순천	군경토벌사건		임경주 (林敬周)	남	20	확인

지역별		사건유형별	사건번호	진실규명대상자			조사 결과
				이름	성별	연령	
전남	순천	군경토벌사건	미신청 경찰자료	임병익 (任炳翊)	남	25	확인
전남	순천	군경토벌사건		임종환 (林鍾環)	남	26	확인
전남	순천	군경토벌사건		임혁동 (任赫東)	남	14	확인
전남	순천	군경토벌사건		장공수 (張公洙)	남	24	확인
전남	순천	군경토벌사건		장귀수 (張貴洙)	남	28	확인
전남	순천	군경토벌사건		장기태 (張基台)	남	23	확인
전남	순천	군경토벌사건		장길수 (張吉水)	남	11	확인
전남	순천	군경토벌사건		장당규 (張鏛奎)	남	30	확인
전남	순천	군경토벌사건		장문종 (張文鍾)	남	9	확인
전남	순천	군경토벌사건		장사종 (張四鍾)	남	7	확인
전남	순천	군경토벌사건		장양호	남	28	확인
전남	순천	군경토벌사건		장운석 (張云錫)	남	24	확인
전남	순천	군경토벌사건		장재석 (張在錫)	남	8	확인
전남	순천	군경토벌사건		장치옥 (張致鈺)	남	7	확인
전남	순천	군경토벌사건		전경민 (全敬珉)	남	27	확인
전남	순천	군경토벌사건		정갑래 (鄭甲來)	남	20	확인
전남	순천	군경토벌사건		정관삼	남	7	확인
전남	순천	군경토벌사건		정귀의 (鄭貴義)	남	28	확인

지역별		사건유형별	사건번호	진실규명대상자			조사 결과
				이름	성별	연령	
전남	순천	군경토벌사건		정규현 (鄭圭鉉)	남	23	확인
전남	순천	군경토벌사건		정기택 (丁基澤)	남	22	확인
전남	순천	군경토벌사건		정동안 (鄭東安)	남	27	확인
전남	순천	군경토벌사건		정병학 (鄭炳學)	남	29	확인
전남	순천	군경토벌사건		정양택 (鄭良澤)	남	28	확인
전남	순천	군경토벌사건		정연균 (鄭連均)	남	28	확인
전남	순천	군경토벌사건		정영임 (丁永任)	남	23	확인
전남	순천	군경토벌사건		정영화 (鄭瑛和)	여	30	확인
전남	순천	군경토벌사건	미신청 경찰자료	정용선 (丁龍善)	남	13	확인
전남	순천	군경토벌사건		정용호 (鄭鏞浩)	남	25	확인
전남	순천	군경토벌사건		정종화 (鄭宗和)	남	19	확인
전남	순천	군경토벌사건		정현지 (鄭泫知)	남	27	확인
전남	순천	군경토벌사건		제갈도금 (諸葛道金)	남	28	확인
전남	순천	군경토벌사건		조경섭 (趙敬燮)	남	7	확인
전남	순천	군경토벌사건		조경술 (趙京述)	남	98	확인
전남	순천	군경토벌사건		조규조 (趙圭祚)	남	27	확인
전남	순천	군경토벌사건		조삼훈 (趙三勳)	남	21	확인

지역별		사건유형별	사건번호	진실규명대상자			조사 결과
				이름	성별	연령	
전남	순천	군경토벌사건		조수영 (趙秀永)	남	29	확인
전남	순천	군경토벌사건		조학섭 (趙學燮)	남	18	확인
전남	순천	군경토벌사건		지만동 (池萬炯)	남	23	확인
전남	순천	군경토벌사건		지만형	남	23	확인
전남	순천	군경토벌사건		지유섭 (池有燮)	남	20	확인
전남	순천	군경토벌사건		지한모 (池漢模)	남	22	확인
전남	순천	군경토벌사건		차상렬 (車相烈)	남	25	확인
전남	순천	군경토벌사건		최규관 (崔奎寬)	남	24	확인
전남	순천	군경토벌사건	미신청 경찰자료	최규삼 (崔圭三)	남	19	확인
전남	순천	군경토벌사건		최상문	남	26	확인
전남	순천	군경토벌사건		최성용 (崔成鎔)	남	22	확인
전남	순천	군경토벌사건		최일삼 (崔日三)	남	10	확인
전남	순천	군경토벌사건		최택림 (崔澤林)	남	10	확인
전남	순천	군경토벌사건		최평호 (崔坪鎬)	남	23	확인
전남	순천	군경토벌사건		최학철 (崔學澈)	남	25	확인
전남	순천	군경토벌사건		최한용 (崔漢鎔)	남	19	확인
전남	순천	군경토벌사건		하정대	남	26	확인
전남	순천	군경토벌사건		한경수 (韓敬壽)	남	30	확인

지역별		사건유형별	사건번호	진실규명대상자			조사 결과
				이름	성별	연령	
전남	순천	군경토벌사건	미신청 경찰자료	한인수 (韓仁洙)	남	27	확인
전남	순천	군경토벌사건		허낙구 (許洛九)	남	30	확인
전남	순천	군경토벌사건		허동규 (許東圭)	남	29	확인
전남	순천	군경토벌사건		허만관 (許萬寬)	남	12	확인
전남	순천	군경토벌사건		허만홍 (許萬洪)	남	29	확인
전남	순천	군경토벌사건		허정구 (許貞九)	남	14	확인
전남	순천	군경토벌사건		허태광 (許泰光)	남	23	확인
전남	순천	군경토벌사건		황영재 (黃榮在)	남	36	확인
전남	구례	군경토벌사건	직다-629	박덕서 (朴德緒)	남	32	확인
전남	구례	군경토벌사건	직다-630	김귀태 (金貴泰)	남	46	확인
전남	구례	군경토벌사건		김정환 (金正煥)	남	19	확인
전남	구례	군경토벌사건	직다-632	신종우 (申從雨)	남	41	확인
전남	구례	군경토벌사건	직다-633	박계영 (朴桂泳)	남	32	확인
전남	구례	군경토벌사건	직다-634	박주운 (朴株運)	남	25	확인
전남	구례	군경토벌사건	직다-635	박주완 (朴株浣)	남	27	확인
전남	구례	군경토벌사건	직다-636	이기로 (李期魯)	남	25	확인
전남	구례	군경토벌사건	직다-638	이근선 (李根宣)	남	17	확인

지역별		사건유형별	사건번호	진실규명대상자			조사결과
				이름	성별	연령	
전남	구례	군경토벌사건	직다-639	김동기 (金同基)	남	23	확인
전남	구례	군경토벌사건	직다-678	김노선 (金魯善)	남	27	확인
전남	구례	군경토벌사건	직다-679	이한열 (李漢烈)	남	28	확인
전남	구례	군경토벌사건	직다-681	박판석 (朴判石)	남	38	확인
전남	구례	군경토벌사건	직다-712	박경조 (朴敬祚)	남	29	확인
전남	구례	군경토벌사건	직다-713	박양조 (朴陽祚)	남	25	확인
전남	구례	군경토벌사건		박종찬 (朴鍾贊)	남	18	확인
전남	구례	군경토벌사건	직다-714	유종택 (柳鐘澤)	남	20	확인
전남	구례	군경토벌사건	직다-715	류형복	남	22	확인
전남	구례	군경토벌사건	직다-717	최정용 (崔廷龍)	남	22	확인
전남	구례	군경토벌사건	직다-719	이강식 (李康植)	남	19	확인
전남	구례	군경토벌사건	직다-720	임해수 (林海秀)	남	22	확인
전남	구례	군경토벌사건		임해용 (林海龍)	남	19	확인
전남	구례	군경토벌사건	직다-721	김용근 (金容瑾)	남	34	확인
전남	구례	군경토벌사건	직다-722	최재규 (崔宰奎)	남	25	확인
전남	구례	군경토벌사건	직다-723	손광인 (孫光仁)	남	25	확인
전남	구례	군경토벌사건	직다-798	오기성 (吳奇成)	남	25	확인

지역별		사건유형별	사건번호	진실규명대상자			조사 결과
				이름	성별	연령	
전남	구례	군경토벌사건	직다-799	오재만 (吳在萬)	남	36	확인
전남	구례	군경토벌사건	직다-800	김종출 (金宗出)	남	42	확인
전남	구례	군경토벌사건		김상곤 (金尙坤)	남	16	확인
전남	구례	군경토벌사건	직다-815	정상권 (鄭相權)	남	31	확인
전남	구례	군경토벌사건		정덕권 (鄭德權)	남	19	확인
전남	구례	군경토벌사건		정홍권 (鄭弘權)	남	30	확인
전남	구례	군경토벌사건	직다-827	김귀홍 (金貴洪)	남	31	확인
전남	구례	군경토벌사건	직다-837	김상옥 (金相玉)	남	29	확인
전남	구례	군경토벌사건	직다-843	박직상 (朴直相)	남	47	확인
전남	구례	군경토벌사건	직다-848	유형규 (柳鎣奎)	남	35	확인
전남	구례	군경토벌사건	직다-849	김영곤 (金榮坤)	남	25	확인
전남	구례	군경토벌사건	직다-851	이낙호 (李樂鎬)	남	25	확인
전남	구례	군경토벌사건	직다-853	유형윤 (柳螢閏)	남	25	확인
전남	구례	군경토벌사건	직다-854	유재환 (柳在桓)	남	47	확인
전남	구례	군경토벌사건	직다-855	신택식 (申擇植)	남	30	확인
전남	구례	군경토벌사건	직다-862	조동길 (趙東吉)	남	41	확인
전남	구례	군경토벌사건	직다-908	장계동 (張桂東)	남	39	확인

지역별		사건유형별	사건번호	진실규명대상자			조사 결과
				이름	성별	연령	
전남	구례	군경토벌사건	직다-909	고수동 (高壽童)	남	40	확인
전남	구례	군경토벌사건	직다-914	남정권 (南廷權)	남	28	확인
전남	구례	군경토벌사건		남정삼 (南廷三)	남	15	확인
전남	구례	군경토벌사건	직다-991	박재동 (朴在東)	남	34	확인
전남	구례	군경토벌사건		장종철 (張宗澈)	남	21	확인
전남	구례	군경토벌사건	직다-1006	고수동 (高壽童)	남	39	확인
전남	구례	군경토벌사건	직다-1007	이강윤 (李康潤)	남	22	확인
전남	구례	군경토벌사건	직다-1032	한용수 (韓龍洙)	남	19	확인
전남	구례	군경토벌사건		한영수 (韓永洙)	남	17	확인
전남	구례	군경토벌사건	직다-1033	이종선 (李鍾善)	남	24	확인
전남	구례	군경토벌사건	직다-1034	남순권 (南順權)	남	27	확인
전남	구례	군경토벌사건	직다-1055 직다-8949	최진원 (崔璡元)	남	54	확인
전남	구례	군경토벌사건	직다-1088	김용철 (金鏞哲)	남	26	확인
전남	구례	군경토벌사건	직다-1099	임문주 (林文周)	남	31	확인
전남	구례	군경토벌사건	직다-1100	정효종 (鄭孝宗)	남	25	확인
전남	구례	군경토벌사건	직다-1105	김영표 (金永杓)	남	40	확인
전남	구례	군경토벌사건	직다-1106	이대춘 (李大春)	남	42	확인

지역별		사건유형별	사건번호	진실규명대상자			조사 결과
				이름	성별	연령	
전남	구례	군경토벌사건	직다-1919	손양기	남	24	확인
전남	구례	군경토벌사건	직다-1925	박용래 (朴龍來)	남	24	확인
전남	구례	군경토벌사건	직다-2321	제종수 (諸鍾秀)	남	35	확인
전남	구례	군경토벌사건	직다-2401	조종백 (趙鍾白)	남	29	확인
전남	구례	군경토벌사건	직다-2434	이태식 (李太植)	남	23	확인
전남	구례	군경토벌사건		이신식 (李信植)	남	18	확인
전남	구례	군경토벌사건	직다-2435	이창식 (李彰植)	남	25	확인
전남	구례	군경토벌사건	직다-2605	백정환 (白正煥)	남	33	확인
전남	구례	군경토벌사건	직다-2606	백중환 (白仲煥)	남	23	확인
전남	구례	군경토벌사건	직다-2724	임홍규 (林洪圭)	남	17	확인
전남	구례	군경토벌사건	직다-2983	박원하 (朴元夏)	남	23	확인
전남	구례	군경토벌사건	직다-3092	강태원 (姜泰元)	남	33	확인
전남	구례	군경토벌사건	직다-3093	이상우 (李商雨)	남	15	확인
전남	구례	군경토벌사건	직다-3192	최성호 (崔性浩)	남	33	확인
전남	구례	군경토벌사건	직다-910 직다-3476	임정희 (林井熙)	남	28	확인
전남	구례	군경토벌사건	직다-3572	최석락 (崔錫樂)	남	32	확인
전남	구례	군경토벌사건	직다-3574	이종만 (李鍾萬)	남	27	확인

지역별		사건유형별	사건번호	진실규명대상자			조사 결과
				이름	성별	연령	
전남	구례	군경토벌사건	직다-3685	고병길 (高炳吉)	남	22	확인
전남	구례	군경토벌사건	직다-3758	이돈천 (李敦千)	남	36	확인
전남	구례	군경토벌사건	직다-3717	빈재순 (賓在順)	남	27	확인
전남	구례	군경토벌사건	직다-4049	최삼규 (崔三圭)	남	36	확인
전남	구례	군경토벌사건	직다-4113	남정구 (南正九)	남	20	확인
전남	구례	군경토벌사건	직다-4114	남형우 (南炯祐)	남	21	확인
전남	구례	군경토벌사건	직다-4247	김희성 (金喜成)	남	36	확인
전남	구례	군경토벌사건	직다-4444	강대봉 (姜大鳳)	남	33	확인
전남	구례	군경토벌사건		강대의 (姜大儀)	남	26	확인
전남	구례	군경토벌사건	직다-4526	이상수 (李相修)	남	24	확인
전남	구례	군경토벌사건	직다-4527 직다-8276	박창록 (朴倉祿)	남	40	확인
전남	구례	군경토벌사건	직다-4956	서기준 (徐棋準)	남	23	확인
전남	구례	군경토벌사건	직다-4957	신정모 (申正模)	남	26	확인
전남	구례	군경토벌사건	직다-4958	신재모 (申在模)	남	16	확인
전남	구례	군경토벌사건	직다-5040	장달수 (張達洙)	남	30	확인
전남	구례	군경토벌사건	직다-5291	양형남 (梁炯南)	남	21	확인
전남	구례	군경토벌사건	직다-5504	양봉식 (梁逢植)	남	23	확인

지역별		사건유형별	사건번호	진실규명대상자			조사결과
				이름	성별	연령	
전남	구례	군경토벌사건	직다-5505	양해철 (梁海喆)	남	35	확인
전남	구례	군경토벌사건	직다-5521	손봉석 (孫鳳石)	남	28	확인
전남	구례	군경토벌사건	직다-6446	손맹수 (孫孟洙)	남	20	확인
전남	구례	군경토벌사건	직다-6447	황삼석	남	20	확인
전남	구례	군경토벌사건	직다-6448	정순영 (鄭順永)	남	21	확인
전남	구례	군경토벌사건	직다-6847	남정현 (南廷讜)	남	25	확인
전남	구례	군경토벌사건	직다-7268	최동석 (崔東錫)	남	19	확인
전남	구례	군경토벌사건	직다-7269	손형식 (孫炯植)	남	23	확인
전남	구례	군경토벌사건	직다-7271	최봉석 (崔奉錫)	남	24	확인
전남	구례	군경토벌사건	직다-7272	최종규 (崔鍾奎)	남	20	확인
전남	구례	군경토벌사건	직다-7481	김갑순 (金甲純)	남	25	확인
전남	구례	군경토벌사건	직다-7507	정영모 (鄭永模)	남	28	확인
전남	구례	군경토벌사건	직다-7508	정사기 (鄭士基)	남	19	확인
전남	구례	군경토벌사건	직다-7509	박천행 (朴千幸)	남	27	확인
전남	구례	군경토벌사건	직다-7510	이영수 (李永秀)	남	38	확인
전남	구례	군경토벌사건	직다-7540	김형태 (金炯太)	남	29	확인
전남	구례	군경토벌사건	직다-7582	김창렬 (金昌烈)	남	32	확인

지역별		사건유형별	사건번호	진실규명대상자			조사 결과
				이름	성별	연령	
전남	구례	군경토벌사건	직다-7797	차양심 (車良心)	여	41	확인
전남	구례	군경토벌사건	직다-7885	고광옥 (高光玉)	남	43	확인
전남	구례	군경토벌사건	직다-8290	김정오 (金正午)	남	33	확인
전남	구례	군경토벌사건	직다-8950	양기천 (梁基千)	남	23	확인
전남	구례	군경토벌사건	직다-8951	최차순 (崔次順)	여	21	확인
전남	구례	군경토벌사건		전이남 (全伊男)	여	16	확인
전남	구례	군경토벌사건	직다-8952	차관열 (車瓘烈)	남	49	확인
전남	구례	군경토벌사건	직다-8953	김한구 (金漢九)	남	21	확인
전남	구례	군경토벌사건	직다-8954	고명팔 (高命八)	남	39	확인
전남	구례	군경토벌사건	직다-8955	손기석 (孫基錫)	남	36	확인
전남	구례	군경토벌사건	직다-8957	차행열 (車行烈)	남	27	확인
전남	구례	군경토벌사건	직다-9072	박팔곤 (朴八坤)	남	38	확인
전남	구례	군경토벌사건	직다-9073	이귀열 (李貴烈)	남	35	확인
전남	구례	군경토벌사건	직다-9924	박재봉 (朴在鳳)	남	28	확인
전남	구례	군경토벌사건	직다-10096	김순동 (金順童)	남	39	확인
전남	구례	군경토벌사건	직다-10097	한순오 (韓順伍)	남	32	확인
전남	구례	군경토벌사건	직다-10098	구수엽 (具守葉)	여	22	확인

지역별		사건유형별	사건번호	진실규명대상자			조사 결과
				이름	성별	연령	
전남	구례	군경토벌사건	직다-10100	홍언표 (洪彦杓)	남	59	확인
전남	구례	군경토벌사건	직다-10101	구자만 (具滋萬)	남	19	확인
전남	구례	군경토벌사건	직다-10103	구수동 (具壽童)	남	30	확인
전남	구례	군경토벌사건	직다-10104	구진회 (具進會)	남	58	확인
전남	구례	군경토벌사건	직다-10105	구쌍홍 (具雙洪)	남	28	확인
전남	구례	군경토벌사건	직다-10106	허상기 (許相基)	남	42	확인
전남	구례	군경토벌사건	직다-10107	허인량 (許寅亮)	남	26	확인
전남	구례	군경토벌사건	직다-10110	임금생 (林今生)	남	40	확인
전남	구례	군경토벌사건	직다-10111	이승옥 (李升玉)	남	36	확인
전남	구례	군경토벌사건	직다-10112	이규태 (李奎泰)	남	37	확인
전남	구례	군경토벌사건	직다-10113	이윤엽 (李允燁)	남	25	확인
전남	구례	군경토벌사건	직다-10114	이태엽 (李泰燁)	남	32	확인
전남	구례	군경토벌사건	직다-10119	김순희 (金旬喜)	남	22	확인
전남	구례	군경토벌사건	직다-10120	박양도 (朴良道)	남	19	확인
전남	구례	군경토벌사건	직다-10121	구학서 (具學書)	남	42	확인
전남	구례	군경토벌사건	직다-10122	김형봉 (金炯奉)	남	24	확인
전남	구례	군경토벌사건		김형복 (金炯福)	남	23	확인

지역별		사건유형별	사건번호	진실규명대상자			조사 결과
				이름	성별	연령	
전남	구례	군경토벌사건	직다-10123	백남수 (白南守)	남	27	확인
전남	구례	군경토벌사건		백순례 (白順禮)	남	20	확인
전남	구례	군경토벌사건	직다-10124	임형순 (林亨淳)	남	28	확인
전남	구례	군경토벌사건	직다-10125	정기훈 (鄭瑅燻)	남	26	확인
전남	구례	군경토벌사건	직다-10126	임선호 (林善鎬)	남	16	확인
전남	구례	군경토벌사건	직다-10127	임기동 (林瑅東)	남	26	확인
전남	구례	군경토벌사건	직다-10128	유해동 (柳海東)	남	20	확인
전남	구례	군경토벌사건	직다-10129	이상복 (李相福)	남	25	확인
전남	구례	군경토벌사건	직다-10130	유판순 (柳判順)	여	19	확인
전남	구례	군경토벌사건	직다-10131	홍중환 (洪重桓)	남	28	확인
전남	구례	군경토벌사건	직다-10132	김용규 (金容圭)	남	24	확인
전남	구례	군경토벌사건	직다-10134	임연근 (林年根)	남	27	확인
전남	구례	군경토벌사건		황의회 (黃義淮)	남	19	확인
전남	구례	군경토벌사건		구윤회 (具允會)	남	33	확인
전남	구례	군경토벌사건	미신청	강영순 (姜永順)	여	28	확인
전남	구례	군경토벌사건		유근창 (柳根昌)	남	44	확인
전남	구례	군경토벌사건		이정엽 (李正燁)	남	42	확인

지역별		사건유형별	사건번호	진실규명대상자			조사 결과
				이름	성별	연령	
전남	구례	군경토벌사건	미신청	차병열 (車秉烈)	남	41	확인
전남	구례	군경토벌사건		강태신 (姜泰信)	남	33	확인
전남	구례	군경토벌사건		김복완 (金卜完)	남	48	확인
전남	구례	군경토벌사건		박병협 (朴丙夾)	남	38	추정
전남	구례	군경토벌사건		엄홍섭 (嚴弘燮)	남	27	추정
전남	구례	군경토벌사건		정관옥 (鄭寬玉)	남	36	추정
전남	구례	군경토벌사건		박종술 (朴鍾述)	남	27	추정
전남	구례	군경토벌사건		박귀석	남	미상	추정
전남	구례	군경토벌사건		김문일 (金文一)	남	38	추정
전남	구례	군경토벌사건		정태삼 (鄭太三)	남	66	추정
전남	구례	군경토벌사건		박승필 (朴勝泌)	남	43	추정
전남	구례	군경토벌사건		박승래 (朴勝來)	남	38	추정
전남	광양	군경토벌사건	직다-1419	조용래 (趙龍來)	남	38	확인
전남	광양	군경토벌사건	직다-1420	이수경 (李壽卿)	남	46	확인
전남	광양	군경토벌사건	직다-3737	박계석 (朴季石)	남	36	확인
전남	광양	군경토벌사건	직다-3738	박노성 (朴魯星)	남	30	확인
전남	광양	군경토벌사건		박노관 (朴魯寬)	남	39	확인

지역별		사건유형별	사건번호	진실규명대상자			조사 결과
				이름	성별	연령	
전남	광양	군경토벌사건	직다-3739	박노준 (朴魯俊)	남	43	확인
전남	광양	군경토벌사건	직다-3741	최순용 (崔順龍)	남	34	확인
전남	광양	군경토벌사건	직다-4071	배정옥 (裴貞玉)	남	47	확인
전남	광양	군경토벌사건	직다-4072 직다-8063	김인섭 (金埇葉)	남	12	확인
전남	광양	군경토벌사건	직다-5023	최경열 (崔敬烈)	남	29	확인
전남	광양	군경토벌사건	직다-5024	이은실 (李恩實)	남	28	확인
전남	광양	군경토벌사건	직다-5218	주봉선 (朱鳳先)	남	28	확인
전남	광양	군경토벌사건	직다-5557	성기영 (成耆英)	남	22	확인
전남	광양	군경토벌사건	직다-6465	박차성 (朴且成)	남	52	확인
전남	광양	군경토벌사건	직다-6532	황성호 (黃聖鎬)	남	25	확인
전남	광양	군경토벌사건	직다-6537	정달수 (鄭達水)	남	50	확인
전남	광양	군경토벌사건	직다-7501	이흥조 (李興祚)	남	36	확인
전남	광양	군경토벌사건	직다-7858	윤동철 (尹東哲)	남	25	확인
전남	광양	군경토벌사건	직다-8041	정옥기 (鄭鈺基)	남	25	확인
전남	광양	군경토벌사건	직다-8042	홍옥동 (洪玉同)	남	34	확인
전남	광양	군경토벌사건	직다-8044	성채주 (成彩周)	남	36	확인
전남	광양	군경토벌사건	직다-8696	김덕용 (金德用)	남	29	확인

지역별		사건유형별	사건번호	진실규명대상자			조사 결과
				이름	성별	연령	
전남	광양	군경토벌사건	직다-8697	김준영 (金準永)	남	23	확인
전남	광양	군경토벌사건	직다-8698	김창성 (金昌成)	남	39	확인
전남	광양	군경토벌사건		김창오 (金昌吾)	남	28	확인
전남	광양	군경토벌사건	직다-8699	김기환 (金基煥)	남	31	확인
전남	광양	군경토벌사건	직다-8701	양이금 (梁二金)	남	42	확인
전남	광양	군경토벌사건	직다-8702	박태기 (朴泰基)	남	35	확인
전남	광양	군경토벌사건	직다-8703	황용호 (黃鏞浩)	남	24	확인
전남	광양	군경토벌사건	직다-8705	서순모 (徐順摸)	남	37	확인
전남	광양	군경토벌사건	직다-8706-1	김한기 (金漢奇)	남	52	확인
전남	광양	군경토벌사건	직다-8787	박병옥 (朴炳玉)	남	20	확인
전남	광양	군경토벌사건	직다-9265	이재덕 (李在德)	남	25	확인
전남	광양	군경토벌사건	직다-9277	윤계동 (尹桂同)	남	27	추정
전남	광양	군경토벌사건	직다-9282	김광식 (金曠植)	남	29	확인
전남	광양	군경토벌사건	직다-10790	반차용 (潘且龍)	남	40	확인
전남	광양	군경토벌사건	직다-10791	변은약 (卞銀若)	남	36	확인
전남	광양	군경토벌사건		이강현 (李康炫)	남	26	확인
전남	광양	군경토벌사건	직다-10972	이만수 (李萬守)	남	46	확인

지역별		사건유형별	사건번호	진실규명대상자			조사 결과
				이름	성별	연령	
전남	광양	군경토벌사건	직다-10791 관련	이강석	남	29	확인
전남	광양	군경토벌사건	직다-5024 관련	서금식 (徐金植)	남	29	확인
전남	광양	군경토벌사건	직다-4072 관련	김유복	남	37	확인
전남	광양	군경토벌사건		김용찬 (김유복子)	남	7	확인
전남	광양	군경토벌사건	직다-1420 관련	김종석의 부친	남	미상	확인
전남	광양	군경토벌사건		심옥자의 모	여	20대	확인
전남	광양	군경토벌사건		심옥자 (沈玉子)	여	7	확인
전남	광양	군경토벌사건		손영호 (孫永浩)	남	36	확인
전남	광양	군경토벌사건	직다-6465 관련	이상모 (李相模)	남	36	확인
전남	광양	군경토벌사건	직다-4071 관련	문성수	남	20대	확인
전남	광양	군경토벌사건	직다-8697 관련	박상수 (朴相守)	남	49	확인
전남	광양	군경토벌사건		박임규 (朴任圭)	남	31	확인
전남	광양	군경토벌사건	직다-8696 관련	김신환의 동생	남	약 20	확인
전남	광양	군경토벌사건	직다-1418 관련	이강율 (李康律)	남	33	확인
전남	광양	군경토벌사건	직다-8703 관련	황진호 (黃珍浩)	남	27	확인
전남	광양	군경토벌사건	직다-3741 관련	윤경혁	남	20대	확인
전남	광양	군경토벌사건		김경혁	남	20대	확인

지역별		사건유형별	사건번호	진실규명대상자			조사 결과
				이름	성별	연령	
전남	광양	군경토벌사건	직다-3741 관련	강용수	남	약 40	확인
전남	고흥	군경토벌사건	334	유춘재 (兪春在)	남	25	확인
전남	고흥	군경토벌사건	409	한상기 (韓相基)	남	60	확인
전남	고흥	군경토벌사건		김삼덕 (金三德)	여	57	확인
전남	고흥	군경토벌사건	410	한천행 (韓千幸)	남	34	확인
전남	고흥	군경토벌사건	412	박준임 (朴準任)	여	29	확인
전남	고흥	군경토벌사건	477	김명수 (金明洙)	남	22	확인
전남	고흥	군경토벌사건	699	표춘기 (表春基)	남	23	확인
전남	고흥	군경토벌사건	700	장옥석 (張玉錫)	남	26	확인
전남	고흥	군경토벌사건	844	정갑선 (丁甲善)	남	25	확인
전남	고흥	군경토벌사건	974	양정현 (梁貞炫)	남	23	확인
전남	고흥	군경토벌사건	1101	김운규 (金云奎)	남	22	확인
전남	고흥	군경토벌사건	3497	이종윤 (李宗允)	남	20	확인
전남	고흥	군경토벌사건	3856	정홍식	남	49	확인
전남	고흥	군경토벌사건	5520	송규섭 (宋奎燮)	남	28	확인
전남	고흥	군경토벌사건	6040	정남탁 (丁南坼)	남	23	확인
전남	고흥	군경토벌사건	6321	송재원 (宋在原)	남	22	확인

지역별		사건유형별	사건번호	진실규명대상자			조사 결과
				이름	성별	연령	
전남	고흥	군경토벌사건	6389	홍종오 (洪鐘午)	남	22	확인
전남	고흥	군경토벌사건	6425/ 6798	장맹동 (張孟東)	남	29	확인
전남	고흥	군경토벌사건	6425	장경래 (張景來)	남	29	확인
전남	고흥	군경토벌사건		장홍래 (張興來)	남	31	확인
전남	고흥	군경토벌사건		장형래 (張亨來)	남	27	확인
전남	고흥	군경토벌사건		장양동 (張良東)	남	19	확인
전남	고흥	군경토벌사건		장정동 (張正東)	남	20	확인
전남	고흥	군경토벌사건	6472	정하현 (丁夏玹)	남	38	확인
전남	고흥	군경토벌사건	6966	송하봉 (宋河奉)	남	19	확인
전남	고흥	군경토벌사건	7256	송정섭 (宋正燮)	남	34	확인
전남	고흥	군경토벌사건	7824	정홍기 (鄭洪基)	남	23	확인
전남	고흥	군경토벌사건		정홍국 (鄭洪局)	남	21	확인
전남	고흥	군경토벌사건		정홍주 (鄭洪周)	남	18	확인
전남	고흥	군경토벌사건	8069	류정담 (柳正潭)	남	25	확인
전남	고흥	군경토벌사건	8166	김주삼 (金周三)	남	60	확인
전남	고흥	군경토벌사건		강수림 (姜守林)	여	54	확인
전남	고흥	군경토벌사건		김유근 (金裕根)	남	24	확인

지역별		사건유형별	사건번호	진실규명대상자			조사 결과
				이름	성별	연령	
전남	고흥	군경토벌사건	9394	송용섭 (宋龍燮)	남	18	확인
전남	고흥	군경토벌사건	9546	김병순 (金炳珣)	남	33	확인
전남	고흥	군경토벌사건	9607	송양석	남	26	확인
전남	고흥	군경토벌사건	10422	이상근 (李相根)	남	25	확인
전남	고흥	군경토벌사건	10441	김병학 (金炳學)	남	27	확인
전남	고흥	군경토벌사건	10384	진기철 (陳起哲)	남	21	확인
전남	고흥	군경토벌사건	10525	배진채 (裵鎭采)	남	24	확인
전남	고흥	군경토벌사건	미신청	송윤현 (宋尹鉉)	남	22	확인
전남	고흥	군경토벌사건		음서봉 (陰瑞鳳)	남	35	확인
전남	고흥	군경토벌사건		박종수	남	25	추정
전남	보성	군경토벌사건	직다-668	정옥출 (鄭玉出)	남	35	확인
전남	보성	군경토벌사건		권신녀 (權新女)	여	33	확인
전남	보성	군경토벌사건	직다-809	안진남 (安辰南)	여	19	확인
전남	보성	군경토벌사건	직다-1016	정창식 (鄭昌植)	남	36	확인
전남	보성	군경토벌사건	직다-1110	김일순 (金日順)	남	25	확인
전남	보성	군경토벌사건	직다-1340	임동철 (林東哲)	남	27	확인
전남	보성	군경토벌사건	직다-1345	안용순 (安容淳)	남	24	확인
전남	보성	군경토벌사건		안형순 (安炯淳)	남	19	확인

지역별		사건유형별	사건번호	진실규명대상자			조사 결과
				이름	성별	연령	
전남	보성	군경토벌사건	직다-1363	홍정모 (洪正模)	남	28	확인
전남	보성	군경토벌사건	직다-1414	임동욱 (林東郁)	남	22	확인
전남	보성	군경토벌사건	직다-1987	이종남 (李鐘南)	남	25	확인
전남	보성	군경토벌사건		김정기 (金正基)	남	25	확인
전남	보성	군경토벌사건	직다-1988	임한석 (林漢錫)	남	39	확인
전남	보성	군경토벌사건	직다-1989	임한열 (林漢烈)	남	34	확인
전남	보성	군경토벌사건	직다-2436	정백근 (鄭白根)	남	37	확인
전남	보성	군경토벌사건	직다-2437	강보현 (姜寶鉉)	남	16	확인
전남	보성	군경토벌사건	직다-2733	박명주 (朴明柱)	남	35	확인
전남	보성	군경토벌사건	직다-3041	송치섭	남	19	확인
전남	보성	군경토벌사건	직다-3043	송윤섭	남	27	확인
전남	보성	군경토벌사건	직다-3591	박창주 (朴昌柱)	남	48	확인
전남	보성	군경토벌사건	직다-3598	박태량 (朴泰良)	남	21	확인
전남	보성	군경토벌사건	직다-3599	박성기 (朴性棋)	남	29	확인
전남	보성	군경토벌사건	직다-3600	박성모 (朴性模)	남	22	확인
전남	보성	군경토벌사건	직다-3601	박유주 (朴有柱)	남	32	확인
전남	보성	군경토벌사건	직다-3603	김몽길 (金夢吉)	남	42	확인
전남	보성	군경토벌사건	직다-6241	윤규현 (尹圭鉉)	남	26	확인

지역별		사건유형별	사건번호	진실규명대상자			조사 결과
				이름	성별	연령	
전남	보성	군경토벌사건	직다-7223	정주석 (鄭柱石)	남	21	확인
전남	보성	군경토벌사건	직다-7334	최삼용 (崔三用)	남	46	확인
전남	보성	군경토벌사건	직다-7404	황정현	남	39	확인
전남	보성	군경토벌사건	직다-7405	황달주	남	17	확인
전남	보성	군경토벌사건	직다-7952	안종문 (安鐘文)	남	35	확인
전남	보성	군경토벌사건	직다-8235	임병록 (任炳祿)	남	24	확인
전남	보성	군경토벌사건	직다-8277	이병수 (李秉守)	남	29	확인
전남	보성	군경토벌사건		이병조 (李秉兆)	남	21	확인
전남	보성	군경토벌사건	직다-8532	이규하 (李奎夏)	남	41	확인
전남	보성	군경토벌사건	직다-8813	유병남 (兪炳南)	남	25	확인
전남	보성	군경토벌사건	직다-8855	배학일 (裵鶴壹)	남	46	확인
전남	보성	군경토벌사건	직다-8996	조홍례 (曺紅禮)	여	33	확인
전남	보성	군경토벌사건	직다-9460	이건섭 (李建燮)	남	45	확인
전남	보성	군경토벌사건	직다-9461	이보하 (李輔夏)	남	20	확인
전남	보성	군경토벌사건	직다-9557	조만길 (趙晩吉)	남	24	확인
전남	보성	군경토벌사건	미신청	정영국 (鄭永國)	남	41	확인
전남	보성	군경토벌사건		정정환 (鄭正桓)	남	41	확인
전남	보성	군경토벌사건		황구추 (黃九秋)	여	38	확인

지역별		사건유형별	사건번호	진실규명대상자			조사결과
				이름	성별	연령	
전남	보성	군경토벌사건		최영례	여	28	확인
전남	보성	군경토벌사건		박인석 (朴仁錫)	남	40	확인
전남	보성	군경토벌사건		이만수	남	미상	추정
전남	보성	군경토벌사건		정철호	남	미상	추정
전남	보성	군경토벌사건		김영관	남	미상	추정
전남	보성	군경토벌사건		손종운	남	23	추정
전남	보성	군경토벌사건		이금출	남	40	추정
전남	보성	군경토벌사건		박종환	남	23	추정
전남	보성	군경토벌사건		박우주	남	23	추정
전남	보성	군경토벌사건	미신청	박갑주	남	30	추정
전남	보성	군경토벌사건		조길용	남	미상	추정
전남	보성	군경토벌사건		문판식	남	미상	추정
전남	보성	군경토벌사건		조유복	남	미상	추정
전남	보성	군경토벌사건		박태욱 (朴泰旭)	남	약 60	추정
전남	보성	군경토벌사건		박충식 (朴忠植)	남	약 40	추정
전남	보성	군경토벌사건		박충식의 부인	여	미상	추정
전남	보성	군경토벌사건		박행식의 부인	여	미상	추정

2. 국민보도연맹사건

구분	성별			연령별								조사결과			
	남	여	계	10세 미만	10대	20대	30대	40대	50대 이상	미상	계	확인	불능	추정	계
여수	48		48		1	28	13	5	1		48	48			48
순천	28		28		1	20	3	3	1		28	28			28
구례	7		7			1	3	2	1		7	7			7
광양	5		5			2	3				5	5			5
고흥	5		5			3		1	1		5	5			5
보성	40	3	43		2	23	11	6	1		43	43			43
곡성	6	1	7			4	1	2			7	7			7
영광	4		4			3	1				4	4			4
영암	2		2		1	1					2	2			2
장흥	1		1			1					1	1			1
진도	1		1			1					1	1			1
함평	50		50		1	27	15	5	2		50	48	2		50
해남	2		2				2				2	2			2
완도	19		19		1	12	4	2			19	19			19
고창	1		1			1					1	1			1
거창	36		36			17	13	5		1	36	36			36
산청	29		29	4		9	10	5		1	29	28		1	29
함양	25	1	26		1	9	11	2	1	2	26	24		2	26
계	309	5	314	4	8	162	90	38	8	4	314	309	2	3	314

※ 설명: 확인–진실규명 / 불능–불능·각하 / 추정–추정·미정.

지역별		사건유형별	사건번호	진실규명대상자			조사 결과
				이름	성별	연령	
전남	여수	국민보도연맹사건	584	정정규(鄭正奎)	남	23	확인
전남	여수	국민보도연맹사건	585	정정준(鄭正準))	남	28	확인
전남	여수	국민보도연맹사건		정정기(鄭正基)	남	24	확인
전남	여수	국민보도연맹사건	591	박채현(朴采鉉)	남	36	확인
전남	여수	국민보도연맹사건	599	김기철(金基喆)	남	26	확인
전남	여수	국민보도연맹사건	603	류형순(柳炯順)	남	29	확인
전남	여수	국민보도연맹사건	811	박태운(朴太云)	남	43	확인
전남	여수	국민보도연맹사건	2294	김우호(金佑鎬)	남	40	확인
전남	여수	국민보도연맹사건	2709	서정삼(徐廷三)	남	37	확인
전남	여수	국민보도연맹사건	2760	박동준(朴同俊)	남	33	확인
전남	여수	국민보도연맹사건	2851	오형주(吳亨柱)	남	30	확인
전남	여수	국민보도연맹사건	3081	강성필(姜成筆)	남	26	확인
전남	여수	국민보도연맹사건	4354	김용현(金容鉉)	남	29	확인
전남	여수	국민보도연맹사건	4641	김응생(金應生)	남	28	확인
전남	여수	국민보도연맹사건	5732	서재길(徐在吉)	남	22	확인
전남	여수	국민보도연맹사건	6577	김궁길(金弓吉)	남	44	확인
전남	여수	국민보도연맹사건	6657	김정월(金正月)	남	21	확인

지역별		사건유형별	사건번호	진실규명대상자			조사 결과
				이름	성별	연령	
전남	여수	국민보도연맹사건	6873	추정렬 (秋正洌)	남	31	확인
전남	여수	국민보도연맹사건	6881	박우열 (朴宇烈)	남	28	확인
전남	여수	국민보도연맹사건	7011	장영석 (張映錫)	남	33	확인
전남	여수	국민보도연맹사건	7049	김성환 (金性煥)	남	23	확인
전남	여수	국민보도연맹사건	7500	박홍두 (朴洪斗)	남	32	확인
전남	여수	국민보도연맹사건	7883	황은수 (黃銀洙)	남	18	확인
전남	여수	국민보도연맹사건	8258	방종수 (方鍾洙)	남	20	확인
전남	여수	국민보도연맹사건	8261	강학호 (姜學浩)	남	22	확인
전남	여수	국민보도연맹사건	8262	임익만 (林益萬)	남	27	확인
전남	여수	국민보도연맹사건	8278	김영환 (金泳煥)	남	25	확인
전남	여수	국민보도연맹사건	9155	박진백 (朴珍伯)	남	27	확인
전남	여수	국민보도연맹사건	9163	김덕생 (金德生)	남	41	확인
전남	여수	국민보도연맹사건		김대익 (金大翊)	남	31	확인
전남	여수	국민보도연맹사건	9167	강성한 (姜聲翰)	남	21	확인
전남	여수	국민보도연맹사건	9174	서병수 (徐炳洙)	남	23	확인
전남	여수	국민보도연맹사건	10041	임태영 (林泰永)	남	36	확인
전남	여수	국민보도연맹사건	10046	박병학 (朴炳學)	남	26	확인

지역별		사건유형별	사건번호	진실규명대상자			조사 결과
				이름	성별	연령	
전남	여수	국민보도 연맹사건	10048	박성국 (朴聖國)	남	71	확인
전남	여수	국민보도 연맹사건	10385	심선옥 (沈善玉)	남	21	확인
전남	여수	국민보도 연맹사건	10387	이정옥 (李正玉)	남	21	확인
전남	여수	국민보도 연맹사건	10392	강정옥 (姜政玉)	남	21	확인
전남	여수	국민보도 연맹사건	10457	김철주 (金喆柱)	남	37	확인
전남	여수	국민보도 연맹사건	10459	김연오 (金鍊午)	남	28	확인
전남	여수	국민보도 연맹사건	10471	박종식 (朴鍾植)	남	30	확인
전남	여수	국민보도 연맹사건	10492	이봉재 (李鳳宰)	남	39	확인
전남	여수	국민보도 연맹사건	미신청	김두실 (金斗實)	남	29	확인
전남	여수	국민보도 연맹사건		김동준 (金東俊)	남	38	확인
전남	여수	국민보도 연맹사건		임근택 (林根澤)	남	24	확인
전남	여수	국민보도 연맹사건		서중열 (徐仲烈)	남	43	확인
전남	여수	국민보도 연맹사건		오경봉 (吳慶奉)	남	21	확인
전남	여수	국민보도 연맹사건		김창석 (金昌錫)	남	25	확인
전남	순천	국민보도 연맹사건	다-928	남상선 (南相善)	남	31	확인
전남	순천	국민보도 연맹사건	다-1356	허갑도 (許甲道)	남	23	확인
전남	순천	국민보도 연맹사건	다-1365	황계만 (黃桂萬)	남	28	확인

지역별		사건유형별	사건번호	진실규명대상자			조사 결과
				이름	성별	연령	
전남	순천	국민보도연맹사건	다-1372	김한종 (金漢種)	남	29	확인
전남	순천	국민보도연맹사건	다-1388	정성조 (鄭成朝)	남	27	확인
전남	순천	국민보도연맹사건	다-2248	조동길 (趙東吉)	남	29	확인
전남	순천	국민보도연맹사건	다-2796	조운철 (趙雲鐵)	남	28	확인
전남	순천	국민보도연맹사건	다-3000	김양호 (金良浩)	남	22	확인
전남	순천	국민보도연맹사건	다-6067	이진옥 (李辰玉)	남	29	확인
전남	순천	국민보도연맹사건	다-6068	이복근 (李福根)	남	24	확인
전남	순천	국민보도연맹사건	다-6220	남병영 (南炳永)	남	41	확인
전남	순천	국민보도연맹사건	다-6707	이병의 (李丙儀)	남	24	확인
전남	순천	국민보도연맹사건	다-7624	최병모 (崔炳模)	남	20	확인
전남	순천	국민보도연맹사건	다-7643	허갑효 (許甲孝)	남	22	확인
전남	순천	국민보도연맹사건	다-7956	허정구	남	36	확인
전남	순천	국민보도연맹사건	다-8005	정운상 (鄭雲賞)	남	29	확인
전남	순천	국민보도연맹사건	다-8006	정송택 (鄭松澤)	남	28	확인
전남	순천	국민보도연맹사건	다-8008	최진필 (崔鎭弼)	남	24	확인
전남	순천	국민보도연맹사건	다-8009	김영환 (金永桓)	남	29	확인
전남	순천	국민보도연맹사건	다-8788	양회일 (梁會一)	남	25	확인

지역별		사건유형별	사건번호	진실규명대상자			조사 결과
				이름	성별	연령	
전남	순천	국민보도연맹사건	다-8858	박영환 (朴永煥)	남	45	확인
전남	순천	국민보도연맹사건	다-9912	조연철 (趙淵澈)	남	33	확인
전남	순천	국민보도연맹사건	다-9913	조영현 (趙榮賢)	남	23	확인
전남	순천	국민보도연맹사건	다-1381(1)	공종모 孔鍾模	남	18	확인
전남	순천	국민보도연맹사건	다-2329(1)	공영석 (孔榮錫)	남	22	확인
전남	순천	국민보도연맹사건	다-9121(1)	박정래 (朴正來)	남	28	확인
전남	순천	국민보도연맹사건	미신청	정보선	남	40	확인
전남	순천	국민보도연맹사건	다-1359	정강열 (鄭堈烈)	남	60	확인
전남	구례	국민보도연맹사건	687	이우봉 (李宇鳳)	남	29	확인
전남	구례	국민보도연맹사건	948	오강광 (吳江光)	남	45	확인
전남	구례	국민보도연맹사건	7147	이기호 (李機浩)	남	43	확인
전남	구례	국민보도연맹사건	8780	윤영순 (尹永淳)	남	50	확인
전남	구례	국민보도연맹사건	미신청	기세완	남	32	확인
전남	구례	국민보도연맹사건		지태윤 (池台潤)	남	38	확인
전남	구례	국민보도연맹사건		배정우 (輩正雨)	남	33	확인
전남	광양	국민보도연맹사건	다-3736	임학배 (林鶴培)	남	31	확인
전남	광양	국민보도연맹사건	다-3740	김재암 (金在岩)	남	36	확인

지역별		사건유형별	사건번호	진실규명대상자			조사 결과
				이름	성별	연령	
전남	광양	국민보도연맹사건	다-8706	김성옥(金成玉)	남	27	확인
전남	광양	국민보도연맹사건	다-10836	정현기(鄭鉉基)	남	22	확인
전남	광양	국민보도연맹사건	미신청	서명수(徐命銖)	남	37	확인
전남	고흥	국민보도연맹사건	6609	장만석(張萬錫)	남	23	확인
전남	고흥	국민보도연맹사건	8905	이형담(李亨淡)	남	47	확인
전남	고흥	국민보도연맹사건	9383	송복록(宋復綠)	남	26	확인
전남	고흥	국민보도연맹사건	미신청	김정효(金正孝)	남	23	확인
전남	고흥	국민보도연맹사건		이활인(李活人)	남	60대	확인
전남	보성	국민보도연맹사건	639	이석철(李錫澈)	남	36	확인
전남	보성	국민보도연맹사건	425	문종선(文鍾善)	남	26	확인
전남	보성	국민보도연맹사건		이상규(李相奎)	남	24	확인
전남	보성	국민보도연맹사건	444	최기옥(崔基玉)	남	20대	확인
전남	보성	국민보도연맹사건	1343	정해춘(鄭海春)	남	23	확인
전남	보성	국민보도연맹사건	1344	이애순(李愛順)	여	51	확인
전남	보성	국민보도연맹사건	1346	김복동(金福同)	남	29	확인
전남	보성	국민보도연맹사건	242	박영(朴永)	여	43	확인
전남	보성	국민보도연맹사건	2874	이용남(李容南)	남	25	확인

지역별		사건유형별	사건번호	진실규명대상자			조사 결과
				이름	성별	연령	
전남	보성	국민보도 연맹사건	3595	정홍주 (鄭弘柱)	남	27	확인
전남	보성	국민보도 연맹사건	4045	정석봉 (丁錫奉)	남	27	확인
전남	보성	국민보도 연맹사건	5194	제기봉 (諸起烽)	남	32	확인
전남	보성	국민보도 연맹사건	5641	안환태 (安煥台)	남	42	확인
전남	보성	국민보도 연맹사건	5989	라채영 (羅采永)	남	44	확인
전남	보성	국민보도 연맹사건	6201	최기창 (崔基昶)	남	30	확인
전남	보성	국민보도 연맹사건	6270	이복래 (李福來)	남	35	확인
전남	보성	국민보도 연맹사건	6468	박봉석 (朴奉錫)	남	25	확인
전남	보성	국민보도 연맹사건	6563	박태출 (朴泰出)	남	25	확인
전남	보성	국민보도 연맹사건	6667	박종태 (朴鍾泰)	남	32	확인
전남	보성	국민보도 연맹사건	6668	박금현 (朴金鉉)	남	30	확인
전남	보성	국민보도 연맹사건	6669	최현국 (崔鉉國)	남	23	확인
전남	보성	국민보도 연맹사건	6670	최기남 (崔奇南)	남	30	확인
전남	보성	국민보도 연맹사건	6821	문상섭 (文相涉)	남	29	확인
전남	보성	국민보도 연맹사건	6892	장경옥 (長慶玉)	남	42	확인
전남	보성	국민보도 연맹사건	7017	정강래 (鄭康來)	남	21	확인
전남	보성	국민보도 연맹사건	7018	김병환 (金炳煥)	남	20	확인

지역별		사건유형별	사건번호	진실규명대상자			조사 결과
				이름	성별	연령	
전남	보성	국민보도 연맹사건	7051	박기만 (朴基萬)	남	27	확인
전남	보성	국민보도 연맹사건		박기언 (朴基彦)	남	21	확인
전남	보성	국민보도 연맹사건	7137	김순복 (金順福)	남	32	확인
전남	보성	국민보도 연맹사건	7212	박중희 (朴重熙)	남	37	확인
전남	보성	국민보도 연맹사건	7371	이항복 (李恒福)	남	28	확인
전남	보성	국민보도 연맹사건	7372	김치오 (金致五)	남	22	확인
전남	보성	국민보도 연맹사건	7526	임태경 (任泰景)	남	19	확인
전남	보성	국민보도 연맹사건	7805	박종운 (朴鍾雲)	남	23	확인
전남	보성	국민보도 연맹사건	9428	임종술 (林鍾述)	남	23	확인
전남	보성	국민보도 연맹사건	9468	선점근 (宣点根)	남	45	확인
전남	보성	국민보도 연맹사건	1988	이소아 (李小兒)	여	41	확인
전남	보성	국민보도 연맹사건	7334	최봉현 (崔奉鉉)	남	20	확인
전남	보성	국민보도 연맹사건	8164	김용식 (金用植)	남	20	확인
전남	보성	국민보도 연맹사건	미신청	김기태 (金箕泰)	남	22	확인
전남	보성	국민보도 연맹사건		김상오 (金相伍)	남	30	확인
전남	보성	국민보도 연맹사건		김기주 (金箕柱)	남	18	확인
전남	보성	국민보도 연맹사건		정천기 (鄭天基)	남	39	확인

지역별		사건유형별	사건번호	진실규명대상자			조사 결과
				이름	성별	연령	
전남	곡성	국민보도 연맹사건	833	이금하 (李錦夏)	남	27	확인
전남	곡성	국민보도 연맹사건	6420	김병식 (金炳植)	남	29	확인
전남	곡성	국민보도 연맹사건	6466	이재순 (李在順)	남	41	확인
전남	곡성	국민보도 연맹사건	7196	김중호 (金仲浩)	남	27	확인
전남	곡성	국민보도 연맹사건	미신청	김종욱 (金種旭)	남	29	확인
전남	곡성	국민보도 연맹사건		안기수 (安基受)	남	46	확인
전남	곡성	국민보도 연맹사건		정애순 (鄭愛順)	여	33	확인
전남	영광	국민보도 연맹사건	다-6689	김희조 (金喜造)	남	28	확인
전남	영광	국민보도 연맹사건	다-10357	장공규 (張供奎)	남	32	확인
전남	영광	국민보도 연맹사건	미신청	장규옥	남	22	확인
전남	영광	국민보도 연맹사건		장기춘	남	25	확인
전남	영암	국민보도 연맹사건	다-8846	신부길 (慎富吉)	남	17	확인
전남	영암	국민보도 연맹사건	다-9566	이교범 (李敎範)	남	24	확인
전남	장흥	국민보도 연맹사건	미신청	위경양	남	23	확인
전남	진도	국민보도 연맹사건	다-8604(1)	박병후 (朴秉厚)	남	24	확인
전남	함평	국민보도 연맹사건	다-3621	이계혁 (李啓赫)	남	27	확인
전남	함평	국민보도 연맹사건	다-3622	이주범 (李周範)	남	24	확인

지역별		사건유형별	사건번호	진실규명대상자			조사 결과
				이름	성별	연령	
전남	함평	국민보도연맹사건	다-5502 다-6301	나병현 (羅丙鉉)	남	38	확인
전남	함평	국민보도연맹사건	다-711	노상원 (盧相元)	남	39	확인
전남	함평	국민보도연맹사건	다-3926	장화식 (張和植)	남	33	확인
전남	함평	국민보도연맹사건	다-3927	장영식 (張永植)	남	28	확인
전남	함평	국민보도연맹사건	미신청	노종숙	남	38	확인
전남	함평	국민보도연맹사건	다-7521	정준기 (鄭俊基)	남	25	확인
전남	함평	국민보도연맹사건	미신청	정곽채	남	35	확인
전남	함평	국민보도연맹사건	다-10821	조성갑 (趙誠甲)	남	28	확인
전남	함평	국민보도연맹사건	다-1052	박윤기 (朴允基)	남	33	불능
전남	함평	국민보도연맹사건	다-4693	정기우 (鄭基祐)	남	30	확인
전남	함평	국민보도연맹사건	다-4695	정만우 (鄭萬祐)	남	36	각하
전남	함평	국민보도연맹사건	다-4694	이남우 (李楠雨)	남	18	확인
전남	함평	국민보도연맹사건	다-8486	정종란 (鄭鍾瀾)	남	21	확인
전남	함평	국민보도연맹사건	다-3637	유갑진 (劉甲振)	남	49	확인
전남	함평	국민보도연맹사건	다-3638	김규남 (金珪南)	남	53	확인
전남	함평	국민보도연맹사건	다-2864	이정영 (李正永)	남	22	확인
전남	함평	국민보도연맹사건	다-6330	유인식 (兪仁植)	남	25	확인

지역별		사건유형별	사건번호	진실규명대상자			조사 결과
				이름	성별	연령	
전남	함평	국민보도연맹사건	다-2643	김삼봉 (金三峯)	남	27	확인
전남	함평	국민보도연맹사건	다-2855	김동열 (金東烈)	남	26	확인
전남	함평	국민보도연맹사건	다-5308	김종섭 (金宗燮)	남	31	확인
전남	함평	국민보도연맹사건	다-5309	윤낙중 (尹洛重)	남	31	확인
전남	함평	국민보도연맹사건	다-5309	윤환중 (尹桓重)	남	24	확인
전남	함평	국민보도연맹사건	다-5314	윤호병 (尹浩炳)	남	53	확인
전남	함평	국민보도연맹사건	다-5310	강인수 (姜仁秀)	남	27	확인
전남	함평	국민보도연맹사건	다-5310	강점수 (姜点秀)	남	23	확인
전남	함평	국민보도연맹사건	다-5315	윤점병 (尹点炳)	남	21	확인
전남	함평	국민보도연맹사건	다-5315	윤흥병 (尹興炳)	남	24	확인
전남	함평	국민보도연맹사건	다-5317	이완범 (李玩範)	남	26	확인
전남	함평	국민보도연맹사건	다-5304 다-5316	이계일 (李啓日)	남	34	확인
전남	함평	국민보도연맹사건	다-5316	이계중 (李啓中)	남	28	확인
전남	함평	국민보도연맹사건	다-5313	윤한중 (尹漢重)	남	25	확인
전남	함평	국민보도연맹사건	다-10808	김홍금 (金洪金)	남	20	확인
전남	함평	국민보도연맹사건	다-10827	윤요병 (尹堯炳)	남	28	확인
전남	함평	국민보도연맹사건	다-2609	정종량 (鄭鍾亮)	남	32	확인

지역별		사건유형별	사건번호	진실규명대상자			조사 결과
				이름	성별	연령	
전남	함평	국민보도연맹사건	미신청	정만휘	남	42	확인
전남	함평	국민보도연맹사건		정동택	남	36	확인
전남	함평	국민보도연맹사건	다-8758	정휴철 (鄭休哲)	남	28	확인
전남	함평	국민보도연맹사건	다-8835	정병섭 (鄭炳爕)	남	34	확인
전남	함평	국민보도연맹사건	미신청	이정범	남	24	확인
전남	함평	국민보도연맹사건		윤무병	남	26	확인
전남	함평	국민보도연맹사건		윤상담	남	46	확인
전남	함평	국민보도연맹사건	다-5103	장달섭 (張澾爕)	남	23	확인
전남	함평	국민보도연맹사건	다-5104	장화식 (張化植)	남	43	확인
전남	함평	국민보도연맹사건	다-5105	박병석 (朴炳錫)	남	34	확인
전남	함평	국민보도연맹사건	다-7285	안석수 (安錫洙)	남	20	확인
전남	함평	국민보도연맹사건	다-10818	박소자 (朴小者)	남	41	확인
전남	함평	국민보도연맹사건	미신청	김갑성	남	27	확인
전남	함평	국민보도연맹사건		이재식	남	20	확인
전남	해남	국민보도연맹사건	다-1077	박시화 (朴始華)	남	34	확인
전남	해남	국민보도연맹사건	다-3513	박형화 (朴亨華)	남	33	확인
전남	완도	국민보도연맹사건	다-657	김상숙 (金相淑)	남	44	확인

지역별		사건유형별	사건번호	진실규명대상자			조사 결과
				이름	성별	연령	
전남	완도	국민보도 연맹사건	다-2565	김관화 (金寬華)	남	24	확인
전남	완도	국민보도 연맹사건	다-2522	장영효 (張永孝)	남	26	확인
전남	완도	국민보도 연맹사건	다-689	신성균 (申星均)	남	27	확인
전남	완도	국민보도 연맹사건	다-755	안규섭 (安圭燮)	남	40	확인
전남	완도	국민보도 연맹사건	다-755	안종일 (安鍾一)	남	18	확인
전남	완도	국민보도 연맹사건	다-10757	박채봉 (朴彩鳳)	남	34	확인
전남	완도	국민보도 연맹사건	다-10759	박석훈 (朴錫勳)	남	22	확인
전남	완도	국민보도 연맹사건	다-10735	김석준 (金石俊)	남	29	확인
전남	완도	국민보도 연맹사건	다-10763	김복수 (金福守)	남	26	확인
전남	완도	국민보도 연맹사건	미신청	권상철	남	31	확인
전남	완도	국민보도 연맹사건		김영주	남	23	확인
전남	완도	국민보도 연맹사건	다-10721	김구지 (金求地)	남	30	확인
전남	완도	국민보도 연맹사건	다-9320	이구용 (李玖鎔)	남	26	확인
전남	완도	국민보도 연맹사건	다-10745	김병용 (金丙龍)	남	29	확인
전남	완도	국민보도 연맹사건	다-10745	김현용 (金現龍)	남	24	확인
전남	완도	국민보도 연맹사건	다-10722	이시우 (李時雨)	남	31	확인
전남	완도	국민보도 연맹사건	다-9319	김응담 (金應淡)	남	27	확인

지역별		사건유형별	사건번호	진실규명대상자			조사결과
				이름	성별	연령	
전남	완도	국민보도연맹사건	다-10746	임란규 (林蘭圭)	남	25	확인
전북	고창	국민보도연맹사건	9648	성윤기 (成潤基)	남	23	확인
경남	거창	국민보도연맹사건	79	곽천섭 (郭天燮)	남	28	확인
경남	거창	국민보도연맹사건	358	엄판용 (嚴判龍)	남	37	확인
경남	거창	국민보도연맹사건		곽환섭 (郭歡燮)	남	35	확인
경남	거창	국민보도연맹사건		김행두 (金行斗)	남	28	확인
경남	거창	국민보도연맹사건		김형진 (金炯進)	남	36	확인
경남	거창	국민보도연맹사건		김형규 (金炯圭)	남	32	확인
경남	거창	국민보도연맹사건		김재규 (金在圭)	남	21	확인
경남	거창	국민보도연맹사건		김형문 (金炯文)	남	24	확인
경남	거창	국민보도연맹사건		한만봉 (韓萬鳳)	남	23	확인
경남	거창	국민보도연맹사건		박재준 (朴在俊)	남	20	확인
경남	거창	국민보도연맹사건		신익성 (愼益晟)	남	31	확인
경남	거창	국민보도연맹사건		신성재 (愼晟縡)	남	25	확인
경남	거창	국민보도연맹사건		백종석 (白鍾錫)	남	25	확인
경남	거창	국민보도연맹사건		백종문 (白鍾文)	남	24	확인
경남	거창	국민보도연맹사건		이월문 (李月文)	남	24	확인

지역별		사건유형별	사건번호	진실규명대상자			조사 결과
				이름	성별	연령	
경남	거창	국민보도연맹사건	358	유응락(柳應落)	남	33	확인
경남	거창	국민보도연맹사건		류재하(柳在河)	남	30	확인
경남	거창	국민보도연맹사건		이희구(李熙九)	남	31	확인
경남	거창	국민보도연맹사건		양개이(梁介伊)	남	32	확인
경남	거창	국민보도연맹사건		박순억(朴順億)	남	30	확인
경남	거창	국민보도연맹사건		백영복(白永福)	남	28	확인
경남	거창	국민보도연맹사건		이윤종(李潤鍾)	남	40	확인
경남	거창	국민보도연맹사건		백무흠(白武欽)	남	27	확인
경남	거창	국민보도연맹사건		백봉흠(白奉欽)	남	24	확인
경남	거창	국민보도연맹사건		어문우(魚文愚)	남	25	확인
경남	거창	국민보도연맹사건		주재근(朱在根)	남	25	확인
경남	거창	국민보도연맹사건		엄차술(嚴且述)	남	41	확인
경남	거창	국민보도연맹사건	3066	이구관(李九管)	남	49	확인
경남	거창	국민보도연맹사건	3090	신위흥(愼魏興)	남	미상	확인
경남	거창	국민보도연맹사건	3725	김봉택(金鳳鐸)	남	33	확인
경남	거창	국민보도연맹사건	5335	신종우(愼鍾宇)	남	45	확인
경남	거창	국민보도연맹사건	6644	임재만(林載萬)	남	34	확인

지역별		사건유형별	사건번호	진실규명대상자			조사 결과
				이름	성별	연령	
경남	거창	국민보도연맹사건	7236	박광남	남	29	확인
경남	거창	국민보도연맹사건	8382	박석봉 (朴石奉)	남	31	확인
경남	거창	국민보도연맹사건	8386	임기식 (林基植)	남	20대 후반	확인
경남	거창	국민보도연맹사건	미신청	이덕종	남	40대 초반	확인
경남	산청	국민보도연맹사건	273	이성실	남	24	확인
경남	산청	국민보도연맹사건	361	민을호 (閔乙鎬)	남	36	확인
경남	산청	국민보도연맹사건		민경생 (閔慶生)	남	41	확인
경남	산청	국민보도연맹사건		민상호 (閔相鎬)	남	39	확인
경남	산청	국민보도연맹사건	375	홍인수 (洪寅洙)	남	26	확인
경남	산청	국민보도연맹사건	558	박호조 (朴好祚)	남	30	확인
경남	산청	국민보도연맹사건	3390	배차수 (輩且壽)	남	41	확인
경남	산청	국민보도연맹사건	3463	이우상 (李又相)	남	42	확인
경남	산청	국민보도연맹사건	3761	문정석 (文正碩)	남	43	확인
경남	산청	국민보도연맹사건		김수연 (金壽連)	남	31	확인
경남	산청	국민보도연맹사건		문홍국 (文洪國)	남	3	확인
경남	산청	국민보도연맹사건		민영조 (閔永祚)	남	34	확인
경남	산청	국민보도연맹사건		문대주 (文大柱)	남	3	확인

지역별		사건유형별	사건번호	진실규명대상자			조사 결과
				이름	성별	연령	
경남	산청	국민보도 연맹사건		노우분 (盧又紛)	남	33	확인
경남	산청	국민보도 연맹사건		문인주 (文仁柱)	남	1	확인
경남	산청	국민보도 연맹사건	3761	문성주 (文成柱)	남	1	확인
경남	산청	국민보도 연맹사건		金氏	남	미상	확인
경남	산청	국민보도 연맹사건		문국현 (文國鉉)	남	29	확인
경남	산청	국민보도 연맹사건	4389	김종만 (金鍾萬)	남	27	확인
경남	산청	국민보도 연맹사건	5259	최종환 (崔宗煥)	남	28	확인
경남	산청	국민보도 연맹사건	5260	김성진 (金聖辰)	남	26	확인
경남	산청	국민보도 연맹사건	6458	이상대 (李相大)	남	31	확인
경남	산청	국민보도 연맹사건	7718	권재도 (權載道)	남	27	확인
경남	산청	국민보도 연맹사건	8314	정정근 (鄭貞根)	남	38	확인
경남	산청	국민보도 연맹사건	8318	노상식 (盧相植)	남	25	확인
경남	산청	국민보도 연맹사건	8319	강철판 (姜招判)	남	40	확인
경남	산청	국민보도 연맹사건	8467	노을상 (盧乙相)	남	36	확인
경남	산청	국민보도 연맹사건	9784(1)	하재문 (河載文)	남	22	확인
경남	산청	국민보도 연맹사건	미신청	민치상	남	33	추정
경남	함양	국민보도 연맹사건	2	이경록 (李慶彔)	남	39	확인

지역별		사건유형별	사건번호	진실규명대상자			조사 결과
				이름	성별	연령	
경남	함양	국민보도연맹사건	952	이타관개 (李他官介)	남	45	확인
경남	함양	국민보도연맹사건	1979	이종운 (李鍾云)	남	20	추정
경남	함양	국민보도연맹사건	2188	조문옥 (趙文玉)	남	29	확인
경남	함양	국민보도연맹사건	2189	김완철 (金完哲)	남	26	확인
경남	함양	국민보도연맹사건	2280	차태석 (車泰錫)	남	37	확인
경남	함양	국민보도연맹사건	2281	임종섭 (林鍾燮)	남	30	확인
경남	함양	국민보도연맹사건	2604	전영석 (全永錫)	남	18	확인
경남	함양	국민보도연맹사건	3062	임원섭 (林原燮)	남	43	확인
경남	함양	국민보도연맹사건	3063	이춘성 (李春成)	남	37	확인
경남	함양	국민보도연맹사건	3064	이영운 (李泳云)	남	26	확인
경남	함양	국민보도연맹사건	3065	정용진 (鄭龍辰)	남	31	확인
경남	함양	국민보도연맹사건	3360	권재덕 (權載德)	남	58	확인
경남	함양	국민보도연맹사건	4089	최희원 (崔凞元)	남	35	확인
경남	함양	국민보도연맹사건	5560	박종달 (朴鍾達)	남	37	확인
경남	함양	국민보도연맹사건	5649	엄무성	남	미상	확인
경남	함양	국민보도연맹사건		유소아지	여	미상	확인
경남	함양	국민보도연맹사건	5681	허삼암 (許三岩)	남	35	확인

지역별		사건유형별	사건번호	진실규명대상자			조사결과
				이름	성별	연령	
경남	함양	국민보도 연맹사건	6414	신종선 (申宗先)	남	24	확인
경남	함양	국민보도 연맹사건	6698	강영길 (姜永吉)	남	36	추정
경남	함양	국민보도 연맹사건	7638	배길용 (輩吉龍)	남	33	확인
경남	함양	국민보도 연맹사건	9976	박승창 (朴勝昌)	남	26	확인
경남	함양	국민보도 연맹사건	9977	여옥현 (呂玉鉉)	남	23	확인
경남	함양	국민보도 연맹사건	9978	하종갑 (河宗甲)	남	34	확인
경남	함양	국민보도 연맹사건	2572(1)	김석배 (金錫培)	남	29	확인
경남	함양	국민보도 연맹사건	미신청	허사옥	남	20대	확인

3. 형무소 재소자 희생사건

구분	성별			연령별							조사결과			
	남	여	계	10대	20대	30대	40대	50대 이상	미상	계	확인	불능	추정	계
서대문형무소	9		9		6	2			1	9		7	2	9
마포형무소	7		7		5		1		1	7		7		7
부천·영등포 형무소	4		4		2	2				4		4		4
인천소년 형무소	11		11		7	2			2	11		9	2	11
영등포형무소 수원농장	1		1	1						1			1	1

대전형무소	86		86	4	59	19	4			86	86			86
공주형무소	29		29	1	16	10	1		1	29	29			29
대구형무소	30		30	1	17	8	1		3	30	27	3		30
김천형무소	17		17	4	13					17		16	1	17
부산형무소	2		2		2					2	2			2
마산형무소	4		4		1	3				4	4			4
진주형무소	14		14	1	5	7	1			14	12		2	14
광주형무소	55	1	56		33	18	4	1		56	29	1	26	56
목포형무소	26		26		14	8	3	1		26	21		5	26
순천경찰서 유치장	9		9		6	3				9	5		4	9
전주형무소	43		43	1	24	13	4	1		43	9		34	43
군산형무소	8		8		1	4	1	2		8	1		7	8
계	355	1	356	12	212	99	20	5	8	356	225	47	84	356

구분	지역별																계
	여수	순천	구례	광양	고흥	보성	광주	영광	영암	장흥	14연대	미상	순창	하동	함안	진주	
서대문형무소	3	5												1			9
마포형무소		7															7
부천·영등포형무소		4															4
인천소년형무소	3	4				1			2				1				11
영등포형무소 수원농장						1											1
대전형무소	31	14	4	2							29	6					86
공주형무소	27	1			1												29
대구형무소	28	2															30
김천형무소	7	2								1	1	6					17
부산형무소	2																2
마산형무소												1			3		4
진주형무소	3										1	10					14

광주형무소	2	8			1		1	1		1	1	40				1	56
목포형무소		4										22					26
순천경찰서 유치장	3	3										3					9
전주형무소	6		1	1		5					1	28	1				43
군산형무소						7						1					8
계	115	54	5	3	2	14	1	1	2	2	33	117	2	1	3	1	356

지역별		사건유형별	사건번호	진실규명대상자			조사 결과
				이름	성별	연령	
서울	서대문 형무소	형무소 재소자 희생사건(순천)	직다-1066	정기태 (鄭基台)	남	29	불능
서울	서대문 형무소	형무소 재소자 희생사건(순천)	직다-1369	허만진 (許萬鎭)	남	32	불능
서울	서대문 형무소	형무소 재소자 희생사건(여수)	직다-2512	김양호 (金諒浩)	남	38	불능
서울	서대문 형무소	형무소 재소자 희생사건(여수)	직다-4099	김준탁 (金準卓)	남	25	불능
서울	서대문 형무소	형무소 재소자 희생사건(여수)		김준필 (金準弼)	남	23	불능
서울	서대문 형무소	형무소 재소자 희생사건(순천)	직다-9901	김두용 (金斗容)	남	26	불능
서울	서대문 형무소	형무소 재소자 희생사건(순천)	직다-9907	이창현 (李昶鉉)	남	26	불능
서울	서대문 형무소	형무소 재소자 희생사건(하동)	미신청	김명현 (金明炫)	남	22	추정
서울	서대문 형무소	형무소 재소자 희생사건(순천)		송용진	남	미상	미정
서울	마포 형무소	형무소 재소자 희생사건(순천)	직다-7786	윤윤불 (尹允不)	남	41	불능
서울	마포 형무소	형무소 재소자 희생사건(순천)	직다-8785	조기홍 (曺基洪)	남	23	불능
서울	마포 형무소	형무소 재소자 희생사건(순천)	직다-9103	김봉열 (金奉烈)	남	21	불능

지역별		사건유형별	사건번호	진실규명대상자			조사 결과
				이름	성별	연령	
서울	마포 형무소	형무소 재소자 희생사건(순천)	직다-9107	추영환 (秋榮煥)	남	24	불능
서울	마포 형무소	형무소 재소자 희생사건(순천)	직다-9933	이인조 (李仁祚)	남	29	불능
서울	마포 형무소	형무소 재소자 희생사건(순천)	직다-9945	서보현	남	미상	불능
서울	마포 형무소	형무소 재소자 희생사건(순천)	직다-1793	차일섭 (車日燮)	남	25	불능
서울	부천· 영등포 형무소	형무소 재소자 희생사건(순천)	직다-9900	장영일	남	21	불능
서울	부천· 영등포 형무소	형무소 재소자 희생사건(순천)	직다-9926	강채원	남	36	불능
서울	부천· 영등포 형무소	형무소 재소자 희생사건(순천)	직다-10002	조맹식	남	36	불능
서울	부천· 영등포 형무소	형무소 재소자 희생사건(순천)	직다-1364	이성의	남	26	불능
인천	인천소년 형무소	형무소 재소자 희생사건(순천)	직다-1349	차종갑 (車鍾甲)	남	22	불능
인천	인천소년 형무소	형무소 재소자 희생사건(순천)	직다-1430	이성휴 (李性休)	남	22	불능
인천	인천소년 형무소	형무소 재소자 희생사건(순천)	직다-1432 직다-9950	박계수 (朴桂秀)	남	38	불능
인천	인천소년 형무소	형무소 재소자 희생사건(여수)	직다-2763	김경호 (金敬鎬)	남	20	불능
인천	인천소년 형무소	형무소 재소자 희생사건(순천)	직다-4632	박병강 (朴炳康)	남	22	불능
인천	인천소년 형무소	형무소 재소자 희생사건(여수)	직다-6938	김충제 (金忠濟)	남	20	불능
인천	인천소년 형무소	형무소 재소자 희생사건(보성)	직다-7912	소길영	남	23	불능

| 지역별 | 사건유형별 | 사건번호 | 진실규명대상자 | | | 조사 결과 |
			이름	성별	연령	
인천	인천소년 형무소	형무소 재소자 희생사건(여수)	직다-8256	유옥동 (劉玉同)	남	36	불능
인천	인천소년 형무소	형무소 재소자 희생사건(영암)	직다-8609	최규복 (崔圭復)	남	29	불능
인천	인천소년 형무소	형무소 재소자 희생사건(순창)	미신청	이홍우	남	미상	미정
인천	인천소년 형무소	형무소 재소자 희생사건(영암)		최상구	남	미상	미정
서울	영등포형 무소 수원농장	형무소 재소자 희생사건(보성)	5984	차동호 (車東浩)	남	28	추정
대전	대전 형무소	형무소 재소자 희생사건(여수)	586	박만석 (朴萬錫)	남	33	확인
대전	대전 형무소	형무소 재소자 희생사건(여수)	610	김종두 (金鍾斗)	남	22	확인
대전	대전 형무소	형무소 재소자 희생사건(여수)	616	박봉조 (朴奉祚)	남	30	확인
대전	대전 형무소	형무소 재소자 희생사건(14연대)	680	이한길 (李漢吉)	남	26	확인
대전	대전 형무소	형무소 재소자 희생사건(구례)	725	정희윤 (鄭喜允)	남	38	확인
대전	대전 형무소	형무소 재소자 희생사건(구례)	727	손봉구 (孫奉九)	남	38	확인
대전	대전 형무소	형무소 재소자 희생사건(14연대)	850	유형낙 (柳瑩樂)	남	24	확인
대전	대전 형무소	형무소 재소자 희생사건(미상)	857	최경록 (崔京錄)	남	28	확인
대전	대전 형무소	형무소 재소자 희생사건(여수)	969	오종관 (吳宗棺)	남	20	확인
대전	대전 형무소	형무소 재소자 희생사건(여수)	970	김영모 (金永模)	남	25	확인
대전	대전 형무소	형무소 재소자 희생사건(여수)	971	유용순 (劉用順)	남	40	확인

지역별		사건유형별	사건번호	진실규명대상자			조사 결과
				이름	성별	연령	
대전	대전 형무소	형무소 재소자 희생사건(14연대)	1084	박정환 (朴正煥)	남	35	확인
대전	대전 형무소	형무소 재소자 희생사건(순천)	1347	박풍년 (朴豊年)	남	35	확인
대전	대전 형무소	형무소 재소자 희생사건(순천)	1386	박생규 (朴生圭)	남	28	확인
대전	대전 형무소	형무소 재소자 희생사건(14연대)	1391	서순수 (徐順洙)	남	20	확인
대전	대전 형무소	형무소 재소자 희생사건(순천)	1426	오지평 (吳之枰)	남	25	확인
대전	대전 형무소	형무소 재소자 희생사건(미상)	1504	김기문 (金基文)	남	25	확인
대전	대전 형무소	형무소 재소자 희생사건(14연대)	2539	김종열 (金鍾烈)	남	27	확인
대전	대전 형무소	형무소 재소자 희생사건(14연대)	2670	이영만 (李永萬)	남	22	확인
대전	대전 형무소	형무소 재소자 희생사건(여수)	2762	신광범 (愼光範)	남	23	확인
대전	대전 형무소	형무소 재소자 희생사건(여수)	2763	김중호 (金重鎬)	남	21	확인
대전	대전 형무소	형무소 재소자 희생사건(14연대)	2800	최흥 (崔興)	남	25	확인
대전	대전 형무소	형무소 재소자 희생사건(순천)	3014	채금동 (蔡金童)	남	26	확인
대전	대전 형무소	형무소 재소자 희생사건(순천)	3433	김태수 (金太守)	남	31	확인
대전	대전 형무소	형무소 재소자 희생사건(여수)	3611	홍명수 (洪明洙)	남	25	확인
대전	대전 형무소	형무소 재소자 희생사건(14연대)	3811	이상율 (李相律)	남	21	확인
대전	대전 형무소	형무소 재소자 희생사건(14연대)	4027	박후동 (朴後童)	남	21	확인
대전	대전 형무소	형무소 재소자 희생사건(14연대)	4100	김두칠 (金斗七)	남	21	확인

지역별		사건유형별	사건번호	진실규명대상자			조사 결과
				이름	성별	연령	
대전	대전 형무소	형무소 재소자 희생사건(여수)	4205	김원식 (金元植)	남	21	확인
대전	대전 형무소	형무소 재소자 희생사건(여수)	4345	조산석 (趙産石)	남	29	확인
대전	대전 형무소	형무소 재소자 희생사건(14연대)	4446	김점수 (金點守)	남	26	확인
대전	대전 형무소	형무소 재소자 희생사건(14연대)	4932	박의섭 (朴義燮)	남	20	확인
대전	대전 형무소	형무소 재소자 희생사건(14연대)	5735	박형남 (朴亨南)	남	21	확인
대전	대전 형무소	형무소 재소자 희생사건(14연대)	6056	김정용 (金正龍)	남	19	확인
대전	대전 형무소	형무소 재소자 희생사건(14연대)	6308	홍성호 (洪性浩)	남	24	확인
대전	대전 형무소	형무소 재소자 희생사건(여수)	6575	서종선 (徐鍾善)	남	35	확인
대전	대전 형무소	형무소 재소자 희생사건(순천)	6870	이영준 (李永俊)	남	44	확인
대전	대전 형무소	형무소 재소자 희생사건(여수)	6877	추장룡 (秋長龍)	남	25	확인
대전	대전 형무소	형무소 재소자 희생사건(순천)	7008	박윤규 (朴允圭)	남	25	확인
대전	대전 형무소	형무소 재소자 희생사건(14연대)	7077	양회문 (梁會文)	남	23	확인
대전	대전 형무소	형무소 재소자 희생사건(순천)	7087	오순일 (吳巡日)	남	37	확인
대전	대전 형무소	형무소 재소자 희생사건(여수)	7361	박용운 (朴龍云)	남	25	확인
대전	대전 형무소	형무소 재소자 희생사건(여수)	7498	문정순 (文正順)	남	26	확인
대전	대전 형무소	형무소 재소자 희생사건(여수)	7503	김형수 (金亨洙)	남	23	확인
대전	대전 형무소	형무소 재소자 희생사건(14연대)	7646	손병기 (孫炳基)	남	19	확인

지역별		사건유형별	사건번호	진실규명대상자			조사 결과
				이름	성별	연령	
대전	대전 형무소	형무소 재소자 희생사건(여수)	7666/8268	서정수 (徐正洙)	남	21	확인
대전	대전 형무소	형무소 재소자 희생사건(여수)	7882	김운경 (金運敬)	남	25	확인
대전	대전 형무소	형무소 재소자 희생사건(14연대)	7966	정옥연 (鄭玉連)	남	25	확인
대전	대전 형무소	형무소 재소자 희생사건(14연대)	8004	안창섭 (安昌燮)	남	19	확인
대전	대전 형무소	형무소 재소자 희생사건(여수)	8260	정기암 (丁基巖)	남	30	확인
대전	대전 형무소	형무소 재소자 희생사건(여수)	8628	김태균 (金台均)	남	25	확인
대전	대전 형무소	형무소 재소자 희생사건(여수)	8628	김태식 (金台植)	남	24	확인
대전	대전 형무소	형무소 재소자 희생사건(광양)	8707	김형용 (金炯用)	남	29	확인
대전	대전 형무소	형무소 재소자 희생사건(광양)	8708	박창현 (朴彰鉉)	남	27	확인
대전	대전 형무소	형무소 재소자 희생사건(구례)	9075	최규용 (崔圭容)	남	45	확인
대전	대전 형무소	형무소 재소자 희생사건(14연대)	9099	이계조 (李桂祚)	남	24	확인
대전	대전 형무소	형무소 재소자 희생사건(여수)	9168	김정원 (金錠洹)	남	22	확인
대전	대전 형무소	형무소 재소자 희생사건(미상)	9213	이규주 (李珪柱)	남	29	확인
대전	대전 형무소	형무소 재소자 희생사건(순천)	9908	김윤태 (金允太)	남	31	확인
대전	대전 형무소	형무소 재소자 희생사건(순천)	9921	오금수 (吳金壽)	남	39	확인
대전	대전 형무소	형무소 재소자 희생사건(순천)	9952	김경두 (金京斗)	남	27	확인
대전	대전 형무소	형무소 재소자 희생사건(14연대)	10036	김유복 (金有福)	남	20	확인

지역별	사건유형별	사건번호	진실규명대상자			조사 결과
			이름	성별	연령	
대전	대전 형무소	형무소 재소자 희생사건(여수)	10038	김종필 (金種弼)	남	26	확인
대전	대전 형무소	형무소 재소자 희생사건(순천)	10053	연태수 (延泰洙)	남	20	확인
대전	대전 형무소	형무소 재소자 희생사건(여수)	10054	박선동 (朴先童)	남	28	확인
대전	대전 형무소	형무소 재소자 희생사건(구례)	10099	최규태 (崔圭泰)	남	34	확인
대전	대전 형무소	형무소 재소자 희생사건(14연대)	10399	김종환 (金宗煥)	남	21	확인
대전	대전 형무소	형무소 재소자 희생사건(여수)	10409	윤신영 (尹信泳)	남	34	확인
대전	대전 형무소	형무소 재소자 희생사건(미상)	10458	김평옥 (金平玉)	남	38	확인
대전	대전 형무소	형무소 재소자 희생사건(여수)	10466	이옥윤 (李玉允)	남	23	확인
대전	대전 형무소	형무소 재소자 희생사건(여수)	10468	송두선 (宋斗先)	남	24	확인
대전	대전 형무소	형무소 재소자 희생사건(여수)	10472	박종태 (朴鍾泰)	남	31	확인
대전	대전 형무소	형무소 재소자 희생사건(14연대)	10480	박우환 (朴又煥)	남	23	확인
대전	대전 형무소	형무소 재소자 희생사건(여수)	10491	김두선 (金斗先)	남	36	확인
대전	대전 형무소	형무소 재소자 희생사건(14연대)	6871	하용남 (河龍男)	남	22	확인
대전	대전 형무소	형무소 재소자 희생사건(14연대)	10393	강훈호 (姜燻浩)	남	23	확인
대전	대전 형무소	형무소 재소자 희생사건(14연대)	10508	정기동 (鄭基東)	남	16	확인
대전	대전 형무소	형무소 재소자 희생사건(미상)	미신청인	김호철 (金浩喆)	남	30	확인
대전	대전 형무소	형무소 재소자 희생사건(순천)		박병국 (朴炳國)	남	29	확인

지역별	사건유형별	사건번호	진실규명대상자			조사 결과
			이름	성별	연령	
대전	대전 형무소	형무소 재소자 희생사건(14연대)	미신청인	박장열 (朴章烈)	남	21	확인

지역별		사건유형별	사건번호	진실규명대상자			조사 결과
				이름	성별	연령	
충남	공주 형무소	형무소 재소자 희생사건(여수)	6939(1)	김주용 (金柱容) -김말용	남	미상	확인
충남	공주 형무소	형무소 재소자 희생사건(여수)		정기두 (鄭基斗)	남	25	확인
충남	공주 형무소	형무소 재소자 희생사건(여수)	7163	안용현 (安用鉉)	남	22	확인
충남	공주 형무소	형무소 재소자 희생사건(여수)	7495(1)	김덕환 (金德煥)	남	30	확인
충남	공주 형무소	형무소 재소자 희생사건(여수)	7678(1)	박인원 (朴仁元)	남	29	확인
충남	공주 형무소	형무소 재소자 희생사건(여수)	8628	김태환 (金台煥)	남	29	확인
충남	공주 형무소	형무소 재소자 희생사건(고흥)	8810	김태근 (金泰根)	남	20	확인
충남	공주 형무소	형무소 재소자 희생사건(여수)	9154	김동태 (金東泰)	남	22	확인
충남	공주 형무소	형무소 재소자 희생사건(여수)	9159	정용부 (鄭龍富)	남	30	확인
충남	공주 형무소	형무소 재소자 희생사건(여수)	9352	김귀삼 (金貴三)	남	34	확인
충남	공주 형무소	형무소 재소자 희생사건(여수)	10037	김종필 (金鍾弼)	남	26	확인
충남	공주 형무소	형무소 재소자 희생사건(여수)	10042	심재동 (心在東)	남	32	확인
충남	공주 형무소	형무소 재소자 희생사건(여수)	10401	김용우 (金容旴)	남	28	확인
충남	공주 형무소	형무소 재소자 희생사건(여수)	10476	김일문 (金一文)	남	19	확인
충남	공주 형무소	형무소 재소자 희생사건(여수)	10478	장경두 (張京斗)	남	30	확인
충남	공주 형무소	형무소 재소자 희생사건(여수)	10479	박중식 (朴重植)	남	35	확인

지역별		사건유형별	사건번호	진실규명대상자			조사 결과
				이름	성별	연령	
충남	공주 형무소	형무소 재소자 희생사건(여수)	10483	장기용 (張基龍)	남	23	확인
충남	공주 형무소	형무소 재소자 희생사건(여수)	10495	우태춘 (禹太春)	남	27	확인
충남	공주 형무소	형무소 재소자 희생사건(여수)	6934	박양래 (朴陽來)	남	34	확인
충남	공주 형무소	형무소 재소자 희생사건(여수)	미신청인	이옥열 (李玉烈)	남	20	확인
대구	대구 형무소	형무소 재소자 희생사건(여수)	직다-314 2260	유지창 (柳志昌)	남	28	확인
대구	대구 형무소	형무소 재소자 희생사건(여수)	직다-589	문주연 (文柱連)	남	23	확인
대구	대구 형무소	형무소 재소자 희생사건(여수)	직다-968	이순환 (李淳煥)	남	27	확인
대구	대구 형무소	형무소 재소자 희생사건(여수)	직다-1935	김인수 (金仁守)	남	35	확인
대구	대구 형무소	형무소 재소자 희생사건(여수)	직다-3610	김민홍 (金旻洪)	남	25	확인
대구	대구 형무소	형무소 재소자 희생사건(여수)	직다-6578	하기석 -하두호	남	42	확인
대구	대구 형무소	형무소 재소자 희생사건(여수)	직다-6656	박봉춘 (朴奉春)	남	26	확인
대구	대구 형무소	형무소 재소자 희생사건(여수)	직다-6872	추화룡 (秋化龍)	남	28	확인
대구	대구 형무소	형무소 재소자 희생사건(여수)	직다-6875	박동석 (朴棟錫)	남	31	확인
대구	대구 형무소	형무소 재소자 희생사건(여수)	직다-6876	최원균 (崔原均)	남	28	확인
대구	대구 형무소	형무소 재소자 희생사건(여수)	직다-6879	신철기 (申轍機)	남	26	확인
대구	대구 형무소	형무소 재소자 희생사건(여수)	직다-6882	박종각 (朴鍾珏)	남	26	확인
대구	대구 형무소	형무소 재소자 희생사건(여수)	직다-6884	신철현 (申轍鉉)	남	32	확인

지역별		사건유형별	사건번호	진실규명대상자			조사 결과
				이름	성별	연령	
대구	대구 형무소	형무소 재소자 희생사건(여수)	직다-6886	정용 (鄭龍) -정학식	남	34	확인
대구	대구 형무소	형무소 재소자 희생사건(여수)	직다-7370	소복규 (蘇福圭)	남	19	확인
대구	대구 형무소	형무소 재소자 희생사건(순천)	직다-7496	김덕순 (金德順)	남	31	확인
대구	대구 형무소	형무소 재소자 희생사건(여수)	직다-7678	박인철 (朴仁哲)	남	30	확인
대구	대구 형무소	형무소 재소자 희생사건(여수)	직다-8175	김권민 -김한두 (金漢斗)	남	31	확인
대구	대구 형무소	형무소 재소자 희생사건(여수)	직다-8255	조관훈 (趙官勳)	남	26	확인
대구	대구 형무소	형무소 재소자 희생사건(여수)	직다-8965	윤재휴 (尹在休)	남	25	확인
대구	대구 형무소	형무소 재소자 희생사건(여수)	직다-10489	강병운 (姜炳云)	남	20	확인
대구	대구 형무소	형무소 재소자 희생사건(여수)	직다-10490	이매근 (李賣根)	남	27	확인
대구	대구 형무소	형무소 재소자 희생사건(여수)	직다-10509	최교준 (崔敎俊)	남	28	확인
대구	대구 형무소	형무소 재소자 희생사건(여수)	직다-6630	김동탄 (金東坦)	남	30	확인
대구	대구 형무소	형무소 재소자 희생사건(여수)	직다-354	김관두	남	미상	불능
대구	대구 형무소	형무소 재소자 희생사건(여수)	직다-6885	김광호	남	미상	불능
대구	대구 형무소	형무소 재소자 희생사건(여수)	직다-9887	이성근	남	미상	불능
대구	대구 형무소	형무소 재소자 희생사건(여수)	미신청	한용근 (韓龍根)	남	26	확인
대구	대구 형무소	형무소 재소자 희생사건(여수)	미신청	박주안 (朴珠安)	남	28	확인

지역별		사건유형별	사건번호	진실규명대상자			조사 결과
				이름	성별	연령	
대구	대구 형무소	형무소 재소자 희생사건(순천)	미신청	박윤섭 (朴允燮) -박명희	남	28	확인
경북	김천 형무소	형무소 재소자 희생사건(여수)	직다-597	박해순 (朴海淳)	남	19	확인
경북	김천 형무소	형무소 재소자 희생사건(여수)	직다-604	박순구 (朴順求)	남	28	확인
경북	김천 형무소	형무소 재소자 희생사건(순천)	직다-1387	허만홍 (許萬洪)	남	26	확인
경북	김천 형무소	형무소 재소자 희생사건(장흥)	직다-3037	김장온 (金長溫)	남	21	확인
경북	김천 형무소	형무소 재소자 희생사건(14연대)	직다-6313	박규철 (朴奎撤) -박용주	남	21	추정
경북	김천 형무소	형무소 재소자 희생사건(여수)	직다-6937	최정열 (崔貞烈)	남	25	확인
경북	김천 형무소	형무소 재소자 희생사건(여수)	직다-7159	마숙문 (馬淑文)	남	19	확인
경북	김천 형무소	형무소 재소자 희생사건(여수)	직다-7886	김창석 (金昌錫)	남	19	확인
경북	김천 형무소	형무소 재소자 희생사건(여수)	직다-9166	주종섭 (朱宗燮)	남	20	확인
경북	김천 형무소	형무소 재소자 희생사건(여수)	직다-10299	최동석 (崔東錫)	남	22	확인
경북	김천 형무소	형무소 재소자 희생사건(순천)	미신청	최만수 (崔萬洙)	남	22	확인
경북	김천 형무소	형무소 재소자 희생사건(미상)		최시정 (崔時珽)	남	22	확인
경북	김천 형무소	형무소 재소자 희생사건(미상)		이판상 (李判相)	남	27	확인
경북	김천 형무소	형무소 재소자 희생사건(미상)		김진동 (金鎭東)	남	21	확인
경북	김천 형무소	형무소 재소자 희생사건(미상)		최인한 (崔仁翰)	남	21	확인

지역별		사건유형별	사건번호	진실규명대상자			조사 결과
				이름	성별	연령	
경북	김천 형무소	형무소 재소자 희생사건(미상)	미신청	이병훈 (李炳勳)	남	22	확인
경북	김천 형무소	형무소 재소자 희생사건(미상)		박재식 (朴載植)	남	18	확인
부산	부산 형무소	형무소 재소자 희생사건(여수)	직다-10488	박용수 (朴龍守)	남	23	확인
부산	부산 형무소	형무소 재소자 희생사건(여수)	직다-7053	백용규 (白容圭)	남	26	확인
경남	마산 형무소	형무소 재소자 희생사건(함안)	직다-8206	이상기 (李相杞)	남	35	확인
경남	마산 형무소	형무소 재소자 희생사건(함안)	직다-9717	전기종 (全箕鍾)	남	26	확인
경남	마산 형무소	형무소 재소자 희생사건(미상)	직다-7391	차생길 (車生吉) -차반석	남	34	확인
경남	마산 형무소	형무소 재소자 희생사건(함안)	직다-7098	이주익 (李柱益)	남	32	확인
경남	진주 형무소	형무소 재소자 희생사건(미상)	직다-145	안장섭 (安璋燮)	남	35	확인
경남	진주 형무소	형무소 재소자 희생사건(여수)	직다-6571	주천일 (朱天日)	남	28	확인
경남	진주 형무소	형무소 재소자 희생사건(미상)	직다-9214	안종우 (安鍾禹)	남	29	확인
경남	진주 형무소	형무소 재소자 희생사건(미상)	직다-9214	안종순 (安鍾純)	남	19	확인
경남	진주 형무소	형무소 재소자 희생사건(미상)	직다-9288	박주팔 (朴周八)	남	44	확인
경남	진주 형무소	형무소 재소자 희생사건(미상)	직다-9454	권재봉 (權再鳳)	남	37	확인
경남	진주 형무소	형무소 재소자 희생사건(미상)	직다-9559	하종일 (河宗一)	남	32	확인
경남	진주 형무소	형무소 재소자 희생사건(미상)	직다-9569	정극두 (鄭極斗)	남	32	확인

지역별		사건유형별	사건번호	진실규명대상자			조사 결과
				이름	성별	연령	
경남	진주 형무소	형무소 재소자 희생사건(미상)	직다-9772	이우복 (李又福) -이말복	남	29	확인
경남	진주 형무소	형무소 재소자 희생사건(미상)	직다-9784	하용재 (河龍載)	남	32	확인
경남	진주 형무소	형무소 재소자 희생사건(미상)	직다-9821	강상규 (姜相奎)	남	29	확인
경남	진주 형무소	형무소 재소자 희생사건(14연대)	직다-10039	조식래 (趙植來)	남	24	확인
경남	진주 형무소	형무소 재소자 희생사건(여수)	직다-9948	김활언 (金活彦)	남	31	추정
경남	진주 형무소	형무소 재소자 희생사건(여수)	미신청	신명석 (申明錫)	남	36	추정
광주	광주 형무소	형무소 재소자 희생사건(미상)	342	정태희 (鄭泰熙)	남	21	추정
광주	광주 형무소	형무소 재소자 희생사건(미상)	682	김판금 (金判金)	남	36	확인
광주	광주 형무소	형무소 재소자 희생사건(미상)	726	박홍선 (朴泓善)	남	32	확인
광주	광주 형무소	형무소 재소자 희생사건(미상)	1370	최행순 (崔幸順)	남	30	확인
광주	광주 형무소	형무소 재소자 희생사건(순천)	1399	정풍연 (鄭豊烟)	남	22	확인
광주	광주 형무소	형무소 재소자 희생사건(미상)	1417	남덕희 (南德熙)	남	26	추정
광주	광주 형무소	형무소 재소자 희생사건(미상)	1425	오기순 (吳氣淳)	남	45	추정
광주	광주 형무소	형무소 재소자 희생사건(미상)	1509	김공빈 (金公彬)	남	25	추정
광주	광주 형무소	형무소 재소자 희생사건(순천)	1780	허명량 (許明亮)	남	26	확인
광주	광주 형무소	형무소 재소자 희생사건(미상)	1937	박성문 (朴星文)	남	31	추정

지역별		사건유형별	사건번호	진실규명대상자			조사 결과
				이름	성별	연령	
광주	광주 형무소	형무소 재소자 희생사건(미상)	1972	송용옥 (宋龍玉)	남	28	추정
광주	광주 형무소	형무소 재소자 희생사건(미상)	2407	신삼식 (申三植)	남	32	확인
광주	광주 형무소	형무소 재소자 희생사건(여수)	3380	정기순 (鄭基淳)	여	21	추정
광주	광주 형무소	형무소 재소자 희생사건(순천)	3383	이승염	남	30	불능
광주	광주 형무소	형무소 재소자 희생사건(미상)	3434	김남수 (金南守)	남	38	추정
광주	광주 형무소	형무소 재소자 희생사건(미상)	3592	박래주 (朴來柱)	남	26	추정
광주	광주 형무소	형무소 재소자 희생사건(미상)	3602	안삼환 (安三煥)	남	29	추정
광주	광주 형무소	형무소 재소자 희생사건(순천)	3760	박영학 (朴永學)	남	31	확인
광주	광주 형무소	형무소 재소자 희생사건(순천)	4379	김종순 (金鐘淳)	남	22	추정
광주	광주 형무소	형무소 재소자 희생사건(미상)	5196	강용구 (姜龍九)	남	27	확인
광주	광주 형무소	형무소 재소자 희생사건(순천)	5734	류지성 (柳志星)	남	28	확인
광주	광주 형무소	형무소 재소자 희생사건(미상)	5984	차점금 (車点金)	남	54	추정
광주	광주 형무소	형무소 재소자 희생사건(광주)	6119	김광진 (金光振)	남	24	확인
광주	광주 형무소	형무소 재소자 희생사건(미상)	6172	이상래 (李相來)	남	41	확인
광주	광주 형무소	형무소 재소자 희생사건(미상)	6323	이상경 (李相慶)	남	39	추정
광주	광주 형무소	형무소 재소자 희생사건(미상)	6355	이은곤 (李殷坤)	남	29	확인
광주	광주 형무소	형무소 재소자 희생사건(순천)	7031	최동홍 (崔東洪)	남	24	추정

| 지역별 | 사건유형별 | 사건번호 | 진실규명대상자 | | | 조사 결과 |
			이름	성별	연령	
광주	광주 형무소	형무소 재소자 희생사건(영광)	7033	이종기 (李琮基)	남	27	확인
광주	광주 형무소	형무소 재소자 희생사건(미상)	7135	백천석 (白千石)	남	39	추정
광주	광주 형무소	형무소 재소자 희생사건(진주)	7307	최희열 (崔希烈)	남	42	추정
광주	광주 형무소	형무소 재소자 희생사건(미상)	7362	임길남 (林吉南)	남	23	확인
광주	광주 형무소	형무소 재소자 희생사건(미상)	7522	이종용 (李鍾鎔)	남	33	확인
광주	광주 형무소	형무소 재소자 희생사건(미상)	8007	최진귀 (崔鎭貴)	남	30	추정
광주	광주 형무소	형무소 재소자 희생사건(여수)	8244	박갑남 (朴甲男)	남	22	확인
광주	광주 형무소	형무소 재소자 희생사건(미상)	8269	송기해 (宋基海)	남	25	확인
광주	광주 형무소	형무소 재소자 희생사건(장흥)	8609-9	박길동 (朴吉童)	남	26	확인
광주	광주 형무소	형무소 재소자 희생사건(미상)	8609-11	박원재 (朴元在)	남	28	확인
광주	광주 형무소	형무소 재소자 희생사건(미상)	8704	황맹권 (黃孟權)	남	32	확인
광주	광주 형무소	형무소 재소자 희생사건(미상)	8778	이강수 (李康洙)	남	49	확인
광주	광주 형무소	형무소 재소자 희생사건(14연대)	8842	장지남 (張志湳)	남	32	확인
광주	광주 형무소	형무소 재소자 희생사건(미상)	9068	송종옥 (宋鐘玉)	남	36	추정
광주	광주 형무소	형무소 재소자 희생사건(미상)	9069	송기평 (宋基坪)	남	21	추정
광주	광주 형무소	형무소 재소자 희생사건(미상)	9070	송병섭 (宋丙燮)	남	25	추정
광주	광주 형무소	형무소 재소자 희생사건(미상)	9108	이충규 (李忠圭)	남	30	추정

지역별		사건유형별	사건번호	진실규명대상자			조사 결과
				이름	성별	연령	
광주	광주 형무소	형무소 재소자 희생사건(미상)	9110	장택규 (張澤奎)	남	23	추정
광주	광주 형무소	형무소 재소자 희생사건(미상)	9122	박은수 (朴殷洙)	남	22	확인
광주	광주 형무소	형무소 재소자 희생사건(미상)	9903	박병태 (朴炳馱)	남	28	추정
광주	광주 형무소	형무소 재소자 희생사건(미상)	9904	최경수 (崔景洙)	남	32	확인
광주	광주 형무소	형무소 재소자 희생사건(순천)	9919	남계휴 (南啓休)	남	24	추정
광주	광주 형무소	형무소 재소자 희생사건(미상)	10090	김종표 (金鍾表)	남	39	확인
광주	광주 형무소	형무소 재소자 희생사건(미상)	10093	이종양 (李鍾陽)	남	21	추정
광주	광주 형무소	형무소 재소자 희생사건(미상)	10136	문상재 (文相在)	남	26	확인
광주	광주 형무소	형무소 재소자 희생사건(미상)	10137	박동근 (朴東根)	남	28	확인
광주	광주 형무소	형무소 재소자 희생사건(고흥)	10440	임영하 (林永荷)	남	26	추정
광주	광주 형무소	형무소 재소자 희생사건(미상)	10493	김조인 (金肇仁)	남	29	확인
광주	광주 형무소	형무소 재소자 희생사건(미상)	10494	심정섭 (沈正燮)	남	26	확인
전남	목포 형무소	형무소 재소자 희생사건(미상)	1031	김형용 (金炯用)	남	24	확인
전남	목포 형무소	형무소 재소자 희생사건(미상)	1065	김석우 (金石又)	남	38	확인
전남	목포 형무소	형무소 재소자 희생사건(미상)	1332	오인태 (吳仁泰)	남	36	확인
전남	목포 형무소	형무소 재소자 희생사건(미상)	1362	김우상 (金遇商)	남	23	확인
전남	목포 형무소	형무소 재소자 희생사건(미상)	1410	김경렬 (金京烈)	남	29	확인

지역별		사건유형별	사건번호	진실규명대상자			조사 결과
				이름	성별	연령	
전남	목포 형무소	형무소 재소자 희생사건(순천)	1477	장희만 (張熙萬)	남	23	추정
전남	목포 형무소	형무소 재소자 희생사건(미상)	2299	김주옥 (金注玉)	남	24	추정
전남	목포 형무소	형무소 재소자 희생사건(미상)	2814	김양현 (金良炫)	남	27	확인
전남	목포 형무소	형무소 재소자 희생사건(미상)	3432	박몽길 (朴夢吉)	남	41	추정
전남	목포 형무소	형무소 재소자 희생사건(미상)	4311	김주옥 (金注玉)	남	24	확인
전남	목포 형무소	형무소 재소자 희생사건(순천)	6565	곽은기 (郭銀基)	남	25	확인
전남	목포 형무소	형무소 재소자 희생사건(미상)	6582	김양석 (金亮錫)	남	24	확인
전남	목포 형무소	형무소 재소자 희생사건(미상)	6654	장영묵 (張泳黙)	남	29	추정
전남	목포 형무소	형무소 재소자 희생사건(미상)	7639	최재동 (崔在東)	남	55	확인
전남	목포 형무소	형무소 재소자 희생사건(미상)	8609-6	최부봉 (崔富奉)	남	41	확인
전남	목포 형무소	형무소 재소자 희생사건(미상)	8784	허갑조 (許甲祖)	남	24	확인
전남	목포 형무소	형무소 재소자 희생사건(순천)	9112	박호순 (朴浩淳)	남	26	확인
전남	목포 형무소	형무소 재소자 희생사건(미상)	9337	강준석 (姜俊錫)	남	44	확인
전남	목포 형무소	형무소 재소자 희생사건(미상)	9479	김재근 (金在根)	남	37	확인
전남	목포 형무소	형무소 재소자 희생사건(미상)	9480	김수일 (金守一)	남	30	확인
전남	목포 형무소	형무소 재소자 희생사건(미상)	9554	김석우 (金石又)	남	38	확인
전남	목포 형무소	형무소 재소자 희생사건(미상)	9927	최우국 (崔又國)	남	28	확인

지역별		사건유형별	사건번호	진실규명대상자			조사 결과
				이름	성별	연령	
전남	목포 형무소	형무소 재소자 희생사건(순천)	9928	최규동 (崔圭東)	남	32	확인
전남	목포 형무소	형무소 재소자 희생사건(미상)	9932	황우연 (黃又淵)	남	26	확인
전남	목포 형무소	형무소 재소자 희생사건(미상)	9947	이기수 (李起洙)	남	34	확인
전남	목포 형무소	형무소 재소자 희생사건(미상)	10768	김석우 (金石又	남	38	추정
전남	순천경 찰서유 치장	형무소 재소자 희생사건(순천)	857(1)	최병렬 (崔炳烈)	남	21	추정
전남	순천경 찰서유 치장	형무소 재소자 희생사건(여수)	1339	이진상 (李鎭祥)	남	33	추정
전남	순천경 찰서유 치장	형무소 재소자 희생사건(순천)	3376	주선본	남	34	확인
전남	순천경 찰서유 치장	형무소 재소자 희생사건(미상)	6318	김형우 (金亨佑)	남	22	추정
전남	순천경 찰서유 치장	형무소 재소자 희생사건(미상)	9071	손석순 (孫石順)	남	25	추정
전남	순천경 찰서유 치장	형무소 재소자 희생사건(여수)	10044	정종훈 (鄭鐘薰)	남	24	확인
전남	순천경 찰서유 치장	형무소 재소자 희생사건(미상)	10462	조충갑 (趙忠甲)	남	28	확인
전남	순천경 찰서유 치장	형무소 재소자 희생사건(순천)	10467	조종래 (趙宗來)	남	24	확인
전남	순천경 찰서유 치장	형무소 재소자 희생사건(여수)	10469	송미봉 (宋米奉)	남	31	확인

지역별		사건유형별	사건번호	진실규명대상자			조사 결과
				이름	성별	연령	
전북	전주 형무소	형무소 재소자 희생사건(미상)	588	김종덕 (金宗德)	남	30	확인
전북	전주 형무소	형무소 재소자 희생사건(여수)	594	박채두 (朴采斗)	남	36	추정
전북	전주 형무소	형무소 재소자 희생사건(14연대)	611	최정순 (崔正淳)	남	19	추정
전북	전주 형무소	형무소 재소자 희생사건(미상)	631	오영수 (吳永洙)	남	27	추정
전북	전주 형무소	형무소 재소자 희생사건(미상)	716	김규봉 (金奎鳳)	남	28	추정
전북	전주 형무소	형무소 재소자 희생사건(미상)	718	최일주 (崔一周)	남	44	추정
전북	전주 형무소	형무소 재소자 희생사건(구례)	797	임한수 (林漢壽)	남	35	추정
전북	전주 형무소	형무소 재소자 희생사건(미상)	856	강대봉 (姜大奉)	남	27	추정
전북	전주 형무소	형무소 재소자 희생사건(보성)	912	조순종 (趙淳宗)	남	27	추정
전북	전주 형무소	형무소 재소자 희생사건(보성)	913	김우석 (金于錫)	남	34	추정
전북	전주 형무소	형무소 재소자 희생사건(보성)	915	서재필 (徐在弼)	남	21	추정
전북	전주 형무소	형무소 재소자 희생사건(미상)	1519	김극렬 (金克烈)	남	50	추정
전북	전주 형무소	형무소 재소자 희생사건(미상)	1520	김태희 (金太喜)	남	28	추정
전북	전주 형무소	형무소 재소자 희생사건(보성)	1521	서경옥 (徐京玉)	남	27	추정
전북	전주 형무소	형무소 재소자 희생사건(보성)	1522	조판암 (趙判岩)	남	30	추정
전북	전주 형무소	형무소 재소자 희생사건(여수)	2707	김홍순 (金洪淳)	남	22	확인
전북	전주 형무소	형무소 재소자 희생사건(여수)	2708	우윤채 (禹允埰)	남	22	추정

지역별		사건유형별	사건번호	진실규명대상자			조사 결과
				이름	성별	연령	
전북	전주 형무소	형무소 재소자 희생사건(미상)	3455	유혁열 (劉赫烈)	남	28	추정
전북	전주 형무소	형무소 재소자 희생사건(미상)	6132	조상국 (趙相局)	남	29	확인
전북	전주 형무소	형무소 재소자 희생사건(여수)	6874	박정완 (朴正浣)	남	26	추정
전북	전주 형무소	형무소 재소자 희생사건(미상)	7038	양을동 (梁乙童)	남	38	확인
전북	전주 형무소	형무소 재소자 희생사건(미상)	7146	김형수 (金炯秀)	남	34	추정
전북	전주 형무소	형무소 재소자 희생사건(미상)	7162	이영수 (李永洙)	남	20	확인
전북	전주 형무소	형무소 재소자 희생사건(미상)	7357	이경상 (李庚相)	남	21	추정
전북	전주 형무소	형무소 재소자 희생사건(미상)	7489	이왕석 (李旺碩)	남	46	추정
전북	전주 형무소	형무소 재소자 희생사건(미상)	7489	이환식 (李懽植)	남	22	확인
전북	전주 형무소	형무소 재소자 희생사건(미상)	7511	장중호 (張仲浩)	남	42	확인
전북	전주 형무소	형무소 재소자 희생사건(미상)	7666(1)	곽기중 (郭基重)	남	32	추정
전북	전주 형무소	형무소 재소자 희생사건(미상)	7693	권재현 (權載顯)	남	23	추정
전북	전주 형무소	형무소 재소자 희생사건(미상)	7694	김두연 (金斗鍊)	남	33	추정
전북	전주 형무소	형무소 재소자 희생사건(광양)	8045	이성두 (李星斗)	남	32	추정
전북	전주 형무소	형무소 재소자 희생사건(미상)	8243	박주성 (朴柱成)	남	35	추정
전북	전주 형무소	형무소 재소자 희생사건(미상)	8307	이윤희 (李閏熙)	남	29	추정
전북	전주 형무소	형무소 재소자 희생사건(순창)	8675	김태환 (金泰煥)	남	37	추정

지역별		사건유형별	사건번호	진실규명대상자			조사 결과
				이름	성별	연령	
전북	전주 형무소	형무소 재소자 희생사건(여수)	8789	양회열 (梁會烈)	남	24	추정
전북	전주 형무소	형무소 재소자 희생사건(미상)	8889(1)	김형빈 (金形彬)	남	22	추정
전북	전주 형무소	형무소 재소자 희생사건(미상)	9093	윤석한 (尹錫漢)	남	26	확인
전북	전주 형무소	형무소 재소자 희생사건(여수)	10045	이귀현 (李貴賢)	남	22	추정
전북	전주 형무소	형무소 재소자 희생사건(미상)	10108	김상권 (金相權)	남	43	추정
전북	전주 형무소	형무소 재소자 희생사건(미상)	10135	한동호 (韓同浩)	남	26	추정
전북	전주 형무소	형무소 재소자 희생사건(미상)	10297	최동학 (崔東鶴)	남	35	추정
전북	전주 형무소	형무소 재소자 희생사건(미상)	10388	신경호 (申京浩)	남	29	추정
전북	전주 형무소	형무소 재소자 희생사건(미상)	10396	심명선 (沈明善)	남	21	확인
전북	군산 형무소	형무소 재소자 희생사건(보성)	3231	박열주 (朴烈柱)	남	28	추정
전북	군산 형무소	형무소 재소자 희생사건(보성)	3593	박연주 (朴蓮柱)	남	50	추정
전북	군산 형무소	형무소 재소자 희생사건(보성)	3594	박선주 (朴善株)	남	38	추정
전북	군산 형무소	형무소 재소자 희생사건(보성)	3596	박채주 (朴采柱)	남	44	확인
전북	군산 형무소	형무소 재소자 희생사건(보성)	3597	박한주 (朴漢柱)	남	33	추정
전북	군산 형무소	형무소 재소자 희생사건(보성)	3604	박선주 (朴善柱)	남	33	추정
전북	군산 형무소	형무소 재소자 희생사건(보성)	4773	임왈엽 (林曰燁)	남	38	추정
전북	군산 형무소	형무소 재소자 희생사건(미상)	7796	정태중 (鄭泰重)	남	50	추정

4. 군경에 의한 부역혐의 민간인 희생사건

구분	성별			연령별								조사결과			
	남	여	계	10세미만	10대	20대	30대	40대	50대이상	미상	계	확인	불능	추정	계
여수	5		5			3	1		1		5	5			5
순천	11		11		1	1	3	4		2	11	11			11
구례	18	3	21	2	1	4	3	2	1	8	21	21			21
광양	2		2			1		1			2	2			2
고흥	2		2	1		1					2	2			2
보성	3		3			2	1				3	3			3
곡성	11		11			4	1	3	1	2	11	11			11
담양	13		13		3	1	1		1	7	13	13			13
영암	19		19		2	10	4	1		2	19	13	6		19
장성	5	4	9	4	1	1		2		1	9	9			9
장흥	2	1	3					2	1		3	3			3
화순	45	6	51	1	5	17	8	6	3	11	51	51			51
나주	12		12		1	2	2	1	1	5	12	12			12
신안	1		1						1		1	1			1
임실	21		21			8	9	2		2	21	3		18	21
순창	2		2			2					2		2		2
거창	19		19		2	12	2	3			19	18		1	19
산청	175	5	180	1	21	61	49	25	23		180	179		1	180
함양	103		103		3	66	20	7	5	2	103	98	1	4	103
하동	30	1	31		1	12	13	4		1	31	26		5	31
합천	5		5			3	1			1	5	5			5
사천	1		1		1						1	1			1
계	505	20	525	9	42	211	118	63	38	44	525	487	9	29	525

※ 설명: 확인–진실규명/ 불능–불능·각하/ 추정–추정·미정.

지역별		사건유형별	사건번호	진실규명대상자			조사 결과
				이름	성별	연령	
전남	여수	군경에 의한 민간인희생사건	다-607	김찬규 (金贊圭)	남	25	확인
전남	여수	군경에 의한 민간인희생사건	다-6112	최형문 (崔亨文)	남	26	확인
전남	여수	군경에 의한 민간인희생사건	다-6630	김동민 (金東玟)	남	20	확인
전남	여수	군경에 의한 민간인희생사건	다-6869	박영래 (朴永來)	남	38	확인
전남	여수	군경에 의한 민간인희생사건	다-9170	강우성 (姜宇誠)	남	55	확인
전남	순천	군경에 의한 민간인희생사건	다-3495	정의남 (鄭義男)	남	44	확인
전남	순천	군경에 의한 민간인희생사건	직다-9106	윤주한 (尹柱漢)	남	17	확인
전남	순천	군경에 의한 민간인희생사건	직다-10584	이영근 (李榮根)	남	45	확인
전남	순천	군경에 의한 민간인희생사건	직다-10584	양영묵 (梁永黙)	남	44	확인
전남	순천	군경에 의한 민간인희생사건		강대영 (姜大榮)	남	41	확인
전남	순천	군경에 의한 민간인희생사건		염순섭 (廉順燮)	남	37	확인
전남	순천	군경에 의한 민간인희생사건	직다-10586	김우열	남	미상	확인
전남	순천	군경에 의한 민간인희생사건		윤송치 (尹松致)	남	38	확인
전남	순천	군경에 의한 민간인희생사건		하경식	남	미상	확인
전남	순천 (목포)	군경에 의한 민간인희생사건	직다-4363	백경조 (白敬祚)	남	32	확인
전남	순천	군경에 의한 민간인희생사건	10403	이기호 (李起皓)	남	23	확인
전남	구례	군경에 의한 민간인희생사건	직다-2408	도재덕 (都在德)	남	40	확인

지역별		사건유형별	사건번호	진실규명대상자			조사 결과
				이름	성별	연령	
전남	구례	군경에 의한 민간인희생사건	직다-2408	도광열 (都光烈)	남	9	확인
전남	구례	군경에 의한 민간인희생사건		도광옥 (都光玉)	남	1	확인
전남	구례	군경에 의한 민간인희생사건	직다-473 직다-606	표귀종 (表貴鍾)	남	32	추정
전남	구례	군경에 의한 민간인희생사건	직다-911	김길동 (金吉東)	남	22	확인
전남	구례	군경에 의한 민간인희생사건		김길수 (金吉洙)	남	10	확인
전남	구례	군경에 의한 민간인희생사건	직다-10133	임창순 (林昌淳)	남	41	확인
전남	구례	군경에 의한 민간인희생사건	직다-2723	임태규 (林泰圭)	남	32	확인
전남	구례	군경에 의한 민간인희생사건	직다-6779	임아지 (林阿只)	여	37	확인
전남	구례	군경에 의한 민간인희생사건	직다-2433	박판옥 (朴判玉)	남	29	확인
전남	구례	군경에 의한 민간인희생사건	직다-473 직다-606	고판수	남	미상	추정
전남	구례	군경에 의한 민간인희생사건		곽상수	남	미상	추정
전남	구례	군경에 의한 민간인희생사건		이중환 (李重煥)	남	58	추정
전남	구례	군경에 의한 민간인희생사건		장일수	남	미상	추정
전남	구례	군경에 의한 민간인희생사건		장응벽	남	미상	추정
전남	구례	군경에 의한 민간인희생사건		현세종	남	미상	추정
전남	구례	군경에 의한 민간인희생사건		이중환 의처1	여	미상	추정
전남	구례	군경에 의한 민간인희생사건		이중환 의 처2	여	미상	추정

지역별		사건유형별	사건번호	진실규명대상자			조사 결과
				이름	성별	연령	
전남	구례	군경에 의한 민간인희생사건	직다-911	최대홍 (崔大洪)	남	22	확인
전남	구례	군경에 의한 민간인희생사건	직다-2433	구정길 (具正吉)	남	20	확인
전남	구례	군경에 의한 민간인희생사건		한기범	남	미상	확인
전남	광양	군경에 의한 민간인희생사건	다-10833	정태용 (鄭泰容)	남	42	확인
전남	광양	군경에 의한 민간인희생사건	다-10835	정석기 (鄭鉐基)	남	24	확인
전남	고흥	군경에 의한 민간인희생사건	다-4126	김성현 (金聖炫)	남	29	확인
전남	고흥	군경에 의한 민간인희생사건	직다-6471	정병룡 (丁炳龍)	남	2	확인
전남	보성	군경에 의한 민간인희생사건	직다-8277(1)	이병규 (李秉圭)	남	25	확인
전남	보성	군경에 의한 민간인희생사건	직다-7641	조동석 (趙東錫)	남	36	확인
전남	보성	군경에 의한 민간인희생사건	직다-8364	유제경 (柳濟景)	남	25	확인
전남	곡성	군경에 의한 민간인희생사건	직다-5416	고규석 (高奎錫)	남	24	확인
전남	곡성	군경에 의한 민간인희생사건	직다-505	마준화 (馬俊華)	남	48	확인
전남	곡성	군경에 의한 민간인희생사건		마임석 (馬林錫)	남	42	확인
전남	곡성	군경에 의한 민간인희생사건		마성숙 (馬成淑)	남	26	확인
전남	곡성	군경에 의한 민간인희생사건	직다-6758	박판순 (朴判順)	남	56	확인
전남	곡성	군경에 의한 민간인희생사건	직다-8020	신삼균 (申三均)	남	21	확인
전남	곡성	군경에 의한 민간인희생사건	직다-8844	신봉옥 (申奉玉)	남	48	확인

지역별		사건유형별	사건번호	진실규명대상자			조사 결과
				이름	성별	연령	
전남	곡성	군경에 의한 민간인희생사건	직다-2808	김만수 (金萬洙)	남	36	확인
전남	곡성	군경에 의한 민간인희생사건	직다-8020	신홍균 (申洪均)	남	27	확인
전남	곡성	군경에 의한 민간인희생사건		김기태	남	미상	확인
전남	곡성	군경에 의한 민간인희생사건		정명옥	남	미상	확인
전남	담양	군경에 의한 민간인희생사건	직다-438	고광율 (高光律)	남	31	확인
전남	담양	군경에 의한 민간인희생사건	직다-8524	김점술 (金点述)	남	14	확인
전남	담양	군경에 의한 민간인희생사건		김종철 (金宗喆)	남	28	확인
전남	담양	군경에 의한 민간인희생사건		박균상 (朴均祥)	남	16	확인
전남	담양	군경에 의한 민간인희생사건		강용구 (姜龍求)	남	18	확인
전남	담양	군경에 의한 민간인희생사건		김달마 (金達馬)	남	59	확인
전남	담양	군경에 의한 민간인희생사건		김기팔	남	미상	확인
전남	담양	군경에 의한 민간인희생사건		김우명	남	미상	확인
전남	담양	군경에 의한 민간인희생사건		김용덕	남	미상	확인
전남	담양	군경에 의한 민간인희생사건		문○○ 문도연 차남	남	미상	확인
전남	담양	군경에 의한 민간인희생사건		박○○ 박균수 제	남	미상	확인
전남	담양	군경에 의한 민간인희생사건		김○○ 이름 미상	남	미상	확인

지역별		사건유형별	사건번호	진실규명대상자			조사 결과
				이름	성별	연령	
전남	담양	군경에 의한 민간인희생사건	직다-8524	박○○ 신선이 사위	남	미상	확인
전남	신안	군경에 의한 민간인희생사건	직다-7788	박정은 (朴正恩)	남	51	확인
전남	영암	군경에 의한 민간인희생사건	직다-8917	최윤성 (崔潤成)	남	33	확인
전남	영암	군경에 의한 민간인희생사건	직다-8473	김병남 (金炳南)	남	29	확인
전남	영암	군경에 의한 민간인희생사건	직다-8473	김재윤 (金在允)	남	26	확인
전남	영암	군경에 의한 민간인희생사건	8613(1)	김달수 (金達守)	남	23	확인
전남	영암	군경에 의한 민간인희생사건	8609	조수현 (曺秀鉉)	남	21	확인
전남	영암	군경에 의한 민간인희생사건		신현탁 (申鉉倬)	남	27	확인
전남	영암	군경에 의한 민간인희생사건		최월규 (崔月奎)	남	28	확인
전남	영암	군경에 의한 민간인희생사건		최주호 (崔周鎬)	남	30	확인
전남	영암	군경에 의한 민간인희생사건		곽복수 (郭福秀)	남	29	확인
전남	영암	군경에 의한 민간인희생사건		박석열 (朴錫烈)	남	18	확인
전남	영암	군경에 의한 민간인희생사건		박현구 (朴炫球)	남	42	확인
전남	영암	군경에 의한 민간인희생사건		이삼만 (李三萬)	남	36	확인
전남	영암	군경에 의한 민간인희생사건		최용정	남	17	확인
전남	영암	군경에 의한 민간인희생사건	8609(19)	최재명 (崔在明)	남	38	불능

지역별		사건유형별	사건번호	진실규명대상자			조사 결과
				이름	성별	연령	
전남	영암	군경에 의한 민간인희생사건		박춘재 (朴春在)	남	21	불능
전남	영암	군경에 의한 민간인희생사건		민시호	남	미상	불능
전남	영암	군경에 의한 민간인희생사건	8609(19)	민춘호	남	미상	불능
전남	영암	군경에 의한 민간인희생사건		최규택 (崔圭宅)	남	26	불능
전남	영암	군경에 의한 민간인희생사건		박율 (朴栗)	남	24	불능
전남	장성	군경에 의한 민간인희생사건		강대석 (姜大錫)	남	48	확인
전남	장성	군경에 의한 민간인희생사건		김기묘 (金基妙)	여	40	확인
전남	장성	군경에 의한 민간인희생사건		강가원 (姜可遠)	남	21	확인
전남	장성	군경에 의한 민간인희생사건		강점순 (姜占順)	여	10	확인
전남	장성	군경에 의한 민간인희생사건		강시원 (姜施遠)	남	7	확인
전남	장성	군경에 의한 민간인희생사건	직다-992	강인원 (姜仁遠)	남	3	확인
전남	장성	군경에 의한 민간인희생사건		박○○ (강가원 처)	여	미상	확인
전남	장성	군경에 의한 민간인희생사건		강점희	여	4	확인
전남	장성	군경에 의한 민간인희생사건		강○○ (강가원 자)	남	2	확인
전남	장흥	군경에 의한 민간인희생사건	직다-9338	김난금 (金暖金)	남	48	확인
전남	장흥	군경에 의한 민간인희생사건	직다-565	손금태 (孫金台)	남	52	확인

지역별		사건유형별	사건번호	진실규명대상자			조사 결과
				이름	성별	연령	
전남	장흥	군경에 의한 민간인희생사건	직다-595	김소례 (金小禮)	여	48	확인
전남	화순	군경에 의한 민간인희생사건	직다-5126	이애기 (李愛己)	남	40	확인
전남	화순	군경에 의한 민간인희생사건		이사봉 (李四峰)	남	32	확인
전남	화순	군경에 의한 민간인희생사건	직다-5127	이작산 (李鵲山)	남	36	확인
전남	화순	군경에 의한 민간인희생사건	직다-9525	정임채 (鄭任采)	남	28	확인
전남	화순	군경에 의한 민간인희생사건		정월채 (鄭月采)	남	30	확인
전남	화순	군경에 의한 민간인희생사건		정길채 (鄭吉采)	남	42	확인
전남	화순	군경에 의한 민간인희생사건		정병채 (鄭丙采)	남	33	확인
전남	화순	군경에 의한 민간인희생사건		정동채 (鄭東采)	남	23	확인
전남	화순	군경에 의한 민간인희생사건		정순학 (鄭淳鶴)	남	42	확인
전남	화순	군경에 의한 민간인희생사건	직다-4066	홍기창 (洪起昌)	남	19	확인
전남	화순	군경에 의한 민간인희생사건		홍세희 (洪世憙)	남	27	확인
전남	화순	군경에 의한 민간인희생사건		기세창 (奇世昌)	남	25	확인
전남	화순	군경에 의한 민간인희생사건		윤만종 (尹萬鍾)	남	32	확인
전남	화순	군경에 의한 민간인희생사건	직다-8242	박귀봉 (朴貴奉)	남	32	확인
전남	화순	군경에 의한 민간인희생사건	직다-4991	조영옥 (曹永鈺)	남	27	확인
전남	화순	군경에 의한 민간인희생사건		조영태 (曹永台)	남	32	확인

지역별		사건유형별	사건번호	진실규명대상자			조사 결과
				이름	성별	연령	
전남	화순	군경에 의한 민간인희생사건	직다-7136	김홍식 (金洪植)	남	27	확인
전남	화순	군경에 의한 민간인희생사건	직다-10574	문제춘 (文濟春)	남	29	확인
전남	화순	군경에 의한 민간인희생사건	직다-10579	박인상 (朴仁相)	남	51	확인
전남	화순	군경에 의한 민간인희생사건	직다-4366	한영표 (韓榮杓)	남	43	확인
전남	화순	군경에 의한 민간인희생사건		이동지	남	미상	확인
전남	화순	군경에 의한 민간인희생사건		이현수	남	미상	확인
전남	화순	군경에 의한 민간인희생사건		조희주	남	40대	확인
전남	화순	군경에 의한 민간인희생사건		조유호	남	20대	확인
전남	화순	군경에 의한 민간인희생사건		조형호	남	20대	확인
전남	화순	군경에 의한 민간인희생사건		조찬호	남	20대	확인
전남	화순	군경에 의한 민간인희생사건		조성호	남	20대	확인
전남	화순	군경에 의한 민간인희생사건		박순상 (朴淳相)	남	22	확인
전남	화순	군경에 의한 민간인희생사건		강찬수	남	미상	확인
전남	화순	군경에 의한 민간인희생사건		강찬수 妻	여	미상	확인
전남	화순	군경에 의한 민간인희생사건		강찬수 父	남	미상	확인
전남	화순	군경에 의한 민간인희생사건		강찬수 母	여	미상	확인
전남	화순	군경에 의한 민간인희생사건		강찬수 1弟	남	미상	확인

지역별		사건유형별	사건번호	진실규명대상자			조사 결과
				이름	성별	연령	
전남	화순	군경에 의한 민간인희생사건	직다-4366	강찬수 2弟	남	미상	확인
전남	화순	군경에 의한 민간인희생사건		강찬수 子	남	미상	확인
전남	화순	군경에 의한 민간인희생사건		김유옥 (金酉玉)	여	72	확인
전남	화순	군경에 의한 민간인희생사건		장춘화 (張春化)	여	16	확인
전남	화순	군경에 의한 민간인희생사건		장형일 (張炯日)	남	12	확인
전남	화순	군경에 의한 민간인희생사건		노병길	남	미상	확인
전남	화순	군경에 의한 민간인희생사건		김치조 (金致祚)	남	42	확인
전남	화순	군경에 의한 민간인희생사건	직다-8253	김학열 (金學烈)	남	28	확인
전남	화순	군경에 의한 민간인희생사건	직다-8908	이순임 (李順任)	여	50	확인
전남	화순	군경에 의한 민간인희생사건		조병호 (曺炳鎬)	남	16	확인
전남	화순	군경에 의한 민간인희생사건		조행순 (曺杏順)	여	7	확인
전남	화순	군경에 의한 민간인희생사건	직다-8149	김종택 (金琮宅)	남	25	확인
전남	화순	군경에 의한 민간인희생사건		김영희 (金永曦)	남	26	확인
전남	화순	군경에 의한 민간인희생사건		김영균 (金永均)	남	18	확인
전남	화순	군경에 의한 민간인희생사건		김철수 (金哲洙)	남	27	확인
전남	화순	군경에 의한 민간인희생사건	직다-2653	김익순 (金益順)	남	39	확인
전남	화순	군경에 의한 민간인희생사건	8908-1	조영호 (曺英鎬)	남	24	확인

지역별		사건유형별	사건번호	진실규명대상자			조사 결과
				이름	성별	연령	
전남	화순	군경에 의한 민간인희생사건	직다-2597(6)	이용섭	남	미상	확인
전남	나주	군경에 의한 민간인희생사건	직다-8172	유진수 (柳鎭洙)	남	29	확인
전남	나주	군경에 의한 민간인희생사건	2597(6)-1	박상환 (朴相煥)	남	15	확인
전남	나주	군경에 의한 민간인희생사건	직다-2501	홍대석 (洪大石)	남	53	확인
전남	나주	군경에 의한 민간인희생사건	직다-9336	한순동 (韓順東)	남	29	확인
전남	나주	군경에 의한 민간인희생사건	다-2597(7)	홍병식 (洪丙植)	남	38	확인
전남	나주	군경에 의한 민간인희생사건	2597(7)-1	양재순 (梁在順/ 양태묵)	남	49	확인
전남	나주	군경에 의한 민간인희생사건	직다-2597(6)	강대천	남	30	확인
전남	나주	군경에 의한 민간인희생사건		김화연	남	미상	확인
전남	나주	군경에 의한 민간인희생사건		백만식	남	미상	확인
전남	나주	군경에 의한 민간인희생사건		서치우	남	미상	확인
전남	나주	군경에 의한 민간인희생사건	직다-4991	김재생	남	미상	확인
전남	나주	군경에 의한 민간인희생사건	직다-7136, 10574, 10579	조영섭	남	미상	확인
전남	신안	군경에 의한 민간인희생사건	직다-7788	박정은 (朴正恩)	남	51	확인
전북	임실	군경에 의한 민간인희생사건	228	박훈 (朴壎)	남	30	확인
전북	임실	군경에 의한 민간인희생사건	269	박세열 (朴世烈)	남	36	확인

지역별		사건유형별	사건번호	진실규명대상자			조사 결과
				이름	성별	연령	
전북	임실	군경에 의한 민간인희생사건	10011	백길동 (白吉同)	남	21	추정
전북	임실	군경에 의한 민간인희생사건	10012	전상옥 (全相玉)	남	39	추정
전북	임실	군경에 의한 민간인희생사건	10014	전용순 (全龍淳)	남	36	추정
전북	임실	군경에 의한 민간인희생사건	10182	전상우 (全相佑)	남	37	확인
전북	임실	군경에 의한 민간인희생사건		전상현 (全相鉉)	남	33	추정
전북	임실	군경에 의한 민간인희생사건	10011 10012 10014 10182	김경연	남	20대	추정
전북	임실	군경에 의한 민간인희생사건		김기생	남	20대	추정
전북	임실	군경에 의한 민간인희생사건		박병만	남	20대	추정
전북	임실	군경에 의한 민간인희생사건		박병문 (朴炳文)	남	48	추정
전북	임실	군경에 의한 민간인희생사건		박상옥	남	미상	추정
전북	임실	군경에 의한 민간인희생사건		박용석 (朴龍碩)	남	21	추정
전북	임실	군경에 의한 민간인희생사건		이광진 (李光鎭)	남	31	추정
전북	임실	군경에 의한 민간인희생사건		이기성	남	30대	추정
전북	임실	군경에 의한 민간인희생사건		임병옥 (林炳玉)	남	34	추정
전북	임실	군경에 의한 민간인희생사건		전상백	남	20대	추정
전북	임실	군경에 의한 민간인희생사건		전상채	남	40대	추정
전북	임실	군경에 의한 민간인희생사건		전상표	남	20대	추정

지역별		사건유형별	사건번호	진실규명대상자			조사 결과
				이름	성별	연령	
전북	임실	군경에 의한 민간인희생사건	10011 10012	전판성	남	미상	추정
전북	임실	군경에 의한 민간인희생사건	10014 10182	전판철	남	20대	추정
전북	순 창	군경에 의한 민간인희생사건	582	박창휴 (朴昌休)	남	21	불능
전북	순 창	군경에 의한 민간인희생사건	4115	양관영 (楊寬泳)	남	28	불능
경남	거창	군경에 의한 민간인희생사건		맹태호 (孟泰鎬)	남	26	확인
경남	거창	군경에 의한 민간인희생사건		이현욱 (李賢旭)	남	36	확인
경남	거창	군경에 의한 민간인희생사건		백창순 (白昌淳)	남	27	확인
경남	거창	군경에 의한 민간인희생사건		백용순 (白容淳)	남	19	확인
경남	거창	군경에 의한 민간인희생사건		박재규 (朴在圭)	남	23	확인
경남	거창	군경에 의한 민간인희생사건		정진국 (鄭鎭國)	남	29	확인
경남	거창	군경에 의한 민간인희생사건	358(3)	심재섭 (沈在燮)	남	24	확인
경남	거창	군경에 의한 민간인희생사건		김상출 (金相出)	남	23	확인
경남	거창	군경에 의한 민간인희생사건		이성록 (李成祿)	남	27	확인
경남	거창	군경에 의한 민간인희생사건		이춘복 (李春福)	남	19	확인
경남	거창	군경에 의한 민간인희생사건		윤기순 (尹基淳)	남	28	확인
경남	거창	군경에 의한 민간인희생사건		이금행 (李金行)	남	23	확인
경남	거창	군경에 의한 민간인희생사건		김종환 (金鍾煥)	남	23	확인

지역별		사건유형별	사건번호	진실규명대상자			조사 결과
				이름	성별	연령	
경남	거창	군경에 의한 민간인희생사건	358(3)	김정곤 (金正坤)	남	43	확인
경남	거창	군경에 의한 민간인희생사건		정덕용 (鄭德用)	남	23	확인
경남	거창	군경에 의한 민간인희생사건		김만대 (金萬大)	남	20	확인
경남	거창	군경에 의한 민간인희생사건		이영이 (李濚伊)	남	33	추정
경남	거창	군경에 의한 민간인희생사건	868	박윤호 (朴允浩)	남	40	확인
경남	거창	군경에 의한 민간인희생사건	4112	유봉태 (劉鳳泰)	남	41	확인
경남	산청	군경에 의한 민간인희생사건	76	정임조 (鄭任朝)	남	52	확인
경남	산청	군경에 의한 민간인희생사건		정경조 (鄭敬朝)	남	59	확인
경남	산청	군경에 의한 민간인희생사건		정병선 (鄭炳善)	남	33	확인
경남	산청	군경에 의한 민간인희생사건		김종태 (金鍾泰)	남	24	확인
경남	산청	군경에 의한 민간인희생사건		김종렬 (金鍾列)	남	25	확인
경남	산청	군경에 의한 민간인희생사건		김종철 (金鍾喆)	남	23	확인
경남	산청	군경에 의한 민간인희생사건		민영철 (閔永喆)	남	24	확인
경남	산청	군경에 의한 민간인희생사건		김의열 (金義烈)	남	27	확인
경남	산청	군경에 의한 민간인희생사건		김의경 (金義炅)	남	20	확인
경남	산청	군경에 의한 민간인희생사건		김의찬 (金義贊)	남	32	확인
경남	산청	군경에 의한 민간인희생사건		김의수 (金義洙)	남	18	확인

지역별		사건유형별	사건번호	진실규명대상자			조사 결과
				이름	성별	연령	
경남	산청	군경에 의한 민간인희생사건	76	김태수 (金泰洙)	남	14	확인
경남	산청	군경에 의한 민간인희생사건		김병은 (金炳殷)	남	17	확인
경남	산청	군경에 의한 민간인희생사건		곽상근 (郭相根)	남	22	확인
경남	산청	군경에 의한 민간인희생사건		곽노숙 (郭盧淑)	남	17	확인
경남	산청	군경에 의한 민간인희생사건		배쌍돌 (裴雙乭)	남	48	확인
경남	산청	군경에 의한 민간인희생사건		배덕출 (裴德出)	남	19	확인
경남	산청	군경에 의한 민간인희생사건		노충환 (盧忠煥)	남	27	확인
경남	산청	군경에 의한 민간인희생사건		권상근 (權相根)	남	33	확인
경남	산청	군경에 의한 민간인희생사건		김의종 (金義鍾)	남	66	확인
경남	산청	군경에 의한 민간인희생사건	76	김의섭 (金義燮)	남	50	확인
경남	산청	군경에 의한 민간인희생사건	338(1)	강우실 (姜又實)	남	45	확인
경남	산청	군경에 의한 민간인희생사건	338	정태인	남	36	확인
경남	산청	군경에 의한 민간인희생사건		양차갑	남	38	확인
경남	산청	군경에 의한 민간인희생사건		이한수	남	32	확인
경남	산청	군경에 의한 민간인희생사건		이갑규	남	34	확인
경남	산청	군경에 의한 민간인희생사건		이금상	남	23	확인
경남	산청	군경에 의한 민간인희생사건		김학진	남	25	확인

지역별		사건유형별	사건번호	진실규명대상자			조사 결과
				이름	성별	연령	
경남	산청	군경에 의한 민간인희생사건		신현도	남	27	확인
경남	산청	군경에 의한 민간인희생사건		민창호	남	24	확인
경남	산청	군경에 의한 민간인희생사건		안용석	남	35	확인
경남	산청	군경에 의한 민간인희생사건		권갑용	남	37	확인
경남	산청	군경에 의한 민간인희생사건		권삼용	남	27	확인
경남	산청	군경에 의한 민간인희생사건		정삼만	남	32	확인
경남	산청	군경에 의한 민간인희생사건		홍종현	남	84	확인
경남	산청	군경에 의한 민간인희생사건		홍학봉	남	50	확인
경남	산청	군경에 의한 민간인희생사건	338	홍표성	남	21	확인
경남	산청	군경에 의한 민간인희생사건		유재성	남	41	확인
경남	산청	군경에 의한 민간인희생사건		유경문	남	54	확인
경남	산청	군경에 의한 민간인희생사건		유윤석	남	50	확인
경남	산청	군경에 의한 민간인희생사건		유효생	남	18	확인
경남	산청	군경에 의한 민간인희생사건		강학인	남	25	확인
경남	산청	군경에 의한 민간인희생사건		진또분	여	22	확인
경남	산청	군경에 의한 민간인희생사건		손태만	남	19	확인
경남	산청	군경에 의한 민간인희생사건		손재만	남	17	확인

지역별		사건유형별	사건번호	진실규명대상자			조사 결과
				이름	성별	연령	
경남	산청	군경에 의한 민간인희생사건		정재복	남	49	확인
경남	산청	군경에 의한 민간인희생사건		오명수	남	31	확인
경남	산청	군경에 의한 민간인희생사건		유필남	여	23	확인
경남	산청	군경에 의한 민간인희생사건		김흥수	남	29	확인
경남	산청	군경에 의한 민간인희생사건		이성호	남	44	확인
경남	산청	군경에 의한 민간인희생사건		유재용	남	35	확인
경남	산청	군경에 의한 민간인희생사건		조계상	남	29	확인
경남	산청	군경에 의한 민간인희생사건		김차상	남	50	확인
경남	산청	군경에 의한 민간인희생사건	338	문순옥	남	43	확인
경남	산청	군경에 의한 민간인희생사건		하순석	남	32	확인
경남	산청	군경에 의한 민간인희생사건		허남석	남	40	확인
경남	산청	군경에 의한 민간인희생사건		최성봉	남	33	확인
경남	산청	군경에 의한 민간인희생사건		김규상	남	20	확인
경남	산청	군경에 의한 민간인희생사건		양일환	남	34	확인
경남	산청	군경에 의한 민간인희생사건		권규두	남	36	확인
경남	산청	군경에 의한 민간인희생사건		이시우	남	40	확인
경남	산청	군경에 의한 민간인희생사건		이석동	남	21	확인

지역별		사건유형별	사건번호	진실규명대상자			조사 결과
				이름	성별	연령	
경남	산청	군경에 의한 민간인희생사건		최경수	남	21	확인
경남	산청	군경에 의한 민간인희생사건		민경용	남	45	확인
경남	산청	군경에 의한 민간인희생사건		하이호	남	45	확인
경남	산청	군경에 의한 민간인희생사건		이정호	남	24	확인
경남	산청	군경에 의한 민간인희생사건		박창규	남	32	확인
경남	산청	군경에 의한 민간인희생사건		배재환	남	19	확인
경남	산청	군경에 의한 민간인희생사건		하또상	남	46	확인
경남	산청	군경에 의한 민간인희생사건		이근호	남	14	확인
경남	산청	군경에 의한 민간인희생사건	338	김종은	남	30	확인
경남	산청	군경에 의한 민간인희생사건		김점원	남	45	확인
경남	산청	군경에 의한 민간인희생사건		김정생	남	30	확인
경남	산청	군경에 의한 민간인희생사건		이영환	남	20	확인
경남	산청	군경에 의한 민간인희생사건		김연홍	남	28	확인
경남	산청	군경에 의한 민간인희생사건		민원식	남	30	확인
경남	산청	군경에 의한 민간인희생사건		김용수	남	43	확인
경남	산청	군경에 의한 민간인희생사건		이기열	남	25	확인
경남	산청	군경에 의한 민간인희생사건		하맹윤	남	36	확인

지역별		사건유형별	사건번호	진실규명대상자			조사 결과
				이름	성별	연령	
경남	산청	군경에 의한 민간인희생사건		정태수	남	58	확인
경남	산청	군경에 의한 민간인희생사건		김판영	남	30	확인
경남	산청	군경에 의한 민간인희생사건		이병문	남	34	확인
경남	산청	군경에 의한 민간인희생사건		김오원	남	35	확인
경남	산청	군경에 의한 민간인희생사건		남영희	남	36	확인
경남	산청	군경에 의한 민간인희생사건		노병태	남	25	확인
경남	산청	군경에 의한 민간인희생사건		하태만	남	25	확인
경남	산청	군경에 의한 민간인희생사건		하수헌	남	23	확인
경남	산청	군경에 의한 민간인희생사건	338	이춘실	남	74	확인
경남	산청	군경에 의한 민간인희생사건		이학환	남	19	확인
경남	산청	군경에 의한 민간인희생사건		이인수	남	22	확인
경남	산청	군경에 의한 민간인희생사건		이병영	남	21	확인
경남	산청	군경에 의한 민간인희생사건		안시만	남	24	확인
경남	산청	군경에 의한 민간인희생사건		안점도	남	14	확인
경남	산청	군경에 의한 민간인희생사건		박태규	남	20	확인
경남	산청	군경에 의한 민간인희생사건		김재구	남	32	확인
경남	산청	군경에 의한 민간인희생사건		권국이	남	20	확인

지역별		사건유형별	사건번호	진실규명대상자			조사 결과
				이름	성별	연령	
경남	산청	군경에 의한 민간인희생사건		이범태	남	16	확인
경남	산청	군경에 의한 민간인희생사건		이병수	남	20	확인
경남	산청	군경에 의한 민간인희생사건		하계문	남	26	확인
경남	산청	군경에 의한 민간인희생사건		정문도	남	25	확인
경남	산청	군경에 의한 민간인희생사건		김종태	남	23	확인
경남	산청	군경에 의한 민간인희생사건		이재옥	남	35	확인
경남	산청	군경에 의한 민간인희생사건		하용수	남	50	확인
경남	산청	군경에 의한 민간인희생사건		이세우	남	29	확인
경남	산청	군경에 의한 민간인희생사건	338	김용수	남	32	확인
경남	산청	군경에 의한 민간인희생사건		김용태	남	34	확인
경남	산청	군경에 의한 민간인희생사건		박창환	남	20	확인
경남	산청	군경에 의한 민간인희생사건		최정수	남	24	확인
경남	산청	군경에 의한 민간인희생사건		서귀성	남	40	확인
경남	산청	군경에 의한 민간인희생사건		이삼봉	남	33	확인
경남	산청	군경에 의한 민간인희생사건		조상갑	남	50	확인
경남	산청	군경에 의한 민간인희생사건		최점생	남	53	확인
경남	산청	군경에 의한 민간인희생사건		심양수	여	52	확인

지역별		사건유형별	사건번호	진실규명대상자			조사 결과
				이름	성별	연령	
경남	산청	군경에 의한 민간인희생사건		최판돌	남	18	확인
경남	산청	군경에 의한 민간인희생사건		하재우	남	16	확인
경남	산청	군경에 의한 민간인희생사건		주만용	남	19	확인
경남	산청	군경에 의한 민간인희생사건		이상문	남	36	확인
경남	산청	군경에 의한 민간인희생사건		진종현	남	28	확인
경남	산청	군경에 의한 민간인희생사건		진학봉	남	55	확인
경남	산청	군경에 의한 민간인희생사건		김삼세	남	21	확인
경남	산청	군경에 의한 민간인희생사건	338	허경	남	23	확인
경남	산청	군경에 의한 민간인희생사건		황용해	남	62	확인
경남	산청	군경에 의한 민간인희생사건		황재석	남	15	확인
경남	산청	군경에 의한 민간인희생사건		성봉주	남	30	확인
경남	산청	군경에 의한 민간인희생사건		강증수	남	28	확인
경남	산청	군경에 의한 민간인희생사건		이상업	남	18	확인
경남	산청	군경에 의한 민간인희생사건		이기주	남	24	확인
경남	산청	군경에 의한 민간인희생사건	340	조용덕	남	30	확인
경남	산청	군경에 의한 민간인희생사건	359	권재갑	남	18	확인
경남	산청	군경에 의한 민간인희생사건	418	조용문	남	23	확인

지역별		사건유형별	사건번호	진실규명대상자			조사 결과
				이름	성별	연령	
경남	산청	군경에 의한 민간인희생사건	834	배판금	남	40	확인
경남	산청	군경에 의한 민간인희생사건	927	배수만	남	42	확인
경남	산청	군경에 의한 민간인희생사건		배만석	남	38	확인
경남	산청	군경에 의한 민간인희생사건	2282	신재철	남	25	확인
경남	산청	군경에 의한 민간인희생사건	4521	정창영	남	30	확인
경남	산청	군경에 의한 민간인희생사건	5334	이해순	남	40	확인
경남	산청	군경에 의한 민간인희생사건	6481	성환철	남	30	확인
경남	산청	군경에 의한 민간인희생사건	7070	곽윤조	남	50	확인
경남	산청	군경에 의한 민간인희생사건	7358	송재상	남	24	확인
경남	산청	군경에 의한 민간인희생사건	7716	최삼용	남	36	확인
경남	산청	군경에 의한 민간인희생사건	7778	이재봉	남	44	확인
경남	산청	군경에 의한 민간인희생사건	8169	김학진	남	22	확인
경남	산청	군경에 의한 민간인희생사건	8316	이태용	남	28	확인
경남	산청	군경에 의한 민간인희생사건	8317	이경연	여	28	확인
경남	산청	군경에 의한 민간인희생사건		권규태	남	18	확인
경남	산청	군경에 의한 민간인희생사건	8829	이록이	남	50	확인
경남	산청	군경에 의한 민간인희생사건		송임덕	여	49	확인

지역별		사건유형별	사건번호	진실규명대상자			조사 결과
				이름	성별	연령	
경남	산청	군경에 의한 민간인희생사건	8829	이대수	남	7	확인
경남	산청	군경에 의한 민간인희생사건	9377	정재호	남	20	확인
경남	산청	군경에 의한 민간인희생사건	9381	권위생	남	38	확인
경남	산청	군경에 의한 민간인희생사건	10563	정영근	남	21	확인
경남	산청	군경에 의한 민간인희생사건	4006	김병우 (金炳祐)	남	18	확인
경남	산청	군경에 의한 민간인희생사건	4352	임재문 (林在文)	남	46	확인
경남	산청	군경에 의한 민간인희생사건	6502	김임갑 (金任甲)	남	36	확인
경남	산청	군경에 의한 민간인희생사건	6863	황경준 (黃庚俊)	남	39	확인
경남	산청	군경에 의한 민간인희생사건		황축천 (黃丑賤)	남	36	확인
경남	산청	군경에 의한 민간인희생사건	7042	최명영 (崔明永)	남	23	확인
경남	산청	군경에 의한 민간인희생사건	7360	오인호 (吳仁鎬)	남	58	확인
경남	산청	군경에 의한 민간인희생사건	7450	최우학 (崔又學)	남	48	확인
경남	산청	군경에 의한 민간인희생사건	7451	김상근 (金尙根)	남	51	확인
경남	산청	군경에 의한 민간인희생사건	7453	배영선 (裵永선)	남	46	확인
경남	산청	군경에 의한 민간인희생사건	7719	박우출 (朴又出)	남	39	확인
경남	산청	군경에 의한 민간인희생사건	8315	송성서 (宋成序)	남	44	확인
경남	산청	군경에 의한 민간인희생사건		송진호 (宋辰虎)	남	31	확인

지역별		사건유형별	사건번호	진실규명대상자			조사 결과
				이름	성별	연령	
경남	산청	군경에 의한 민간인희생사건	8321	오규환 (吳奎煥)	남	28	확인
경남	산청	군경에 의한 민간인희생사건	8736	진재석 (陳在錫)	남	25	확인
경남	산청	군경에 의한 민간인희생사건	8827	박판대 (朴判大)	남	32	확인
경남	산청	군경에 의한 민간인희생사건	8830	박완주 (朴完柱)	남	35	확인
경남	산청	군경에 의한 민간인희생사건	9248	권명이 (權命伊)	남	41	확인
경남	산청	군경에 의한 민간인희생사건		권중명 (權中命)	남	35	확인
경남	산청	군경에 의한 민간인희생사건	9378	권재만 (權載萬)	남	28	확인
경남	산청	군경에 의한 민간인희생사건	9882	김천수 (金千壽)	남	59	확인
경남	산청	군경에 의한 민간인희생사건		박고비 (朴古非)	여	56	확인
경남	산청	군경에 의한 민간인희생사건	10325	정화석 (鄭華錫)	남	25	확인
경남	산청	군경에 의한 민간인희생사건	10670	민만호 (閔萬鎬)	남	33	확인
경남	산청	군경에 의한 민간인희생사건	10676	김명준 (金命俊)	남	28	확인
경남	산청	군경에 의한 민간인희생사건	10677	장재호 (張在鎬)	남	32	확인
경남	산청	군경에 의한 민간인희생사건	미신청	김주생 (金柱生)	남	43	확인
경남	산청	군경에 의한 민간인희생사건		정기석 (鄭基錫)	남	35	추정
경남	산청	군경에 의한 민간인희생사건		김영현	남	27	확인
경남	함양	군경에 의한 민간인희생사건	90	최태현 (崔泰炫)	남	25	확인

지역별		사건유형별	사건번호	진실규명대상자			조사 결과
				이름	성별	연령	
경남	함양	군경에 의한 민간인희생사건	194	진천을 (陳天乙)	남	36	확인
경남	함양	군경에 의한 민간인희생사건		임정택 (林禎澤)	남	28	확인
경남	함양	군경에 의한 민간인희생사건		임기택 (林箕澤)	남	24	확인
경남	함양	군경에 의한 민간인희생사건		임한택 (林漢澤)	남	22	확인
경남	함양	군경에 의한 민간인희생사건		박팔규 (朴八圭)	남	25	확인
경남	함양	군경에 의한 민간인희생사건		임종수 (林鍾守)	남	25	확인
경남	함양	군경에 의한 민간인희생사건		임종규 (林鍾圭)	남	25	확인
경남	함양	군경에 의한 민간인희생사건		임이규 (林二圭)	남	26	확인
경남	함양	군경에 의한 민간인희생사건	637	이태훈 (李泰薰)	남	27	확인
경남	함양	군경에 의한 민간인희생사건		이홍구 (李洪九)	남	22	확인
경남	함양	군경에 의한 민간인희생사건		박명규 (朴明圭)	남	28	확인
경남	함양	군경에 의한 민간인희생사건		조일천 (曺一千)	남	27	확인
경남	함양	군경에 의한 민간인희생사건		박광을 (朴光乙)	남	22	확인
경남	함양	군경에 의한 민간인희생사건		김봉규 (金奉圭)	남	24	확인
경남	함양	군경에 의한 민간인희생사건		전재하 (全載夏)	남	25	확인
경남	함양	군경에 의한 민간인희생사건		전재윤 (全載潤)	남	23	확인
경남	함양	군경에 의한 민간인희생사건		정봉기 (鄭奉基)	남	29	확인

<table>
<thead>
<tr><th rowspan="2">지역별</th><th rowspan="2"></th><th rowspan="2">사건유형별</th><th rowspan="2">사건번호</th><th colspan="3">진실규명대상자</th><th rowspan="2">조사
결과</th></tr>
<tr><th>이름</th><th>성별</th><th>연령</th></tr>
</thead>
<tbody>
<tr><td>경남</td><td>함양</td><td>군경에 의한
민간인희생사건</td><td>1946</td><td>전갑봉
(全甲鳳)</td><td>남</td><td>25</td><td>확인</td></tr>
<tr><td>경남</td><td>함양</td><td>군경에 의한
민간인희생사건</td><td rowspan="14">2569</td><td>이이업
(李二業)</td><td>남</td><td>39</td><td>확인</td></tr>
<tr><td>경남</td><td>함양</td><td>군경에 의한
민간인희생사건</td><td>이기주
(李奇柱)</td><td>남</td><td>49</td><td>확인</td></tr>
<tr><td>경남</td><td>함양</td><td>군경에 의한
민간인희생사건</td><td>정구용
(鄭九龍)</td><td>남</td><td>54</td><td>확인</td></tr>
<tr><td>경남</td><td>함양</td><td>군경에 의한
민간인희생사건</td><td>임경태
(林慶泰)</td><td>남</td><td>20</td><td>확인</td></tr>
<tr><td>경남</td><td>함양</td><td>군경에 의한
민간인희생사건</td><td>박길종
(朴吉鍾)</td><td>남</td><td>43</td><td>확인</td></tr>
<tr><td>경남</td><td>함양</td><td>군경에 의한
민간인희생사건</td><td>박현순
(朴現順)</td><td>남</td><td>50대</td><td>확인</td></tr>
<tr><td>경남</td><td>함양</td><td>군경에 의한
민간인희생사건</td><td>박승종
(朴承鍾)</td><td>남</td><td>28</td><td>확인</td></tr>
<tr><td>경남</td><td>함양</td><td>군경에 의한
민간인희생사건</td><td>전삼대
(全三大)</td><td>남</td><td>47</td><td>확인</td></tr>
<tr><td>경남</td><td>함양</td><td>군경에 의한
민간인희생사건</td><td>전영창
(全永贊)</td><td>남</td><td>19</td><td>확인</td></tr>
<tr><td>경남</td><td>함양</td><td>군경에 의한
민간인희생사건</td><td>이종경
(李種京)</td><td>남</td><td>16</td><td>확인</td></tr>
<tr><td>경남</td><td>함양</td><td>군경에 의한
민간인희생사건</td><td>박규종
(朴圭鍾)</td><td>남</td><td>53</td><td>확인</td></tr>
<tr><td>경남</td><td>함양</td><td>군경에 의한
민간인희생사건</td><td>박우상
(朴雨相)</td><td>남</td><td>31</td><td>확인</td></tr>
<tr><td>경남</td><td>함양</td><td>군경에 의한
민간인희생사건</td><td>이계상
(李癸祥)</td><td>남</td><td>26</td><td>확인</td></tr>
<tr><td>경남</td><td>함양</td><td>군경에 의한
민간인희생사건</td><td>이상용
(李尙用)</td><td>남</td><td>42</td><td>확인</td></tr>
<tr><td>경남</td><td>함양</td><td>군경에 의한
민간인희생사건</td><td rowspan="2">2571</td><td>최남식
(崔南植)</td><td>남</td><td>30</td><td>확인</td></tr>
<tr><td>경남</td><td>함양</td><td>군경에 의한
민간인희생사건</td><td>엄원조
(嚴元祚)</td><td>남</td><td>28</td><td>확인</td></tr>
</tbody>
</table>

지역별		사건유형별	사건번호	진실규명대상자			조사 결과
				이름	성별	연령	
경남	함양	군경에 의한 민간인희생사건	2571	정광수 (鄭光洙)	남	27	확인
경남	함양	군경에 의한 민간인희생사건		정인근 (鄭寅根)	남	26	확인
경남	함양	군경에 의한 민간인희생사건	2572	김분돌 (金紛乭)	남	31	확인
경남	함양	군경에 의한 민간인희생사건		박규용 (朴圭庸)	남	48	확인
경남	함양	군경에 의한 민간인희생사건		김영배 (金泳培)	남	24	확인
경남	함양	군경에 의한 민간인희생사건	2574	문흥규 (文洪圭)	남	38	확인
경남	함양	군경에 의한 민간인희생사건	2575	박상하 (朴相夏)	남	38	확인
경남	함양	군경에 의한 민간인희생사건	2576	전쾌승 (全快勝)	남	30	확인
경남	함양	군경에 의한 민간인희생사건	2577	이성달 (李成達)	남	40	확인
경남	함양	군경에 의한 민간인희생사건	2601	이해용 (李海容)	남	59	확인
경남	함양	군경에 의한 민간인희생사건		이종열 (李鍾悅)	남	24	확인
경남	함양	군경에 의한 민간인희생사건		이종선 (李鍾善)	남	21	확인
경남	함양	군경에 의한 민간인희생사건	2602	장귀열 (章貴烈)	남	28	확인
경남	함양	군경에 의한 민간인희생사건	2781	차재규 (車在圭)	남	34	확인
경남	함양	군경에 의한 민간인희생사건		권재석 (權在碩)	남	54	확인
경남	함양	군경에 의한 민간인희생사건		권기만 (權奇萬)	남	42	확인
경남	함양	군경에 의한 민간인희생사건		권영준 (權靈俊)	남	28	확인

지역별		사건유형별	사건번호	진실규명대상자			조사 결과
				이름	성별	연령	
경남	함양	군경에 의한 민간인희생사건		임귀택 (林貴澤)	남	34	확인
경남	함양	군경에 의한 민간인희생사건		이재수 (李在守)	남	32	확인
경남	함양	군경에 의한 민간인희생사건		이재효 (李在効)	남	26	확인
경남	함양	군경에 의한 민간인희생사건		임종권 (林鍾權)	남	29	확인
경남	함양	군경에 의한 민간인희생사건		임채옥 (林采玉)	남	21	확인
경남	함양	군경에 의한 민간인희생사건		권재온 (權在蘊)	남	21	확인
경남	함양	군경에 의한 민간인희생사건		권재관 (權載寬)	남	23	확인
경남	함양	군경에 의한 민간인희생사건		권상준 (權相俊)	남	23	확인
경남	함양	군경에 의한 민간인희생사건	2781	권상호 (權尙鎬)	남	24	확인
경남	함양	군경에 의한 민간인희생사건		차재록 (車在祿)	남	39	확인
경남	함양	군경에 의한 민간인희생사건		권재환 (權載桓)	남	27	확인
경남	함양	군경에 의한 민간인희생사건		권용현 (權庸鉉)	남	24	확인
경남	함양	군경에 의한 민간인희생사건		권재인 (權載仁)	남	26	확인
경남	함양	군경에 의한 민간인희생사건		임채구 (林采久)	남	23	확인
경남	함양	군경에 의한 민간인희생사건		김명수 (金明洙)	남	32	확인
경남	함양	군경에 의한 민간인희생사건		권순용 (權旬容)	남	25	확인
경남	함양	군경에 의한 민간인희생사건		권재천 (權載千)	남	31	확인

지역별		사건유형별	사건번호	진실규명대상자			조사 결과
				이름	성별	연령	
경남	함양	군경에 의한 민간인희생사건	2781	권재생 (權載生)	남	26	확인
경남	함양	군경에 의한 민간인희생사건		권재산 (權載山)	남	22	확인
경남	함양	군경에 의한 민간인희생사건		임종수 (林鍾守)	남	22	확인
경남	함양	군경에 의한 민간인희생사건		강주상 (姜主相)	남	20	확인
경남	함양	군경에 의한 민간인희생사건		권태용 (權泰庸)	남	26	확인
경남	함양	군경에 의한 민간인희생사건		이계도 (李戒道)	남	25	확인
경남	함양	군경에 의한 민간인희생사건		서쌍환 (徐雙煥)	남	26	확인
경남	함양	군경에 의한 민간인희생사건		권재인 (權載仁)	남	20	확인
경남	함양	군경에 의한 민간인희생사건		정순안 (鄭淳安)	남	19	확인
경남	함양	군경에 의한 민간인희생사건	2876	이종수	남	22	확인
경남	함양	군경에 의한 민간인희생사건	5117	강태영 (姜太永)	남	37	확인
경남	함양	군경에 의한 민간인희생사건	5256	김희철 (金喜哲)	남	36	확인
경남	함양	군경에 의한 민간인희생사건	5561	권재용 (權載龍)	남	39	확인
경남	함양	군경에 의한 민간인희생사건	7974	박영환 (朴永煥)	남	34	확인
경남	함양	군경에 의한 민간인희생사건	7975	김갑상 (金甲上)	남	24	확인
경남	함양	군경에 의한 민간인희생사건	9974	이종안 (李鍾安)	남	28	확인
경남	함양	군경에 의한 민간인희생사건	952	이세태 (李世泰)	남	24	확인

지역별		사건유형별	사건번호	진실규명대상자			조사 결과
				이름	성별	연령	
경남	함양	군경에 의한 민간인희생사건	미신청	김타관	남	미상	추정
경남	함양	군경에 의한 민간인희생사건		이두철	남	미상	추정
경남	함양	군경에 의한 민간인희생사건	953	공기홍 (孔奇洪)	남	25	확인
경남	함양	군경에 의한 민간인희생사건	1978	석성수 (石聖守)	남	31	확인
경남	함양	군경에 의한 민간인희생사건	1981	조성옥 (趙星玉)	남	28	불능
경남	함양	군경에 의한 민간인희생사건	2877	한상훈 (韓相燻)	남	39	확인
경남	함양	군경에 의한 민간인희생사건	3086	곽병석 (郭丙錫)	남	23	확인
경남	함양	군경에 의한 민간인희생사건	3580	홍순철 (洪淳哲)	남	26	확인
경남	함양	군경에 의한 민간인희생사건	5116	김채규 (金采圭)	남	22	확인
경남	함양	군경에 의한 민간인희생사건	6809	곽봉준 (郭鳳準)	남	28	확인
경남	함양	군경에 의한 민간인희생사건	8741	강위철 (姜渭喆)	남	21	확인
경남	함양	군경에 의한 민간인희생사건	9975	김원대 (金元大)	남	27	확인
경남	함양	군경에 의한 민간인희생사건	10169	신재현 (申在鉉)	남	22	확인
경남	함양	군경에 의한 민간인희생사건		신호영 (申浩永)	남	25	확인
경남	함양	군경에 의한 민간인희생사건	2604(1)	전영구 (全永九)	남	27	확인
경남	함양	군경에 의한 민간인희생사건	3360(1)	권구현 (權求鉉)	남	27	추정
경남	함양	군경에 의한 민간인희생사건		권계현 (權季鉉)	남	22	추정

지역별		사건유형별	사건번호	진실규명대상자			조사 결과
				이름	성별	연령	
경남	하동	군경에 의한 민간인희생사건	3232	정흥덕 (鄭興德)	남	31	확인
경남	하동	군경에 의한 민간인희생사건	3233	정태석 (鄭泰錫)	남	46	확인
경남	하동	군경에 의한 민간인희생사건	3676	정민석 (鄭玟錫)	남	30	확인
경남	하동	군경에 의한 민간인희생사건	6158	강윤석 (姜允錫)	남	31	확인
경남	하동	군경에 의한 민간인희생사건	6161	정사현 (鄭士賢)	남	32	확인
경남	하동	군경에 의한 민간인희생사건		정수현 (鄭守賢)	남	21	확인
경남	하동	군경에 의한 민간인희생사건	6174	심은섭 (沈銀燮)	남	28	확인
경남	하동	군경에 의한 민간인희생사건	6175	이인호 (李仁鎬)	남	29	확인
경남	하동	군경에 의한 민간인희생사건	6176	조성조 (曹聖助)	남	44	확인
경남	하동	군경에 의한 민간인희생사건	6177	정을묘 (鄭乙卯)	남	34	확인
경남	하동	군경에 의한 민간인희생사건	6179	정환삼 (鄭煥三)	남	27	확인
경남	하동	군경에 의한 민간인희생사건	6180	심재섭 (沈在燮)	남	35	확인
경남	하동	군경에 의한 민간인희생사건	6181	심정섭 (沈鉦燮)	남	31	확인
경남	하동	군경에 의한 민간인희생사건	6182	정순경 (鄭淳鏡)	남	27	확인
경남	하동	군경에 의한 민간인희생사건	6185	이삼용 (李三龍)	남	24	확인
경남	하동	군경에 의한 민간인희생사건	6186	심두섭 (沈斗燮)	남	21	추정
경남	하동	군경에 의한 민간인희생사건	9289	김도종	남	46	추정

지역별		사건유형별	사건번호	진실규명대상자			조사 결과
				이름	성별	연령	
경남	하동	군경에 의한 민간인희생사건	7306(1)	최수열 (崔穗烈)	남	33	확인
경남	하동	군경에 의한 민간인희생사건	733	정윤화 (鄭允和)	남	34	추정
경남	하동	군경에 의한 민간인희생사건	6159	강점복 (姜点福)	남	44	확인
경남	하동	군경에 의한 민간인희생사건	6160	강대선 (姜大璇)	남	37	확인
경남	하동	군경에 의한 민간인희생사건	6168	이덕성 (李德成)	남	25	확인
경남	하동	군경에 의한 민간인희생사건	6178	최성덕 (崔聖德)	남	36	확인
경남	하동	군경에 의한 민간인희생사건	6183	하청일 (河淸逸)	남	28	확인
경남	하동	군경에 의한 민간인희생사건	6184	김광명 (金光明)	남	23	확인
경남	하동	군경에 의한 민간인희생사건	6503	박삼용 (朴三龍)	남	28	확인
경남	하동	군경에 의한 민간인희생사건	8732	홍승윤 (洪承允)	남	18	확인
경남	하동	군경에 의한 민간인희생사건	9434	황월봉 (黃月奉)	남	24	확인
경남	하동	군경에 의한 민간인희생사건	3762	문홍택 (文洪澤)	남	38	추정
경남	하동	군경에 의한 민간인희생사건		박氏	여	미상	추정
경남	하동	군경에 의한 민간인희생사건	3763	문홍각 (文洪珏)	남	35	확인
경남	합천	군경에 의한 민간인희생사건	6955	이재만	남	27	확인
경남	합천	군경에 의한 민간인희생사건	10175 10324	정기수	남	21	확인
경남	합천	군경에 의한 민간인희생사건	미신청	황영수	남	39	확인

지역별		사건유형별	사건번호	진실규명대상자			조사결과
				이름	성별	연령	
경남	합천	군경에 의한 민간인희생사건	미신청	서갑이	남	미상	확인
경남	합천	군경에 의한 민간인희생사건	5721	임민이	남	26	확인
경남	사천	군경에 의한 민간인희생사건	9992	류하영 (柳河永)	남	18	확인

5. 적대세력에 의한 피해사건

구분	성별			연령별								조사결과			
	남	여	계	10세 미만	10대	20대	30대	40대	50대 이상	미상	계	확인	불능	추정	계
여수	2		2			2					2	1		1	2
순천	24	2	26		6	14	4		2		26	26			26
구례	2	1	3		1	2					3	1		2	3
광양	5		5		1		2		2		5	5			5
고흥	19	6	25				5	6	3	11	25	21		4	25
보성	29	12	41		11	13	6	6	3	2	41	40		1	41
담양	2		2			1	1				2	2			2
화순	6	1	7			1	4		1	1	7	7			7
영광	4		4			1	1		1	1	4	4			4
영암	2		2						2		2	2			2
장흥	3		3				1			2	3	3			3
강진	8		8			4		3		1	8	8			8
거창	3		3			2			1		3	3			3
산청	4		4					3	1		4	4			4
함양	8	1	9			2			4	3	9	9			9
하동	1		1			1					1	1			1
합천	1		1					1			1	1			1
함안	6		6			1	2	1		2	6	6			6
계	129	23	152		19	44	26	20	20	23	152	144		8	152

※ 설명: 확인–진실규명 / 불능–불능 · 각하 / 추정–추정 · 미정.

지역별		사건유형별	사건번호	진실규명대상자			조사 결과
				이름	성별	연령	
전남	여수	적대세력사건	직다-3581	주중갑	남	20	추정
전남	여수	적대세력사건	직다-10481	박관순	남	23	확인
	순천	적대세력사건	직다-8862	김봉식	남	20	확인
	순천	적대세력사건	직다-1320	이익순	남	27	확인
	순천	적대세력사건	직다-9544	이봉주	남	56	확인
	순천	적대세력사건	직다-9109	권영춘	남	28	확인
	순천	적대세력사건	직다-9941	정상림	남	24	확인
	순천	적대세력사건	직다-7074	이종남	남	22	확인
	순천	적대세력사건	직다-7075	이만재	남	22	확인
	순천	적대세력사건	직다-9914	양갑동	남	17	확인
	순천	적대세력사건	직다-10089	김봉심	여	26	확인
	순천	적대세력사건	직다-6567	박성섭	남	54	확인
	순천	적대세력사건	마-7074 마-7075	이동기	남	20대	확인
	순천	적대세력사건		김종길	남	21	확인
	순천	적대세력사건		김석례	남	23	확인
	순천	적대세력사건	마-9914	박창주	남	15	확인
	순천	적대세력사건		오복만	남	19	확인
	순천	적대세력사건		이광범	남	20대	확인
	순천	적대세력사건		최귀술	남	19	확인
	순천	적대세력사건		김영만	남	30대	확인
	순천	적대세력사건		박형호	남	22	확인
	순천	적대세력사건		박형기	남	19	확인
	순천	적대세력사건		이종구	남	30대	확인
	순천	적대세력사건		전세환	남	19	확인
	순천	적대세력사건		박장호	남	32	확인
	순천	적대세력사건		임옥순	여	20대	확인
	순천	적대세력사건	마-10089	강승주	남	25	확인
	순천	적대세력사건		최상수	남	30	확인
	구례	적대세력사건	마-852	이승하 (李承夏)	남	27	확인

지역별		사건유형별	사건번호	진실규명대상자			조사 결과
				이름	성별	연령	
	구례	적대세력사건	마-2647	박노성 (朴魯星)	남	16	추정
	구례	적대세력사건		박노순 (朴魯順)	여	26	추정
전남	광양	적대세력사건	마-9267	정경봉 (鄭京鳳)	남	64	확인
	광양	적대세력사건	마-808	정화석 (鄭和錫)	남	58	확인
	광양	적대세력사건	직다-6531	서준문 (徐俊汶)	남	15	확인
	광양	적대세력사건	직다-9281	김우영석 (金又永碩)	남	38	확인
전남	광양	적대세력사건	직다-2325	남복수 (南福壽)	남	36	확인
전남	고흥	적대세력사건	직다-6426	김재수 (金在洙)	남	49	확인
전남	고흥	적대세력사건	직다-8777	송화봉 (宋化奉)	남	51	확인
전남	고흥	적대세력사건	직다-7783	이백헌 (李伯憲)	남	60	확인
전남	고흥	적대세력사건	직다-9476	김중진 (金仲珍)	여	63	확인
전남	고흥	적대세력사건		송문섭 (宋文燮)	남	38	확인
전남	고흥	적대세력사건	직다-10601	윤맹금 (尹孟今)	여	31	확인
전남	고흥	적대세력사건	직다-6053	박봉준 (朴奉俊)	남	43	확인
전남	고흥	적대세력사건	마-2389	송용채 (宋龍彩)	남	35	확인
전남	고흥	적대세력사건	직다-5730	김방녀 (金方女)	여	49	확인
전남	고흥	적대세력사건	직다-8859	김육림 (金六林)	여	36	확인

지역별		사건유형별	사건번호	진실규명대상자			조사 결과
				이름	성별	연령	
전남	고흥	적대세력사건	직다-6426 직다-8777	김영원	남		확인
전남	고흥	적대세력사건		신봉근 (申奉根)	남	49	확인
전남	고흥	적대세력사건		장양호 (張良浩)	남	30	확인
전남	고흥	적대세력사건		장봉호	남	미상	확인
전남	고흥	적대세력사건	직다-9476	송도암	남	미상	추정
전남	고흥	적대세력사건		송효섭	남	미상	추정
전남	고흥	적대세력사건	직다-10601	임인규 (任仁奎)	남	40	확인
전남	고흥	적대세력사건		임사규 (林仕奎)	남	49	확인
전남	고흥	적대세력사건		임○○	남	미상	추정
전남	고흥	적대세력사건		정○○	남	미상	추정
전남	고흥	적대세력사건	직다-6053	김홍일	남	미상	확인
전남	고흥	적대세력사건	직다-2389	박남문	남	미상	확인
전남	고흥	적대세력사건	직다-5730 직다-8859	공영칠	남	미상	확인
전남	고흥	적대세력사건		김도순 (金道順)	여	미상	확인
전남	고흥	적대세력사건		공○○	여	미상	확인
전남	보성	적대세력사건	직다-7338	김고매 (金古梅)	여	51	확인
전남	보성	적대세력사건		김진옥 (金陳玉)	남	29	확인
전남	보성	적대세력사건	직다-8011	이종운 (李鍾雲)	남	43	확인
전남	보성	적대세력사건		이팔순 (李八淳)	남	30	확인
전남	보성	적대세력사건		이범순 (李範淳)	남	12	확인
전남	보성	적대세력사건	직다-1342	이용원 (李龍元)	남	26	확인

지역별		사건유형별	사건번호	진실규명대상자			조사 결과
				이름	성별	연령	
전남	보성	적대세력사건	직다-1015	정윤식 (鄭允植)	남	26	확인
전남	보성	적대세력사건	직다-9455	선재임 (宣在任)	여	37	확인
전남	보성	적대세력사건	직다-9456	박만순 (朴萬順)	여	39	확인
전남	보성	적대세력사건	직다-9457	이홍남 (李鴻南)	여	19	확인
전남	보성	적대세력사건	마-9464	임수남 (任水南)	여	15	확인
전남	보성	적대세력사건	마-9465	이일남 (李日南)	여	21	확인
전남	보성	적대세력사건	마-9466	임태식 (任泰植)	남	19	확인
전남	보성	적대세력사건	마-9467	손장은 (孫長銀)	여	25	확인
전남	보성	적대세력사건	직다-1014	정남수 (鄭南秀)	남	36	확인
전남	보성	적대세력사건	직다-9119	김경도 (金京道)	남	26	확인
전남	보성	적대세력사건	직다-2625	박필수 (朴必洙)	남	47	확인
전남	보성	적대세력사건	직다-8011	서방순 (徐芳順)	여	50	확인
전남	보성	적대세력사건		이권순 (李權淳)	남	17	확인
전남	보성	적대세력사건	직다-9463	문재원 (文在源)	남	22	확인
전남	보성	적대세력사건	직다-8264	황봉진 (黃鳳振)	남	40	확인
전남	보성	적대세력사건	마-9427	하천보 (河泉甫)	여	66	확인
전남	보성	적대세력사건		최복록 (崔福彔)	남	34	확인

지역별		사건유형별	사건번호	진실규명대상자			조사 결과
				이름	성별	연령	
전남	보성	적대세력사건	직다-1342	권형길	남	미상	확인
전남	보성	적대세력사건		김용수 (金容洙)	남	25	확인
전남	보성	적대세력사건		박일현 (朴日炫)	남	17	확인
전남	보성	적대세력사건		손기백 (孫基伯)	남	28	확인
전남	보성	적대세력사건		윤홍원 (尹洪遠)	남	23	확인
전남	보성	적대세력사건		이태원 (李泰元)	남	16	확인
전남	보성	적대세력사건		제순옥 (諸順玉)	남	22	확인
전남	보성	적대세력사건		최학선 (崔鶴善)	남	30	확인
전남	보성	적대세력사건	직다-9455 직다-9456 직다-9457 마-9464 마-9465 마-9466 마-9467	박유복 (朴有福)	남	26	확인
전남	보성	적대세력사건		박태복 (朴泰福)	남	16	확인
전남	보성	적대세력사건		안지순 (安志順)	여	41	확인
전남	보성	적대세력사건		임기모 (任麒模)	남	19	확인
전남	보성	적대세력사건		임매월 (任賣月)	남	46	확인
전남	보성	적대세력사건		임복철 (任福喆)	남	41	확인
전남	보성	적대세력사건		임점순 (任点順)	여	17	확인
전남	보성	적대세력사건		최점순 (崔点順)	여	16	확인
전남	보성	적대세력사건	마-9459	박봉동 (朴奉東)	남	27	확인
전남	보성	적대세력사건		신○○	남		추정

지역별		사건유형별	사건번호	진실규명대상자			조사 결과
				이름	성별	연령	
	담양	적대세력사건	마-7351 마-10417	이진석 (李鎭錫)	남	27	확인
	담양	적대세력사건	마-8791	류영옥	남	33	확인
전남	화순	적대세력사건	마-9591	김용후 (金用厚)	남	25	확인
전남	화순	적대세력사건	직다-3072	조기옥 (曺基玉)	남	50	확인
전남	화순	적대세력사건		조관현 (曺管鉉)	남	31	확인
전남	화순	적대세력사건		손효덕	여	미상	확인
전남	화순	적대세력사건	직다-8412	정기진 (丁基鎭)	남	34	확인
전남	화순	적대세력사건	직다-7789	구춘재 (具春在)	남	32	확인
전남	화순	적대세력사건	직다-7789	김양규 (金良圭)	남	30	확인
전남	영광	적대세력사건	다-6746	오병준 (吳炳俊)	남	34	확인
전남	영광	적대세력사건		이현도	남	50대	확인
전남	영광	적대세력사건		이창원	남	20대	확인
전남	영광	적대세력사건		조충환	남	미상	확인
전남	영암	적대세력사건	직다-8918	최병환 (崔炳煥)	남	60	확인
전남	영암	적대세력사건		최준현 (崔準鉉)	남	61	확인
전남	장흥	적대세력사건	직다-7645	손병부 (孫炳浯)	남	32	확인
전남	장흥	적대세력사건	직다-7645	김동렬	남	미상	확인
전남	장흥	적대세력사건		김종연	남	미상	확인
전남	강진	적대세력사건	마-9474	곽영상 (郭永相)	남	22	확인
전남	강진	적대세력사건	직다-8402	이정교 (李貞敎)	남	24	확인

지역별		사건유형별	사건번호	진실규명대상자			조사 결과
				이름	성별	연령	
전남	강진	적대세력사건	직다-8405	이병종 (李炳鍾)	남	46	확인
전남	강진	적대세력사건		이원교 (李元敎)	남	28	확인
전남	강진	적대세력사건	직다-8750	김수환 (金洙煥)	남	22	확인
전남	강진	적대세력사건	마-9474	곽판길 (郭判吉)	남	46	확인
전남	강진	적대세력사건	직다-8402 8405	이병하 (李炳廈)	남	48	확인
전남	강진	적대세력사건	8705	이만교	남	미상	확인

　(사)여수지역사회연구소는 20세기 후반 격변의 시대, 외적으로는 자본주의와 사회주의 양 진영 간의 대립 체제가 구소련의 사회주의 내적인 모순에 의한 사회주의의 몰락과 함께 자본주의 일방의 세계 주도의 세계사적인 변화를 모색하고, 내적으로는 민중운동의 쇠퇴와 시민운동의 등장과 함께 문민정부 출범 등으로 사회운동의 방향이 재정립되어야 하는 시대적 환경과 민주주의 정착을 위한 지방자치 시대를 맞아 지역을 위하여 무슨 일을 어떻게 할 것인가의 고민 끝에 태동하였다. 이에 지역의 활동가들은 1994년 5월 연구소 기획 및 구상을 마련하여 9차에 걸친 준비위원회와 15회의 운영위원회를 개최하였고, 삼려통합* 주민의견조사 공정감시단 활동, 임진왜란 유적지 장도・송도 보존대책위 연대사업, 4대 지방선거 공명선거협의회 연대사업, 전국지방자치연구소 협의회 및 각종 세미나 참석 등을 통해 시민의 참여와 기대 속에 1995년 6월 1일 출범하여 올해 17년째를 맞았다.

　연구소는 지역의 역사와 사회조사, 노동과 경제분석을 주요 연구 사업으로 설정하여 1998년 구 여수시・여천시・여천군의 행정구역 통합으로 인해 여수지역사회연구소로 명칭을 변경하였고, 지역의 인문사회과학연구소로 활동하고 있다.

---

* 구 여수시, 여천시, 여천군의 행정구역 통합을 이름.

다시 쓰는
여순사건보고서

중   쇄 | 2014년 3월 1일
초 판 발 행 | 2012년 12월 28일

지 은 이 | (사)여수지역사회연구소
펴 낸 이 | 채종준
펴 낸 곳 | 한국학술정보㈜
주   소 | 경기도 파주시 회동길 230 (문발동 513-5)
전   화 | 031) 908-3181(대표)
팩   스 | 031) 908-3189
홈 페 이 지 | http://ebook.kstudy.com
E - m a i l | 출판사업부 publish@kstudy.com
등   록 | 제일산-115호(2000. 6. 19)

ISBN   978-89-268-4016-0 93330 (Paper Book)
          978-89-268-4017-7 95330 (e-Book)